Dr. Rainer Uhlmann · So sprach der Herr zu mir

Dr. Rainer Uhlmann

So sprach der Herr zu mir

Einführung in das prophetische Werk Jakob Lorbers

Lorber Verlag
Bietigheim-Bissingen

Gesamtherstellung H. Mühlberger, Augsburg
Schutzumschlag von Ulrich Kolb, Stuttgart 80
ISBN 3-87495-159-6

Inhaltsverzeichnis

Vorwort

Die ganze Heilsgeschichte der Menschheit im Alten wie im Neuen Bund ist begleitet von einer besonderen Gnadengabe Gottes, Seinem Einwirken durch erleuchtete Menschen auf den menschlichen Geist. Von jeher wurden diese von Gott erleuchteten Menschen Propheten genannt. Immer war es gut um die Geschichte der Menschen bestellt, wenn sie Ohren und Herz auftaten für die göttliche Botschaft. Besonders deutlich erleben wir das in den wechselvollen Geschehnissen in der Geschichte des auserwählten Volkes, in der Geschichte des Volkes Israel im Alten Bund.

Zu Anfang des Hebräerbriefes finden wir in der Heiligen Schrift des Neuen Testaments das Wort: »Viele Male und auf mancherlei Art hatte Gott von alters her zu den Vätern gesprochen durch die Propheten. In der Endzeit dieser Tage hat er zu uns gesprochen durch den Sohn . . .« Gott hat durch Propheten und durch seinen Sohn zu uns gesprochen. –

Das bedeutet jedoch nicht, daß es nun nach dem Kommen des göttlichen Wortes selbst unter die Menschen mit jeglicher weiteren Prophetie für alle weitere Zukunft ein Ende hätte. Er hat uns verheißen, daß Er in geistiger Weise bei uns bleiben werde bis ans Ende unserer Tage. Sein Heiliger Geist werde Beistand und Tröster sein und alles erklären, was die Menschen seinerzeit in ihrer zeitgebundenen materiellen Begrenztheit noch nicht begreifen konnten. Dieser Geist der Wahrheit werde von dem Seinigen nehmen und es den Glaubenden erhellen.

Und so wurde es ein unterscheidbares Kennzeichen für eine lebendige geisterfüllte Christenheit, wenn sie sich dem immer bereiten Wirken des Heiligen Geistes aufschloß, das heißt dem Wirken christlicher Prophetie Raum ließ. Die ganze Geschichte hindurch, von den ersten Tagen des jungen Christentums an, wurden uns Persönlichkeiten heiligmäßiger und prophetischer Begabung geschenkt, die segensreich und befruchtend auf das Geistesleben der Christenheit eingewirkt haben. Nicht immer fanden diese charismatischen Persönlichkeiten, Männer wie Frauen, das notwendige Gehör. Eine Kirche aber, die das Wirken des Heiligen Geistes abwürgt, beraubt sich der Fülle göttlichen Lebens und droht zu sterben. Aber immer wieder hat das göttliche Leben sich im Laufe der Geschichte neu durchgesetzt, und es kam eine neue Zeit geistigen Lebens.

Aus den zahlreichen charismatischen Persönlichkeiten, denen das Christentum eine fortschreitende Vertiefung und geistige Bereicherung verdankt, ragen aus dem abendländischen Christentum der kurz vor uns liegenden Jahrhunderte drei Persönlichkeiten besonders heraus. Es sind dies Jakob Böhme, 1575–1624, Emanuel Swedenborg, 1688–1772, und Jakob Lorber, 1800–1864. Alle drei haben untereinander Verwandtes, oder besser gesagt, sich Ergänzendes. Ihre Aussagen verdienen die besondere Beachtung aller Wahrheitssucher.

Das vorliegende Buch soll in besonderer Weise dem prophetischen Werk Jakob Lorbers gewidmet sein, das, von nur wenigen Getreuen gehegt, lange Zeit fast unbekannt geblieben ist, obwohl es einer wesentlich größeren Beachtung würdig wäre. Vielleicht war um die Zeit der Entstehung vor weit über einem Jahrhundert die Zeit dafür noch nicht reif, so daß providentiell die Verborgenheit für dieses Werk ein gewisser notwendiger Schutz gewesen ist. Daß dieses Werk unter einem besonderen Schutz des Himmels stand, das beweist die fast wunderbar zu bezeichnende Bewahrung des Originalwerkes vor den Spähern des vergangenen Hitlerreiches. Nun aber scheint die Zeit für ein besseres Verständnis in unseren Tagen dafür herangereift zu sein.

Dieses Werk ist so umfangreich – es umfaßt 25 Bände zu je

500 Seiten –, daß es nur wenigen Menschen vergönnt sein dürfte, sich in einer so gehetzten Zeit ausführlich damit auseinanderzusetzen. So soll unser vorliegender Band hierzu eine Hilfe sein, indem hier die wesentlichsten Punkte der Lorberschen Prophetie herausgestellt werden. Es befinden sich in diesem Werk hilfreiche Aufschließungen der Heiligen Schrift und so bedeutende Gedanken für unsere heutige Zeit, daß es notwendig wurde, suchenden Menschen diese einem Auserwählten vor über hundert Jahren geoffenbarten Wahrheiten von unermeßlichem Wert als geistige Hilfe zugänglich zu machen.

Wir leben in einer Zeit erschütternden Glaubensschwundes. Um nur einige Beispiele von vielen zu nennen: Die Gottheit Jesu Christi wird vielfach ernstlich angezweifelt, auch von solchen, von denen man bisher mehr Glaubenstiefe erwartet hätte. Das persönliche Fortleben des Menschen nach dem Tode wird selbst von vielen, die sich Christen nennen, bezweifelt. Auch die Erschaffung der Welt durch einen Schöpfergott wird oft nicht mehr als Wahrheit empfunden und durch die kritiklose Annahme einer verkürzt-materialistischen Evolutionslehre ersetzt, wonach alles rein zufällig entstanden sein soll. Der Mensch verlor Würde und Rang als Gottes Bild und Gleichnis, nachdem Gott »für tot« erklärt worden war, und sitzt nun frierend und ratlos unbeheimatet an irgendeiner Stelle in einem scheinbar chaotisch anmutenden All und begreift den Sinn des Daseins nicht mehr.

Zu lange wurde falschen Propheten Gehör geschenkt. Zu lange liefen wir einem falschen Freiheitsbegriff nach, der uns die Umwertung aller Werte beschert hat.

In der Botschaft Jakob Lorbers können viele durch den Zeitgeist angefochtene Christen wieder neu zum Glauben finden; mehr noch, sie können zu wahrer Gottesliebe und dadurch auch zu echter Nächstenliebe gelangen. Die von diesseitigen Doktrinen verstellte Sicht auf die Würde des Menschen wird dem geistigen Auge wieder geöffnet, die Frohbotschaft der Heiligen Schrift wird wieder als solche empfunden. Es ist der Mühe wert, sich die nötige Zeit zu nehmen und sich mit diesem umfangreichen Werk Jakob Lorbers zu befassen, das zutiefst biblisch ist. Kritiker

Jakob Lorbers hingegen, die Widersprüche zur christlichen Lehre entdeckt haben wollen, müssen sich fragen lassen, inwieweit sie überhaupt bemüht waren, in die Tiefen dieser prophetischen Sicht einzudringen. Leider schreibt hier oft einer vom anderen ab und urteilt vordergründig. Welcher Prophet hat je einem Establishment nach dem Munde geredet? Hier kann nur urteilen, wer hart mit diesem umfangreichen Stoff gerungen hat und schließlich den geistigen Sinn erfaßte.–

Sollte an einigen Stellen dieses Kompendiums wider Willen dennoch ein etwas polemischer Ton durchgedrungen sein, so wird darum gebeten, Nachsicht zu üben und nichts persönlich aufzufassen. Es ist nicht unsere Aufgabe zu richten. Wohl sollen wir die Gabe der Unterscheidung pflegen, notfalls darum beten. Dieses Werk soll nichts sein als eine Hilfe in geistiger Not, in die viele von uns geraten sind. Auch der Verfasser ist nicht frei davon geblieben und hat allen Anlaß, immerfort dafür dankbar zu sein, daß er dieser Botschaft begegnen durfte und dadurch eine große geistige Stärkung erfuhr.

Ich danke allen, die mir mit ihrem guten Rat zur Seite standen, insbesondere Herrn Wilfried Schlätz, einem hervorragenden Kenner des großen Lorberwerkes, für seine selbstlose Hilfe bei der Gestaltung des zwölften Kapitels. Ich danke Frau Lore Busch für ihre Arbeit am Manuskript. Nicht zuletzt bedanke ich mich bei meiner Frau Ilse für ihre geduldige Rücksichtnahme, ihren guten Rat und ihre Hilfe bei notwendigen Korrekturen.

Dr. Rainer Uhlmann

1. Wer war Jakob Lorber?

Am 15. März des Jahres 1840 um sechs Uhr morgens geschah im Leben Jakob Lorbers etwas Unerhörtes; es traf ihn plötzlich und unerwartet wie ein Blitzschlag vom Himmel. Er stand an der Schwelle seines vierzigsten Lebensjahres und war nach seinem Morgengebet im Begriff, nach Triest abzureisen, wo ihm als begabtem Violin-Virtuosen eine Kapellmeisterstelle an der Oper zu recht annehmbaren Bedingungen angeboten war.

Da hörte er links in der Brust, an der Stelle des Herzens, deutlich eine Stimme, welche ihm von innen her »vernehmbarer wie jedes andere äußere Geräusch« zurief: »Steh auf, nimm deinen Griffel und schreibe!« Jakob Lorber, der alle Reisevorbereitungen getroffen hatte, gehorchte sofort, und diese geheimnisvolle Stimme in seinem Innern diktierte ihm nun folgende Worte: »So spricht der Herr für jedermann, und das ist wahr und getreu und gewiß: Wer mit Mir reden will, der komme zu Mir, und Ich werde ihm die Antwort in sein Herz legen. Jedoch die Reinen nur, deren Herz voll Demut ist, sollen den Ton Meiner Stimme vernehmen. Und wer Mich aller Welt vorzieht, Mich liebt wie eine zarte Braut ihren Bräutigam, mit dem will Ich Arm in Arm wandeln. Er wird Mich allezeit schauen wie ein Bruder den andern Bruder, und wie Ich ihn schaute schon von Ewigkeit her, ehe er noch war.«

Das waren die ersten Sätze, die Jakob Lorber hörte; sie leiten eines seiner Hauptwerke ein, »Die Haushaltung Gottes« genannt (drei Bände). Nach diesem Berufungserlebnis lehnte

Jakob Lorber, der seinerzeit in Graz, der Hauptstadt der Steiermark wohnte, die ihm angebotene Anstellung, die ihm eine gesicherte Existenz geboten hätte, unverzüglich ab und diente diesem geheimnisvollen »Inneren Wort« von gleicher Stunde an vierundzwanzig Jahre hindurch bis zu seinem Tode im Jahre 1864.

Das Unerhörte und Unerwartete war in Jakob Lorbers Leben eingebrochen, er empfand diese hinfort in ihm redende Geistesquelle als die Stimme Jesu Christi, das lebendige Wort Gottes. So ist nach den Worten seines Biographen Ritter von Leitner einem Brief Lorbers an einen Freund im Jahre 1858 zu entnehmen.

In diesem ersten himmlischen Diktat heißt es an einer weiteren Stelle: »Die Mich suchen, denen sage: Ich bin der wahre Überall und Nirgends. Überall bin Ich, wo man Mich liebt und Meine Gebote hält, – nirgends aber, wo man Mich nur anbetet und verehrt. Ist denn die Liebe nicht mehr denn das Gebet, und die Haltung der Gebote nicht mehr denn die Verehrung?! Wahrlich, wahrlich sage Ich dir: Wer Mich liebt, der betet Mich im Geiste an, und wer Meine Gebote hält, der ist's, der Mich in der Wahrheit verehrt! Meine Gebote aber kann niemand halten als nur derjenige, der Mich liebt; der Mich aber liebt, hat kein Gebot mehr als dieses, daß er Mich liebt und Mein lebendiges Wort, welches das wahre, ewige Leben ist.« (»Haushaltung Gottes« I 1,4)

Und wie trifft der Abschnitt 9 des ersten geheimnisvollen Diktates vom 15. März 1840 für die heutige Zeit zu, wenn man an die geistige Umweltverschmutzung denkt, die den Menschen nahezu aufgedrängt wird: »Diejenigen, welche die Schrift besitzen und sie nicht lesen, gleichen einem Durstigen am Brunnen, wo reines Wasser ist, das sie aber nicht trinken wollen, entweder aus einer gewissen geistigen Wasserscheu gleich tollen Hunden, welche, statt ihre Schnauze ins Wasser zu stecken und zu genesen, in die härtesten Steine beißen, um sich den brennenden Durst zu stillen, oder auch wohl meistens aus einer gewissen lauen Trägheit, und lassen sich daher lieber von einigen gewissen faulen Dienern aus der nächsten Pfütze stinkenden Schlamm zur Stillung ihres Durstes reichen, damit sie dann allesamt übel umkommen.« –

Aus diesen kurzen Zitaten ist mehreres schon klar ersichtlich. Die Heilige Schrift wird über alles gestellt, soll nicht etwa verdrängt oder in den Schatten gestellt werden, sie wird vielmehr, wie wir im Folgenden noch sehen werden, durch diese empfangenen Diktate transparenter, sie wird prophetisch aufgeschlossen, an versiegelten Stellen entsiegelt, was bedeutet, daß dic von Jakob Lorber empfangenen Offenbarungen himmlische Geheimnisse im Worte Gottes eröffnen, welche die Heilige Schrift voraussetzen. Weiter ist ersichtlich, die Sprache ist ihrer Zeit im 19. Jahrhundert angemessen, kraftvoll, manchmal etwas derb und leuchtet jedem ein, der sich für eine Weile die Mühe gemacht hat, sich einzulesen. Es hat Versuche gegeben, diese Sprache aufs Heutige umzumodeln. Das ist mißglückt, ähnlich wie immer wieder Versuche solcher Art bei der Heiligen Schrift selber mißglücken mußten. Es geht dabei etwas von der ursprünglichen Kraft verloren.

Bevor weiter auf den Inhalt der Prophetie Jakob Lorbers eingegangen wird, soll noch kurz auf sein Leben und seine Persönlichkeit eingegangen werden. Sein Biograph, Karl Gottfried Ritter von Leitner, seinerzeit bekannter Dichter und Schriftsteller, steirischer Ständesekretär, der mit Jakob Lorber nahezu ein Vierteljahrhundert freundschaftlich verkehrte, schreibt in der Einleitung der Lebensbeschreibung:

»Der merkwürdigste Mann, welchen ich in meinem ganzen langen Leben kennengelernt habe . . .« – Ritter von Leitner verstarb im neunzigsten Lebensjahr 1890 in Graz.

Der Arzt Dr. Zimpel als Augenzeuge der Entstehung Lorberscher Schriften äußert zur Charakterisierung Jakob Lorbers, – er war 1850 eigens, um Lorber aufzusuchen, für mehrere Monate nach Graz gereist und beobachtete ihn in seiner Tätigkeit: »Dieser harmlose, stille, fromme Mann ohne eigentliche wissenschaftliche Bildung hat ein vortreffliches Herz und teilt mit allen, die noch bedürftiger sind als er selbst, seine geringe Habe, die ohnehin eigentlich mehr in Almosen besteht, die er von einigen

Freunden empfängt; ja, er entblößt sich in solchem Grade, daß ihn der Weltverstand für unbesonnen erklären würde.« Dr. Zimpel gab seinerzeit Lorbers erste Hauptwerke heraus.

Jakob Lorber entstammt einer hochmusikalischen, fleißigen Bergbauernfamilie und wurde am 22. Juli 1800 geboren als ältester Sohn seines Vaters Michael und seiner Mutter Maria, geb. Tautscher in der am linken Drauufer gelegenen damals untersteirischen Ortschaft Kanischa, welche zur Pfarre Jahring gehörte. Das Ehepaar bekam noch drei weitere Kinder, die Söhne Michael und Josef und eine Tochter Cecilia. Der Vater, der selber mehrere Musikinstrumente beherrschte und in der ganzen Steiermark und darüber hinaus eine bekannte Musikgesellschaft leitete, verdiente hierdurch etwas hinzu, so daß er allen Kindern eine gute Erziehung vermitteln konnte. Jakob Lorber erhielt seinen ersten Unterricht in der Dorfschule zu Jahring, wo sein Lehrer Anton Udl die besonderen Fähigkeiten seines Schülers auf allen Gebieten entdeckte, besonders auch im Musikalischen. So überließ ihm der Vater die erste Ausbildung Jakobs im Violin-, Klavier- und Orgelspiel.

Jakob Lorber wuchs unbeeinflußt und einfach auf, und es war sicher kein Zufall, daß er in eine ländliche Umgebung hineingeboren wurde, in eine gewisse Armut, wo man jedoch für Kunst und Religion aufgeschlossen war. Nach einer Vorbereitungszeit in Marburg an der Drau und bestandenem Examen als Lehrer an Hauptschulen ging er als Lehrer in den Schuldienst. Als gläubiger Katholik beschloß er unter dem Einfluß eines ihm wohlgesinnten Priesters, der ihm Lateinunterricht erteilte, während seiner Tätigkeit in Sankt Johann im Sagatale, den Priesterberuf zu ergreifen und besuchte aus diesem Grunde fünf Jahre lang das Gymnasium in Marburg und verdiente sich zur Finanzierung des Studiums das Geld als Organist in der Kirche.

Er fiel auf durch seinen Eifer. Aber es drängte ihn zur Erweiterung seines geistigen Horizontes unter besseren Lernbedingungen. So setzte er sein Gymnasialstudium in der Landeshauptstadt Graz fort, wo er aber nicht die Bereitwilligkeit wie in Marburg fand, ihm Möglichkeiten zur Erwerbung des Lebensunterhaltes zu bieten. So entschloß er sich, eine Stellung als Hauslehrer in einer begüterten Familie anzunehmen. Auf der Suche nach einer festen Lebensstellung besuchte er 1829 einen pädagogischen Kurs für Lehrer an Hauptschulen; der Erwerb des abschließenden Diploms machte ihm keine große Mühe. Da er seltsamerweise trotz bester Zeugnisse kein Glück mit seiner Bewerbung um eine Anstellung hatte, gab er, mutlos geworden, seinen Plan, Lehrer zu werden auf und widmete sich intensiv dem Studium der Musik. Er gab Klavier-, Violin- und Gesangs-Unterricht, komponierte auch einige Lieder und Konzertstücke.

Im Jahre 1828 hatte er in Wien begeistert den weltbekannten Virtuosen Paganini gehört, lernte ihn zu seiner Freude persönlich kennen und erhielt auch von ihm einige Unterrichtsstunden. Er bekam dadurch einen großen musikalischen Impuls, gab Gesang- und Violinstunden und fand selber mehr und mehr Anerkennung als Geiger in öffentlichen Konzerten. Auf diese Weise lernte er auch den Komponisten Anselm Hüttenbrenner, seinen späteren Freund, und dessen Bruder Andreas kennen, der Bürgermeister in Graz war. Es ist anzunehmen, daß auch Franz Schubert Kontakt zu Jakob Lorber hatte, wenn es auch kein Biograph besonders erwähnt. Es gibt eine Porträtzeichnung »Anselm Hüttenbrenner und seine Freunde«, auf der Jenger und Franz Schubert, in ihrer Mitte Anselm Hüttenbrenner abgebildet sind. Die Musik Franz Schuberts in ihrer mystischen, oft überirdischen Klangfülle, läßt viel von der Geistigkeit Jakob Lorbers durchschwingen. Aber zu Schuberts Lebzeiten ahnte noch niemand dessen erst nach seinem Tode aufleuchtende Bedeutung; so hielt man das wohl nicht für erwähnenswert. Auch in seinen späteren Jahren, nach seinem Berufungserlebnis, gab Lorber seine musikalische Tätigkeit nie ganz auf. Um 1844 herum gab er sogar ein beifällig aufgenommenes Violinkonzert in der Mailänder Scala. Noch später, im Jahre 1857, machte er noch einmal eine mehrmonatige Rundreise in die Hauptstädte der österreichischen Kronländer, um mit zwei Meistern im Harfen- und Gitarrenspiel durch seine Violinkunst zu begeistern. Bei seinem knappen Lebensunterhalt konnte er dadurch seine Lage etwas aufbessern.

Auch wollte er das öffentliche Interesse von seiner da und dort inzwischen bekanntgewordenen opfervollen Schreibarbeit ablenken. Diese Tätigkeit im Dienste des himmlischen Diktates war für ihn die Aufgabe seines Lebens geworden, dazu brauchte er ein Leben in der Stille ohne öffentliches Aufsehen. Er ließ seine Persönlichkeit in der großen Aufgabe aufgehen.

In den Jahren vor seiner plötzlich in sein Leben eingebrochenen Berufung konnte die reine Musiktätigkeit allein ihn nie ganz zufriedenstellen. Er war eine innerliche Natur, die geistige Vertiefung suchte. Er fand diese in der zeitweiligen Lektüre von Werken Justinus Kerners, von Jung-Stilling, Swedenborg, Jakob Böhme, Johann Tennhardt und J. Kerning. Er vertiefte sich aber nicht zu sehr ins Studium dieser Werke, die er wieder beiseitelegte; was ihn aber bis ans Lebensende griffbereit begleitete, war die Heilige Schrift.

Sein Interesse für den gestirnten Himmel brachte ihn auch dazu, sich selber ein Fernrohr zu basteln, das später durch ein besseres ersetzt wurde. In sternklaren Nächten zog er damit in Begleitung des einen oder anderen Freundes vor die Stadt oder auf die aufragende Höhe des Schloßberges von Graz, um den narbigen Mond, den von Trabanten umkreisten Jupiter, den von Lichtringen umgebenen Saturn und andere Planeten und Gestirne, die Milchstraße und Nebelflecke zu betrachten mit den unzähligen anderen leuchtenden Weltkörpern. Dabei war sein Herz von religiöser Begeisterung erfüllt, die er auch anderen mitzuteilen suchte.

Jakob Lorber hatte sein Leben lang das Glück anhänglicher, treuer Freunde. Dr. Justinus Kerner, Dr. Ch. F. Zimpel, die schon erwähnte Familie Hüttenbrenner, seinen späteren Biographen Ritter von Leitner und noch viele andere mehr. Sie wußten um seine Berufung, die ihm manches Mal als schwere Last auf den Schultern lag, und hüteten alles als ein heiliges Geheimnis. Wie sein Biograph berichtet, blieb Jakob Lorber, trotz seiner Neigung zur Erforschung tiefster Geheimnisse ernstester Art, frei von Kopfhängerei; im täglichen Umgang mit seinen Freunden blieb er immer ein heiterer Gesellschafter.

Im Jahre 1858 schrieb Lorber an einen Freund: »Bezüglich des inneren Wortes, wie man dasselbe vernimmt, kann ich, von mir selbst sprechend, nur sagen, daß ich des Herrn heiligstes Wort stets in der Gegend des Herzens wie einen höchst klaren Gedanken, licht und rein, wie ausgesprochene Worte vernehme. Niemand, mir noch so nahestehend, kann etwas von irgendeiner Stimme hören. Für mich erklingt diese Gnadenstimme aber dennoch heller als jeder noch so laute materielle Ton. – Das ist aber auch schon alles, was ich Ihnen aus meiner Erfahrung sagen kann.« – Sein Biograph beschreibt Jakob Lorbers Schreibtätigkeit wörtlich so: »Er schrieb nun Tag für Tag, oft täglich schon morgens vor dem Frühstück, das er nicht selten unberührt stehenließ. Er saß dabei an einem kleinen Tischchen und führte ganz in sich gekehrt, mäßig schnell, aber ohne je eine Pause des Nachdenkens zu machen oder eine Stelle des Geschriebenen zu verbessern, ununterbrochen die Feder, wie jemand, dem von einem andern etwas vorgesagt wird.«

Wiederholt äußerte er auch auf Befragen, er habe während des Vernehmens der ihm einsagenden Stimme auch die bildliche Anschauung des Gehörten, er könne das innerlich Vernommene aber noch leichter mitteilen, wenn er es einem anderen mündlich kundgeben könne. So diktierte er tatsächlich einigen seiner Freunde ganze Werke von mehreren hundert Schriftbogen. Er schaute dabei, neben dem Schreibenden sitzend, ruhig vor sich hin und stockte dabei nie in seinem Redefluß, auch verbesserte er nie den Satzbau oder auch nur einen einzigen Ausdruck. Wenn gelegentlich sein Diktieren durch Umstände für kürzere oder längere Zeit, gar für Tage oder Wochen unterbrochen wurde, so vermochte er das bisher Geschriebene, ohne davon mehr als die letzten Worte oder Zeilen nachgelesen zu haben, sogleich im richtigen Zusammenhang fortzusetzen. – So berichtet sein Biograph Ritter von Leitner.

In Jakob Lorbers Leben hört man niemals von einer näheren persönlichen Beziehung zum weiblichen Geschlecht. Befreundet war er mit vielen Frauen; er beriet sie, wurde auch von ihnen verehrt, in geistig-seelischen Nöten befragt. Wenn er der Ehe entsagt hat, so keinesfalls aus einem asketischen Zwang heraus; es war sein Gehorsam gegenüber dieser inneren Stimme.

Seine Werke, die er selber nicht als »seine Werke« empfand, umfassen 25 Bände mit je 500 Seiten. Der etwas über mittelgroße, breitgebaute Mann mit dem klaren Gesicht und den gütigen Augen entsprach den an ihn gerichteten Forderungen, ein Gefäß des göttlichen Geistes zu sein. Diese unerhörten und jede allgemeine Vorstellung übersteigenden Mitteilungen konnte nur ein ganz Fester und Starker körperlich ertragen. Ein nervlich Schwächerer wäre hierzu nicht in der Lage gewesen.

Als Katholik war Lorber seiner Kirche treu ergeben trotz gelegentlicher Anfeindung von dieser Seite wegen seiner Prophetengabe. Er spielte oft in Gottesdiensten die Orgel. In seinem Leben trugen sich echte Wunder zu, die ganz offensichtlich darauf hinwiesen, daß er unter höherem Schutz stand. Er verstarb nach einem Blutsturz am 24. 8. 1864 unter geistlichem Beistand. Schon längere Zeit vorher hatte er gesagt, er werde das 65. Lebensjahr nicht mehr erleben. Den Zeitpunkt seines Todes schaute er voraus. Kurz vor Eintritt des Todes ließ er seine Lage im Bett verändern, um mit dem Blick zum Sonnenaufgang die letzten Stunden zu verbringen. – Draußen tobte, nach den Worten seines Biographen, ein Aufruhr der Natur mit Blitz und Donnerschlägen, während der »Knecht Gottes« nach einer viertelstündigen Agonie sanft entschlummerte. Auf dem Grabstein des Friedhofs zu Sankt Leonhard bei Graz stehen Geburts- und Sterbetag des Heimgegangenen und die Worte des Apostels Paulus aus dem 14. Kapitel, Vers 8 des Römerbriefes eingemeißelt: »Wir mögen leben oder sterben, so sind wir des Herrn.«

Große Offenbarungen, wie sie die Propheten des Alten Bundes, die Apostel Jesu und die prophetisch-seherischen Gestalten der nachchristlichen Zeit, unter ihnen in neuerer Zeit in besonderem Maße Jakob Lorber empfingen, werden immer nur durch einzelne Berufene vermittelt, die von Ewigkeit her als starke Geisteswesen für ihren schweren Beruf vorbereitet werden, um den mächtigen direkten Einbruch des göttlichen Lichtes ertragen und fassen zu können. Bei Jakob Lorber offenbart sich das wesenhafte Wort in zentraler Fülle als die eine Urwahrheit, aus dessen Licht, Leben und Kraft die kommende Geistkirche hervorwächst, die als mystischer Leib Christi alle Welten, einschließlich der himmlischen, umfaßt und trägt, an der ein jedes einzelne Geschöpf, das in der Wiedergeburt zum Vollalter Christi gelangt ist, lebendig teilhaben soll. Das Corpus Christi mysticum soll in den ganzen Kosmos hineinwachsen, um schließlich mit »Ihm« als Haupt Alles in Allem zu sein. Von den Wehen dieses Wachstums und der »Liebesgeschichte Gottes mit Seiner Schöpfung« kündet von Anfang bis zu Ende die umfassende Botschaft Jakob Lorbers.

Er hat selbst oft unter seinem Los gelitten, wie es bei Propheten zu allen Zeiten ging, aber er blieb gehorsam bis zum Ende »der Schreibknecht Gottes«, wie er sich selber gelegentlich bezeichnet hat. Dieser ihm gestellten Aufgabe ordnete er all sein persönliches Wollen unter und ging so in diesem Werke auf, daß sein Eigenbild dahinter nahezu unsichtbar wurde, um das andere Große, das von ihm ungewollt über ihn hereingebrochen war, sichtbar zu machen. Er handelte nach dem Beispiel Johannes des Täufers: »ER muß wachsen, ich aber muß abnehmen.« Letztlich hielt er sich selbst für einen unnützen Knecht.

Zur Biographie sei noch bemerkt, daß es nie eine Zeit gegeben hat, in der die Freunde der Lorberschen Prophetie sich zu einer Sekte zusammengeschlossen hätten. Das war auch nicht im Sinne des Herrn, der in Seiner Einsprache in Sein Werkzeug oft genug den Sektengeist verwarf. Die Lorberfreunde gehören in ihrer Mehrzahl den traditionellen Großkirchen an, in denen sie aktiv mitwirken.

Jakob Lorber mit seinem prophetischen Charisma gehört allen Christen, denn er hat allen zur Nachfolge Christi Worte zu sagen, die nicht von ihm selber stammen und an denen man nicht achtlos vorübergehen kann.

2. Die Schöpfung – Erschaffung oder Entstehung? Vergleichende Betrachtung mechanistisch-materialistischer Hypothesen mit der christlichen Prophetie

Jakob Lorbers Berufung steht gewiß in Zusammenhang mit den im vorigen Jahrhundert beginnenden Umwälzungen, die den heutigen Massenabfall von Gott herbeigeführt haben. Obwohl ein in seinen Grenzen noch nicht absehbarer technischer Fortschritt dem Menschen eine goldene Zukunft zu verheißen schien, sank er im umgekehrten Verhältnis zum sogenannten Fortschritt geistig immer tiefer. Er verlor das Empfinden, daß die Befähigung zur Machbarkeit der technischen Wunderdinge letztlich ein Geschenk des Schöpfers ist. Diese geistige Verdunkelung der Welt veranlaßte so empfindsame Denker wie Reinhold Schneider zu dem schmerzerfüllten Ausruf, wir durchlebten eine »Gottesfinsternis«.

Zu Lebzeiten Jakob Lorbers konnte seine Botschaft nur von ganz wenigen Menschen, die dafür schon aufgeschlossen waren, erfaßt werden. Auf eine fast wunderbar zu nennende Art und Weise wurde sie für die heutige Zeit bewahrt und aufgehoben. Mit der »Umwertung aller Werte« und der fortschreitenden geistigen Leere wuchs in immer mehr Menschen der Hunger nach geistiger Nahrung. Auf die Dauer vermag der Mensch als Geistwesen ohne Rückbindung an die Überwelt nicht sinnvoll zu existieren. Viele fragen wieder nach Gott und nach den Geheimnissen der Schöpfung. Jakob Lorbers Prophetie beantwortet viele Fragen überraschend modern und doch zeitlos. Die Menschheit, zu größerer Erkenntnisfähigkeit herangereift, dürstet nach solcher Botschaft, die nichts anderes ist als eine Aufschließung des Evangeliums Jesu Christi.

Noch in den ersten Tagen seiner Berufung (»Haushaltung Gottes« I 6,13 f.) empfängt Jakob Lorber folgende Worte: »Der Geist der Liebe und Gnade ist in euch und ist in aller Weisheit. Wer ihn hört, der wird alles ergründen in der Tiefe der Tiefen; und er wird erforschen die Toten, und sie werden ihm antworten, und er wird durchschauen die Lebendigen, und ihre Liebe wird ihn erquicken und ihr Licht ihn ergötzen; und er wird sein Ohr legen auf die Erde und das Gras wird ihm erzählen die Geheimnisse der Liebe, und das Erdreich wird ihm enthüllen seine Tiefen, und die Berge werden horchen seiner Stimme, und der Ton seiner Rede wird durchdringen das Mark der Erde; und so er schauen wird das Meer, so werden seiner Augen Strahlen durchleuchten alle Tropfen desselben und durchdringen jegliches Sandkörnchen; und die Geister, so darinnen noch im Gerichte harren, werden dem Lichte seiner Augen zuströmen, gleichwie die Fische und das Gewürm des Meeres und der Gewässer zur Nachtzeit einer über die Oberfläche gehaltenen Fackel, und werden sich fangen lassen für die Erlösung aus den Kerkern der ewigen Nacht und werden erkennen die Liebe und ihren Durst stillen aus den Gewässern der Erbarmung und emporwachsen zur Schwäche, zur Stärke und zur Kraft aus der Liebe des Vaters und des Wortes, welches die Liebe ist im Vater, und des Geistes, welcher die Kraft ist in beiden. – Und siehe, dieses alles und noch vieles andere mehr wird euch Mein Geist lehren, so ihr Seine Stimme höret! Aber Seine Stimme ist nicht laut, sondern sehr stille, – aber eben darum alles durchdringend wie die Wärme der Liebe, und wie das Licht der Gnade, und wie die Kraft der erbarmenden Liebe eures heiligen Vaters.« –

In diesen Worten ist in konzentrierter Form sehr vieles aus der Lorberschen Schau enthalten. Gott ist transzendent und immanent zugleich im Vater und im Sohne und dem das All durchdringenden heiligen Geiste. Auch die Materiewelt ist durchgeistet und der Mensch ein Mikrokosmos. Erst nach und nach wird das alles in seiner Fülle erkennen können, wer diese Lehre tiefer erfaßt hat.

Die Botschaft Jakob Lorbers ist in ihrer kosmischen Universalität einmalig in der Weltliteratur. Man könnte den großen italienischen Dichter der »Göttlichen Komödie«, Dante Alighieri

(1265–1321), vielleicht als Vergleich erwähnen, aber sein kosmisches Bild war noch von mittelalterlichen Vorstellungen geprägt. Lorbers Prophetie berichtet über die Erschaffung der Engelwelt, über Luzifer, des Erstgeschaffenen Abfall und Sturz samt seines ihm hörigen Anhangs in die Tiefe der Raumzeit und die selbstverschuldete Bannung in immer starrer werdende Materie, deren Druck um so härter wurde, je größer im Sturz die Entfernung vom reinen Geiste des ewigen Gottes wurde. Er berichtet in jenem geheimnisvollen Diktat weiter, wie der Herr mit der Erfinderkraft Seiner Liebe diesen Sturz in der Materie auffängt, die Abwärtsbewegung umwandelnd, indem er den Gefallenen einen neuen Weg des Aufstiegs eröffnet über zwar schmerzvolle Entwicklungsstufen über das Mineral-, Pflanzen- und Tierreich bis hin zum Gipfel dieser neuen Schöpfung, dem ersten mit Vernunft begabten Wesen der Natur, dem er durch den Hauch Seines Geistes Personalität verlieh und in dem er einen Gesprächspartner fand von Angesicht zu Angesicht, den Menschen. (Das eigentliche Menschenantlitz in seiner Urform hat der Herr selbst.) Der tragische Sündenfall des ersten Menschenpaares in seiner Folgenschwere, im Sturz von Stufe zu Stufe hinab, ist wie beim Engelsturz nur erklärbar durch die Willensfreiheit der geschaffenen Individualitäten. Wiederum fängt der Herr diesen Todessturz durch die Erbschuld des ersten Menschenpaares in Seiner unbegreiflichen Liebe auf. Er folgt den Verlorenen durch Seine Inkarnation im Fleische durch die makellose Jungfrau Maria. Im Menschen Jesus verborgen betrat Gott leibhaftig diese raumzeitliche Materiewelt auf unserem Planeten, um durch Sein menschliches Leben, Leiden und Sterben der gefallenen Menschheit die Rückkehr ins geistige Vaterhaus zu eröffnen.

Doch zuvor müssen wir uns nun mit dem großen Abfall von Gott in der Neuzeit beschäftigen, wie dieser sich im Darwinismus und seinen Folgeerscheinungen so unheilvoll ausgewirkt hat. Erst auf diesem leidvollen Umweg werden wir die Prophetie Jakob Lorbers besser verstehen und würdigen können, die übrigens nichts mit den modernen östlich gefärbten Reinkarnations-Lehren zu tun hat, es ist vielmehr eine Inkarnations-Lehre. Ich komme noch darauf ausführlicher zurück.

In der geistigen Auseinandersetzung des 19. Jahrhunderts, die sich bis in die heutigen Tage unseres Jahrhunderts fortgesetzt hat, um Gott, Mensch und Welt, ging und geht es um Ursprung und Entstehung unseres sichtbaren materiellen Kosmos und dabei insbesondere um Platz und Rang des Menschen in dieser raumzeitlichen Welt. In den Jahrtausenden vorher galt der Mensch bei der von Religion geformten Menschheit unbestritten als die Krone der Schöpfung, das in Gottes Liebe eingebettete Kleinod.

Die weltanschauliche Sprengkraft des Darwinismus, der den göttlich-geistigen Ursprung des Menschen leugnet, lag weniger in der Behauptung, daß eine langsame Höherentwicklung der Arten stattgefunden habe, sie lag vielmehr in der rein mechanistischen Erklärung, sie sei Ergebnis von »Zufall und Notwendigkeit«, wie dies der bekannte französische Molekularbiologe und Nobelpreisträger Jacques Monod in seinem gleichnamigen Werk als Neodarwinist zum Ausdruck gebracht hat. Das soll bedeuten, daß sich die Evolution nur aufgrund physikalisch-chemischer Gesetze mit derselben gleichgültigen, blinden und insofern mechanistischen Automatik in Gang gesetzt hat, mit der ein Stein zu Boden fällt. Dahinter stehen keine zweckgerichtete Kraft, kein Plan, keine verborgene Absicht, und deshalb kann auch von einem Ziel der Entwicklung keine Rede sein. Insofern ist sie nach dieser Doktrin zufällig und notwendig, sie vollzieht sich von selbst. Um sie zu erklären, bedarf es weder der Annahme immaterieller Lebensprinzipien noch des Rückgriffs auf eine göttliche Schöpferkraft. Es bedarf hierzu des Nachweises, daß sich jeweils aus der einen die andere physikalisch-chemische Konstellation ergeben hat und aus dieser gesetzmäßigen Abfolge von Ursache und Wirkung jene komplexen chemischen Verbindungen entstanden, die als Organismen und schließlich als höhere Arten von Lebewesen bezeichnet werden.

Biologie löst sich in dieser Doktrin in Chemie und Physik auf. Jahrmilliarden brodelt eine sogenannte Ursuppe als amorphe Vorstufe unseres jetzigen Kosmos, um zufällig eine lebende Zelle hervorzubringen, aus der alles Leben über lange Zeiträume hin sich in allen Differenzierungen notwendigerweise entwickeln soll. Operiert wird mit Begriffen wie »Mutation«, angeblich spontan auftretenden Änderungen der vererbbaren Eigenschaften eines Lebewesens, die wiederum »zufällig und notwendig« sein soll, und einem Begriff »Selektion« als weiterem Faktor. Das soll bedeuten, automatisch werden im »Kampf ums Dasein« die weniger gut an Umwelt und Lebensumstände angepaßten Mutanten ausgemerzt, nur die lebenstüchtigsten überstehen und vermehren sich weiter. Nach dieser Logik wäre Evolution als eine immer bessere Anpassung der Lebewesen an ihre Umwelt und darüber hinaus allgemein an die Erfordernisse biologischen Daseins zu bezeichnen. Auch die Selektion geht nach dieser Ansicht blind und richtungslos vor sich. Zufällige Mutationen und Selektionen sollen also der alleinige Grund für eine automatische Höherentwicklung der Arten sein. Für diese Doktrin gibt es keinen Schöpfergott, sondern nur eine sich dialektisch vom Atom zum Menschen fortspinnende Weltmutter-Materie. Hier wird das Leben und auch der Mensch nur als Gewinn-Nummer einer »gigantischen Lotterie« der Natur gesehen. Ursprung der in Jahrmillionen oder gar Milliarden unvorhergesehenen Mutations-Sprünge bzw. Erbänderungen, wodurch neue Arten von Lebewesen entstünden, sei der Zufall. Erst durch die Selektion (= Auslese) würden diese Zufallsprodukte zu »Treffern«. Liege deren Struktur aber fest, dann erhielten und vermehrten sich diese mit jener Konstanz und naturgesetzlichen Notwendigkeit, die ihnen durch den einmal programmierten »genetischen Code« verliehen sei. Nach Monod ist diese »chemische Maschinerie« gültig für den ganzen Bereich des Lebens, so wirke sich auch »dasselbe Alphabet« im genetischen Material des Menschen (= genetischer Code) wie in dem der Bakterien aus. Die Evolution ergebe sich nicht aus dem normalen Funktionieren, sondern aus den »Betriebsunfällen« dieses Mechanismus, wie diese nebulösen zufälligen Mutationen auch bezeichnet werden. Die Wahrscheinlichkeit der Entstehung des Lebens überhaupt sei ursprünglich »gleich Null« gewesen. Es gibt Gläubige dieser Doktrin, die den so entstandenen Menschen als »Betriebsunfall« dieser Evolution ansehen und finden so eine materialistisch plausible Erklärung für das »Geheimnis des Bösen«.

Zu solch geistigen Exzessen hat schließlich der im vorigen

Jahrhundert entstandene Darwinismus in unserer Zeit geführt in der fortentwickelten Form des Neodarwinismus, in der Molekularbiologie. Kalt und eisig weht einen diese Weltsicht an, lichtlos und ohne Zukunftsperspektive, sinnloses Dasein zum Tode hin. Aber, zum Trost sei es gesagt, es sind Theorien, mehr nicht. Sie sind nicht beweisbar, aber sie werden heute als »Wissenschaft« deklariert.

Noch einmal sei an das Datum des 15. März 1840 erinnert, als gegen sechs Uhr morgens ganz »lieblich und leise«, wie es die Art des Herrn ist, der alles Spektakuläre und Laute verabscheut, das Wort des Herrn an Jakob Lorber erging: »Jedoch die Reinen nur, deren Herz voll Demut ist, sollen den Ton Meiner Stimme vernehmen . . .«

Mit welcher Arroganz wird doch die neue Doktrin den kritiklos Wissenschaftsgläubigen im Gegensatz zu der unaufdringlichen Gottesstimme verkündet!

Charles Darwin, der geistige Vater des Darwinismus, in dem man einen geistigen Antipoden Jakob Lorbers sehen kann, wurde am 12. Februar 1809 in einer britischen Landstadt geboren. Seine Lehren bahnten eine folgenschwere Entwicklung im geistigen Leben der Völker an, auf die hier näher eingegangen werden muß. Nach einer fast fünfjährigen Forschungsreise mit dem Forschungsschiff »Beagle« der britischen Admiralität, einem Sechshundert-Tonner, bereiste Darwin als Biologe die südamerikanische Ostküste über Feuerland an die Westküste. Über die Galapagosinseln, mit ihrer durch Isolierung so interessanten Tierwelt, gelangte er durch den Pazifik nach Neuseeland, Australien, Tasmanien zum Indischen Ozean mit Station in Mauritius und kehrte schließlich nach Aufenthalt in Kapstadt am 2. Oktober 1836 mit einer Fülle von Forschungsmaterial in Kisten und Gläsern und einem umfangreichen Reisetagebuch nach England zurück. Er glaubte aus dem damaligen Zeitgeist heraus, durch seine Forschungen umwerfende Entdeckungen gemacht zu haben. Er wurde ein in Fachkreisen angesehener Gelehrter und hatte in rastlosem Fleiß in fünfzehn Büchern die Ergebnisse seiner Reise aufgezeichnet. Darwin war von Haus aus eine religiöse

Natur. Von seiner Reise war er jedoch als überzeugter Evolutionist zurückgekehrt und entfremdete sich mit zunehmendem Alter dem christlichen Glauben seiner Jugend. Eigenartigerweise zögerte er sehr lange mit der Herausgabe seines Hauptwerkes »Die Entstehung der Arten durch natürliche Zuchtwahl«. Er spürte, daß von der Veröffentlichung dieses Werkes eine geistige Umwälzung ausgehen werde, vor der er zurückschreckte. Von der Existenz eines Schöpfers war er immer überzeugt, glaubte aber, daß das Leben in einem einmaligen Akt in primitiver Form geschaffen wurde, um sich dann gleichsam von selbst aus irgendeiner Notwendigkeit zu immer höheren Formen heraufzuentwikkeln. Sein ahnungsvolles Zögern war nicht unbegründet. Schließlich veröffentlichte er, unter einem gewissen Druck der Verhältnisse – er mußte einem jüngeren Kollegen mit ähnlichen Forschungsergebnissen zuvorkommen – am 23. 11. 1859 dieses Buch, das dem Zeitgeist so entsprach, daß die erste Auflage dieses Werkes von 1250 Exemplaren schon am ersten Tage seines Erscheinens vergriffen war.

Der jüngere Kollege, ein Biologe, Alfred R. Wallace, hatte Darwin nach einer Aussprache willig das Erstgeburtsrecht eingeräumt und schlug später vor, man solle diese ganze evolutionistische Lehre als Darwinismus bezeichnen. Darwin bekannte bedrückt in einem späteren Brief an einen Freund bezüglich der Veröffentlichung dieses Werkes: »Mir war, als hätte ich einen Mord zu gestehen.« Später schrieb er: »Es beschlich mich langsam der Unglaube, bis ich am Ende völlig ungläubig wurde. Man könnte treffend sagen, daß ich ein Mensch bin, der farbenblind geworden ist.«

In einem weiteren Zitat aus seiner Autobiographie (Seite 85) bekennt er: »Als junger Mann war ich allmählich zu der Sicht gelangt, daß das Alte Testament aufgrund seiner offensichtlich falschen Weltgeschichte nicht glaubhafter war als die heiligen Bücher der Hindus oder die Glaubensinhalte der Barbaren. Ich kam nach und nach zur Ablehnung des Christentums als göttlicher Offenbarung. . . . So kroch der Unglaube sehr langsam über mich, war aber zuletzt vollständig. Das ging so langsam, daß es mir (Seite 87) keine Not machte, und ich habe seither nie auch nur eine einzige Sekunde bezweifelt, daß mein Entschluß richtig war. Ich kann in der Tat kaum verstehen, wie irgend jemand wünschen sollte, das Christentum sei wahr.«

Darwin war besonders eine gewisse Einheitlichkeit im Bau der Wirbeltiere aufgefallen. Er war überzeugt, daß die Arten in einer allmählichen Evolution sich durch Mutation immer differenzierter entwickelt hätten. Bei den einzelnen Tier- und Pflanzenarten bestehe ein großer Nachkommenüberschuß mit variablen Typen. Durch Umwelteinflüsse würden im Kampf ums Dasein nur die Tüchtigsten und Geeignetsten sozusagen ausgesucht und überleben. Die Schwächeren und Unangepaßten würden zugrunde gehen. Eine besondere Rolle spiele dabei auch die Selektion (= Auswahl) durch die Weibchen, die immer nur die geeignetsten, tüchtigsten und angepaßtesten Zuchtpartner wählen würden. Im Kampf ums Dasein komme es in unbarmherzigem Kampf zu einer Höherentwicklung durch Zuchtwahl der Besten. Nur diese gelangten zur Fortpflanzung. Im langen Verlauf der Erdgeschichte komme es bei den geologischen Änderungen zum Überleben der Varianten, der Abweichungen, die am besten an geänderte Umweltbedingungen angepaßt seien. Bei diesen Varianten komme es in langen Zeitläufen dann zu allmählichen Mutationen, zur Entstehung neuer Arten, so daß ganz neue höhere Formen von Lebewesen entständen. Zuchtwahl sei überall der Schlüssel zum Erfolg des Menschen, am Hervorbringen nützlicher Arten von Pflanzen und Tieren, und er folgerte weiter, auch der Mensch unterliege der Auslese, denn auch bei ihm überlebe der besser angepaßte. Darwin glaubte erkannt zu haben, die Selektion als blindes, aber zweckmäßig waltendes Naturgesetz der ersten Ursache nehme dem Schöpfergott sozusagen die Macht aus den Händen. Sein alter biologischer Lehrmeister Sedgwick hatte ihm warnend geschrieben, wenn die Rückbindung des Menschen an Gott durch eine wissenschaftliche Sichtweise zerstört werde, dann werde die Menschheit zu Schaden kommen, sie würde unmenschlich werden und in einen tieferen Zustand der Erniedrigung sinken, als je im Laufe ihrer Geschichte. So beabsichtigte Darwin ursprünglich erst nach seinem Tode eine Veröffentlichung seiner im Entwurf vorliegenden Gedanken.

Bezüglich der Entstehung des Menschen schreckte Darwin in seinem ersten Buch vor einer klaren Aussage zurück. Er schrieb lediglich auf der letzten Seite die Andeutung: »Licht wird auch auf den Ursprung des Menschen und seine Geschichte fallen.« Der deutsche Zoologe Braun ließ diesen Satz in seiner Übersetzung vom Jahre 1860 kurzerhand aus.

1871 schließlich ließ Darwin ein zweibändiges Werk »Über die Abstammung des Menschen« folgen. Nun bekannte er offen seine Ansicht, der Mensch stamme von affenartigen Vorfahren ab und hätte sich durch natürliche und geschlechtliche Zuchtwahl aus diesen entwickelt. Dieser Kernsatz und der von jetzt an nicht mehr rückgängig zu machende Gedanke der darwinistischen Evolutionslehre wurde zum bleibenden Ärgernis für alle, die dem Menschen eine Sonderstellung im Kosmos einräumten, als das nach seinem Bild und Gleichnis geformte Geschöpf Gottes, vom Schöpfer behütet gleich dem eigenen Augapfel. Darwin selbst also wurde erst später Darwinist als manche seiner Schüler und Epigonen. In vielen Menschen kam nun der Gedanke auf, der Mensch sei doch auch nur ein Tier und von niedererem Rang als früher angenommen.

Vor Abschluß des notwendigerweise abzuhandelnden Kapitels über den Darwinismus einige Worte aus der Offenbarung des Herrn an Jakob Lorber: »Bevor alle Welt war, war schon der Geist, und jene ging aus dem Geiste – und nicht etwa der Geist aus ihr hervor.« (»Bischof Martin« Kap. 45, geschrieben 1847/48) Ein weiteres Wort: »Was ist wohl mehr: der Hauch aus dem Willen des Herrn, oder Sein wesenhaft lebendiges Wort, aus Seinem Herzen gegossen in die Herzen der Brüder und Schwestern? Siehe, die Welten, die Sonnen und alle Dinge entstammen dem Willenshauche des Herrn; aber nicht so steht es mit dem Geiste des Menschen in seinem Herzen! Denn dieser ist ein wesenhafter Teil des ewigen Geistes Gottes, wohnend im Herzen Gottes und aus ihm kommend.« (»Haushaltung Gottes« III. Band, Kap. 54, geschrieben 1843/44.)

Die geistige Wurzel des Darwinismus liegt in der Aufklärung des 18. Jahrhunderts und der nachfolgenden Französischen Revolution, die zwar auch ihr Gutes hatte, indem sie morsche Positionen einbrechen ließ, die aber noch verheerendere Folgen zeitigte, da sie über das eigentliche Ziel, Freiheit für alle Menschen zu schaffen, hinausschoß. Gott war »abgesetzt« und die Göttin der Vernunft auf den Altar gehoben worden. Man glaubte nach allem, das hohe Ziel der Aufklärung sei nun endlich erreicht, das positive Stadium der Wissenschaft breche nun an. Das hatte Auguste Comte, einer der Begründer des Positivismus, nach der Revolution 1830 verkündet. Comte lehnte alle Metaphysik ab und sah als einzige Aufgabe der Wissenschaft die Ableitung von Gesetzen aus der Beschreibung des Gegebenen. Höchste Wissenschaft sei die von den Daseins- und Entwicklungsformen der Gesellschaft, für die er dann den Namen »Soziologie« prägte.

Darwins Lehren waren Wasser auf die Mühlen aller, die in der von Metaphysik entblößten Wissenschaft das kommende Heil der Menschheit suchten. Wie so oft in der Geschichte sind die Schüler wesentlich radikaler als ihre Meister. So erging es auch Darwin mit seinen geistigen Epigonen. Der Biologe Thomas Huxley in England nahm die neue naturwissenschaftliche Lehre wie eine Offenbarung entgegen und wurde zu einem ihrer erfolgreichsten Verfechter. Eine massive Kritik am Darwinismus gab es schon damals, aber sie konnte gegen diese ideologische Woge, die unter anderem auch die Deutschen Ernst Haeckel in Jena und Karl Vogt in Genf auslösten, wenig ausrichten. Spätere fanatische Darwinisten machten aus dieser Theorie eine weltanschauliche Vertrauensfrage, bei deren Verneinung dem betreffenden Kritiker die geistige Qualifikation abgesprochen wurde, wobei er ins letzte Glied der etablierten Wissenschaft zurückzutreten hatte. Beispiele dieser Intoleranz gibt es sogar heute noch.

So war ungewollt vom Initiator, aus einer bisher durch nichts bewiesenen Theorie eine Art Ersatzreligion geworden. Vor allem Ernst Haeckel und Karl Vogt triumphierten, da sie das erwähnte positive Stadium der »Wissenschaft« erreicht glaubten.

Der fanatischste Schüler Darwins war in Deutschland Ernst

Haeckel (1834–1919), der nach zeitgenössischen Berichten ein Mann von faszinierender Beredsamkeit und Ausstrahlungskraft gewesen sein muß. Dieser überschüttete 1899 in seinen »Welträtseln«, die er mit der materialistischen Deutung der Evolution gelöst zu haben glaubte, mit beißendem Hohn den sogenannten Aberglauben an eine unsterbliche Seele:

Die Experimentalphysik müßte doch eigentlich imstande sein, diese unsterbliche Seele, wenn sie im Augenblick des Todes ausgehaucht werde, abzufangen, unter sehr hohem Druck bei niedriger Temperatur zu kondensieren und in einer Gasflasche als unsterbliche Flüssigkeit aufzubewahren. Durch weitere Abkühlung und Kondensation müßte es dann auch gelingen, die flüssige Seele in den festen Zustand, in Seelenschnee, zu überführen.

Es wird uns klar: Was Darwin seinerzeit Neues brachte, war der Hinweis auf einen plausiblen Mechanismus, der die Entstehung der Arten erklärte, ohne einen Schöpfer bemühen zu müssen. Der Geist eines kämpferischen Materialismus, wie ihn der von Ernst Haeckel begründete Monismus vertrat, ist noch nicht ausgestorben.

Im allgemeinen Bildersturm der Aufklärung und des antimetaphysischen Positivismus durfte eine idealistische Problemlösung der Evolution einfach nicht wahr sein, und so wurde jeder derartige Ansatz dazu hinweggefegt, da in Form der Darwinschen Evolutionslehre nun endlich ein materialistischer Gegenentwurf vorlag. Das allein erklärt die ungeheure Verbreitung der Darwinschen Theorie, der 1859 mit seiner »Entstehung der Arten« keineswegs die Evolution als solche entdeckte. Diese Lehre war schon zur Zeit der griechischen Naturphilosophen aufgetaucht, es sei an ein Wort von Demokrit erinnert: »Alles, was im Weltall existiert, ist die Frucht von Zufall und Notwendigkeit.« Der Darwinismus und seine materialistischen Nachfolge-Lehren versuchten alles Geschaffene auf ein mechanistisches Wirkgefüge zurückzuführen. So war nach Haeckels Worten »Gott tot« bzw. »infolge Wohnungsnot im physikalischen Keller des Zufalls als letzter Notunterkunft verborgen«. Nach Haeckels unübertroffener zynischer Ausdrucksweise war Gott allenfalls ein »gasförmiges Wirbeltier«.

Der mit Worten gar nicht zimperliche bekannte deutsche Forscher und Arzt Rudolf Virchow (1821–1902), dem die wissenschaftlich unsinnige Äußerung nachgesagt wird, er habe schon viele menschliche Körper seziert, dabei aber noch nie eine Seele gefunden, dieser Rudolf Virchow warnte 1877 vor dem Darwinismus als Wegweiser des Sozialismus und der Revolution.

Friedrich Engels schrieb noch 1859 nach der Lektüre von Darwins Buch an Karl Marx in Paris: »Die Teleologie war nach einer Seite hin noch nicht kaputtgemacht, das ist jetzt geschehen.« Kaputtgemachte Teleologie, damit ist gemeint, nicht länger mehr festzuhaltende Vorstellungen von einer göttlichen, zielgerichteten Absicht in der Natur. Diesen Ansatz brauchte Karl Marx für seine kommunistische Philosophie. Im Jahre 1861 schrieb er an Lassalle: »Sie paßt mir als naturwissenschaftliche Unterlage des geschichtlichen Klassenkampfes.«

Rudolf Virchow hatte in diesem Punkte richtig vorausgesehen.

Nun gestatten wir uns zunächst wieder einen Blick auf die Lorbersche Prophetie. Ein Engel des Herrn äußert im fünften Band vom »Großen Evangelium Johannes«, dessen zehn Bände Jakob Lorber 1851–64 als wörtliches Diktat empfing: (51,3) »Ein jeder Mensch hat eine unsterbliche Seele und in der Seele einen noch unsterblicheren Geist. Auf daß aber die Seele als ein aus der Materie sich entwickelnder Geist mit dem Urgeiste Gottes, der ›Liebe‹ heißt, vollends eins werde, muß die Seele selbsttätig dahin all ihr Streben richten, fürs erste sich der Materie und ihren wie immer aussehenden Anforderungen zu entziehen und all ihr Trachten, Tun und Treiben allein nach dem rein Geistigen zu richten, und fürs zweite fortwährend allein dafür besorgt sein, eins zu werden mit dem in ihr ruhenden Geiste der reinen Liebe Gottes.« –

Der Darwinismus als atheistisch-materialistische Evolutionslehre war Wasser auf die Mühlen des immer mehr ausufernden Materialismus aller Richtungen. Um die Jahrhundertwende bis zur Zeit des Ersten Weltkrieges wuchs ein utopischer Optimismus im Hinblick auf die Technik und grenzenlos erscheinende Machbarkeit aller Dinge. Vom Affen weg glaubte nun der

Mensch als Gott dieser Welt in prometheischem Selbstgefühl, selbst seine Zukunft gestalten zu können. Später in unserem 20. Jahrhundert, nach der Katastrophe der beiden Weltkriege, schlug dieses zivilisatorische Hochgefühl in einen starken Kulturpessimismus um. Vor dem Zweiten Weltkrieg hatte die zum Sozial-Darwinismus entartete Vergottung der Auslese und Prämierung des Tüchtigsten noch ein Extrem erzeugt, als der sogenannte Nationalsozialismus zur konsequenten Züchtung des Übermenschen ansetzte, in dem Blut und Boden (= selektive Kräfte oder Umwelt) und die Ideologie von der Tüchtigkeit einer Rasse (= die genetisch günstige Mutation) im Mittelpunkt der Weltanschauung standen. Wir sehen dann das grausige Ende in der rigoros angewandten und mißbrauchten Praxis dieser Form des Darwinismus, das menschliche Überheblichkeit als Auslese (= Judenvernichtung) und Selektion von sogenanntem lebensunwertem Leben (= Euthanasie) und als Rassenhochmut (= Herrenmenschentum) anzurichten imstande war.

Der radikale Philosoph Friedrich Nietzsche (15. 10. 1844 bis 25. 8. 1900) war durch seinen Ruf nach dem Übermenschen, sicher persönlich ungewollt, zur treibenden Ursache der negativen Folgen dieses Sozial-Darwinismus in seinen negativen Folgen geworden, obwohl er in seltsamer Unlogik den Darwinismus als solchen leidenschaftlich ablehnte. Diese Ablehnung bekundete er in Verzweiflung über den mittelmäßigen Zeitgeist in den Versen, die man nur aus dem damaligen Nationalismus heraus verstehen kann:

»Dieser braven Engeländer
mittelmäßige Verständer
nehmt ihr als Philosophie?
Darwin neben Goethe setzen
heißt die Majestät verletzen
Majestatem genei.«

Noch eine Spätfolge des Darwinismus ist zu erwähnen. In seiner letzten Veröffentlichung 1871 hatte Darwin in seinem zweibändigen Werk »Über die Abstammung des Menschen« geschrieben: »Es wurde gezeigt, daß der Mensch und die höheren Tiere, besonders die Primaten, einige Instinkte gemeinsam haben, sie haben dieselben Sinne, dieselben Erfahrungen und Empfindungen, ähnliche Leidenschaften, Zuneigungen und Gefühle, selbst so komplizierte wie Eifersucht, Mißtrauen, Wetteifer, Großmut.«

Diese wissenschaftlich unbewiesene, aber konsequente Nivellierung bereitete in einer Generation später Sigmund Freuds (6. 5. 1856–23. 9. 1939, London) Psychoanalyse vor. Er selbst bezeichnete diese später als dritte Demütigung des Menschen, indem er sich an die dritte Stelle nach Galilei und Darwin setzte. Die materialistisch aufgefaßte psychoanalytische Heilmethode als radikal angewandter Darwinismus wurde in unserem Jahrhundert in der Tat eine tiefe Demütigung des Menschen. Vor allem der von Freud so einseitig hervorgehobene Sexualtrieb wird als der älteste und von daher phylogenetisch (stammesgeschichtlich) legitimierte in uns bezeichnet. Dessen durch sittliche Normen erzwungene Sublimierung bzw. Veredelung gelinge nach Freuds Ansicht nur unvollkommen und erzeuge »das Unbehagen an der Kultur«, aus dem dann gerade der Tüchtigste immer wieder ausbrechen werde in gesundem Triebdurchbruch.

Diese Kritik soll nicht generell gegen die Psychoanalyse gerichtet sein. Es sei beispielsweise – als rühmliche Ausnahme – auf die von Viktor E. Frankl gegründete Wiener Schule der Psychotherapie hingewiesen, die von einem ganz anderen Menschenbild ausgeht. Aber im Hinblick auf die in unserer Zeit so »tierisch ernst« genommene Psychoanalyse sei die Bemerkung des großen Kulturkritikers Arthur Koestler an dieser Stelle zitiert: »Psychoanalyse ist die Krankheit, die zu heilen sie vorgibt.«

Bemerkt sei noch, daß allerhand dazu gehört, jene Untiefen im Unbewußten des Menschen an die Oberfläche des Bewußtseins zu wirbeln und das Hervorgeholte aus der jeweiligen Sicht des Therapeuten wissenschaftlich deuten zu wollen. Wer kann das ungestraft an sich geschehen lassen? Wer soll nachher jenes

Analysierte, das zum Ganzen bestimmt ist, wieder zusammenfügen? »Ich fühle mich ganz auseinandergenommen«, äußerte einmal ein differenzierter analysierter Mensch nach längerer Behandlung analytischer Art dem Verfasser gegenüber. –

Das ist keine Wissenschaft, das ist einfachhin Krankheit. Der Schöpfer hat in Seiner Weisheit weite Gebiete unseres seelischen Seins ins Unbewußte getaucht. Diese Terra incognita darf nur ein ehrfürchtiger charismatischer Mensch voll göttlicher Geisteskraft betreten, sonst wird Unheil daraus. Koestler sagt in einem ironisierenden Beispiel: »Sagen Sie jemandem, er sei nichts als eine überdimensionale Ratte, und er wird anfangen, Schnurrhaare zu entwickeln und Sie in den Finger beißen.«

Es gibt in der Tat in der Biologie Rattenforscher, die das Verhalten von Ratten unter bestimmten Versuchsbedingungen studieren und diese Verhaltensmuster – wie man sie so schön nennt – auf den Menschen übertragen. Arthur Koestler nennt das mit entlarvender Ironie »Rattomorphismus«. Das sind natürlich Extreme, aber sie werden ernst genommen.

Nun sei wieder ein Wort des Herrn durch Jakob Lorber aus dem »Großen Evangelium Johannes« IX 179 zitiert über den Unterschied von Mensch und Tier: »Wenn ihr Menschen bloß durch Meine Allmacht zu freiesten, Mir in allem völlig ähnlichen Kindern hättet gestaltet werden können, hätte Ich das sicher auch getan. Aber da ihr am Gängelband Meiner Allmacht nie zu freien, selbständigen und Mir in allem ähnlichen Kindern hättet werden können, darum kommt der Mensch gänzlich ohne Kenntnisse und ohne angeborene Fertigkeit in die Welt und muß in allem unterrichtet werden, während die Tiere schon alles in die Welt mitbringen, dessen sie zur Fristung ihres Lebens benötigen.«

Geistige Kräfte wie Liebe und Gewissen, im Bereich der menschlichen Individualität, wie auch moralische Verantwortung sind wissenschaftlich mit dem Kopfverstand allein überhaupt nicht erfaßbar; sie beziehen sich auf das Herz, jenen geistigen Begriff, den Blaise Pascal für das innerste Heiligtum des Menschen geprägt hat. Er meint damit jenen Ort in unserem Innern, wo der Mensch verbunden ist mit Gott.

Jakob Lorber, der den Menschen gemäß der göttlichen Trinität als ein nach Gottes Bild und Gleichnis geschaffenes Wesen trinitarisch sieht, nennt das Innerste den »Geistfunken«.

Das übersieht der Darwinismus, er lehnt es sogar strikt ab. Jeder Versuch, die Liebe und das Gewissen, Innerstes des Menschen wissenschaftlich zu erfassen, führt in jene Lieblosigkeit und Gewissenlosigkeit, wie sie von materialistisch orientierten Psychologen demonstriert werden als Mißbrauch menschlicher, besser gesagt unmenschlicher Machtansprüche. Die Tragödie der heutigen Naturwissenschaft besteht darin, daß auf ihrer Bühne nur rationales Denken und Experimentieren erlaubt sind. In diesem Drama darf nur mit Kopf und Hand agiert werden (Thürkauf). So ist das Herz für den Materialisten lediglich eine austauschbare Blutpumpe, nicht mehr.

Aber die entscheidende Frage ist die nach der geistigen Existenz des Menschen. Die kann uns ein materialistisch orientierter, auf sein Zerebrum (Gehirn) beschränkter Wissenschaftler nicht beantworten. Wenn er es zu wissen vorgibt, so ist das eine Anmaßung, vergleichbar einem Menschen, der das Gemälde eines Künstlers nur nach dem Rahmen, dem Leim und dem Farbgemisch, nicht aber nach dem Bild an sich beurteilt. Nach materialistischer Denkweise entstand Geist aus der Materie, wobei der Geist eingeengt mit Intellekt gleichgesetzt wird.

Die Offenbarung Jakob Lorbers aber lehrt uns: »Ehe die Materie war, bestand der Geist.« Ein Jakob Lorber geoffenbartes Wort aus der »Haushaltung Gottes« soll diesen Gedanken unterstreichen: II 139, 21 f. »Obschon Sich aber der Geist Gottes überall wirkend äußern kann, so kann Er Sich aber dennoch nicht wesenhaft gestaltlich äußern ohne die Liebe; wo Gott Sich für endliche Wesen, wie ihr es seid, gestaltlich äußert, da äußert er Sich durch Seine Liebe, welche da ist das eigentliche Grundwesen Gottes und der Sammelpunkt aller Macht, Kraft und Heiligkeit des unendlichen Geistes. Sehet, das ist das Wesen Gottes in aller Wahrheit und kann nur mit dem Herzen, aber nie mit dem Verstande begriffen werden!«

In unserem Jahrhundert hat sich der Darwinismus in Politik,

Technik, Psychologie und Philosophie von seiner fachbiologischen Basis gelöst und sich mit dem Positivismus und Materialismus zusammen zu einer säkularen Weltanschauung entwickelt, in der das Recht des Stärkeren zum Kriterium eines neuen Menschentypus geworden ist. Das Recht des Stärkeren, Intelligenz, Gesundheit, Triebstärke, insbesondere illusionslose Nüchternheit angesichts des die Welt regierenden Zufalls kennzeichnen ihn, den möglichst absolut Erfolgreichen. Aber diese vermeintliche Selbstbefreiung des Menschen geriet aus der Kontrolle und hat in ihrem Mißbrauch Katastrophen erzeugt, die der Größe seines Hochmuts angemessen sind: Vernichtungskriege, schwere Schäden an der Natur, an Erdreich, an Pflanzen und Tieren, Flucht in Illusion und Rausch, Vergottung des Körpers und der rohen Kraft; – andererseits Leiden an der Sinnentleerung des Daseins, an wachsender Unmenschlichkeit, elender Gottferne und Verzweiflung. Das steht alles im krassen Widerspruch zu dem vergangenen Optimismus der gelösten »Welträtsel« um die Jahrhundertwende, des technischen Fortschritts, einer vermeintlichen neuen Humanität. Dem Menschen wurde vor seiner Gottähnlichkeit bange. Viele moderne Kunstwerke, die wie apokalyptische Alpträume anmuten, beweisen es. –

Ernst Haeckel, der als herausragender Darwinist jahrzehntelang weitgehend unbestritten das wissenschaftliche Geistesbild bestimmt hat, überging in seinen Veröffentlichungen geflissentlich die Fossilien in den erdgeschichtlichen Gesteinsschichten, – die in diesen Schichten auffindbaren Versteinerungen bzw. versteinerten Tierreste. Man fand nämlich in diesen Fossilien immer nur frühere Arten jetzt noch lebender Tiere oder Reste einer Tierwelt eigener Art, wie etwa der Saurier, aber in keinem einzigen Fall ein sogenanntes Missing link, ein Zwischenglied, das als Beweis für eine Mutation herangezogen werden konnte. Vermutete Zwischenglieder zwischen Affe und Mensch wurden in keinem Falle gefunden, immer wieder nur typisch menschliche oder tierische Reste. Interessant ist im Rahmen unserer Betrachtungen, daß der ausgestorbene Neandertaler ein größeres Gehirngewicht hatte als der heutige Mensch; ein starkes Argument gegen die Identifikation von Gehirn und Seele. Geistiges ist eben nicht meßbar, Qualität nicht durch Quantität bestimmbar. Da Haeckel diese Fossilien für seine Theorien nicht brauchen konnte – »Fossilien stören nur«, äußerte er einmal –, erfand er das sogenannte »Biogenetische Grundgesetz«, das jahrzehntelang in biologischen Lehrbüchern und zum Teil heute noch verfochten wird. Dieses besagt, der Mensch wiederhole in seiner embryonalen Entwicklung die Phylogenese, das soll heißen, er wiederholc im Mutterleibe sozusagen die Evolution im kleinen, zunächst als Fisch und Kiemenatmer, mit Flossen versehen, später sei er einem Frosch gleich, anschließend durchgehe er verschiedene Säugetierarten, um dann endlich ein Mensch zu werden. Haeckel konstruierte daraus den entscheidenden Beweis für die Evolution im Darwinschen Sinne mit ihren angeblichen Mutationssprüngen, wonach höhere Arten aus niederen entstünden. Da war mit den »störenden Fossilien« nicht zu argumentieren. Von seinem durch Vorurteile geprägten Standpunkt aus hatte er recht, denn das Unternehmen der Auffindbarkeit solcher Ahnenformen, die man als Beweis für jene hypothetisch geforderten Übergangsformen von einer Art Lebewesen bis zur nächst höheren so dringend benötigt hätte, blieb bis auf den heutigen Tag vergebens. Die heutige Biologie kennt lediglich Kleinmutationen im Sinne von Genveränderungen, die zur Verschlechterung des Erbgutes führen, Ursache von Degeneration, Krankheit, Mißbildungen und todbringender Lebensunfähigkeit. Mutationssprünge im Sinne einer höheren Artenentstehung gibt es nicht.

In seinem Buch »Polykondensation in Natur und Technik«, Karlsruhe 1983, S. 201 schreibt der bekannte Molekularbiologe Bruno Vollmert wörtlich:

1. Die Mehrheit aller erkennbaren Mutationen ist letal (d. h. lebensunfähig).
2. Auch von nichtletalen Mutationen haben die meisten schädliche Folgen.
3. Viele nichtletale Mutationen führen zu ganz unwesentlichen, kaum erkennbaren Veränderungen.

4. Nur selten findet man unter den nichtletalen Mutationen solche, die tiefergreifende Veränderungen zur Folge haben, wie z. B. die Bildung von anormalen Organen, Gliedmaßen, Farben oder Formen. (Ursache sind Gifte wie Contergan, Röntgenstrahlen, Alkoholismus u. a.; d. Verf.)

Im übrigen hat der heute in Freiburg lebende Göttinger Forscher und Anatom Erich Blechschmidt dieses sogenannte »Biogenetische Grundgesetz« endgültig widerlegt und diesem das Gesetz von der »Erhaltung der Individualität« beweisend gegenübergestellt. Danach ändert zwar jede pflanzliche, tierische und menschliche Individualität im Laufe ihrer eigenen Entwicklung ihr äußeres Erscheinungsbild, wie auch wir selbst im Laufe des Lebens vom Kindesalter zum Pubertätsalter, von dort zur Lebensfülle bis zum Greisenalter unser Äußeres ändern, aber jedes Individuum bleibt kontinuierlich von der ersten Entstehung an das gleiche Individuum, ob Pflanze, Tier oder Mensch. In seiner Lebensarbeit stellte Blechschmidt, durch seine Forschungen international anerkannt, beweisend fest: Der einzelne, ganz persönliche Mensch ist und bleibt in seiner Einmaligkeit vom ersten Augenblick seiner Entstehung an dieser ganz bestimmte Mensch. Er ändert im Laufe seines Wachstums nur seine Gestalt, bleibt aber immer das gleiche Individuum, zu ewiger identischer Personalität bestimmt. Aus einem Frosch entsteht immer wieder nur ein Frosch, aus einer Katze immer wieder nur eine Katze, aus einem Affen immer nur Affen, aus Menschen entstehen immer wieder nur Menschen.

Somit wurde Haeckels »Biogenetisches Grundgesetz« ins Reich der Fabel verwiesen.

Auch der heutige Neodarwinist ist fest davon überzeugt, daß das Grundproblem der Evolution durch die Darwinsche Theorie tatsächlich eine gedanklich völlig befriedigende Lösung gefunden hat. Um mit den Worten von Jacques Monod zu sprechen: »Die Evolution der Lebewesen ist gesteuert von Zufall und Notwendigkeit.« Nach den Worten von Manfred Eigen »steuern Naturgesetze den Zufall«. Nach Monods Worten ist das Zufallsprodukt Mensch »ein Zigeuner am Rande des Universums, das taub ist für seine Musik und gleichgültig gegen seine Hoffnungen, Leiden und Verbrechen«. Der Mensch sei in dieses »stumme gleichgültige und fremde Universum geworfen, ohne daß es einen ›Werfer‹ gebe«. Die Wahrhaftigkeit und Würde des Menschen verlangten, daß er diese Einsicht nicht nur als objektive Wahrheit der Wissenschaft, sondern auch als Wahrheit des eigenen Lebens annehme, und zwar gegen »das eigene Bedürfnis nach totaler Erklärung und absoluter Rettung«. – Auf diesem trostlosen »Glauben« basiert der moderne Existentialismus, der vor allem der Jugend einen sinnlosen Heroismus auferlegt, den, wir sehen es ringsherum, diese nicht zu tragen vermag. Der Mythos des Sisyphos mit der Vergeblichkeit seines Tuns trat an die Stelle der Offenbarung von Jesus Christus, dem Pantokrator.

Albert Einstein, der diesen Trend in der modernen Naturwissenschaft sah, wehrte sich mit den berühmt gewordenen Worten: »Ich weigere mich zu glauben, daß Gott mit der Welt Würfel spielt.«

Bezüglich der Zufalls-Theorie bringt Arthur Koestler ein Beispiel, das die Unsinnigkeit dieser neodarwinistischen Theorie ins rechte Licht rückt: »Die Berechnungen zeigen, daß die Wahrscheinlichkeit für das zufällige Entstehen einer Ratte aus Chemikalien weitaus geringer ist, als die Wahrscheinlichkeit, daß eine Ratte, die auf der Schreibmaschine herumhüpft, zufällig Goethes ›Faust‹ tippt.«

Dem bereits oben erwähnten Buch von Bruno Vollmert »Polykondensation in Natur und Technik« wird zum Vergleich das Zitat von Seite 249 f. entnommen: »Auf die Frage der Entstehungswahrscheinlichkeit langer DNS-Ketten (zur Verfügung stehender Träger der Erbinformation einer befruchteten Eizelle zum Aufbau eines artspezifischen Individuums) lautet die eindeutige Antwort der Polykondensations-Statistik: Die Wahrscheinlichkeit (die Chance) für das Selbstentstehen eines neuen DNS-Abschnitts, der für einen großen Übergang notwendig wäre (gemeint ist die Großmutation zur Entstehung einer neuen Art; d. Verf.) ist viel kleiner als ein Zehntel hoch Tausend.

Das gilt für den ersten großen Übergang, nämlich die Entstehung von Makro-Molekülen und deren Organisation zur ersten lebenden Zelle ebenso wie für die Entstehung primitiver Stämme von Wirbellosen (Würmern, Quallen), für die Entstehung der Fische, Reptilien und Säugetiere und der vielen anderen Pflanzen- und Tierklassen.«

Auf Seite 250 steht: »Das DNS-Kettenwachstum, das mit dem Übergang von einer Tierklasse zur nächst höheren zwangsläufig verbunden ist, ist durch Mutation-Selektion nicht zu erklären. Anders gesagt: Die als wissenschaftliche Basis der Evolution herangezogene Lehre von der Entstehung neuer Arten, Familien und Klassen durch Mutation-Selektion in kleinen Schritten ist durch die Aufklärung der molekularen Mechanismen von Mutation, Polykondensation und Erbinformation widerlegt.«*

Andererseits bekannte sich der namhafte Zoologe und Nobelpreisträger Konrad Lorenz 1964 mit ideologischer Ergriffenheit zu Charles Darwin, das Zitat sei hier abgekürzt: »Noch nie hat sich die von einem einzigen Mann aufgestellte Lehre so restlos als wahr erwiesen im Kreuzfeuer der verschiedensten Richtungen wie die Abstammungslehre von Charles Darwin.« Konrad Lorenz sieht die Grenze zwischen Mensch und Tier nicht. Er reiht den Menschen bezüglich seiner Verhaltensweisen ins Tierreich ein, leitet also menschliche Verhaltensweisen einseitig aus dem Tierreich ab und ist blind für die geistige Komponente des Menschen. Er kennt keinen Gott, an seine Stelle setzt er die Natur. Nach seiner vergleichenden Verhaltensforschung geht beispielsweise »Liebesbezeugung« aus »Fellpflege-Reaktionen hervor«. Der unsaubere Ausdruck »hervorgehen« verschmiert die Unterschiede. Er kann sich »gut vorstellen, daß Enthusiasmus (wörtlich Gottesergriffenheit) aus Aggression hervorgegangen ist«.

Es ist klar, daß ein in das Reich der Tiere gerückter Mensch, wenn er auch etwas höher zu stehen scheint, durch größeres Gehirn und aufrechten Gang nichts »Böses« tun kann. Verwiesen sei auf das Buch von Konrad Lorenz: »Das sogenannte

* Das genannte Buch, 1983 im B. Vollmert-Verlag, Karlsruhe, sei Interessenten zur Lektüre und intensiveren Information empfohlen.

Böse«. Lorenz verkörpert eine besonders gefährliche Form des Darwinismus, seine Lehre verbreitet in seriös-biedermännischer Weise den Atheismus. Hier bewahrheitet sich ein Wort des bekannten Psychiaters und Psychotherapeuten E. Frankl: »Die Gefahr liegt also gar nicht darin, daß sich die Forscher spezialisieren, sondern darin, daß die Spezialisten generalisieren.«

Dem darwinistischen Weltbild entspricht der Ellbogenmensch, der sich dem Schwächeren gegenüber durchsetzt, auch im Wirtschaftskampf. In diesem Punkte zieht interessanterweise der Marxismus nicht mit, ist er doch mehr für den Schwächeren und gegen Benachteiligung der Untüchtigen. Der Darwinismus war nach Ansicht von Karl Marx zunächst nur die willkommene Unterlage des geschichtlichen Klassenkampfes.

Ein Wort aus dem Lorberwerk »Großes Evangelium Johannes« (VIII 96,12 f.) paßt zu diesen Betrachtungen. Der Herr sagt zu Markus: »In den späteren Zeiten aber werden ohnehin nur zu viele Forscher aller Naturerscheinungen aufstehen und alles abwägen und wohl berechnen, was zur Bekämpfung vieler Irrtümer und zur Vernichtung des schwarzen Aberglaubens sicher gut und nützlich sein wird; aber es werden dennoch viele solcher Naturforscher sich derart zu weit verirren, daß sie den geistigen Standpunkt ganz verlieren und sich in der toten Materie herumtreiben werden, und das ist dann auch nichts Gutes mehr. –

Es soll ein Mensch wohl in allen Dingen und Erscheinungen den wahren Grund wohl erkennen; aber er soll das aus seinem lebendigen Geiste überkommen, damit er alles im Geiste und in der vollen Wahrheit erkennt und somit den geistigen Lebensgrund nicht verliert . . .«

Nach der materialistisch verkürzten Evolutionslehre ist die sichtbare materielle Welt nicht mehr die unbegreifliche Liebestat Gottes, unseres Schöpfers, vielmehr scheint alles ein mechanistischer Vollzug der Bewährung der Tüchtigen.

Es sei auch nicht verheimlicht, daß eine positive Wirkung vom Darwinismus ausgegangen ist, die man nicht übersehen darf. Er gab einen Anstoß zu allgemeiner Bildung und wissenschaftlichem Interesse, bot er doch erstmals eine vermeintliche Lösung der sogenannten Welträtsel an, die wissensdurstigen Menschen auf der Seele brennen. Dieser anwachsende Bildungshunger machte Volkshochschulen, Abendgymnasien und Volksbildungswerke erforderlich.

Eine weitere große Gefahr des angewandten Darwinismus ist in naher Zukunft noch die Möglichkeit der Gentechnik. Versuche mit menschlichem Erbgut sind schon angelaufen. Es kann zu Wahnsinnsexperimenten kommen, um sogenannte Übermenschen zu züchten. Max Thürkauf, der bekannte Schweizer Atomphysiker und Philosoph, äußert in einem 1984 in der Zeitschrift »Theologisches« erschienenen Aufsatz über »die Auferstehung Christi und die Naturwissenschaft«: »Sie wollen mit den Wundern der Gentechnik den Menschen besser machen, als Gott ihn gemacht hat. Daß nach Erreichung der Spitze der Turm nur noch kleiner werden kann, versteht sich.«

Ein amerikanischer Forscher (Lederberg, Biologe, Genexperimentator, Nobelpreis 1954) will durch Anwendung von Hormonen in der Schwangerschaft bei den Föten übergroße Hirne erzeugen, die dann aber nicht mehr das weibliche Becken bei der Geburt passieren können, er schlägt daher die Einführung der allgemeinen operativen Entbindung vor. Diese Überhirnigen sollen angeblich über eine größere Intelligenz verfügen und würden dann, so nimmt er an, mit den Problemen unserer Zivilisation besser fertig werden. Lederberg hat dabei nur vergessen, daß ein größeres Gehirn zur Versorgung auch ein größeres Herz und größere Lungen benötigt (Riesenwuchs). Wir erwähnten jedoch schon, daß der ausgestorbene Neandertaler 100 Milliliter Gehirn mehr als der heutige Mensch hatte; dennoch schaffte er das Überleben nicht und hinterließ auch keine überragende Kultur. Nur maßlose Überschätzung der Intelligenz kann einer Vorstellung verfallen, daß größere Hirngewichte Voraussetzung für bessere Menschen seien. – Es gibt noch radikalere Vorschläge zur Züchtung »besserer Menschen«, es sollen sogenannte Samenbanken eingerichtet werden. Inzwischen gibt es sie schon, in denen eingefroren das Sperma ausgewählt superintelligenter Spender zur Verfügung steht. Ehepaare hätten dann das Privileg, von solchen Keimvorratslagern geeignetes Material zur Zeugung von Kindern für ihre Familie auszuwählen, welches ihrer Vorstellung am meisten entspricht. Was dieses alles später für Probleme aufwirft, das wäre ein Buch für sich.

Menschliche Föten lassen sich in tiefgekühltem Zustand länger lebend erhalten und können sogenannten Leihmüttern implantiert werden.Es werden von Biologen Zukunftspläne für experimentelle Genetik diskutiert, bei der auch Erbanlagen anderer Lebewesen in der Züchtung berücksichtigt werden sollen. Das läuft unter dem Namen »Experimentelle Genetik für zukünftige menschliche Evolution«. (Lederberg u. a., Ziba-Kolloquium, 1968) Danach glaubt man, könne der Chromosomensatz von Affen durch Fragmente des menschlichen Chromosomensatzes erweitert werden. Wir stehen also vor einer Kernspaltung besonderer Art, den Versuchen zur Spaltung von lebenden Keimzellen.

Es ist wohl nicht ernsthaft zu befürchten, daß solche Wahnsinnsexperimente zur Züchtung von Übermenschen und deren Arbeitssklaven gelingen könnten. Ein späterer Nachfahre des Altmeisters der Evolution, ein Ch. G. Darwin schreibt in seinem Buch »Die nächste Million Jahre« vom Jahre 1953: »Es ist wahrscheinlich, daß der Rest der Menschheit diese Übermenschen nicht ertragen und sie umbringen würde, bevor sie überhaupt Zeit hätten, sich zu vermehren.«

Ein interessanter Vorgang soll noch erwähnt werden, der ebenfalls zu unserem Thema gehört. Nach dem Tode Lenins im Januar 1924 erfolgte eine Obduktion der Leiche unter Teilnahme von zehn namhaften Medizinern. Der bekannte deutsche Hirnforscher Oskar Vogt, Direktor des Kaiser-Wilhelm-Instituts, der nur an der Auswertung von sogenannten »Elite-Gehirnen« interessiert war, wurde zu diesem Anlaß ebenfalls nach Moskau geholt. In einem eigens neugegründeten sowjetischen Staatsinstitut für Hirnforschung wurde Lenins Gehirn in 31 000 Schnitte zerlegt und fachmännisch untersucht. Alle waren über den Hirnbefund tief betroffen, hatte man doch bei diesem quasi Übermenschen einen Befund besonderer Art erwartet. Man fand eine ausgedehnte Sklerose der Hirngefäße vor, nichts als Sklerose. Das Erstaunlichste für die Anwesenden war nicht so sehr, daß die Denkfähigkeit in einem so verkalkten Gehirn intakt geblieben war, sondern daß er mit einem solchen Gehirn überhaupt so lange leben konnte. Die Fachleute gaben übereinstimmend ihrer Verwunderung Ausdruck über die Geisteskraft, über die Lenin bis zuletzt verfügte. Andere Patienten mit ähnlichen Störungen seien im allgemeinen zu jeder Verstandesarbeit unfähig. – Das Gehirn ist und bleibt anonym und gibt keine Aufschlüsse darüber, was sein einstiger Besitzer damit getan hat. Lediglich das Schweigen über das Fehlergebnis der Untersuchung des Gehirns von Lenin vermochte die kritiklose Masse zu täuschen und den Kult um den toten Lenin zu erhalten. –

Man bezeichnet Darwins Lehre auch als Deszendenztheorie, was an sich Abstammungslehre bedeuten soll. Wörtlich übersetzt, abgeleitet von dem lateinischen Wort *descendere,* heißt Deszendenz jedoch Abstieg. So äußerte der Dichter Hermann Hesse analog dazu, der Darwinismus sei eine Treppe, die abwärts führt. In Darwins »naturbedingtem Kampf ums Dasein« sind immer die physisch Stärkeren die Sieger, die sich am besten der Umgebung Anpassenden. Nach Darwins und seiner Epigonen-Lehre überleben die Dschingis-Khans und die Schweiks, nicht aber die Franz von Assisi, Wolfgang Amadeus Mozart oder Dietrich Bonhoeffer. Die Welterklärungen für einfache Gemüter erleben entsprechend der Zahl der Angesprochenen immer noch Riesenerfolge. Aber die geistig kurzatmigen Bestseller eines darwinistisch geprägten Wissenschaftsjournalismus werden bald wieder vergessen sein. Darwin und Haeckel waren als Pioniere des Materialismus von schwererem Kaliber und gleichzeitig Meilensteine zum Untergang des abendländischen Geisteslebens.

Der bedauerliche Verfall des abendländischen Geisteslebens, beginnend mit der Zeit der Aufklärung, mußte wohl kommen, um letztendlich die geistige Befreiung von mittelalterlichen Denkzwängen zu erwirken. »Ärgernisse müssen kommen«, so sagt Jesus, »doch wehe dem Menschen, durch den Ärgernis kommt.« –

Es ist tröstlich zu wissen, daß Gott auch auf krummen Zeilen gerade zu schreiben weiß. Im Darwinismus, noch mehr im Neodarwinismus, finden wir bis heute die gleiche Aufklärungsmentalität wieder wie jene, die Laplace auf eine Frage Napoleons, wo denn in seiner Theorie Gott zu finden sei, antworten ließ: »Majestät, die Wissenschaft bedarf dieser Hypothese nicht mehr!« Seither ist durch die Erfolge der Technik des Machens der Hochmut des Menschen ungeheuerlich gewachsen. Nur noch das Meßbare wird von vielen für die einzige Möglichkeit gehalten. – Am Affenhaus des Frankfurter Zoo hängt eine Bronzetafel mit der Inschrift: »Der eigentliche Übergang vom Affen zum Menschen, das sind wir.« Dieses sinnige Wort stammt von dem angesehenen Nobelpreisträger Konrad Lorenz. Man fragt sich unwillkürlich, nach welchen Kriterien eigentlich in letzter Zeit solche Preise verteilt werden, wenn man so bedeutende Forscher wie Erich Blechschmidt einfach übergeht, der bei seiner großen Bescheidenheit eine so ungeheure Kleinarbeit unter Einsatz seiner ganzen Lebenskraft geleistet hat mit dem Ergebnis der Widerlegung des biogenetischen Grundgesetzes von Haeckel, womit weitgehend der Darwinismus widerlegt wurde. – Wer aber hat bisher diesen in der Stille geschehenen geistigen Umsturz registriert, war doch das bisherige darwinistische Schema mit einer Welt ohne persönlichen Gott für den Materialismus so einfach und scheinbar endgültig! –

Auf einen eigenartigen zeitlichen Zusammenhang sei an dieser Stelle verwiesen: Als Jakob Lorber im Jahre 1840 den himmlischen Auftrag erhielt, eine göttliche Botschaft niederzuschreiben, entdeckte im gleichen denkwürdigen Jahr der Arzt und Physiker Robert von Mayer das »Gesetz von der Erhaltung der Energie«. In unserem Jahrhundert widerlegte der große Arzt und Forscher Erich Blechschmidt das sogenannte »Biogenetische Grundgesetz« Haeckels und entdeckte das »Gesetz von der Erhaltung der Individualität«. Er widerlegte den Darwinismus, der wiederum um die Zeit der Schreibtätigkeit Jakob Lorbers entstanden war.

Im sechsten Band vom »Großen Evangelium« erhält laut Jakob Lorber ein Zöllner, namens Jored, vom Herrn eine Belehrung über die Schöpfung, die in erstaunlicher Weise in die heutige geistige Auseinandersetzung paßt: (87,6 ff.) »Wenn aber die ganze Schöpfung nach eurer neuen Weltweisheit nur ein Werk des blinden Zufalls wäre, würden da die Dinge in der Natur auch die gegenwärtige Seinsbeständigkeit nach allen Richtungen hin beibehalten? O mitnichten! Sieh, der Wind ist so eine mehr blinde Macht, obwohl nur zum Teil! Hast du schon je wann gesehen, daß er irgendeine bestimmte Form, die eine Beständigkeit hätte, allwo hervorgebracht hat? Er wühlt wohl den Staub auf und trägt ihn in losen Wolkenformen durch die Luft, wo sich die Formen in jedem Augenblick verändern und nimmer als ganz dieselben je wieder zum Vorschein kommen. Kannst du dir die Gestalt einer Wolke derart merken, daß du etwa nach ein paar Tagen sagen könntest: ›Siehe, das ist eben dieselbe Wolke, die ich schon vor ein paar Tagen gesehen habe!‹? Oder kannst du am Meer irgend von einer Woge ein gleiches behaupten?

Aus dem aber kannst du nun ganz leicht ersehen, daß eine blinde Kraft nie auch nur ein Moospflänzchen, das in derselben und ganz gleichen Form stets viele Jahrtausende hindurch wiederkehrt, hervorgebracht hat.

Wenn aber also, leuchtet da einem besseren Menschenverstande nicht von selbst ein, daß alles Werden, Sein und Bestehen, worin erstens eine bestimmte, unwandelbare Form, Beschaffenheit, Eigenschaft, Nutzwirkung und Endzweck gar absonderlich wohl und bestimmt zu erkennen sind, von einer solchen Kraft hervorgebracht werden muß, die eine unbegrenzte und unwandelbare, wennschon allumfassende Einsicht und Weisheit besitzt, ohne die du nie einen bestimmt geformten Gegenstand, sei es ein Stein, ein Metall, eine Pflanze oder ein Tier, je zu Gesichte bekämst? Solch eine Kraft muß sicher eine einheitliche und ihrer selbst gar sehr wohlbewußte sein, weil ohne sie nichts eine bestimmte und in sich einheitliche Form annehmen könnte.

Und nun zweitens: Da du eine solche Kraft notwendig annehmen mußt, die als Ursein in sich allem Sein zugrunde liegt, so muß denn diese Grundurkraft ja doch auch einen entsprechenden Namen haben, durch den sie sich anfänglich in der Erinnerung und im Gedächtnis der Menschen, die dazu da sind, diese Kraft zu erkennen, erhalten kann. Wer wird aber je nach der näheren Erkenntnis einer Sache fragen, von der er nicht einmal den Namen jemals gehört hat?! Wir wollen diese Urkraft allgemein einmal ›Gott‹ nennen. Haben wir aber nun einmal einen Gott, so werden wir weiter fragen und sagen: ›Wo ist denn dieser Gott, und wie sieht Er aus? Wie erschafft Er die Dinge, wie bringt Er als ein purster Geist die grobe Materie aus Sich zum Vorschein?‹

Und sieh, wenn ein Mensch einmal also zu fragen beginnt, dann ist er schon auf einem besseren Wege! Er wird allen Geschöpfen eine höhere Aufmerksamkeit widmen und in ihnen forschen, wieviel von der göttlichen Urweisheit sich darin vorfinden möchte. Und je länger er also prüfen wird, desto mehr der göttlichen Weisheit und Ordnung wird er auch leicht und bald darin finden.

Hat er die gefunden, so wird er in seinem Herzen auch bald eine Anregung von Liebe zu Gott wahrnehmen und aus solcher Liebe stets mehr und mehr innewerden, daß Gott in Sich Selbst von der mächtigsten Liebe erfüllt sein muß, damit Er eine so große Lust und Freude hat, eine unzählige Menge von Dingen und Wesen, die nicht nur Zeugen von Seinem Dasein, sondern vielmehr noch Zeugen von Seiner Weisheit, Macht und Liebe sind, so wunderbar weise zu erschaffen.

Wenn der Mensch in solchen Betrachtungen und Innewerdungen wächst und zunimmt, da nimmt er offenbar auch in der Liebe zu Gott zu und nähert sich Ihm mehr und mehr; je größer und gediegener aber solche Annäherungen eines Menschen zu Gott hin werden, desto mehr des Geistes Gottes sammelt sich auch in seinem Herzen, in welchem dadurch der eigene Geist genährt und stets mehr und mehr erweckt wird zur wahren Erkenntnis des eigenen inneren Lebens und seiner Kraft, im Vereine mit der Kraft des göttlichen Geistes in ihm . . .«

Ein besonderes Gebiet ist es, wo der Darwinismus mit seinen Erklärungsversuchen einfach steckenbleibt. Das ist die mannigfaltige und vielfältige Schönheit so zahlloser Pflanzen und Tierarten. Was mag diese Schönheit bedeuten? Ist sie reine Zweckmäßigkeit im Sinne des Darwinismus oder ist sie ein göttliches Symbol? Stellen wir uns nur ein wogendes Kornfeld, eine blütenreiche Alpenwiese, die einzigartige Pracht buntgefärbter Schmetterlinge vor! Genügt für all dieses als ausreichende Erklärung seines Entstehens der Gedanke der Zuchtwahl und der sogenannte Kampf ums Dasein? Sind nicht die Geweihe eines Hirsches denkbar ungeeignete Gebilde zum Überleben im Daseinskampf? Und wie steht es gar mit der Vogelwelt, ihrem bunten Gefieder und herrlichem Gesang? Soll das alles nur Zweckmäßigkeit sein, der Gesang von Nachtigallen und Drosseln, das ganze herzerfrischende Gezwitscher im Frühjahr? Denken wir nur an die Pracht der tropischen Vogelwelt, die Schönheit von Fasanen und Pfauen in unserem Lebensbereich. Die Fülle seiner Schwanzfedern vermag der Pfau zu einem hundertfältigen Federrad zu spreizen. Den Indern war er ein Anblick des obersten und allsehenden Gottes. Die Phönizier, die großen Seefahrer des Altertums, brachten ihn ins Abendland. Dort wurde er auf der Insel Samos zum Sinnbild der Himmelsgöttin Hera, da man in den goldenen Augenflecken auf saphirblauem Grund ein Symbol des sternenübersäten Himmels sah. Darwin hat bezeichnenderweise einmal geäußert: »Der Anblick eines Pfauenauges macht mich krank.« Gemeint sind hier in der grün irisierenden Schwanzfeder die blaugoldenen Augenflecken.

Wenn Zufall und Notwendigkeit, der von Naturgesetzen gesteuerte Zufall, Ursachen der Entstehung solcher Wesen wären, gäbe es keine Schönheit auf der Welt. Darwinistisch gesehen ist Schönheit Zwecklosigkeit, sie muß im Kampf ums Dasein unterliegen. Wenn die verschiedenen Darwinismen der Wirklichkeit entsprächen, müßte die Schönheit schon längst der Tüchtigkeit zum Opfer gefallen sein.

Im »Großen Evangelium Johannes« VI 136,2 spricht der Herr zu Seinen Aposteln und zu einem römischen Hauptmann über die Schönheit der Schöpfung: »Sehet, gleich wie dieser musterhafte Garten soll auch der rechte Mensch nach dem Willen Gottes bestellt sein! Er soll in sich auch das Wahre und Gute mit dem Schönen und Erhabenen vereinen. Tut er das, so beweist er dadurch, daß er Gott, seinem Schöpfer und Vater, in allem ähnlich ist.

Sehet die große Anmut aller dieser Blumen an! Wie herrlich sie geschmückt sind, und eine übertrifft die andere an Herrlichkeit! Ja, warum denn also? Am Ende folgt der Blüte einer noch so reizend schönen Rose denn doch nur ein höchst einfach und nie besonders schön aussehender Same, dessen Vorgängerin die schöne Blüte war, und zu dessen Hervorbringung es eigentlich keiner gar so schönen Blüte bedurft hätte. Aber Gott wählte darum auch zu allen Seinen Werken die Ästhetik im höchsten Grade, auf daß Er dadurch auch wecke bei den Menschen den zu aller Seligkeit notwendigen Schönheitssinn. Ist dieser in einem Menschen völlig wachgerufen, so ist ein solcher Mensch dann auch empfänglich für alle Wahrheit und für all das Gute, dessen Urheberin eben die Wahrheit ist . . .«

Die Häßlichkeit ist ein Aspekt des Darwinismus, weil für die Schönheit das Überleben gegenstandslos ist. Es sei noch einmal an Darwins resignierendes Wort im Alter erinnert: »Es beschlich mich langsam der Unglaube. Man könnte treffend sagen, daß ich ein Mensch bin, der farbenblind geworden ist.«

Der 1982 verstorbene Baseler Zoologe Adolf Portmann, ein großer und unabhängiger, gegen den Strom der Zeit schwimmender Forscher, nannte diese biologisch unerklärbare Schönheit »die Selbstdarstellung des Lebendigen«. Wie würde ein Himmelsgeschenk wie das Genie eines Wolfgang Amadeus Mozart wohl aus Darwinscher Sicht zu beurteilen sein? Wir sollten uns die Erkenntnis zu eigen machen, daß das Höhere niemals aus dem Niederen verstehbar ist, wie es etwa die aus dem Darwinismus geborene Tiefenpsychologie macht. Der große Theologe Romano Guardini hat es häufiger betont: »Das Dasein ist in Ebenen gebaut. Sinn und Möglichkeiten der tieferen erschließen sich voll erst auf der höheren. Das Denken kann nicht von unten nach oben, also naturalistisch, entwicklungstheoretisch, sondern nur von oben nach unten, also hierarchisch verstanden werden.« (Christliches Bewußtsein, Versuche über Pascal, S. 167)

Was ist unter dem Einfluß des materialistisch entarteten Darwinismus aus dem Gottesgeschenk der Liebe zwischen Mann und Frau geworden? Die heutige Verengung der Liebe zwischen einem Menschenpaar auf Selbstverwirklichung in der Sexualität ist eine Folge dieses mechanistisch-materialistisch verkürzten Denkens über den Menschen. Die liebevolle menschliche Geste eines Kusses ist im Sinne der vergleichenden Verhaltensforschung nach Lorenz im Sinne einer »ritualisierten Fütterungsbewegung« zu verstehen. Aber ist der Kuß als Ausdruck liebevoller Zuwendung wirklich nur ein atavistisches Rudiment aus der tierischen Vorzeit?

Selbst der sonst für Darwin recht eingenommene marxistische Vordenker, Friedrich Engels, stellte schon bald im Jahre 1877 fest: »Ganz kindisch ist, den ganzen mannigfaltigen Reichtum der geschichtlichen Ent- und Verwicklung unter die magere und einseitige Phrase vom Kampf ums Dasein subsumieren zu wollen.«

Hier sind sich ausnahmsweise die Marxisten mit den anderen Philosophen und den Christen einig, so geht es nicht! Mit der Entwicklung des Menschen, wie sie der Darwinismus im Kampf aller gegen alle sieht, kann und darf es so nicht weitergehen. Hier ist ein Endpunkt erreicht, der denkende Menschen ahnungsvoll von Endzeit sprechen läßt. Darwin, der ja immer seinen Thesen gegenüber von einem gewissen Unbehagen bedrängt war, nahm am Ende seines letzten zweibändigen Werkes 1871 fast im letzten Satz in souveräner Mißachtung seiner eigenen Logik seine bisherige Forderung mit einer bemerkenswerten, gar nicht darwinistischen Einschränkung zurück; er erklärt da: »So wichtig stets der Kampf ums Dasein war und immer noch ist, wenn das höchste der menschlichen Natur auf dem Spiel steht, gibt es noch andere Kräfte, die wichtiger sind. Denn die moralischen Eigenschaften sind direkt oder indirekt viel mehr durch die Wirkungen der Gewohnheit, durch Verstandeskräfte, Unterweisung, Religion usw. vorgeschritten, als durch die natürliche Zuchtwahl.« –

Es gab kein Zurück, Darwins Schüler und Epigonen hatten sich seit gut einer Generation seines Werkes bemächtigt, und das, was dem platten Denken des Zeitgeistes entsprechend war, bis heute hin herausgeholt; sie waren darwinistischer als der Altmeister selbst. Der Darwinismus war materialistisch-antireligiös geworden, er hatte den Großteil der Menschheit, einschließlich der Philosophen und vieler Theologen in einen nihilistischen Abgrund gestürzt, in dem der Mensch mit stoischem Gleichmut Haltung bewahren soll. –

Vor wenigen Jahrzehnten entwarf Teilhard de Chardin, ein französischer Jesuitenpater, Paleontologe und Anthropologe, großangelegte Arbeiten auf Grund persönlicher Forschungen, in denen er nachzuweisen versuchte, daß Evolutionstheorie und Christenglaube einander keineswegs ausschließen müssen. – Die Evolutionstheorie in ihrer verkürzten materialistischen Sicht atheistischer Prägung, wie sie im platten Darwinismus verkündet wird, ist in ihrer Halbwahrheit schlimmer als eine vollständige Lüge. – Teilhard zeigte, daß man die Evolution als geistgelenkten Vorgang annehmen und zugleich gläubiger Christ sein kann. Daß also das eine das andere nicht notwendigerweise ausschließen muß. Teilhard hat das Thema sowohl Schöpfung als auch Evolution, ohne Jakob Lorber zu kennen, mutig angefaßt und ist dabei sehr weit vorgestoßen. Einige Jahre lang fand er bei suchenden Christen aller Konfessionen große Beachtung. Er sah eine von einem Schöpfer ausgehende große Zielstrebigkeit in der Entwicklung der ganzen Schöpfung. Vom Atom zum Molekül, von sich immer differenzierter entwickelnden Molekülen zu primitiven Lebewesen, die sich zu immer vollkommeneren Lebensformen, Pflanzen und Tieren bis hin zum Menschen entwickelten. In dieser Sicht war Ziel der Schöpfung von Punkt Alpha bis zum Punkte Omega die Noogenese, die Schaffung von vernunftbegabten Wesen, eben den Menschen, bis hin zur Christogenese, der Vereinigung aller Vernunftwesen mit dem kosmischen Christus, mit anderen Worten, dem großen mystischen Leibe, dessen Haupt Christus ist. Adolf Portmann nannte den eigentlichen Inhalt der Teilhardschen Evolutionslehre vergleichend »den Pfeil des Humanen«, das heißt, vom einfachsten Atom bis zur Entwicklung des differenzierten Menschen stecke in den sich immer höher hinauf entwickelnden Arten, gleich einem nach oben weisenden Pfeil, der Drang nach oben. Hinter allem stecke Geist, der nach immer größerer Freiheit strebe, wie er sich eben im Menschen mit Willensfreiheit verkörpert darstelle.

Es ist inzwischen still geworden um das Werk von Teilhard. Bei aller Kühnheit des Entwurfs weht es immer noch den suchenden Menschen kalt an. Man bekommt gewissermaßen eine Art Beklemmung, kosmischen Schwindel. Die präkosmische Urschuld, die Erbsünde lassen sich in dieser Lehre nicht unterbringen. Es fehlt das Wissen um die Präexistenz der Seelen und das ganze Geschehen in der geistigen Urschöpfung vorher, aus dem heraus ja die Entstehung der Materiewelt erst verständlich wird. Es fehlt die unmittelbare Nähe des Herrn mit Seiner liebenden Anteilnahme bis zur Inkarnation im Fleische. Der Herr ist in kosmische Fernen, an einen Punkt Omega gerückt. Es sind jene Lücken, die man in der Lorberschen Prophetie gefüllt findet, die einfach bei Teilhard offen bleiben. So ist es nicht verwunderlich, daß die Zeit über diesen an sich großartigen Versuch hinweggeschritten ist.

Wer die kosmologische Prophetie Jakob Lorbers kennengelernt hat, legt Teilhard beiseite, aber wir Christen schulden ihm Dank. – Der Standpunkt, der sich heute weitgehend in den christlichen Kirchen durchgesetzt hat, vertritt sowohl Schöpfung als auch Evolution, nicht entweder-oder. Der leider im Jahre 1982 zu früh verstorbene Professor für Biologie, Joachim Illies, hat in mehreren Schriften diese Position immer wieder öffentlich als Christ vertreten, am profiliertesten in seinem Nachlaßwerk, dessen sich der Baseler Atomphysiker und Philosoph Professor Thürkauf angenommen hat: »Der Jahrhundertirrtum, Würdigung und Kritik des Darwinismus«. Beide Ebenen, die philosophisch-theologische und die naturwissenschaftliche, schließen sich nicht aus, sie ergänzen sich. –

Der Jesuitenpater Professor Koltermann, Inhaber des Lehrstuhls für Naturphilosophie an der Philosophisch-theologischen Hochschule Sankt Georgen in Frankfurt/Main und für Zoologie an der Universität in Mainz, kommt zu folgendem Ergebnis:

»Philosophisch läßt sich aufzeigen, daß alle Lebewesen als kontingente Wesen ständig der erhaltenden Schöpferkraft Gottes bedürfen. Darum wäre das Ineinander von Schöpfung und Evolution am besten und klarsten dadurch ausgedrückt, daß man sagt, Gott erhält die Lebewesen im Sein und sein Schöpfungsakt setzt sich fort in der Zeit. Phänomenologisch zeigen sich die Lebewesen in Evolution befindlich. Schöpfung geschieht in der Form von Evolution. Die Kurzformel kann dann nicht mehr lauten, entweder Schöpfung oder Evolution, und auch nicht Schöpfung und Evolution, sondern Schöpfung in Evolution.« Er stellt weiter fest: »Auszugehen wäre von dem Bild Jahwes, als Gott der Geschichte Israels, der also nicht nur am Anfang des auserwählten Volkes steht, sondern mit ihm durch sein ganzes Werden geht, er ist der Gott des Heils, der sein Volk auf dem Zug durch die Wüste und die Gefangenschaft begleitet, es also nicht allein läßt. Dieser Gott der dauernd lebendigen Gegenwart ist im Zusammenhang der Naturgeschichte ein Gott, der eine werdende Welt schafft, der in den Samen alles legt und sich entfalten läßt, der Gott der Gesetze der Natur und ihrer Dynamik. Die Dynamik Gottes zeigt sich in der Geschichte des Kosmos bis hin zum Lebendigen. Erst in der modernen Gesamtschau der Evolution, vom Werden der ersten Atome, Moleküle, Sonnensysteme, Milchstraßen bis hin zum Leben und der Personalität des Menschen läßt sich heute erahnen, wie groß das Urbild sein muß, wenn die Abbilder schon so großartig sind.« Das ist die Sicht eines gläubigen Christen, auf einen kurzen Nenner gebracht, das ist fortwährende Schöpfung.

Schon mehr als zwei Jahrhunderte zuvor schrieb der große nordische Seher Emanuel Swedenborg in seinem Werk »Die Wahre Christliche Religion«, 2. Band, in Kapitel 8 »Die Heilige Schrift in ihrer Fülle« über das göttliche Wort im Sinne des Logos: »Und da das Weltall durch dasselbe geschaffen ist, so wird es auch durch dasselbe erhalten. *Denn wie das Bestehen ein fortwährendes Entstehen voraussetzt, so die Erhaltung eine fortwährende Schöpfung.*« – Welche Erleuchtung! Ein Jahrhundert vor der Verfinsterung durch die Aufklärung und mehr als zwei Jahrhunderte vor unserer Gegenwart.

Aus den bisherigen Darlegungen haben wir ersehen, daß das mechanistisch-materialistische Weltbild auf dem Boden des Darwinismus und des noch radikaleren Neodarwinismus auf Hypothesen gegründet ist, die durch nichts bewiesen werden konnten, die im Gegenteil durch wissenschaftliche Fakten längst widerlegt wurden und als »Jahrhundertirrtum« ad acta gelegt werden könnten. Dennoch ist für viele diese falsche Doktrin noch eine Art Glaubensartikel geblieben, wird sie doch dem Anschein nach in wissenschaftlichem Gewande unumstößlich wie ein Dogma apodiktisch verkündet. So wird in eigenartiger Blindheit vielfach noch daran festgehalten. Daher wurde für uns eine gründliche Auseinandersetzung mit dieser Doktrin notwendig, auf daß von dorther der lebendige Reichtum des von der christlichen Offenbarung geprägten Weltbildes Jakob Lorbers desto heller aufleuchten kann. Ein Weltbild mit kosmischer Weite einerseits und brüderlicher Nähe unseres Herrn und Schöpfers andererseits, der uns in Seiner Menschwerdung zum Bruder wurde.

So soll nun ein Wort des Erzengels Raphael an einen wissensdurstigen Menschen aus dem Lorberwerk »Das große Evangelium Johannes« III 236,12f. dieses Kapitel abschließen: »Was wäre mit der ganzen Schöpfung, so der Herr nur einen Augenblick ihrer vergäße?! In einem schnellsten Moment wäre es völlig aus mit ihr; keine Sonne, kein Mond, kein Stern in der ganzen ewigen Unendlichkeit und keine Erde, die dich trägt, bestände mehr, auch kein Engel und Mensch würde sich irgend mehr aus sich heraus erhalten können!

Alles, was da ist, wird in einem fort vom allmächtigen, ewig gleichen und unwandelbarsten Willen des Herrn erhalten, ohne den kein Dasein denkbar ist.«

Im zehnten Band vom »Großen Evangelium Johannes« 170,13ff. belehrt der Herr den obersten Richter einer Stadt: »Meinst du wohl, daß dazu weniger erforderlich ist, um den kleinsten Wurm ins Dasein zu rufen, als eine ganze Erde, den Mond und die Sonne?

Ich sage dir: So du das einfachste Würmchen in sein Lebensdasein zu rufen imstande bist, da bist du auch ebensogut imstande, eine ganze Erde, den Mond und die Sonne sowie die andern Gestirne ins Dasein zu rufen! Denn die sichtbare, körperliche Lebensmaschine eines noch so unbedeutenden Würmchens ist in ihrem organischen Bau so kunstvoll, daß du dir darüber nicht den allerleisesten Begriff machen kannst; und wäre diese äußere Lebensmaschine nicht so kunstvoll und weise eingerichtet, wie könnte man in dieselbe ein substantielles Seelchen setzen und dieses sich dann der Lebensmaschine zu seiner weiteren Entwicklung bedienen?

Und wenn derjenige, der das Würmchen ins Dasein ruft, nicht selbst ein vollkommenster Herr aller Kräfte und alles Lebens wäre, – wie könnte er eine solche Maschine beleben? Und so er selbst nicht nur ein Herr aller Kräfte und alles Lebens, sondern unbedingt das ewige Leben selbst wäre, – wie könnte er das Würmchen selbst beleben?«

Die Evolution in ihrer Gesamtschau, – nicht in der mechanistisch-materialistisch verkürzten Sicht des Darwinismus, – in der christlichen Sicht, ist fortwährende Schöpfung. Sie ist also geistgelenkt, nicht das Würfelspiel von Zufall und Notwendigkeit. Niemals zieht sich der Herr des Himmels und der Erde von Seinem Werk zurück oder setzt sich je zur Ruhe.

3. Der Schöpfungsgedanke in der christlichen Prophetie Jakob Lorbers und anderer

Wir erfuhren im vorhergehenden Kapitel, daß alle früheren Versuche einer idealistischen Problemlösung der Evolution unter der Vorherrschaft des Darwinismus vom Tisch gefegt wurden. Nun aber wurde die Zeit reif für eine umfassendere Sicht.

Der Biologe Joachim Illies sieht gegen Ende seines Lebens in seinem 1983 erschienenen Buch »Jahrhundertirrtum, Kritik und Würdigung des Darwinismus« ahnungsvoll in der Evolution eine doppelte Wahrheit. Er spricht von Deszendenz, einem Herabsteigen der Urbilder, wie sie aus Gottes Schöpferkraft stammend, vom Logos vermittelt sich in die Wirklichkeit dieser Welt hineinsenkten; und von Aszendenz, einem Aufsteigen und sich im Artenwandel zu immer komplexerer Struktur und Umweltunabhängigkeit steigernden Wachsen des Lebensstromes in der materiellen Gesetzlichkeit dieser Welt. Diese beiden sich in den Denkstrukturen unseres Gehirns spiegelbildlich aufeinander zu bewegenden und durchdringenden Ereignisse der Wirklichkeit fielen dann zu einer Wahrheit der kosmischen Evolution zusammen.

Wir erfuhren ferner durch das Werk des Forschers und Anatomen Erich Blechschmidt die Widerlegung des von Ernst Haeckel aufgestellten, auf falschen Voraussetzungen beruhenden sogenannten biogenetischen Grundgesetzes, wonach der im Mutterleibe heranwachsende vorgeburtliche Mensch eine Reihe von Vorstadien aus dem Tierreich durchlaufe, bis er endlich ein Mensch sei. Diese Behauptungen Haeckels, von einem ganzen

Zeitalter geglaubt, sollten die Evolutionstheorie beweisend fundieren, nachdem man in den erdgeschichtlichen Funden keine Stützen dafür fand. Blechschmidt entdeckte durch seine Erforschung der menschlichen Frühstadien, daß das befruchtete Ei des Menschen vom ersten Augenblick an die ganze Fülle des Menschen enthält und formulierte »das Gesetz von der Erhaltung der Individualität«; danach bleibt bei allem Wechsel der äußeren Gestalt das Individuum vom Augenblick der Befruchtung an immer das gleiche. Das bedeutet auch, vom Menschen kann genetisch immer wieder nur ein Mensch entstehen, wie aus bestimmten Tier- und Pflanzenarten immer nur die gleiche Art entstehen kann. Das Haeckelsche biogenetische Grundgesetz war somit widerlegt und damit war zugleich eine wesentliche Stütze des Darwinismus gefallen.

Schließlich wies der Molekularbiologe Bruno Vollmert in neuester Zeit nach, daß die Entstehung neuer Stämme, Klassen und Ordnungen, der Übergang von einer Tierklasse zur nächsthöheren, im Darwinschen und neodarwinistischen Sinne durch Mutation-Selektion nicht erklärbar ist. Jacques Monod habe 1964 in einem Vortrag bei Cern in Genf erklärt: »Es ist absurd und absolut unsinnig, zu glauben, daß eine lebende Zelle von selbst entsteht. Aber dennoch glaube ich es, denn ich kann es mir nicht anders vorstellen.« Vollmert bezeichnet das als eine moderne Version des alten »Credo, quia absurdum*«. – Im übrigen würde niemand daran glauben, wenn ihm jemand erzähle, es habe jemand tausend Mal hintereinander eine Sechs gewürfelt. Beim Würfeln sei W = 1/6. Weiche die Anzahl der Sechsen erheblich von 166 ab, sei Manipulation im Spiel. Sähen wir es mit eigenen Augen, würden wir nicht zögern, daraus zu schließen, daß hier der Zufall durch eine lenkende Kraft ausgeschaltet wurde (Schwerpunktverlagerung).

Vor der gleichen Situation bei der Evolution des Lebens dagegen weigerten wir uns beharrlich, das Wirken zielbewußt lenkender Kräfte auch nur in Erwägung zu ziehen, es werde zäh an dem

* »Wenn es auch unsinnig erscheint, glaube ich es dennoch.«

Dogma festgehalten, daß alles, was ist und geschieht, »natürlich« (d. i. naturwissenschaftlich) erklärbar sei; – bis auf den Anfang: Wenn Leben zufällig-notwendig durch Selbstorganisation der Materie entstand, wie entstand die Materie? Die Frage nach dem Ursprung werde nur immer weiter zurückgeschoben. Für uns alle, ob wir nun an den Primat des Geistes oder der Materie glaubten, bleibe die Frage aller Fragen, warum nicht nichts ist. (W. Vollmert, Polykondensation in Natur und Technik) Hierzu sei noch das Wort der Philosophin Frau Alma von Stockhausen zitiert: »Das Wunder aller Wunder ist, daß nicht nichts ist.«

In der Prophetie Jakob Lorbers beginnt die Evolution in den lichten geistigen Höhen der Urschöpfung, als Gott Lichtfunken aus sich herauszustellen begann und die Welt der Engel erschuf. Im ersten Band der »Haushaltung Gottes« offenbart ihm der Herr: (5,2) »Die Gottheit war von Ewigkeit her die alle Unendlichkeit der Unendlichkeit durchdringende Kraft und war und ist und wird sein ewig die Unendlichkeit Selbst. In der Mitte Ihrer Tiefe war Ich von Ewigkeit die Liebe und das Leben Selbst in Ihr; aber siehe, Ich war blind wie ein Embryo im Mutterleibe! Die Gottheit aber gefiel Sich in der Liebe und drängte Sich ganz zu Ihrer Liebe. Und der Liebe ward es immer heißer und heißer in Ihrer Mitte, und es drängten sich Massen und Massen der Gottheit dahin, und alle Mächte und Kräfte stürmten auf Dieselbe los.«

Unsagbare Vorgänge aus der gewaltigen Epoche der Urzeit werden hier in erschütternden menschlichen Worten, wie in einem heiligen Gestammel – wer wollte Vorgänge in Gott in Worte fassen – geschildert als Geschehnis in der dynamischen Kraftzusammenballung der lebendigen Gottheit Selbst. – Im Text lautet es weiter: »Und siehe, da entstand ein großes Rauschen, Brausen und Toben, und siehe, die Liebe ward geängstigt und gedrückt von allen Seiten, so daß die Liebe bis ins Innerste erbebte! Und die Liebe gewahrte es, und das Rauschen ward zum Tone, der Ton aber ward in der Liebe zum Worte, und das Wort sprach: ›Es werde Licht!‹ Und da loderte im Herzen die Flamme der entzündeten Liebe auf, und es ward Licht in allen Räumen der Unendlichkeit!«

In diesen, menschliche Sprache überfordernden, unsagbaren Lebensvorgängen innerhalb der Gottheit von Ewigkeit her, entzündete sich immer aufs neue die Liebe, die als Kraft immer mehr durchdrang. Man kann so etwas nicht mit dem Intellekt analysieren, es ist nur als Entsprechung, als Gleichnis faßbar, vergleichbar jener Brucknerschen Musik in der letzten seiner Symphonien, die er »Dem lieben Gott« gewidmet hat. Auch das ist Prophetie, die Unsagbares ausdrückt in einer höheren Sprache. Und weiter heißt es: »Da sah die Gottheit Ihre Herrlichkeit, und die Liebe empfand Ihre Macht. Und da sprach die Liebe in der Gottheit: ›Lasset Uns die Gedanken der Herrlichkeit festhalten und heraustreten, daß sie frei werden und Uns empfinden und sehen, wie Wir sie empfinden und sehen und Wir sie empfanden und sahen, ehe noch das Licht ihre Formen erleuchtete!‹«

In den Gedanken Gottes war schon die ganze Schöpfung in Seinem Inneren lebendig, wie – menschlich gesprochen – im kleinen vergleichsweise bei einem Maler das Bild in seinem Innern schon da ist, ehe er es aus sich herausstellt und auf die Leinwand bannt. Wörtlich heißt es im Text weiter: »Da ging das Wort in die Gottheit über, und Sie ward überall Liebe. Und siehe, da sprach die Gottheit zum ersten Male: ›Es werde!‹ Und es ward ein Heer der Geister aus Gott frei, deren Zahl kein Ende hat, und die Liebe sah Sich Selbst verunendlichfältigt und sah Ihre unendliche Schönheit vollkommen.«

Dieser geheimnisvolle Vorgang im Inneren Gottes und das Heraustreten von Wesenheiten, göttlichen Gedanken aus Sich, ist für uns kleine Menschenwesen zeitlich mit Sicherheit überhaupt nicht erfaßbar. Wer anders dürfte das überhaupt in Worte fassen, wenn nicht ein Begnadeter, dem dies so geoffenbart wird?

Denken wir in diesem Zusammenhang nur an den Prolog des Evangelisten Johannes, der in seiner kraftvollen Konzentration als überirdisch anmutender Schöpfungshymnus mit den Worten beginnt: »Im Anfang war das Wort, und das Wort war bei Gott, und Gott war das Wort. Dasselbe war im Anfang bei Gott. Durch dieses ist alles geschaffen und ohne es war nichts von allem, was geworden ist . . .«

Lassen wir eine Weile innehalten und dessen gedenken, der das Wort war, des ewigen Logos, durch den alles geschaffen wurde. –

Die geschaffenen Formen wurden in der Liebesstrahlung Gottes lebendig, staunten sich an und wärmten sich an den Flammenströmen der göttlichen Liebe und bekamen dadurch selbständige Bewegung und Regsamkeit. Aber sie erkannten sich noch nicht. Wörtlich heißt es dann, daß die Liebe sprach: »Lasset Uns machen, daß sie sich erkennen, damit sie dann Mich und durch Mich auch Dich erkennen mögen!«

»Da stieg wieder das Wort in der Gottheit empor, und in der Gottheit ertönte das Wort, und das Wort ward zum Gesetz, und das Gesetz war die Liebe und strömte in alle über.«

In dieser gleichnishaften Schilderung wird das sprühende Urleben Gottes, der Quelle allen Lebens, ausgedrückt.

Von sieben Geistern Gottes ist auch nach gnostischer Tradition die Rede. Bei Jakob Böhme heißen sie in verhüllter Sprache auch Quellgeister, Prinzipien oder Urmütter. Hierbei handelt es sich nicht um selbständige Geistwesen in personhafter Form. Wir haben vielmehr darunter Kräfte Gottes zu verstehen. Es sind die sieben Attribute Gottes, wie sie auch Jakob Lorber geoffenbart wurden, als da kurz zusammengefaßt sind: Liebe, Weisheit, Wille, Ordnung, Ernst, Geduld und Barmherzigkeit. – Wir sehen, Gott ist der Lebendige, der Urgrund allen Lebens überhaupt. –

Diese finden dann in der Urschöpfung ihren Ausdruck im Wesen der erstgeschaffenen Erzengel oder Fürstenengel, die diese sieben Attribute Gottes in Eigenschaften getrennt widerspiegeln. Fast unermeßliche Zeiten, so heißt es in Band II vom »Großen Evangelium Johannes« Kap. 231, währte jene Urperiode, in der Gott aus Seinen Gedanken und Ideen die ersten Geister zu bilden und selbständig zu machen begann. Das Bedürfnis Gottes nach liebender und mittätiger Wesenheit konnte nur durch absolut freie und selbständige, Gott möglichst ebenbürtige Wesen befriedigt werden; marionettenhafte Geschöpfe, die in jeder Regung ihres Seins maschinenhaft von Ihm abhängig wären, wären Seiner unwürdig gewesen, sie hätten ihm keine Gesprächspartner sein können.

Im »Großen Evangelium Johannes« VII 72,9 sagt der Erzengel Raphael zu dem Römer Agrikola: »Gott Selbst aber ist der ewige Urgeist und der ewige Urmensch in Seinem Zentrum und erfüllt die ewig aus Ihm hervorgehende Unendlichkeit mit Seinen großen Gedanken und Ideen, die durch Seine Liebe erfüllt zu einem Ihm gleichen Lebensfeuer, durch Seine Weisheit zu geordneten Formen und durch Seinen Willen zu voneinander abgesonderten und wie für sich bestehenden Wesen werden, in welche die Fähigkeit gelegt wird, sich selbst als solche ewig fortzupflanzen, fortzubilden und auf der Stufenleiter der ewigen Ordnung Gottes sich mit der Zeit zu einen und zur Gottähnlichkeit emporzusteigen.«

In Band II vom »Großen Evangelium Johannes« 229,5f. belehrt Jesus den römischen Statthalter Cyrenius: »Nun, die Wesen wurden also völlig nach Seinem Ebenmaße gestaltet, und es war ihnen am Ende darum auch die Fähigkeit notwendig eigen, sich selbst zu konsolidieren aus dem Kampfe der in ihnen aus Gott niedergelegten kämpfenden Gegensätze. (Die in Gott Selbst schon von Ewigkeit her, so in den nachfolgenden Versen, in der höchstbesten Ordnung waren, bei den geschaffenen Wesen aber erst durch den freien Kampf in die rechte Ordnung wie von sich selbst heraus gelangen.) – Jedem Wesen ward Ruhe und Bewegung, Trägheit und Tätigkeitssinn, Finsternis und Licht, Liebe und Zorn, Heftigkeit und Sanftmut und tausenderleiartiges als vollends zu eigen gegeben; nur war zwischen dem Maße darin ein Unterschied.«

Als Sammelgefäße der Gedanken und Ideen Gottes, aber auch als Austräger Seines Willens stellen sich die Engel dar. Daß einige von ihnen mit einer außerordentlichen Fülle von Lebensfunken und Urelementen ausgestattet wurden, gab ihnen einen höheren Rang in der Stufenfolge der Geister. Sie entwickelten sich zu gewaltigen Machtzentren, die selbstschöpferisch eine ungeheure Zahl von Untergeistern aus sich hervorbringen konnten. (»Das große Evangelium Johannes« V, Kap. 2)

Zu diesen von Gott unmittelbar geschaffenen Urengeln gehören beispielsweise die im Lorberwerk so oft hervortretenden Erzengel Michael, Raphael und Gabriel. Der erste in der Urschöpfung und gewaltigste aber war ursprünglich Luzifer. In diesem obersten Urgeiste, diesem »großen Sammelplatz« nach den Worten des Herrn (»Haushaltung Gottes« III, Kap. 27), war alles bis dahin von Gott entströmte wesenhafte Licht (Leben) vereint, »damit in ihm die ausgegangene Wesenfülle sich ausreife unter Meiner steten Gnadenstrahlenwärme, frank und frei, Mir schaulich gegenüber und angenehm durch freies Leben und also auch Mich beschaulich (d. h. beschauend) aus dem ihm von Mir gereichten Liebelicht.« (Luzifer, lateinisch = Lichtträger.)

Die in Gottes Erziehung und Führung herangereiften Engelwesen mußten sich infolge ihrer Willensfreiheit alle einer Probe unterziehen. Bemerkt sei noch, daß diese Engelgeister männlich-weiblicher Natur waren, androgyn. Sie zeigen sich meist in männlicher Gestalt, können aber auch in weiblicher Anmut hervortreten. So tragen sie also auch alle Zeugungskräfte in sich.

Bezüglich des Begriffs Schöpfung sei an dieser Stelle an ein Wort des – ähnlich wie Jakob Lorber – seherisch begabten Emanuel Swedenborg erinnert, der ein häufig auch heute noch gedankenlos dahingesagtes Wort korrigiert, nach dem Gott die Welt aus »nichts« gemacht habe. Er sagte es fast beschwörend als Lehrsatz: »Gott hat die Welt aus Sich geschaffen«. In der Prophetie Jakob Lorbers wird die gleiche Wahrheit vertreten. Auch die heutige Philosophie kommt zwingend zu dem gleichen Schluß: Gott ist unendlich, ohne Grenzen, es kann also nichts außerhalb der Unendlichkeit geben, es kann nichts weniger geben als das »Nichts«.

Im »Großen Evangelium Johannes« II 231,5f. erklärt Jesus dem Cyrenius den vom Hauptgeist des Lichtes (Luzifer) ausgelösten folgenschweren Engelsturz: »Denn der Hauptgeist des Lichtes, dem zahllose andere Lichtgeister innewohnten, jeder davon mit zahllos vielen Intelligenzen reichst versehen, sprach bei sich: ›Was bedarf es da noch weiteres? In mir liegen alle Eigenschaften wie in Gott, und Gott hat alle Seine Kraft in mich gelegt. Nun bin ich stark und mächtig über alles. Er hat alles, was Er hatte, aus Sich heraus hergegeben, und ich habe alles genommen. Nun hat Gott nichts mehr, ich aber habe alles; und wir wollen nun sehen, ob der auf die Übertretung des gegebenen Gebotes folgen sollende Vorteil wirklich nur von kurzer Dauer sein wird. Wir meinen: Mit unserer nunmaligen Allkraft und Macht werden wir uns die Dauer des kurz währen sollenden Vorteiles wohl so hübsch auf Ewigkeiten hinaus zu verlängern imstande sein. Wer wird sie uns zu verhindern imstande sein? Außer uns trägt der endlose Raum, der nun von uns erfüllt ist, keine höhere Macht und Intelligenz mehr, als da ist die unsrige; wer sollte uns dann den Vorteil streitig zu machen imstande sein?‹ – Sehet, so dachte und sprach der Lichtgeist zu sich selbst und dadurch zu seiner ihm unterstehenden Sondergeisterschar.«

Im gleichen Kapitel erklärt Jesus dem Cyrenius weiter: »Die Folge (von Luzifers Machtwahn) war die Sich-selbst-Gefangennehmung in seiner Trägheit (im trägen Widerstreben der göttlichen Ordnung), darin er sich stets mehr und mehr verdichtete, und wieder die Folge davon war die Schöpfung der Materie . . .«

Dieses folgenschwere Ereignis des Engelsturzes schildert in dichterisch hymnischer Form die ebenfalls seherisch begabte Heilige Hildegard von Bingen, die 1098 geboren wurde und am 17. 9. 1179 starb. Die diesbezügliche Stelle aus ihrem Buche »Scivias« (Wisset die Wege) soll hier wörtlich zitiert werden, da ihr Bericht in geradezu erstaunlicher Weise mit den Berichten Jakob Lorbers über das dramatische Geschehen in der Urschöpfung übereinstimmt. Jakob Lorber empfing dann aber nach göttlichem Diktat die Folgeerscheinungen nach Luzifers Sturz, die hiermit zusammenhängende Materieschöpfung noch vollständiger und folgerichtiger. Auch aus den Worten Hildegards kann man bei genauem Hinhorchen zwischen den Zeilen den Beginn der Materieschöpfung im Zusammenhang mit Luzifers selbstverschuldetem Sturz erkennen. Diese Übereinstimmung in der prophetischen Schau dieser beiden Begnadeten war für den Schreiber dieser Zeilen ein überwältigendes Erlebnis, zumal Hildegard von Bingen dieses alles noch über 800 Jahre früher geschaut hat.

Wie konnte die offizielle Kirche so etwas vergessen? Es ist Zeit, wieder auf solche verschütteten Schätze aufmerksam zu machen! Luzifer war nach Jakob Lorber noch nicht zu seiner Viertelreife gelangt und befand sich zur Zeit seines Abfalls von seinem Schöpfer und Gott sozusagen in den Sturm- und Drangjahren seines großen Lebens (»Haushaltung Gottes« III 22,20).

Und nun die Stelle aus Hildegards »Scivias« wörtlich: (Scivias, des dritten Buches erste Schau, Seite 222 ff.; Otto Müller Verlag, Salzburg).

»Doch plötzlich geht, wie du weiter siehst, aus dem Geheimnis des auf dem Throne Sitzenden ein großer Stern in lichtem Glanz und strahlender Schönheit hervor. Ihm folgen zahlreiche sprühende Funken. Das ist Luzifer, der lichttragende Engel, jetzt Satan, der Teufel. Nach dem Willen des allmächtigen Vaters trat er bei seiner Erschaffung im Schmucke blitzender Herrlichkeit und im Gewande lichter Schönheit ins Dasein, und mit ihm sprühten alle die Funken auf, die seine Heerschar bilden. Damals schimmerten sie wie Blitzesleuchten. Jetzt sind sie erloschen in dunkler Finsternis. Luzifer neigte sich zum Bösen. Er schaute nicht auf Mich, der Ich allein vollkommen bin. Im Vertrauen auf sich selbst glaubte er, beginnen zu dürfen, was er wolle, und vollbringen zu können, was er beginne. So gab er die Ehre nicht dem, der auf dem Throne sitzt, dem er sie als seinem Schöpfer schuldete, sondern sich selbst. Das war seine Hinkehr zum Bösen.

Mit all seinen Trabanten zieht der Stern zum Süden hin. Erbarmende Liebe hat sie alle ins Dasein gerufen und in die Glut der göttlichen Güte gestellt. Sie aber schauen den auf dem Throne Sitzenden mit einem Blicke an, als kennten sie Ihn nicht. Sie kehren sich von Ihm ab und steuern dem Norden zu, hinweg aus seinem Anblick.

Ihr Auge wich von der geraden Richtung ab, und sie verachteten in ihrem Stolze den, der im Himmel herrscht. Gleich nach ihrer Erschaffung kosteten sie die Gottlosigkeit, die sich dem Verderben zukehrt. Sie schauten auf Gott nicht mit dem Blicke erkennender Liebe, sondern mit dem Verlangen, sich über Ihn, den sie nicht kennen wollten, emporzuschwingen.

Da loderten die Flammen der Selbstüberhebung in ihnen auf. Sie wandten sich von Ihm und seinem Erkennen ab. Lieber steuerten sie ihrem eigenen Untergange zu, als daß sie das Verlangen in sich aufkommen ließen, Gott in seiner Herrlichkeit zu schauen. Sofort erloschen sie und wurden schwarz wie Kohle. Da Luzifer mit seinem Anhang stolz verschmähte, Gott zu erkennen, erstarb in ihm der blitzende Lichtglanz, mit dem ihn die Macht Gottes bekleidet hatte. Er selbst zerstörte in sich die innere Schönheit, deren Erkenntnis ihm zum Guten hätte dienen sollen, und streckte sich gierig nach der Bosheit aus, die ihn in ihren Schlund zog.

So erlosch er für die ewige Herrlichkeit und stürzte in immerwährendes Verderben. Auch die übrigen wurden schwarz wie erloschene Kohlen. Mit ihrem Anführer wurden sie der Herrlichkeit ihres Glanzes entkleidet. Sie erloschen in finsterer Verderbnis, jedes Lichtes der Seligkeit beraubt, wie die Kohle des leuchtenden Feuerfunkens entbehrt. Und alsbald fuhr ein Wirbelwind von ihnen aus, der sie vom Süden verjagte, zum Norden hin, hinter den, der auf dem Throne saß. Sie stürzten in den Abgrund, und keinen von ihnen sahst du wieder. Die Windsbraut der Gottlosigkeit wirbelte die Engel der Bosheit hoch, da sie sich über Gott erhoben und Ihn durch ihren Stolz zu Fall bringen wollten. Sie verwehte sie in die Bitterkeit schwarzen Verderbens. Sie riß sie vom Süden, das heißt vom Guten, weg und trieb sie nach rückwärts, in Vergessenheit.« –

Und nun kommt bei der hl. Hildegard von Bingen eine Sicht, die eine »Apokatastasis ton Hapanton“, Rückkehr alles Gefallenen andeutet, wie der Kirchenvater Origenes diese schon gelehrt hatte, – wie diese dann in der Prophetie Jakob Lorbers ganz akzentuiert verkündet wird. Die Seherin fährt fort: »Doch du schautest weiter, wie bei ihrem Erlöschen sofort der lichte Glanz, der ihnen entzogen war, zu dem zurückkehrte, der auf dem Throne saß. Das besagt: Das klare, strahlende Licht, das der Teufel durch Stolz und Anmaßung in sich auslöschte, als in ihn und seine Anhänger der Todeskeim fiel – Luzifer leuchtete nämlich in reinerem Lichte als die übrigen Engel –, kehrte zu Gott, dem Vater, zurück. Er barg es in seinem Geheimnisse, denn diese strahlende Herrlichkeit sollte nicht ins Leere gehen. Für ein anderes geschaffenes Licht wollte Gott sie hinterlegen. Das Lichtkleid derer, die auf Gottes Wink körperlos, ohne die Hülle des Fleisches ins Dasein getreten waren, des Teufels und seines Anhangs, bewahrte Gott dem Lehm, den Er zum Menschen bilden wollte.«

Weiter heißt es dann bei der Seherin: »Nun aber habe Ich, der Gott des Himmels, das strahlende Licht, das vom Teufel wegen seiner Sünde wich, liebend bei Mir geborgen und es dem Lehm der Erde gegeben, den ich nach Meinem Bild und Gleichnis erschaffen habe.«

Soweit das Zitat aus »Scivias«, Wisset die Wege, von Hildegard von Bingen, das diese vor 850 Jahren, zum Teil als Diktat, als Offenbarung, aufzeichnete, sicher neben Birgitta von Schweden und Theresa von Avila eine der erleuchtetsten Frauen des Mittelalters. Trotz ihres noch von der Geisteswelt des Mittelalters geprägten Weltbildes, sieht sie, mit dem Charisma der Prophetie begnadet, mit erstaunlicher Hellsicht darüber hinaus; sie deutet die nun nach Luzifers Fall einsetzende Evolution der Materie an im »Lehm der Erde« bis hin zum Menschen, der wieder das von Luzifer gewichene, in Gott verwahrte Licht empfängt.

Durch die von Jakob Lorber im göttlichen Diktat empfangene Offenbarung erfahren wir heute ganz klar, daß die Materieschöpfung mit Luzifers Fall und dem Engelsturz der ihm hörigen Engel begann. Gottes erbarmende Liebe fing diesen Sturz in die Tiefe durch die Erschaffung der Materiewelt auf. Es kam zur materiellen Erstarrung der von Gott abgefallenen Geister und Auflösung in unzählige Materiepartikel, Elementarteilchen würden wir heute sagen, Urlebensfunken nennt sie Jakob Lorber.

Nach den Worten des Herrn in »Himmelsgaben« II, S. 1,2 »besteht die ganze sichtbare Schöpfung nur aus Partikeln des großen, gefallenen und in die Materie gebannten Geistes Luzifer und seines Anhangs«. »Der Wohnsitz des Zentralgeistes Luzifers befindet sich im Mittelpunkte eurer Erde, wo er durch Gottes Urmacht gebannt ist. Denn der Willenshauch des Allerbösesten ist so unbeschreiblich schrecklich, daß ihr Menschen euch davon nimmer einen Begriff machen könnt.« So erklärt es der Herr in der Schrift »Erde und Mond« Kap. 55,10f.

Auf langem Wege durch die gleichzeitige Neuschöpfung von Zeit und Raum werden diese erwähnten Elementarteilchen, Seelenpartikel aus der großen Luziferseele durch Gottes hilfreiche Geister und den jeweiligen individuellen Geist des einzelnen im Wiederaufstiegswege, eben der geistgelenkten Evolution, mühsam wieder zur Ganzheit gesammelt, bis die Wiederherstellung des Gefallenen in jedem Einzelmenschen sich vollzog. – Dieser »Geist«, ist er nicht bei Hildegard schon wunderbar angedeutet als jenes »Licht der Gefallenen«, das Gott liebend in sich barg, um es »dem Lehm der Erde« zu geben?

Wir wissen nun, daß in jedem wiedererwachten Menschenleben nach langer Wanderung durch Mineral-, Pflanzen- und Tierreich einer von den damals gefallenen Geistern zu neuem Leben erwachte, zur Gnade einer neuen Bewährung. Geist, der einmal aus Gottes unsterblichem, ewigem Geist herausgestellt wurde, das ersehen wir aus den Offenbarungen sowohl Hildegards von Bingen wie auch Jakob Lorbers, ist unsterblich, wenn auch die durch ihn geformte Gestalt wandelbar ist. Auf all dieses Gesagte hin wird man an das Wort in der Johannesapokalypse erinnert: »Siehe, Ich mache alles neu!« Es trifft auch für den göttlichen Gnadenakt der geistgelenkten Evolution zu.

Im Alten Testament findet sich bei Ezechiel 28,11–14 ein Text, der als Beleg für die geistige Präexistenz des Menschen als Engel im geistigen Urkosmos interessant ist. Hier wird der übermütig gewordene König von Tyrus durch den Propheten als Träger des Wortes Gottes an seine vor Zeiten bestehende Herrlichkeit als Engelsfürst erinnert: »Der du das Wort der Vollkommenheit warst, voll Weisheit und vollkommen an Schönheit. In Eden, dem Garten Gottes befandest du dich. Allerlei Edelsteine bedeckten deine Gewandung, Karneol, Topas und Jaspis, Chrysolith, Beryll und Onyx, Saphir, Rubin und Smaragd. Aus Gold waren deine Ohrringe und dein Schmuck gearbeitet. Am Tage deiner Erschaffung wurden sie bereitet. Du warst ein gesalbter

Cherub, der da schirmt. Ich hatte dich dazu bestellt. Auf dem heiligen Gottesberge weiltest du, inmitten feuriger Steine wandeltest du. Unsträflich warst du in all deinem Tun, vom Tage deiner Erschaffung, bis Schuld an dir gefunden wurde. Infolge deines regen Verkehrs (mit Luzifer) füllte sich dein Inneres mit Frevel. Als du dich versündigt hattest, trieb ich dich vom Gottesberge weg und verließ dich, du schirmender Cherub, aus der Mitte der feurigen Steine. Dein Sinn war hochfahrend geworden infolge deiner Schönheit, und du hattest deine Weisheit außer acht gelassen, um deines Glanzes willen. Darum stürzte ich dich auf die Erde hinab . . . Infolge der Menge deiner Verschuldungen durch die Untaten deines Tuns hast du deine Heiligtümer entweiht; darum habe ich ein Feuer aus deiner Mitte hervorgehen lassen, das dich verzehrt hat, und ich habe dich zum Staub auf der Erde gemacht, vor den Augen aller, die dich sahen. Ein Ende mit Schrecken hast du genommen und bist dahin für unabsehbare Zeiten.«

In der »Jerusalemer Bibel*« wird kommentiert, die christliche Überlieferung habe diesen Text gern in übertragenem Sinne auf den Sturz Luzifers angewandt. Offensichtlich blieb der Sinn dieses Textes für viele Übersetzer in seinen Einzelheiten dunkel. Er bekommt jedoch für jeden, der die Präexistenz des Menschen kennt, einen tiefen Sinn. Diese Schriftstelle bei Ezechiel mag uns bezüglich unserer eigenen Vergangenheit nachdenklich stimmen. Alle Erdenmenschen sind vor undenklichen Zeiten in den Engelsturz verflochten und mit Luzifer in bodenlose Tiefen gestürzt. Durch einen Gnadenakt Gottes, der die Evolution geschaffen und begleitet aus der Tiefe des Mineralreichs, über das Pflanzen- und Tierreich unter Führung gütiger Engelgeister, – und unseren eigenen, seinerzeit gefallenen, von Gott aufgefangenen Geist, sind wir nach Sammlung all unserer im Absturz zerstobenen Lebensspezifika, um mit Lorbers Worten zu sprechen, als personale Einzelwesen wiederhergestellt worden und im zeitlich-räumlich begrenzten Materiebereich dieser Erde in einen

* Die »Jerusalemer Bibel« ist eine international bekannte französische Bibel, die Übersetzung erschien im Herder-Verlag.

Fleischleib inkarniert, damit wir uns neu bewähren können. Selbstverständlich ist uns die Rückerinnerung an all das genommen, was unsere Seele auf dieser langen Reise alles durchmachte. Der materielle erdenschwere Leib erlaubt eine solche Rückerinnerung nicht. Wohl wird uns nach diesem Erdenleben in der geistigen Welt alles wieder bewußt werden. Gottes Liebe aber kennt keine Grenzen! So hat Er auch den Weg in die verloren scheinende Materiewelt nicht gescheut. Um unsere Verlorenheit in Satans Bann zu lösen, nahm unser Schöpfer und himmlischer Vater in Jesus durch die Jungfrau Maria einen Fleischleib an, gleich dem unseren. Er wurde Mensch mit all den Konsequenzen der Begrenzung in der raumzeitlichen Welt, teilte mit uns alle Not in Armut, Kälte, Hunger, Flucht und Verfolgung. Er litt Durst, Er litt Schmerzen und weinte über die Verstocktheit der Menschenkinder, wurde in allem unser Bruder, bis hin zu einem schmachvollen Tod als Mensch. Er nahm all unsere Schuld auf sich und arbeitete sie auf, um uns den Weg ins Reich der Himmel wieder zu öffnen und uns aus Satans Bann zu lösen. Nun steht uns Menschen dieser Erde sogar die Möglichkeit offen, die Gotteskindschaft zu erwerben. Nachdem der Herr Selbst auf diese Erde kam, wurde dieser an sich im Kosmos so unbedeutende Stern ein neuer Mittelpunkt für alle Geister im weiten All, die die Gotteskindschaft erwerben möchten. Den Erdenmenschen wurde ein Gottesgeist eingepflanzt, den Menschen der zahllosen anderen Gestirne, die nach Lorber weitgehend belebt sind, nur ein Engelsgeist. Nun beneiden viele Engel des Himmels die Menschen dieser Erde. Manche sind bestrebt, sich auf dieser Erde nach dem Beispiel des Herrn im Fleische zu inkarnieren, um nach einem harten, prüfungsreichen Leben auch die Gotteskindschaft für sich zu erwerben.

Nach Jakob Lorber ist etwa ein Siebtel der himmlischen Heerscharen mit Luzifer abtrünnig geworden. Die Mehrzahl der Engel unter Führung des mächtigen Engelsfürsten Michael blieb dem Herrn des Himmels treu. Diese guten Engel beobachten unser Menschenschicksal auf dieser Erde mit großer Anteilnahme und Hilfsbereitschaft. Nach alter christlicher Überlieferung werden bei diesen reinen Geistern neun Engelchöre unterschieden.

Für die treugebliebenen Engel gab es nach dem Absturz Luzifers und seiner Trabanten, so lesen wir in der »Haushaltung Gottes« I S.17 ff. insofern eine Wende, als sie von nun an in verstärktem Maße zu Gottesfurcht, Gehorsam und Gottesliebe, Demut und zum Leben in der Freiheit hin erzogen wurden. »Die ewige Liebe« offenbarte sich ihnen zum ersten Male persönlicher. Nach Überwindung ihrer Furcht, als »die ewige Liebe« sie angeredet hatte, »verstanden sie das Wort. Da lösten sich ihre Zungen, und das erste Wort, das ihren Lippen entschwamm, war Liebe. Und es gefiel der Gottheit der Ton ihrer Rede; und die Gottheit ward bewegt durch die Liebe, und die Bewegung formte sich in den Geschaffenen, und die Form wurde zum Ton, und der Ton war das zweite Wort und hieß – Gott. Und nun erst waren die Geschaffenen vollendet. Und die Liebe sprach zu den Geschaffenen: ›Der Erste unter euch ging verloren; daher übernehme Ich seine Stelle und werde sein unter euch ewiglich!‹ Da lösten sich von neuem ihre Zungen, und ihre Knie beugten sich, und sie beteten die Liebe an.«

Was den Sturz Luzifers und seine Folgen betrifft, so hatte die Allweisheit des Herrn diese Entwicklung vorausgesehen, aber dennoch nicht verhütet, um die Willensfreiheit nicht anzutasten. Wir kennen alle das portugiesische Sprichwort »Gott kann auch auf krummen Zeilen gerade schreiben«. Darin steckt viel Weisheit. Es bedeutet, daß der allmächtige und allwissende Gott die Torheiten und Abwege Seiner mit freiem Willen begabten Geistgeschöpfe in Sein Schöpfungswerk einplant und über Umwege dann das Böse so zu lenken weiß, daß am Ende doch das Beste herauskommt. Satan plant und tut Böses, Gott aber baut das in Seinen Schöpfungsplan ein, damit aus dem Gegensätzlichen Gutes werde. So können die Pläne des Herrn letztlich vom Widersacher nicht vereitelt werden. Das ist auch ein Trost für unsere verworrene Zeit.

Der Herr sagt im Lorberwerk »Bischof Martin« zu dem in einem Gespräch trotzig aufbegehrenden Satan: (119,10) »Weißt du denn, ob es nicht Mein geheimer Wille ist, daß du so sein mußt, wie du bist? Weißt du es, ob Ich dich nicht von Urbeginn zum Fall bestimmt habe?« Und der Herr gebraucht dann das Bild vom Erzgießer, der feuerfeste Schmelztiegel benötige, in denen er das Erz zerkocht, damit es sich feuerflüssig in vorgeprägte Formen ergieße und hier die gewünschten Gestalten annehmen kann. Im Lorberwerk »Bischof Martin« äußert der Herr in Kap. 119,13: »Ich aber bin kein harter Erzgießer, sondern ein Meister voll Liebe, so daß Ich sogar Meine Tiegel aus ihrer langen Glut ziehen will, so sie es wünschen und in die Ordnung Meiner freien Werke übergehen wollen. Wollen sie das aber nicht und macht es ihnen mehr Freude, Meine ewigen Schmelztiegel zu verbleiben, so ist es Mir auch recht, denn da brauche Ich Mir keine neuen zu schaffen. Bleiben sie aber Tiegel, so sind sie, wie sie sein müssen, und unmöglich, wie sie sein wollen. Denn ein Werkzeug kann nicht anders sein, als wie Ich es gestalte und haben will.«

So war der Sturz Luzifers und seines Anhangs die Ursache der Auseinandersprengung der ihm hörigen Untergeisterheere und somit der Anfang der materiellen Welt des raumzeitlich begrenzten Kosmos. Gott hatte auf die Selbstherrlichkeit des erstgeschaffenen Wesens nicht mit Zorn und Vernichtung geantwortet. Seine helfende Liebe ließ aus dem Gericht auf die Nichteinhaltung der gegebenen Verbote, welches die Entstehung der Materiewelt war, eine neue Schöpfungsordnung entstehen. Er wandelte das aus dem Unheil Entstandene in eine Erlösungsanstalt oder Demütigungsschule um, damit den gefallenen Geistern die Möglichkeit gebend, aus der Selbstsucht zur Gottesliebe zurückzukehren und damit auch ihre eigene Seligkeit zu gewinnen. Da den Geistern im Zentrum einer jeden der zahllos vielen Urzentralsonnen der Druck zu groß wurde, so brachen sie aus und verdichteten sich allmählich zu Allallsonnen, eine Art Superquasar und späteres Zentrum eines Galaxishaufens. In weiteren Abspaltungen entstanden dann aus den Allallsonnen die Allsonnen (= Quasar, späteres Zentrum einer Galaxis) und aus den Allsonnen die Gebietssonnen (= späteres Zentrum eines Kugelsternhaufens). Am Ende dieser kosmisch-schöpferischen Gärung, immer unter der Obhut Gottes und Seiner Ihm dienenden Geisterheere, entstanden schließlich aus den Gebietssonnen die Planetarsonnen wie die unsrige, aus der sich später die Planeten und Kometen sowie die Monde aus den Planeten abspalteten. Die Macht Gottes leitete alle explosionsartigen Abspaltungen bald in Kreisbewegungen um das jeweilige Muttergestirn über.

Alle Hülsengloben (als Großatome und Inbegriff von Millionen Galaxishaufen, die um eine Urzentralsonne [= Großatomkern] kreisen und von einer unvorstellbar großen kugelartigen Hülse umhüllt sind) ergeben in ihrer Zusammenordnung die Gestalt eines Menschen, des großen materiellen Schöpfungsmenschen, die Knie etwas vorgebeugt, die Hände lässig herabhängend, das langhaarige Haupt trauernd nach vorn geneigt, die Lenden mit einer zerrissenen Schürze bedeckt. Es ist der gefallene Luzifer mit all seinen Untergeistern. Er kreist in endloser Runde im All, dem nach Lorber endlosen Raum.

Diese unsere Hülsenglobe befindet sich wie ein etwas rötlich glitzernder Punkt als ein Großatom in einem Wärzchen an dem linken kleinen Zeh des großen materiellen Schöpfungsmenschen, in ihr an unterster und letzter Stelle auch unsere Erde. Die Urzentralsonne unserer Hülsenglobe ist nach Lorber ein Stern von unfaßbarer Größe, der Regulus im Sternbild des Löwen.

Diese unsere Erde hat eine Besonderheit, sie ist nach Jakob Lorber nicht – wie andere Planeten – aus unserer Sonne entstanden, sie entstammt ursprünglich aus der Urzentralsonne unserer Hülsenglobe. In den Mittelpunkt unserer Erde stürzte der immer noch gewaltige persönliche Rest des Urgeistes Luzifer, sein ursprünglich von Gott geschaffener Geist, der ja unzerstörbar ist, – die Erdmaterie wurde für ihn zum Kerker, auf den alles drückt, auf daß der Gefangene sich nicht allzu gewaltig bewege und alles Leben der Erde zerstöre. Gottes Macht bannte ihn dorthin, um ihn erst dann wieder freizugeben, wenn er sich demütigt und zu Gott zurückkehrt. (»Erde und Mond« Kap. 55)

So wurde das nach Gottes Schöpfungswillen das All durchstrahlende Luziferlicht dunkel, seine geistige Freiheit hatte sich in haßerfüllte Gegnerschaft zu Gott verwandelt. Er und die Seinen verfielen in todesartige Erstarrung.

Die Erde aber wurde zum Schauplatz der Heilsgeschichte Gottes. Weil die Macht der Finsternis hier ihren Sitz erhielt, stieg auch Gott in der Fülle der Zeit auf diese Erde herab. Sie wurde das entscheidende Schlachtfeld zur Befreiung der in der Materie gebannten Geister. Wenngleich auf allen Gestirnen Lebensschulen für ihre Bewohner sind, so wurde die Erde zu einer Lebenshochschule erhoben. Da alle Materie, vom Stein bis zum Äther, gebundene Seelensubstanz ist, mußte die Rückführung ins jenseitige Sein bei den kleinsten Materieteilchen anfangen, bei den Atomen und Elementarteilchen, die nach Lorber nichts anderes sind als eine Gedankenkraft aus Gott, ein geistiges Etwas. – Es sei an ein Wort des vor einigen Jahren verstorbenen Theologen Karl Rahner erinnert: »Materie ist gefrorener Geist.«

Max Planck äußerte 1937 in seiner berühmt gewordenen Rede auf einem Kongreß in Florenz: »Es gibt keine Materie an sich! Alle Materie entsteht und besteht nur durch eine Kraft, welche die Atomteilchen in Schwingung bringt und sie zum winzigsten Sonnensystem des Atoms zusammenhält. Da es im ganzen Weltall aber weder eine intelligente noch eine ewige abstrakte Kraft gibt – es ist der Menschheit nie gelungen, das heiß ersehnte Perpetuum mobile zu erfinden –, so müssen wir hinter dieser Kraft einen bewußten, intelligenten Geist annehmen. Dieser Geist ist der Urgrund der Materie. Nicht die sichtbare, aber vergängliche Materie ist das Reale, Wahre, Wirkliche, denn die Materie bestünde, wie wir gesehen haben, ohne diesen Geist überhaupt nicht, sondern der unsichtbare unsterbliche Geist ist das Wahre. Da es aber Geist an sich nicht geben kann und jeder Geist einem Wesen angehört, müssen wir zwingend den Bestand von Geistwesen annehmen. Da aber auch Geistwesen nicht aus sich selbst sein können, sondern geschaffen worden sein müssen, so scheue ich mich nicht, diesen geheimnisvollen Schöpfer ebenso zu nennen, wie ihn alle alten Kulturvölker der Erde früherer Jahrtausende genannt haben ›Gott‹.« (Max Planck, geb. am 23. 4. 1858, verstarb nach Ausbombung und hartem entbehrungsreichem Leben am 4.10.1947 infolge Erschöpfung an Lungenentzündung; er war Nobelpreisträger und Physiker. Sein Sohn war nach dem 20. Juli 1944 hingerichtet worden.)

Wenn man das Ganze, beginnend mit der Urschöpfung in der geistigen Welt, über die Tragödie des Engelsturzes mit Beginn der Materieschöpfung als Rückführung und Entwicklungsweg mit dem Kernpunkt des Erlösungswerkes Jesu Christi richtig versteht, mit dem Punkte Alpha, um mit Teilhard de Chardin zu sprechen, mit dem Herrn und Weltenschöpfer, am Punkt Omega wiederum mit Gott als Erlöser und Allerbarmer, dann ist der Gedanke der Evolution als geistgelenktes Geschehen durchaus richtig. Es kommt hier der tröstliche Aspekt hinzu: Gott schafft in Evolution und begleitet diese mit Seinem schöpferischen Wohlwollen, Er lenkt sie durch Seinen Geist und Seine himmlischen Helfer. Das ist Schöpfung, nicht als statisches Anfangsgeschehen, vielmehr als ständiges Neuschaffen.

Der Evolutionsgedanke als Halbwahrheit, rein mechanistisch-materialistisch gesehen, als ein »Von-selbst-Entstehen« aus Naturgesetzen heraus, ist falsch und unwahr, eine geradezu gefährliche Hybris. Es sei noch einmal auf die Untersuchungen des Molekularbiologen Bruno Vollmert verwiesen oder an Haeckels im Gegensatz dazu zynische Äußerungen über Gott, den Schöpfer, oder seine Blasphemien über Seele und Geist. Die echte, wahre Evolution ist ein in höchstem Maße geistiger Vorgang, sie ist geistgelenkt, nicht ein von nebulösen Zufällen geprägter Automatismus, wie man uns, um den Schöpfergott umgehen zu können, weismachen wollte. Sie begann in der Urschöpfung mit dem Abfall Luzifers und seines Anhangs durch die Schöpfung der Materie, was bedeutet: Nach Verdichtung der gefallenen Geisterheere zu fester Materie durch die Entfernung von Gotteswärme und der Gnadensonne und Auflösung dieser Materie in Elementarteilchen, kleinste Seelenpartikel oder Seelenspezifika, nach Lorber hinausgestreut in den ganzen Kosmos, wird alles gefallene Geistige durch den Schöpfer und Seine helfenden treugebliebenen Geister wieder zur Ganzheit personaler Wesen gesammelt, ausgestattet mit einem materiellen Bestandteil, dem

Körper; ausgestattet mit einem rein energetischen Bestandteil, der Seele, – in die beim Erdenmenschen hineingesenkt ist der schöpferisch mittätige geschaffene Geist, den Gott beim Fall der luziferischen Geisterheere für die Neuschöpfung des Menschen jeweils individuell aufgefangen und in Seinem Herzen bewahrt hatte. Dieser, jedem Erdenmenschen zugehörige personale Geist ist aktiv an der Sammlung der zerstobenen Seelenspezifika mit Hilfe der guten, hilfreichen Engelgeister bis zur individuellen Ganzheit eines Erdenmenschen beteiligt. Die evolutive, geistgeborene Zielstrebigkeit wird symbolhaft deutlich im Samenkorn, das keimhaft das Ganze enthält und diese Ganzheit nach Vergehen der Hülle in der Erde nach oben entfaltet. Evolution in diesem Sinne kann nur geistig mit ihrem Impuls zur Ganzheit und Höherentwicklung richtig gedeutet werden, sie ist in eigentlichem Sinne Schöpfung. –

Im Unterschied zur Lehre des Darwinismus, der nur den Materieanteil in einseitiger Weise sich zufällig nach Naturgesetzen notwendig höherentwickeln sieht, ist nach Jakob Lorbers Prophetie jeder Mensch eine Einzelschöpfung, die in ihrem Wesen sowohl materielle als auch rein energetische Intelligenzpartikel aus dem Mineralreich, Pflanzen- und Tierreich sowie aus dem Äther und der gesamten Sternenwelt enthält. Das Wichtigste aber ist der personale geschaffene Geist aus Gott, da er unzerstörbar und unsterblich ist. Er ist es, der uns Menschen wesentlich vom Tier unterscheidet. – Zur Verdeutlichung noch einmal kurz zusammengefaßt: Die Evolution in Lorberschem Sinne ist ein von Gottes Geist gelenkter Vorgang; sie ist Erschaffung und nicht ein sich aus sich selbst entwickelnder Vorgang aus »Zufall und Notwendigkeit«. Sie beginnt im Uranfang auf dem Gottesberge, um den Ausdruck der Mystiker zu gebrauchen, und führt dann durch den Fall Luzifers und seines Anhangs zur Verdichtung von Energie zum Stoff, der Materieschöpfung in ein Tief todesähnlicher Erstarrung und schließlich durch Gottes liebende Erbarmung wieder zu einem geistig gelenkten Aufstieg in Höherentwicklung durch die verschiedenen Stufen der Naturreiche, die Gestirne nicht ausgenommen, über Stadien von Unbewußtsein bis dumpfer tierischer Bewußtheit bis hin zum individuellen Klarbewußtsein des Menschen. Energetische Geister erstarrten durch Hochmut zur Materie, die durch Liebe und Demut schrittweise wieder zu den gleichen Geistern verklärt wird. Das ist die vollständige Sicht. Die geistgelenkte Evolution, wie die christliche Prophetie sie verkündet, ist als fortdauernde Schöpfung niemals den Händen des Schöpfergottes entglitten. Dieser zutiefst geistige Vorgang wurde letztlich von den Darwinisten mißverstanden. Es blieb ihnen nur, um Gott als Schöpfer auszuklammern, der kümmerliche Ausweg von »Zufall und Notwendigkeit«, den Blick immer nur auf die dem Tod verfallende Materie geheftet. Die darwinistische Evolutionslehre ist in ihrer ganzen Konzeption sinnlos und endet im Tode.

Hingegen ist der Sinn der christlichen Evolutionslehre in ihrer Ganzheitsschau die Entfaltung des Lebens in fortgesetzter Schöpfung.

Wir haben aus dem Dargelegten gesehen: die Natur ist allbeseelt und alldurchgeistet. Gott, der Transzendente und zugleich Immanente, hat es so eingerichtet. Schon im frühchristlichen Zeitalter lehrte der große Kirchenvater Origenes, die Menschenseelen gehörten zu jener Schar der Engel, die bei der zweiten Schöpfung Gottes in die Materie gebannt wurden. Gleichzeitig lehrte er die Apokatastasis ton Hapanton, die »Wiederkehr alles Gefallenen zu Gott«. Der Herr bezieht bei Jakob Lorber das uns zur Belehrung mitgeteilte Gleichnis vom verlorenen Sohn auf die nach unendlich langen Schöpfungszeiträumen erfolgende Wiederkehr des erstgeschaffenen Lichtengels ins Vaterhaus. Der Sinn dieses Gleichnisses bedeutet demgemäß auch die Wiederkehr des einzelnen reuigen Sünders zum Vater, – in der großen kosmischen Bedeutung aber geht es hier um die »Rückkehr alles Gefallenen«, auch des großen gefallenen Geistes Luzifer. Auch das Gleichnis vom guten Hirten überspannt in seiner Bedeutung diesen großen Rahmen. Das Wort von der »Wiederkehr alles Gefallenen« darf man nicht so leichtfertig dahinsagen, wir müssen behutsam damit umgehen. Von der Urschöpfung an sind für uns unvorstellbare Zeiträume abgelaufen, lag doch der Anfang in der Zeitlosigkeit und ist die Zeit, in der wir leben mit dem dazugehörigen Raum und der Erschaffung der Materie, eine Gnadentat von Gottes barmherziger Liebe.

Nach den Worten des Herrn (»Erde und Mond« Kap. 53) sind die ganze gefestete Erde und alle anderen zahllosen Weltkörper gestaltet aus der einen Seele Satans, welche in diesen Weltkörpern in zahllose Kompendien geteilt wurde. Die Seele ist teilbar und somit auch die Urseele des erstgeschaffenen Geistes. (Zur Erklärung: »Eine Seele, die aus zahllosen substantiellen Intelligenzpartikeln oder zahllosen Miniaturbegriffsbildern besteht, ist teilbar.« Hingegen aber ist »der Geist nicht teilbar. Wo er als eine Einheit in eine große oder kleine Seele gelegt wurde, da bleibt er auch als eine Einheit«. Kap. 53,1. 10 in »Erde und Mond«. – Nach Jakob Lorber ist der Mensch nach göttlichem Vorbild eine Einheit von Körper-Seele-Geist.) Aus dieser einen Seele des Urgeistes wird nun nach Gottes Plan fortwährend eine zahllose Menge neuer Seelen gewonnen, so daß schließlich nur als Rest der Urgeist Luzifers übrigbleibt, der in den Erdmittelpunkt gebannt wurde. – Die Dauer dieses Vorgangs der »Wiederbringung alles Gefallenen« können wir nur annähernd erahnen, wenn wir ein Wort Jesu bedenken, das dieser zu einer lichtbegierigen Seele im Jenseits (»Von der Hölle bis zum Himmel – Robert Blum« II 153,5) gesprochen hat: »Die Folge (von Luzifers Abfall) war die materielle Schöpfung aller Welten, welche da ist ein notwendiges Gericht. Er allein für sich kann wohl noch lange bleiben, was er ist, aber die zahllosen Keime der Menschen werden ihm genommen, auf dem freilich harten Wege durch die Materie.« – So wird Luzifer nach und nach isoliert auf seinen Urgeist, der ins Erdinnere gebannt wurde.

Und weiterhin spricht der Herr in der »Haushaltung Gottes« III 22,21: »Und da Ich Satana (gemeint ist der Kern, der Urgeist des Satans; d. Verf.) dennoch nicht auflösen will zufolge Meiner ewigen Liebe und Erbarmung, so sehe Ich Mich genötigt, einen endlos langen Prozeß von neuem einzuleiten, um dadurch nach und nach diesen Starrsinn zu schwächen bis auf ein Atom, und Mir auf der andern Seite zu bilden anzufangen eine ganz neue

Kreatur aus euch, Meine Kinder, nach Meinem Herzen also, wie ihr es seid!«

»Alle anderen Weltkörper (»Erde und Mond« 53,10), obschon auch Teile dieser einstigen riesenhaften Seele, sind von dieser Einwohnerschaft Luzifers frei. Daher können aber auch die Menschen jener Weltkörper, obschon in ihrer Natur gewöhnlich besser als hier auf der Erde, dennoch nie zu jener vollkommen gottähnlichen Höhe gelangen wie Kinder aus dieser Erde, welche zwar das im Geiste von Gott Allerentfernteste und Allerletzte ist, aber eben darum können (die Menschen dieser Erde) im Besserungsfalle das Allerhöchste und Allergottähnlichste werden.« – Und eben aus diesem Grunde wählte der Herr, wie es vor allem im zweiten Band vom »Großen Evangelium Johannes« mehrfach betont wird, diese Erde zum Schauplatz Seiner größten Erbarmung und schuf »auf ihrem Boden alle Himmel neu«.

Der Mensch ist also auch auf anderen Gestirnen im Laufe von langen Schöpfungsperioden ins Leben gerufen, ja, der eigentliche Sinn der geistgelenkten kosmischen Evolution ist auch dort der Mensch. Aber nach den von Jakob Lorber empfangenen Offenbarungen bekommen die Menschen anderer Gestirne einen Engelsgeist eingegeben. Nur den Menschen, die von Gott und Seinen schöpferischen Geisterscharen aus den Ursubstanzen dieser Erde geschaffen wurden, blieb es als einzigen im ganzen All vorbehalten, einen Geist aus Gott eingesenkt zu erhalten in das Herz ihrer Seele. Deshalb erwerben die Erdenmenschen als Gnadengeschenk die Kindschaft Gottes. Die Einpflanzung dieses göttlichen Geistes, jenes von Gott Bewahrte aus dem großen Engelsturz, stattet die Erdenmenschen mit besonderen Kräften aus wegen ihrer größeren Gefährdung durch den in die Erde eingebannten Urgeist Luzifers, denn, wie wir schon erfahren haben, verfügt dieser immer noch über gewaltige zerstörerische Kräfte. Wir erleben es ja täglich im geistigen Kampfe unserer Gegenwart, daß sich viele Menschen oft ahnungslos luziferischem Geiste geöffnet haben. –

Wegen unserer besonderen Gefährdung inkarnierte sich unser Herr und Gott in Jesus Christus in Seiner ewigen Liebe in einen

Menschenleib auf unserer Erde, um Luzifer möglichst viele Seelen abzuringen und ihn hier am Orte des Entscheidungskampfes durch Sein Erlösungswerk unter Opferung Seines irdischen Lebens endgültig zu besiegen. Er überwand die Mächte des Todes durch Seine Auferstehung und öffnete auch uns Gefallenen dadurch wieder das Tor zum ewigen Leben. Das ist der Höhepunkt der Schöpfungsgeschichte, die ja die Liebesgeschichte Gottes mit Seiner Schöpfung ist. –

Eines muß deutlich betont werden, die Wunderwelt der zu immer höheren Lebensformen drängenden materiellen Schöpfung, obwohl sie aus dem Engelsturz hervorging, kommt aus dem einzigen Lebensstrom, den es gibt, dem göttlichen. Einen zweiten Kraftquell gibt es nicht. Selbst das Böse, Luzifer-Satan leben daraus. Der allmächtige Weltenschöpfer gab Seinen Geistgeschöpfen, Engeln und Menschen, als Mitgift die Willensfreiheit, sich für oder gegen Ihn zu entscheiden. Marionettenhafte Scheinlebewesen sind des ewigen, unendlichen Gottes unwürdig. Luzifer und all das von seinen Trabanten angesammelte Böse sind also keine Gegengötter; aber er und sein Anhang wirken das Böse im Mißbrauch der Freiheit mit ihrer aus Gott stammenden Kraft. Wir wissen aber, daß Gott aus diesen Willensentscheidungen des Bösen am Ende Gutes entstehen lassen kann. Er hat als der Ewige, Nichterschaffene den längsten Arm.

Eine ganz wesentliche Abgrenzung vom materialistischen Evolutionismus Darwinscher Prägung ist in der Prophetie Jakob Lorbers ganz klar herausgestellt: (Gr. Ev. Joh. VI 165,11) »Aus einer einfachen Tierseele kann aber nie eine Menschenseele werden, und man sagt darum auch, daß die Tierseele mit dem Tiere stirbt, – was aber natürlich nur also zu verstehen ist, daß nämlich eine Tierseele nach dem Verenden des Tieres, zum Beispiel eines Ochsen, völlig aufhört, eine Ochsenseele zu sein, weil sie sich bei ihrem Austritt aus dem Tierleibe alsbald mit gar noch vielen anderen freien Tierseelen zu einer neuen und vollendeteren Seele vereinigt, sich eine Zeitlang zu einer Menschenseele qualifiziert und nachher in einen Menschenleib eingezeugt werden kann.«

An anderer Stelle sagt der Herr: (Gr. Ev. Joh. X 184,4) »Die äußeren materiellen Formen der Kreaturen verzehren sich wohl gegenseitig, dadurch aber werden viele in den Kreaturen wohnende Seelen frei, und es vereinigen sich die gleichartigen und werden in eine nächste, höhere Stufe wieder in eine materielle Form eingezeugt, und so fort bis zum Menschen.« Es gibt also, klar gesagt, keine Affenabstammung des Menschen durch irgendeine Mutation, wie es uns der Darwinismus als Vereinfachung der großen Sicht in der Schöpfung glauben machen will. Es sei an die neuesten Untersuchungen des Molekularbiologen Bruno Vollmert erinnert, der nachgewiesen hat, daß die Mutations-Selektions-Theorie des Darwinismus einfach nicht stimmt. Von einer Buche stammt immer wieder nur eine Buche, von einem Frosch immer wieder nur ein Frosch, von einem Hasen immer wieder nur ein Hase, von einem Pferd immer nur ein Pferd, von einem Affen immer wieder nur ein Affe ab. Der Mensch ist seiner leib-seelischen Substanz nach zusammengesetzt aus materiellen und energetischen Intelligenzpartikeln des ganzen Kosmos. Er trägt sozusagen den ganzen Kosmos in sich gleich einer Welt im Kleinen, die Intelligenzspezifika aus allen Naturreichen, dem Mineral-, Pflanzen- und Tierreich, nicht nur einer einzigen Tierart. Hinzu kommen die Mikroanteile aus dem Äther und der Sternenwelt und die von den Eltern übermittelten Erbanteile. Er ist in jedem individuellen Falle *eine Einzelschöpfung Gottes* und Seiner helfenden Geister. Das Ziel der Aufwärtsentwicklung in immer weiterer Konglomeration von Seelenspezifika aus allen Naturreichen ist als End- und Kulminationspunkt immer wieder ein Mensch, der sich insofern total vom Tier unterscheidet, als ihm als Gnadengeschenk des Schöpfers ein unsterblicher Geist aus Gott ins Herz gelegt wurde mit der weiteren Möglichkeit ansteigender Vergeistigung aus der Willensfreiheit des einzelnen heraus. Die Aufwärtsentwicklung in der geistgelenkten Evolution der Materie gewährt dem mit dem göttlichen Geist der Freiheit beschenkten Menschen die Möglichkeit, wenn er es will, sich immer mehr zu vergeistigen, sich immer mehr Gott zu nähern. Dieser Weg der geistigen Wiedergeburt, die schon in diesem Erdenleben grundgelegt werden soll, erfordert nach Ablegen des irdischen Leibes das Weiterleben in der geistigen Welt. Der Erdenmensch ist sogar über die Engel gestellt durch den besonders harten Entwicklungsgang auf dieser Erde, da er durch die Einhauchung des Geistes die Kindschaft Gottes erwirbt. Kurz zusammengefaßt: Das Ziel und der Kulminationspunkt der geistgelenkten Evolution der Materie nach Luzifers Fall ist über die ganzen Schöpfungszeiträume hinweg der Mensch, wiederhergestellt nach Gottes Bild und Gleichnis, aus dem Tierreich gehoben durch den eingehauchten Geist aus Gott. Die weitere Entwicklung zum Geiste hin, die Vergeistigung und schließlich geistige Wiedergeburt sind dem guten Willen des Menschen selbst in seiner Willensfreiheit vom Schöpfer übertragen. Wer immer aber sich für den Schöpfer entschieden hat, dem kommt Er auch entgegen mit Seiner Gnade und Liebe, und zwar um so mehr, als der Mensch sich klar entschieden hat.

In Psalm 85,11 ff. heißt es:

> »Es begegnen sich Huld und Treue;
> Gerechtigkeit und Friede küssen sich.
> Treue sproßt aus der Erde hervor;
> Gerechtigkeit blickt vom Himmel hernieder.«

Da der Herr Sich in Jesus Christus Selbst in die Materie dieser Welt inkarnierte, sind viele der Engel bestrebt, auch den höheren Entwicklungsgang auf dieser Erde durch Inkarnation in einen Menschenleib durchzumachen, um so auch die Kindschaft Gottes zu erwerben.

Die reiche Zusammensetzung einer Menschenseele wird aus dem Lorberwerk »Erde und Mond« Kap. 46 besonders verständlich: »Die einzelnen Intelligenzen sind immer dieselben, ob in Mineralien, Pflanzen oder Tieren – nur mit dem Unterschied, daß in den Mineralien nur wenige Intelligenzen in Erscheinung treten, während in den Pflanzen- und besonders in den ausgebildeten Tierseelen schon eine bei weitem größere Menge wirkend vorhanden ist. Wo das Mineral etwa acht bis zwanzig Intelligenzen zählt, da sind bei mancher Pflanze schon viele Tausende, bei manchem Tier viele Millionen und beim Menschen zahllose aus allen Sternen und aus allen atomistischen Teilchen der Erde wirksam.« (Verschiedene Ausdrucksweisen Lorbers, die gleiches beinhalten: Spezifika, Intelligenzen, Urlebensfunken, Intelligenzspezifika, Elementarteilchen, Spezifikal-Intelligenzen.)

Bei primitiv gearteten Individuen muß demnach die Zusammensetzung ihrer Seele anders sein als bei höheren Menschenseelen. Nach Lorber stehen Menschenseelen, die aus mehr Elementen der urzeitlichen Großtiere zusammengesetzt sind, auf einer sehr niederen Stufe. »Sie wurden von den alten Weisen ›Kinder der Schlangen und Drachen‹ genannt, denn die alten Weisen wußten in ihrer Einfalt vieles von der Seelenentwicklung.« (Gr. Ev. Joh. VI 62,12)

Wer aber aus solch nüchternen Feststellungen eine lieblose Rassenideologie herleiten wollte, die schon einmal viel Unheil anrichtete, der hätte diese Gedankengänge gründlich mißverstanden (Deml, Das Ewige Evangelium des Geistzeitalters). Liebe und Demut werden vom Herrn durch Jakob Lorber als wichtigste Tugenden für die Annäherung an Gott gefordert. Lieblosigkeit und Hochmut führen ins sichere Verderben.

In Übereinstimmung mit der Schöpfungsgeschichte der Bibel und den wesentlichen Feststellungen der Wissenschaft erfahren wir durch Jakob Lorber, daß unsere Erde schon ein sehr hohes Alter besaß mit langen Entwicklungszeiten, als endlich die Liebe in Gott zur Allmacht sprach: »Lasset Uns Menschen machen, ein Bild, das Uns gleich sei.« Es werden sechs Erdbildungsabschnitte oder Schöpfungsperioden bei Lorber unterschieden.

Das Ganze erstreckt sich über mehrere Milliarden Jahre und entspricht dem Sechstagewerk der Bibel, wobei unter Tage keine Eintagsfliegen-Maßstäbe angelegt werden dürfen, die wir Menschen, an den Maßstäben Gottes gemessen, nun einmal haben. Es sind riesige Schöpfungsabschnitte in Größenstufen von mehreren Milliarden Jahren, in denen die Rückführung alles Gefallenen bis hin zum Menschen als Spitze dieser Schöpfung vor sich ging.

Im fünften Schöpfungsabschnitt ist vom Auftreten sogenannter Voradamiten die Rede im Unterschied zu den von Adam abstammenden heutigen Menschen. Diese Präadamiten oder Tiermenschen unterschieden sich wesentlich vom eigentlichen Vollmenschen, den Lorber als Adamiten charakterisiert, dadurch, daß sie keinen personalen Geist aus Gott besaßen. Sie befanden sich auf tierischer Stufe (Gr. Ev. VIII Kap. 72), waren aber intelligenter als die übrigen Tiere. Diese Präadamiten werden von Lorber als riesig groß und stark beschrieben, mit starkem Gebiß. Sie kannten keinen Ackerbau, führten ein rohes Nomadenleben mit gewissen Tierherden. Die Farbe ihrer noch stark behaarten Haut war zwischen dunkel- und lichtgrau. Nur im Süden hätte es auch haarlose Stämme gegeben. Sie waren mit einem starken Geruchs- und Gefühlssinn begabt und gewahrten schon von weitem, wenn ihnen Feindliches nahte. Mit ihren Augen und ihrem Willen bändigten sie die sonstigen Tiere, mitunter auch die Naturgeister. Da sie noch keine ausgebildete Sprache hatten, verständigten sie sich durch Zeichen und Gebärden und gewisse artikulierte Laute, besser als die sonstigen Tiere, mit denen sie sich verständigten. Sie trugen kein Gewand, bauten sich keine Häuser oder Hütten, errichteten sich aber auf dicken Baumstämmen, den Vögeln gleich, feste Wohn- und Hohlnester. Sie verschafften sich Vorräte von Nahrungsmitteln, von denen die Erde überquoll und gingen scharenweise auf Jagd. Nach Angaben des Herrn währte diese fünfte Schöpfungsperiode »sehr viele tausendmal tausend Jahre«. Dennoch war unter diesen Präadamiten noch keine Spur eines kulturellen Fortschritts feststellbar. Sie lebten ihr einförmiges Nomadenleben fort und waren somit nur »eine Vordüngung für das gegenwärtige, Mir in allem ähnliche Menschengeschlecht«. Das entspricht den heutigen sogenannten vormenschlichen Funden, die erdgeschichtlich immer weiter, sogar bis ins Tertiär zurückdatiert werden. Nach den Worten des Herrn hatte die Erde mit dem Beginn der sechsten Schöpfungsperiode große Umwälzungen zu bestehen durch Feuer und Wasser. Bei dieser Gelegenheit (Gr. Ev. VIII 73,1) ging das Voradamitengeschlecht samt den Haustieren im wesentlichen unter und mit ihnen viele Wälder und Tierarten, die keine Haustiere waren. Diese Präadamiten verkümmerten mehr und mehr und gingen aus Mangel an entsprechender Nahrung zugrunde. Ihnen fehlte die Aussicht auf eine gute Zukunft, da sie zu einer höheren und tieferen Geistesbildung nicht geeignet waren. So waren sie zum Aussterben verurteilt.

Der Herr setzte in der Schöpfung jetzt einen ganz neuen Anfang. Er schuf Menschen nach Seinem Bild und Gleichnis, berufen zur Gotteskindschaft. Das erste Menschenpaar dieser Art auf dieser Erde, dem nunmehr bevorzugten Gestirn und Ort des kommenden Erlösungsgeschehens, waren Adam und Eva. Adam war also kein Abkömmling der vorher erwähnten letzten Tierart. Er war der erste Mensch in vollem Sinne auf dieser Erde, Ziel und Endpunkt der ganzen vorausgehenden Schöpfungsperioden. Dieser erste Vollmensch wurde im sechsten Schöpfungsabschnitt geschaffen. »Er ging hervor aus der Macht und der Kraft der ewigen Liebe und war, wie sein Name es besagt, ein Sohn der Erbarmung und der Gnade.« An dieser Stelle sei aus dem dritten Band vom »Großen Evangelium Johannes« 197,2 erwähnt: »Jedoch Menschen, wie sie nun der Boden der Erde trägt, bestehen numerisch wirklich erst etwas über 4000 Jahre.« (Also insgesamt etwa 6000 Jahre, jenem Zeitpunkt, von dem ab erst alle alten Hochkulturen entstanden.)

Der Herr erklärte einst Seinen Jüngern: (Gr. Ev. IV 162,4) »Übrigens ist Adam wohl dem Leibe nach aus den Ätherteilchen des feinsten Erdenlehms durch Meinen Willen nach der gesetzten Ordnung, wie Ich sie euch nun gezeigt habe, geschaffen und geformt worden.« Weiter heißt es: (»Haushaltung Gottes« I 7,7) »Die ewige Liebe blies ihm durch die Nüstern den lebendigen Odem ein.«

Die Menschen dieser Erde bekamen seit Adam schon bei ihrer Geburt als Gnadengabe den individuellen Geist aus Gott, nicht mehr nur den bloßen Weisheitsgeist, mit denen die Wesen auf anderen Sternen ausgestattet wurden. Der Herr wollte damit »die Wiederbringung alles Verlorenen« beschleunigen. Adam als der erste Vollmensch, ausgestattet mit dem geschaffenen Geist aus Gott, war als einziges Wesen im ganzen All nach dem Engelsturz dazu ausersehen, als Neuschöpfung an die Stelle Luzifers zu treten. Von ihm hing das weitere Schicksal des Kosmos ab. Der ursprüngliche Paradiesesgarten, in dem Adam zu Anfang wandelte, lag nach alter Überlieferung auf dem heiligen Weltenberge, dem Wohnsitz der Gottheit, das heißt, er lebte in der Nähe Gottes. Dem alten engelhaften Wesen gemäß trug er noch das männlich-weibliche Prinzip in sich, er war androgyn. Weiter heißt es im gleichen Kapitel: (9) »Da langweilte es ihn, da er sich nicht erkannte und auch nichts finden konnte, was ihm ähnlich wäre. Und siehe, da wehte ihn, unsichtbar seinen noch blinden Augen der Seele, die ewige Liebe an, und er schlief zum ersten Male in der Anmut der erbarmenden Liebe ein. Und die Anmut der erbarmenden Liebe formte im Herzen Adams, gleichsam wie in einem süßen Traume, eine ihm ähnliche Gestalt von großer Anmut und ebenso großer Schönheit.«

So wurden, wie es im Lorberwerk »Erde und Mond« 53,4 heißt, »bei der Erschaffung des ersten Menschenpaares aus einer Seele zwei. Eva ging samt Leib und Seele aus dem Adam hervor, und auch in diese zweite Seele wurde ein unsterblicher Geist gelegt, und so wurden aus einem Menschen und aus einer Seele zwei und waren dennoch ein Fleisch und eine Seele«.

Über beide wird uns im »Großen Evangelium Johannes« VII 121,7 gesagt: »Dieses erste Menschenpaar ward von Gott aus mit allen Fähigkeiten ausgerüstet. Es hatte tiefe Erkenntnisse, einen höchst klaren Verstand und einen machtvollsten freien Willen, vor dem sich alle anderen Geschöpfe beugen mußten.«

Das erste Menschenpaar genoß das Glück der Nähe Gottes. Sie waren nicht für das Los des Todes bestimmt, und alle Erdengeschöpfe waren ihnen untertan. Wie seinerzeit Luzifer vor seinem Sturz von Gott eindringlich vor den Folgen seines Sündenfalls gewarnt worden war, so mahnte der Herr auch jetzt das erste Menschenpaar: »Siehe, Adam, Ich machte die Zeit, damit deine Prüfung nur kurz währen sollte und das erkämpfte Leben aber ewig.« – »Du hast mit keiner fremden Macht zu kämpfen, sondern nur mit dir selbst, denn Ich habe dir alles untertan gemacht.« . . . »Der Wurm aber ist dein Böses vom Grunde aus und trägt den Stachel des Todes in sich, daher beiße nicht in den Stachel des Wurmes.« (»Haushaltung Gottes« I 40,33 ff.). Allen beiden aber sagte der Herr: »Nun sehet, ihr erlerntet nun alles, ihr kennet nun alles und könnt den Gebrauch machen von allem bis auf eines, und dieses Letzte will Ich euch jetzt lehren und die Kraft in euch legen zur Fortpflanzung von euresgleichen; aber ihr dürft davon erst dann Gebrauch machen, wenn Ich wiederkommen und euch bekleidet finden werde mit dem Kleide des Gehorsams, der Demut, der Treue und der gerechten Unschuld. Wehe aber euch, so Ich euch nackt finde (ohne die geforderten Tugenden); Ich werde euch verstoßen, und der Tod wird die Folge sein!« (»Haushaltung Gottes« I 7,15)

Wir ersehen aus diesen Worten, was in der Genesis mit der Frucht vom verbotenen Baum gemeint ist. Gott wollte diesen Baum der Erkenntnis segnen, erst dann sollten die Menschen seine Früchte essen. Er wollte auch die Frucht tragende Liebe zwischen Mann und Frau durch Erhebung ins Geistige veredeln und segnen. Die ersten Menschen aber wurden von der gleißenden, neidischen Satana, die das Urböse in ihnen erweckte, verführt. Eva war ganz in den Bann dieser verführerischen Macht geraten und begab sich ihres guten Willens, Adam folgte, fasziniert von der Schönheit seines Weibes, ihren Lockungen, und beide aßen von der verbotenen Frucht. Nach allem gingen beiden die Augen auf und sie erkannten, daß sie nackt waren und schämten sich vor dem Herrn.

Die Folgen des Sündenfalles Adams kennen wir. Das erste Menschenpaar verlor als Folge für sich und alle nachkommenden Geschlechter die unmittelbare Nähe Gottes. Ihr geistiges Wesen wurde schwerer, materieller, sie wurden verstoßen in eine feindliche Umwelt, wurden ganz abhängig von Raum und Zeit und ernteten als Frucht ihrer auf alle Nachkommen übergehenden folgenschweren sündigen Entscheidung den Tod. Sie hatten Gottes Gebot übertreten, um zu erfahren, was daraus würde; hatte die Schlange ihnen doch versprochen, sie würden sein wie Gott, wenn sie von der verbotenen Frucht äßen. Mit diesem Ungehorsam verlor der Mensch seine Mittlerstelle zwischen der gefallenen Welt und Gott. Er verspielte so eine unerhörte Gelegenheit der Erlösung vom Banne der Todesstarre, die über alle Materie nach Luzifers Sturz verhängt war.

Das Ziel und der Kulminationspunkt, der Gipfel der von Gottes Vaterliebe ins Werk gesetzten Evolution war mit der Erschaffung Adams erreicht mit dem potentiellen Ziel der Überwindung des Todes. Da aber Adam durch seinen Sündenfall dieses Ziel verfehlte und dadurch sich selbst und die ganze nachfolgende Menschheit in eine tiefere Materieverfallenheit und Gottesferne, wieder in den Bann des Todes hinabstürzte, so mußte der Herr im Zwang Seiner unendlichen Liebe, um zu retten, was noch zu retten war, einen zweiten Adam kommen lassen, um die Macht des Todes endgültig zu brechen und die geistige Zielsetzung der Evolution zu retten, auf daß den Menschen die Möglichkeit des Aufstiegs als Gotteskinder in Seine ewige Herrlichkeit nicht verschlossen bliebe; und dieser zweite Adam war Er Selbst in Jesus Christus.

Durch Adams Schuld war der Zugang zum Himmel jedem in der Materie verkörperten Wesen wieder verschlossen. Die Frucht des Sündenfalls des ersten Menschenpaares war der ungesegnete Kain mit seinen Nachkommen. Nach Lorber verstieß Gott (laut der »Haushaltung Gottes«) die ersten Menschen nicht absolut. Später von Gott gesegnete Nachkommen waren Abel und Seth. Von Zeit zu Zeit nahte Er Sich ihnen in verhüllter Engelsgestalt und verhieß ihnen für die ferne Zukunft den Erlöser.

Aus diesem ganzen dramatischen Geschehen ersehen wir, mit welcher Liebe Gott alle Lebewesen erschafft und dann diese Seine Schöpfung bis in die größten Wirrnisse und Finsternisse in Seiner väterlich-mütterlichen Sorge begleitet. Durch Jakob Lorbers Sicht wird uns in wunderbarer Weise die Wahrheit von der Schöpfung, sowohl in den Büchern der Heiligen Schrift wie im Geschehen der Natur geheimnisvoll versiegelt, prophetisch aufgeschlossen. Das ist mehr, als bisher Generationen vor uns erfahren haben.

Um Seine Geschöpfe zu retten, steigt Er Selbst als zweiter Adam in Jesus Christus schließlich um die Fülle der Zeit in die begrenzte Materiewelt auf unsere Erde, eingeengt in Raum und Zeit, und nimmt Fleisch an durch die Jungfrau Maria, um für uns schaubar zu werden. Durch Propheten läßt Er verkünden: »Meine Wonne ist es, bei den Menschenkindern zu sein« (Buch der Sprüche 8,31).

Er Selbst baute die neue Brücke von der Erde zum Himmel und wurde der wahre Mittler zwischen der gefallenen und nicht gefallenen geistigen Welt. Selbst den Tod nahm Seine ewige Liebe als Menschensohn auf sich, Gottes und Mariä Sohn, Gott und Mensch zugleich. Bis in die Hölle stieg Er nach Seinem Tode hinab und öffnete allen gefallenen Geistwesen, auch der Vorzeit, den Weg zum Himmel. Er ist wahrhaft der Weg, die Wahrheit und das Leben. Er wurde zum Haupt der Neuen Schöpfung, jenes Corpus Christi mysticum, des mystischen Leibes des Herrn, den Paulus visionär erschaute, wie ihn Swedenborg als den großen strahlenden Himmlischen Menschen im Homo maximus sah und wie ihn schließlich Jakob Lorber vom Herrn als das Mysterium des Großen Lichtmenschen der Neuen Schöpfung erfuhr.

Am Ende einer großen Vision über das Fortleben des Menschen nach dem Tode, dem zweiten Band des Lorberwerkes »Von der Hölle bis zum Himmel – Robert Blum« erfahren wir: (303,1 ff.) »Alle eilen hinzu und sehen da wieder einen endlos großen Menschen, von allersanftest und lieblichst strahlendem Licht umflossen. Nur aus der Gegend des Herzens dringt ein mächtiges Licht hervor, das aber das Auge nicht beleidigt, sondern in ihm nur ein überaus wonniges Gefühl hervorruft. Unter dem linken Fuß aber ist in einer halb liegenden, mit dem Kopfe abwärts gewandten Stellung eine ganz kleine Menschengestalt zu ersehen, die von einem höchst matten, etwas rötlichen Schimmer umgeben ist.«

Auf die Frage eines der Seligen erklärt der Herr: »Da hast du die erste und die zweite Schöpfung nebeneinander. Der große Lichtmensch stellt die neue Schöpfung dar, einen neuen Himmel und eine neue Erde. Hier befindet sich die Erde nicht mehr in der untersten und kleinsten Fußzehe, wie dies bei der ersten materiellen Schöpfung der Fall war und noch ist, sondern im Zentrum des Herzens dieser neuen Schöpfung. Das mächtige Licht aus der Gegend des Herzens entstammt der neuen Erde, die ein ewiges Wohnhaus Meiner Liebe und aller Meiner Kinder bleiben wird.

Wenn du diesen übergroßen Menschen voll hellsten Lichtes genauer betrachtest, wirst du leicht entdecken, daß auch er aus zahllos vielen herrlichsten Sternen besteht, sein Gewand sowohl wie sein ganzer Leib. Jeder dieser Sterne ist um unberechenbar vieles größer als der ganze materielle Schöpfungsmensch mit all seinen zahllosen Hülsengloben. Denn diese Sterne sind Vereine, bewohnt von seligsten Geistmenschen, von denen jeder kleinste tausendfach größer und mächtiger ist als jener erste Mensch, dessen Bild du hier im geistigen Verhältnis zu diesem zweiten Himmelsmenschen unter dessen kleinster Fußzehe gleich einem gekrümmten Würmchen ersiehst (gemeint ist hier der große materielle Schöpfungsmensch). Er ist gegen die wirkliche Größe dieses zweiten Menschen kaum das, was da ist ein irdisches Sandkorn gegen die Größe des ganzen Hülsenglobenmenschen. Dieser zweite Mensch aber stellt im Grunde des Grundes Mich Selbst in Meiner Wirkung auf einem schon voll bestellten Acker dar.« –

Wir ersehen aus all dem Geschilderten: Jeder einzelne Mensch ist nach Vereinigung seiner Seele mit dem göttlichen Geist zu ewigem Leben im Reiche Gottes berufen; es ist unsagbar, was »Gott denen bereitet hat, die ihn lieben«. Die Seligkeit aller kann dann erst vollendet sein, wenn der letzte der Gefallenen wieder frei ist von seinem Banne und der verlorene Sohn wieder heimgekehrt ist ins Reich des ewigen Vaters.

In der christlichen Prophetie stellt sich die Frage überhaupt nicht: Schöpfung, Erschaffung oder Entstehung? Alles ist hier Erschaffung. Emanuel Swedenborg, der große geistige Bruder Jakob Lorbers, hat das unübertrefflich formuliert. Er bezieht sich auf zwei Stellen der Heiligen Schrift, einmal auf den Prolog des Johannesevangeliums: »Im Anfang war das Wort, und Gott war das Wort«, dann auf den Psalm 33,6 bei David: »Durch ›das Wort‹ Jehovas sind die Himmel gemacht«. Swedenborg sagt hierzu: »An beiden Stellen hat man unter dem ›Wort‹ das Göttlich-Wahre zu verstehen, und da das Weltall durch dasselbe geschaffen ist, so wird es auch durch dasselbe erhalten, denn wie das Bestehen ein fortwährendes Entstehen voraussetzt, so die Erhaltung eine fortwährende Schöpfung. Der Mensch aber wurde durch das Göttlich-Wahre gebildet.« –

Der Mensch als Bild und Gleichnis seines Schöpfers hat also doch im Gegensatz zur materialistisch-mechanistisch verkürzten Sicht des Darwinismus eine einzigartige Stellung im gesamten Kosmos, einschließlich des geistigen Kosmos, des »neuen Himmels und der neuen Erde«, von der die Johannesapokalypse weissagend spricht.

In unserer Materiewelt aber, die ein Übergangsstadium im Schöpfungsplane Gottes ist zur geistigen Welt der Himmel, ist jedes Samenkorn, jeder Grashalm, jeder Sperling auf dem Dach von Gottes schöpferischer Liebe umfangen, – um wieviel mehr noch trifft dies zu auf uns und unser Sein und Werden als Menschenkinder, die wir nach dem Gleichnis vom Senfkörnlein zu jener Entfaltung gleich einem Baume im himmlischen Sinne bestimmt sind, in dem die Vögel des Himmels ihre Nester bauen.

Welch zukunftsträchtiges Bild für eine im Kleinsten grundgelegte Entfaltung ins Reich des ewigen unendlichen Geistes!

4. Über das Geheimnis des dreieinigen Gottes

»Irren wir? Vielleicht! Was atmet,
irrt und tappt in Finsternissen
blöden Auges; die Lebend'gen
glauben – und die Toten wissen.
Irr' ich? Einer ist der Hohe,
einer ist der Ebenhohe,
und – der Dritte! Drei sind Einer,
Flammen drei in einer Lohe.«

(Aus Kapitel 10 des Vers-Epos »Dreizehnlinden« von Friedrich Wilhelm Weber, 1813–1894)

Die Lehre von der Dreieinigkeit Gottes hat von Anfang an durch die Jahrhunderte bis heute die Herzen aller Christen bewegt. Es ist darüber zu schweren Auseinandersetzungen gekommen bis zu Kirchenspaltungen wegen scheinbar kleiner Akzentverschiebungen, – so sehen wir es jedenfalls heute. Viele Menschen, die Gott ernsthaft im Herzen suchten, haben darüber nachgegrübelt, ohne Klarheit zu finden. Letztlich ist es ein Mysterium von unergründlicher Tiefe, das Gott nur Selbst auserwählten Seelen öffnen kann, ein heiliges Geheimnis. Wie schwer zugänglich es ist, mag durch die tiefsinnige Legende erhellt sein, die über den hl. Augustinus berichtet: »Einst ging Augustinus (354–430) am Gestade des Meeres auf und nieder und dachte nach, wie er das Wesen Gottes fassen könne. Da fand er am Ufer ein Kind, das schöpfte Wasser aus dem Meer mit einer Muschel, goß es in eine kleine Sandgrube, die es gegraben hatte. ›Was tust du da?‹ fragte Augustinus. ›Ich schöpfe das Meer aus‹, sagte das Kind, ganz ernsthaft in sein Tun vertieft. ›Und meinst du, es wird dir gelingen?‹ fragte der Weise lächelnd. ›Eher gewiß, als es dir gelingen wird, das Wesen Gottes zu erfassen‹, gab das Kind zur Antwort und verschwand.« Wie die Legende berichtet, hatte Augustinus über das Geheimnis der göttlichen Trinität und die Unendlichkeit nachgegrübelt.

Verstandesdenken wird diesem Geheimnis nie näherkommen, das Herz kann es nur glaubend annehmen, in der Hoffnung, daß es in der Ewigkeit enthüllt wird; es sei denn, der Herr Selbst würdigte einen Menschen durch eine entsprechende Offenbarung. Dies ist in der Tat für den, der es als Antwort auf sein suchendes Fragen empfindet und annehmen will, des öfteren geschehen; beispielsweise bekamen solche Erleuchtungen Emanuel Swedenborg, Sadhu Sundar Singh und nicht zuletzt Jakob Lorber.

Am 16. März 1840, dem Tag nach seiner Berufung, empfing Jakob Lorber schon das erste Wort über das Mysterium der Dreieinigkeit Gottes, das ihm im Laufe seines weiteren Lebens mit wachsender Intensität in immer neuen und tieferen Bildern, ohne innere Widersprüche, durch die geheimnisvolle Stimme im Herzen gesagt wurde: (»Haushaltung Gottes« I 2,10) »Dieses aber sage Ich jetzt: daß Ich bin der alleinige, ewige Gott in Meiner dreieinigen Natur als *Vater* Meinem Göttlichen nach, als *Sohn* Meinem vollkommenen Menschlichen nach und als *Geist* allem Leben, Wirken und Erkennen nach. Ich bin von Ewigkeit die Liebe und die Weisheit Selbst. Nie habe Ich von jemandem etwas empfangen. Alles, was da ist, ist von Mir, und wer etwas hat, der hat es von Mir.«

Auf eine Frage des Apostels Petrus und Bitten anderer Jünger antwortet der Herr im sechsten Band vom »Großen Evangelium Johannes«: (230,1 ff.) »Doch was ihr nun vernehmen werdet, das behaltet vorderhand bei euch und machet Mich nicht vor der rechten Zeit ruchbar! Wann aber dazu die rechte Zeit sein wird, das werdet ihr von Meinem Geiste, der der eigentliche Heilige Geist ist, schon in euch selbst erfahren.

Der Vater, Ich als Sohn und der Heilige Geist sind unterscheidbar eines und dasselbe von Ewigkeit.

Der Vater in Mir ist die ewige Liebe und als solche der Urgrund und die eigentliche Ursubstanz aller Dinge, die da erfüllet die ganze ewige Unendlichkeit.

Ich als der Sohn bin das Licht und die Weisheit, die hervorgeht aus dem Feuer der ewigen Liebe. Dieses mächtige Licht ist das ewige vollkommenste Selbstbewußtsein und die hellste Selbsterkenntnis Gottes und das ewige Wort in Gott, durch das alles, was da ist, gemacht worden ist.

Damit aber das alles gemacht werden kann, dazu gehört noch der mächtigste Wille Gottes, und das ist eben der Heilige Geist in Gott, durch den die Werke und Wesen ihr volles Dasein bekommen. Der Heilige Geist ist das große ausgesprochene Wort ›Werde!‹ – und es ist da, was die Liebe und die Weisheit in Gott beschlossen haben. Und seht, das alles ist nun in Mir: die Liebe, die Weisheit und alle Macht! Und somit gibt es nur *einen* Gott, und der bin Ich, und Ich habe nur darum hier einen Leib angenommen, um Mich euch Menschen dieser Erde, die Ich völlig nach Meinem Ebenmaße erschaffen habe aus der Ursubstanz Meiner Liebe, in eurer Persönlichkeit näher offenbaren zu können, – wie es nun soeben der Fall ist.«

Jesus deutet anschließend an, daß auch wir Menschen dieselbe Gott ganz ebenmäßige Dreiheit in uns haben. – Doch davon soll später noch die Rede sein.

Von 1841 bis 1851 führte der Komponist Anselm Hüttenbrenner aus dem Freundeskreis Jakob Lorbers ein geistliches Tagebuch, in dem er gewissenhaft inspirierte Nebenworte, die neben den großen prophetischen Hauptwerken herliefen, aufzeichnete. Jakob Lorber nannte diese Worte »Gabe des Himmels«. Es handelt sich hierbei vielfach um Antworten auf Fragen aus dem Freundeskreis oder gar um Fragen Jakob Lorbers selbst. Am 27. 4. 1842 lautete die Fragestellung: »Es steht geschrieben: ›Wer mich sieht, der sieht auch den Vater!‹ Joh. 14,9; bei Mark. 13,32 heißt es aber: ›Allein von jenem Tage und von jener Stunde weiß niemand, auch nicht die Engel im Himmel, auch nicht der Sohn, sondern nur der Vater.‹ – Wie können diese beiden Stellen in Übereinstimmung gebracht werden? – Und heißt es nicht auch: ›Der Vater ist größer denn Ich?‹« (»Himmelsgaben« II, S. 66,3 ff.) Jakob Lorber empfängt folgende Antwort: »Der Vater ist die reinste ›Ewige Liebe in Gott‹ oder das ›Ewige wesenhafte Wort‹ in Sich Selbst. – Der ›Sohn‹ aber ist das vom Vater ausgesprochene Wort oder der Sich euch wesenhaft im Sohne offenbarende Vater Selbst. Es verhalten sich beide wie ein gedachtes und ein ausgesprochenes Wort, da der Gedanke ist der Grund oder der Vater des ausgesprochenen Wortes, das ausgesprochene Wort aber wieder nichts anderes als der sich offenbarende Gedanke oder der Vater des Wortes selbst.

Wenn ihr nun dieses versteht, so muß es euch doch schon sonnenklar sein, daß wer den Sohn sieht und hört, ja auch den Vater notwendig sehen und hören muß, und daß demnach Vater und Sohn eines und dasselbe sind, wie der Gedanke und das danach ausgesprochene Wort – und daß der Vater im Sohn und der Sohn im Vater ist, wie der Gedanke im ausgesprochenen Wort und das ausgesprochene Wort im Gedanken. Auch müsset ihr danach verstehen, warum der Vater mehr ist als das Wort oder der Sohn. Das Wort wäre ja ohne den Vater oder den vorhergehenden Gedanken eine allerbarste Unmöglichkeit! Also ist der Vater als der ewige Zeuger des Wortes mehr als das gezeugte Wort. Wenn aber das Wort gezeugt ist, dann ist es ja doch völlig identisch mit dem Vater!

Und so ihr dies alles verstehet, da meine Ich, es dürfte da wohl fast unnötig sein, euch noch ferner zu erhellen, warum (bei Mark. 13,32) niemand vom kommenden Tage und der Stunde des kommenden großen Gerichts über die ganze Erde, im Geiste genommen, etwas weiß, außer allein der Vater – und nicht auch ›der Sohn‹. So ihr nur ein Senfkörnlein groß Verstandes im Herzen (nicht im Gehirne des Kopfes) besitzet, da müsset ihr ja doch auf der Stelle einsehen, daß durch das Wort wohl die Wissenschaft des Gedankens sich kundgibt – aber ist darum das Wort die Wissenschaft selbst? – Daher kann solches, wie alles andere ja doch nur der Vater wissen, nicht aber der Sohn, der da gleichsam ist die Zunge im Munde des Vaters.

Damit ihr aber über Vater, Sohn und Geist die volle Anschauung habt, so wisset denn: Der Gottmensch Jesus war wesenhaft der Vater Selbst oder die Sich mit menschlichem Fleische bekleidete Ewige Liebe und Weisheit Selbst – oder die Fülle der Gottheit leibhaftig.

Das ausgesprochene ›Wort‹ des Gottmenschen Jesus oder dessen Lehre aber ist ›der Sohn‹.

Da aber der Vater schon von Ewigkeit her wußte, was Er tun wird, so war ja der Gottmensch Jesus auch schon von Ewigkeit her im ›Vater‹, manifestierte Sich aber als ›Gottmensch‹ erst dann leibhaftig, da Sich der Vater Selbst offenkundig ausgesprochen hatte!

Saget Mir, begreift ihr etwa jetzt noch nicht, wie der Sohn und der Vater eines und dasselbe sind? – Solltet ihr aber jedoch noch Skrupel haben, da sehet auf den Geist, der muß euch ja in alle Wahrheit leiten!

Denn derselbe Geist, der da ewig war im Vater (der da ist der urewige Grundgedanke oder die ewige reinste Liebe Selbst) – ist ja doch auch sicher in des Vaters ausgesprochenem ›Wort‹ (d. h. im Gottmenschen Jesus Christus; d. Verf.). Wo aber *ein* Geist, da wird ja doch etwa wohl auch eine und dieselbe Wesenheit sein! Wenn es nicht also wäre, wie hätte da der Gottmensch Jesus von Sich aussprechen können: ›Ich bin der Weg und die Wahrheit und das Leben! Niemand kommt zum Vater denn durch Mich!‹ (Joh. 14,6) – was soviel heißt als: Ich bin die Liebe oder der Vater, und die ewige Weisheit oder Gott Selbst, oder der Geist und das ausgesprochene Wort, oder das ewige Leben Selbst, in welchem da wohnt alle Fülle der Gottheit leibhaftig! Da es aber also ist, saget, auf welchem anderen Wege kann jemand zum Vater gelangen, wenn er sich vom selben nicht ergreifen und ziehen läßt, darum er hat die Freiheit des eigenen Willens!?

Wer sonach das vom Vater ausgesprochene Wort tätig oder lebendig in sich aufnimmt, der nimmt ja dann auch den Sohn auf. Wer aber den Sohn in sich aufgenommen hat, der wird ja etwa doch den Vater auch aufnehmen, da der Sohn und der Vater eines und dasselbe sind!

Wer aber somit Sohn und Vater in sich aufgenommen hat, der wird doch sicher auch den ›Geist‹ oder das ›Licht‹, das da ist gleich wie im Vater also auch im Sohn, in sich haben und wird aus diesem Geiste sein ›in aller Wahrheit‹, und das aus dem ganz einfachen Grunde, weil es außer diesem Licht kein anderes Licht mehr gibt und alles Licht somit nur diesem alleinigen Lichte entstammt. – Wer aber in dem Lichte ist, der ist auch im Vater durch den Sohn.

Da aber der Vater das urewige Grundliebeleben ist und alles

Licht von diesem Leben ausgeht, so wird der Mensch doch wohl sicher auch das ewige Leben haben, wenn er im selben (im Lichte; d. Verf.) ist und dasselbe in ihm durch den Sohn, Geist und Vater!?

Ich meine aber, so ihr nicht noch blinder seid als der Mittelpunkt der Erde, so dürfte euch dieses wohl genügen, um einzusehen, daß wer da im Geiste Jesum sieht, keinen Tubus mehr brauchen wird, um auch den Vater zu erschauen!« – In der Sicht Jakob Lorbers wird das Christentum als monotheistische Religion akzentuiert betont in der eindeutigen Aussage einer *einzigen Person* Gottes in drei Aspekten: Das rein *Göttliche*, das rein *Menschliche* und die von Ihm ausstrahlende, die ganze Unendlichkeit erfüllende *Wirkung*, welche drei Aspekte wir gefallenen Menschen in unserer geistigen Blindheit als drei getrennte Persönlichkeiten mißverstanden haben. Was von Lorber, der sich von Gott dem Herrn in Auftrag genommen sieht durch sein Berufungserlebnis und die fortlaufende himmlische Einsprache, kompromißlos verworfen wird, ist eine Dreipersonalität Gottes in einer Wesenheit, wie es unglücklicherweise auf dem Konzil zu Nicäa (325), nicht ohne staatlichen Druck, fürchtete man doch schon damals – nicht ohne Grund – durch diese Frage religiöser Natur auch eine politische Spaltung des unter Ost-West-Spannung stehenden riesigen römischen Reiches bzw. Imperiums, – formuliert worden ist.

Der große evangelische Theologe und Kirchengeschichtler Ernst Benz vertritt in seinem Buch »Die Vision« (Seite 494) den Standpunkt: »Eine eigentliche Lehre von der göttlichen Trinität wurde erst im dritten und vierten Jahrhundert ausgebildet, aber auch diese späteren Lehrformeln wurden nur als ein unvollständiger Ausdruck des unsagbaren Mysteriums der in der Dreieinheit sich entfaltenden Einheit Gottes verstanden.«

Das im Jahre 381 in Konstantinopel beschlossene Symbolum Nicaeno-Constantinopolitanum, durch das Konzil von Chalcedon 451 bestätigt, hat das 325 in Nicäa beschlossene »Symbolum Nicaenum« noch genauer gefaßt, es wurde im Abendland besonders durch Karl den Großen verbreitet und zwar im dritten Artikel mit dem Zusatz »Filioque« (der Heilige Geist, der aus dem Vater *und* dem Sohne hervorgeht). Dieser letztgenannte Zusatz war einer der wichtigsten Punkte im Streit der Lateinischen und der Ostkirche. Folgenschwer war die Formulierung einer Dreipersonalität Gottes. Die Kirche hat sich immer energisch gewehrt, die Formel von der Dreipersönlichkeit in der Einheit des Wesens als Tritheismus, »Dreigöttertum«, aufzufassen, aber immer wieder kam es zu Verwischungen und Unklarheiten, vor allem auch durch Darstellungen in der Kunst, so daß sich Päpste zeitweilig gezwungen sahen, Darstellungen der göttlichen Dreifaltigkeit zu verbieten, um Mißverständnissen vorzubeugen. Aus diesen Überlegungen läßt sich klar folgern, daß die Kirche trotz mißverständlicher Formulierungen letztlich das Trinitätsgeheimnis monotheistisch gedeutet hat.

Man war in jenen ersten Jahrhunderten bestrebt, die Gottheit Jesu Christi gegen den Druck seitens des Arianismus zu verteidigen und rang gleichzeitig um eine Formulierung um das Wesen des Heiligen Geistes, um dessen Definition es zu ebenfalls schweren Auseinandersetzungen gekommen war. Das alles sollte in kurzen Lehrsätzen verbindlich formuliert werden. Eine so differenzierte Thematik kann in kurzen Sätzen zusammengefaßt sehr mißverständlich sein. Die Folgen wurden zur Zeit der Abfassung auf diesen Kirchenversammlungen seinerzeit sicher noch nicht erkannt. Ohne Zweifel ist geistig um diese Lehrsätze auf das schwerste gerungen worden, aber es blieb menschliches Stückwerk.

Aufgrund der unklaren Formulierungen zum Wesen Gottes innerhalb der von Spaltung bedrohten Christenheit, in die auch von weltlicher Seite politischer Druck eingewirkt hatte zur Zeit der Abfassung der Lehrsätze, fühlte sich der in der Folgezeit aufkommende Islam durch den Propheten Mohammed legitimiert, eine starre monotheistische Religion als eine aus seiner Sicht reine Gotteslehre zu verbreiten.

Auch von anderer Seite durch die ganze Geschichte hindurch bis in die heutigen spiritistischen oder spiritualistischen Kreise hinein wurde immer wieder die Gottheit Jesu Christi bestritten.

Man erklärte ihn zu einem Geschöpf des Vaters, dem allerdings ersten und höchsten Erzengel vor Luzifer.

In neuester Zeit macht ein österreichischer Theologie-Professor in Linz und St. Pölten durch ein Buch von sich reden, nach dem Jesus nur ein Prophet gewesen sei, wenn auch ein großer, der eben nur einen »Prophetentod« gestorben sei, den man danach divinisiert oder vergöttlicht habe (Winfrid Blasig). Als Begründung wird Verunsicherung durch die Dreifaltigkeitslehre angegeben, von der ja auch schon ein Goethe verunsichert worden sei. Mit der Annahme solcher Irrlehren wird die ganze Erlösungslehre unverständlich und sinnlos.

Es ist in der Tat so, um die Zeit des jährlich wiederkehrenden Dreifaltigkeitsfestes besteht, so hat man den Eindruck, im gesamten kirchlichen Raum eine deutliche Hilflosigkeit, dieses Geheimnis in würdige Worte zu fassen. Viele Predigten in dieser Zeit hinterlassen Unbehagen, da die Klarheit in der Auffassung fehlt. Die sich abmühenden Prediger kommen in sichtliche Verlegenheit. Letztlich kann ja alles menschliche Denken über dieses Mysterium nur ein Gestammel sein.

Es soll aber auch etwas Erfreuliches hervorgehoben werden. Um die Zeit des Weihnachtsfestes setzt sich immer mehr die Herzen frohmachende Ausdrucksweise durch, welche Freude es für uns Menschen sei, daß »Gott in Jesus Christus Mensch wurde«.

Interessant im Rahmen dieser Ausführungen sind hier Erwägungen zur Glaubensfrage der Trinität von kirchlicher Seite, wie sie von Kardinal Joseph Ratzinger 1968 in seinem Buch »Einführung in das Christentum« (Kösel-Verlag, München) formuliert wurden. Sie sind für religiöse Sucher verständnisvoll entgegenkommend. Ratzinger schreibt: (Seite 130) »Die kirchliche Lehre, wie sie uns in dem Wort vom dreieinigen Gott gegeben ist, bedeutet im Grunde den Verzicht auf den Ausweg und das Stehenbleiben im Geheimnis, das dem Menschen nicht berechenbar ist: In Wahrheit ist dieses Bekenntnis der einzig wirkliche Verzicht auf die Anmaßung des Bescheidwissens, das die glatten Lösungen mit ihrer falschen Bescheidenheit so verführerisch macht.«

Auf Seite 133 fährt er fort: »Jeder der großen Grundbegriffe der Trinitätslehre ist einmal verurteilt worden; sie alle sind nur durch diese Durchkreuzung einer Verurteilung hindurch angenommen; sie gelten nur, indem sie gleichzeitig als unbrauchbar gekennzeichnet sind, um so als armseliges Gestammel – aber auch nichts mehr – zugelassen zu werden. Der Begriff ›Persona‹ (Prosopon, griechisch = auch Maske) ist einmal verurteilt worden. (Von drei Masken Gottes war bei einer Gruppe im Konzil seinerzeit die Rede gewesen.) Das zentrale Wort, das im vierten Jahrhundert zum Feldzeichen der Orthodoxie wurde, das »homousios« (eines Wesens mit dem Vater), war im dritten Jahrhundert verurteilt worden; der Begriff des ›Hervorgangs‹ hat eine Verurteilung hinter sich, und so könnte man fortfahren. Ich denke, man müsse sagen, daß diese Verurteilungen der späteren Formeln des Glaubens innerlich zu ihnen gehören: Nur durch die Negation hindurch und nur in der unendlichen Indirektheit, die damit gegeben ist, sind sie brauchbar: nur als ›durchkreuzte Theologie‹ ist die Trinitätslehre möglich.« – Er fügt hinzu: »Wenn man die Dogmengeschichte der Trinitätslehre im Spiegel eines heutigen Handbuchs der Theologie betrachtet, da scheint sie wie ein Friedhof von Häresien, deren Zeichen die Theologie noch immer wie Siegestrophäen überstandener Schlachten mit sich herumträgt.« Ratzinger sieht darin den Beweis eines langen Ringens um Begriffe, deren Aussagen einfach nicht ausreichen konnten und meint: »Jede Häresie ist vielmehr zugleich Chiffre für eine bleibende Wahrheit.« – Alle die verworfenen und positiven Formeln könnten nur im großen Zusammenhang gleich Bausteinen einer Kathedrale gelten, wenn sie nicht Einzelstücke blieben, wenn sie sich gleichzeitig ihres Ungenügens bewußt blieben. (Seite 135) »Nur im Umkreisen, im Sehen und Sagen von verschiedenen, scheinbar gegensätzlichen Aspekten her gelingt uns das Hinüberweisen auf die Wahrheit, die uns doch nie in ihrer Gänze sichtbar wird.« (Auf Seite 147) »Das Bekenntnis zur Einzigkeit Gottes gilt so im Christentum nicht weniger radikal als in irgendeiner anderen monotheistischen Religion, ja, es wird darin erst zu seiner vollen Größe gebracht.« – Es besteht kein

Zweifel, die offizielle kirchliche Trinitätslehre ist im wesentlichen immer monotheistisch aufgefaßt worden, aber es bleibt die Mißverständlichkeit in der Formulierung, Gott sei dreipersönlich – in der Einheit des Wesens, es ist jedenfalls so von der heutigen Auffassung des Personenbegriffs her.

Man hat das Problem in früheren Zeiten sozusagen horizontal gesehen – drei Personen nebeneinander – und kam dadurch zu falschen Schlußfolgerungen. Drei Personen nebeneinander können einzeln für sich nicht Ewigkeit und Unendlichkeit beanspruchen, diese Begriffe sind ja nur durch die Unteilbarkeit existent.

In der gesamten Prophetie Jakob Lorbers, offensichtlich als Hilfe für die Glaubenskrise der heutigen Zeit bestimmt, wird das Problem der Dreieinigkeit Gottes vertikal gesehen. Jakob Lorber wurde ein Ineinander von drei Aspekten oder drei Prinzipien Gottes geoffenbart. Es ist ein Ineinander von Vater, Sohn und Heiligem Geist, die aber zu einer Person vereinigt sind, analog dem nach Gottes Bild und Gleichnis geschaffenen Menschen, der ebenfalls ein Ineinander von Körper, Seele und Geist ist und *einen* Menschen in diesen drei Seinsebenen darstellt. Niemand würde da auf den Gedanken kommen zu sagen, wir bestünden aus drei Personen.

In dieser visionären Schau liegt ein providentielles Angebot an die Kirchen, doch diese christlichem Gedankengut keinesfalls widersprechenden, prophetisch entstandenen Deutungen zu überprüfen. Jesus sagt: »Der Buchstabe tötet, der Geist aber ist es, der lebendig macht.« – Wir sollen nicht materiell an Äußerlichkeiten des Wortes kleben, wir sollen vielmehr den inneren Sinn des Wortes Gottes mehr geistig erfassen. Wer diese Wahrheit der Dreieinigkeit Gottes so innerlich erfaßt, kann Gott mehr lieben.

Ein Freund definierte dieses Geheimnis der Trinität so: »Gott ist Einer. Von ihm als Geistiger Sonne geht das hellste ungebrochene weiße Licht aus. Die menschliche Natur in ihrer Gefallenheit ist unfähig, dieses helle weiße Urlicht aufzunehmen, ohne darin zu vergehen und zu verbrennen. Wenn das Licht Gottes in unsere, von der Sünde getrübte Sphäre dringt, kommt es zu einer

Brechung dieses Lichtes, wie es auch in der Natur beim Entstehen des Regenbogens mit den Sonnenstrahlen geschieht. Das weiße Licht wird durch Brechung in die Farben des Spektrums zerlegt, so erträgt es unser Auge, ohne geblendet zu werden. So geschieht es in Entsprechung auch mit dem hellsten Geisteslicht Gottes. In der Brechung des göttlichen Lichtes glauben wir drei Personen zu sehen und sind dabei einer optischen Täuschung erlegen. Das hat Gottes Barmherzigkeit so eingerichtet, damit wir Sein Licht ertragen können, ohne zu sterben.« Erinnert sei an das Wort des Herrn aus dem 2. Buch Mosis 20. Der Herr spricht zu Moses: »Du kannst Mein Angesicht nicht sehen, denn kein Mensch kann Mich sehen und am Leben bleiben.«

Im achten Band vom »Großen Evangelium Johannes« Kapitel 26/27 erklärt der Herr Wahrheitssuchern das Wesen Gottes: »Höret! Wenn Gott als Schöpfer aller Wesen, aber dennoch unterschieden von allen andern von Ihm geschaffenen Wesen, sicher ewig war, ist und sein wird, legt Ihm das etwa irgendeine unwandelbare Notwendigkeit zum Verharren im gewissen Urzentrum auf? Wenn schon dem Menschen eine freie Bewegung nach jeder Richtung des Leibes sogar und noch endlos mehr dem Geiste nach gegeben ist, wie sollte Sich da der allerfreieste Gott in dem beschränken, worin Er Seinen Geschöpfen sogar die vollste Freiheit gab? Ich sage es euch: Die göttliche Unendlichkeit in allem hat die Macht, Sich auch endlos frei zu bewegen! Ihr steht demnach wohl auch das Recht zu, Ihre Herrlichkeit ins Fleisch zu wandeln, um Selbst gegenüber den von Ihr geschaffenen Menschen auch als ein ewig vollkommenster Mensch schau- und begreifbar dazustehen. Aber *die* Macht hat die endlose Herrlichkeit Gottes nicht und kann sie unmöglich haben, andere, Ihr völlig gleiche Gottheiten außer Sich zu schaffen; denn könnte Sie das, so müßte Sie außerhalb des einen unendlichen Raumes auch noch mehrere ebenso unendliche Räume erschaffen können, was wohl sicher jeder nur ein wenig helldenkende Mensch schon von ferne für einen allerbarsten Unsinn ansehen und anerkennen muß. Denn wenn der eine Raum nach allen denkbaren Richtungen hin unendlich ist, wo sollte dann ein zweiter ebenso unendlicher Raum seinen Anfang nehmen?

Ein zweiter vollkommener Gott mit der vollsten unendlichen Herrlichkeit ist demnach ebensowenig denkbar wie ein zweiter unendlicher Raum, und ihr könnt daraus nun klar ersehen, daß Ich als nun euch gleich auch ein Menschensohn im Fleische wandelnd kein zweiter, sondern nur ein und derselbe Gott bin, der Ich vor aller Kreatur von Ewigkeit her war und also auch bleiben werde in alle Ewigkeit. Ich kann darum nichts wider Meine ewige Herrlichkeit tun, aber alles für dieselbe. Würde Ich außer Mir noch zwei Götter schaffen, wie etwa den Sohn und den Heiligen Geist, so daß dann beide von Mir individuell unterschieden wären, so müßten sie ja notwendigerweise auf alle Meine Machtvollkommenheit Anspruch machen, da ohne diese kein Gott denkbar ist, sowenig wie der Begriff eines zweiten oder gar dritten vollkommen unendlichen Raumes unter einer gewissen Teilung und gegenseitigen Beschränkung. Wenn aber das denkbar möglich wäre, wie sähe es dann mit dem nur einen möglichen Hoheitsrechte Gottes aus? Es kann aber nur *ein* solches endloses göttliches Hoheitsrecht geben! Denn gäbe es deren drei, so wäre das endlose Einreich Gottes zersplittert und sein Bestand wäre ebenso undenkbar möglich wie der Bestand von drei unendlichen Räumen nebeneinander.

Das Einreich des nur einen Gottes kann ewig bestehen, weil Er allein nur ein einiger König und Herr desselben ist, wie solches denn geschrieben steht in der Schrift der Propheten, die aus dem Munde Gottes also geweissagt haben: ›Gott wird Seine Herrlichkeit keinem andern geben‹; denn allein Ich, Christus, bin der einzige Gott! Menschen, Engel, Herrschaften und Gewalten, ja alle Dinge im Himmel und auf Erden haben sich allzeit vor Mir gebeugt und werden sich auch in Ewigkeit nur vor Mir beugen und nie vor einem andern, gleichwie auch alle für eure Begriffe noch so endlos groß scheinenden Weltenschöpfungsräume von dem nur einen unendlichen Schöpfungsraum verschlungen werden und ihm gegenüber als völlige Nichtigkeiten erscheinen.

Wenn unter dem Namen Vater, Sohn und Heiliger Geist nicht ein für sich bestehender, grund- und einwesiger Gott zu verstehen wäre und man anstatt dessen einen von dem Vater unterschiedenen Sohn und ebenso einen unterschiedenen Heiligen Geist annehmen müßte, – was für ein Gott wohl müßte dann der Vater sein?

Wenn nach der Schrift der Propheten, die der grobe, selbstverschuldete Unverstand der Menschen nicht faßt, der Vater den Sohn mit aller Macht und Gewalt im Himmel und auf allen Erden und Welten bekleidet und den Heiligen Geist als einen Mitwirker Ihm beigesellt hat behufs der Heiligung und Bewaltung der nun euch gegebenen neuen Lehre aus den Himmeln, zu deren Haupt wie auch zum Haupte aller andern Dinge eben nur der Sohn, den Ich vorstelle, gemacht ist, so frage Ich euch: Was für einen Gott machet ihr dann aus dem Vater? Könnet ihr überhaupt noch einen Gott aus Ihm machen?«

Jesus fährt in der Belehrung fort: »Könnet ihr euch wohl denken, daß der Vater alt geworden sei, und daß Er Sich nun zur Ruhe setzen wolle, indem Er nun außer Sich einen vollkommenen Ihm gleich allmächtigen Sohn und weiter noch einen gleich allmächtigen Heiligen Geist habe, den Er etwa aus Sich und Seinem Sohne hervorgebracht habe, denen Er nun die ganze Regierung übergebe und, Sich Selbst abdankend, überweisen wolle? Oh, wie überheidnisch dumm, blöde und blind müßte da der menschliche Verstand sein, dem es möglich würde, in solch eine Raserei zu geraten!

Besteht ein Sohn und ein Heiliger Geist unterschieden von und außer dem Vater im Gleichen, wie da bestehen Engel und Menschen, so können sie weiter nichts als nur Seine Geschöpfe sein, weil sie ihr etwa noch so vollkommenes Wesen nur von dem einen Schöpfer und nicht aus sich infolge der höchsteigenen und ewigen Machtvollkommenheit erhalten haben.

Wie aber kann da eine vollkommene, göttliche Verwandtschaft oder eine wesentliche Einheit zwischen einem Geiste ohne Leib und Form und einem Geiste mit Leib und Form bestehen? Kann von dem Sohne, der eine leibliche Person ist und, wie ihr seht, einen Körper hat, gesagt werden, daß Er in dem Vater sei, wenn der Vater keinen Leib, keine Gestalt und keine Form hat – oder kann der leib-, gestalt- und formlose unendliche Vater im Sohne sein?

Weiter: Wenn der Heilige Geist eine vom Vater und Sohn ausgehende dritte für sich dastehende Person ist, wie kann sie mit beiden gleich geeigenschaftet und gleich ewig sein? Oder kann das, was sein Sein von einem andern erhält, gleich sein dem, das sein Sein ewig aus sich selbst hat? Kann je die Ewigkeit gleich sein der stets flüchtigen Zeit oder ein beschränkter Raum der Unendlichkeit?

Wenn man auch annehmen kann, daß alle Zeiten der Zeiten in der Ewigkeit stecken, sich bewegen und verändern, so kann man aber unmöglich denken, sagen und behaupten, daß die Ewigkeit in der irgend noch so lange währenden Zeit enthalten ist, gleichwie man wohl auch denken, sagen und behaupten kann, daß da alle noch so großen, aber endlich doch noch begrenzten Räume sicher wohl im endlosen Urraume enthalten sind, aber dieser unmöglich auch in ihnen.

Wenn sonach der Heilige Geist wirklich gleich einem andern Geschöpf vom Vater und Sohn als eine für sich wesenhafte Person ausginge, dann wäre er ja offenbar ein Gott der Zeit und nicht der Ewigkeit! Ein solcher Gott aber könnte dann, wie alles Zeitliche, mit der Zeit aufhören zu sein! Wenn aber das, wer würde und könnte dann allen Menschen und Engeln ein ewiges Dasein geben und erhalten?!«

Jesus fährt dann in Seiner Erklärung fort (Er befindet sich in einer Herberge des Lazarus auf dem Ölberg): »Wenn ferner der Sohn von Ewigkeit her war, wie konnte Er gezeugt werden? Und wenn der Heilige Geist eben auch von Ewigkeit her war, wie konnte er vom Vater und Sohn ausgehen und also seinen Ursprung nehmen? Wenn nach eurem Sinn und Verstand die von euch beanstandeten drei göttlichen Personen, aus denen die späteren Menschen leicht drei Götter machen könnten, insgesamt ewig, das heißt ohne Anfang sind, so konnte ja dann nicht einer dem andern den Anfang des Seins geben! Ich bin, als nun ein Mensch im Fleische vor euch, der Sohn und bin niemals von einem andern als nur von Mir Selbst gezeugt worden und bin eben darum Mein höchsteigener Vater von Ewigkeit. Wo anders könnte da der Vater sein als nur im Sohn, und wo anders der Sohn als nur im Vater, also nur ein Gott und Vater in einer Person? Dieser Mein Leib ist sonach die verherrlichte Gestalt des Vaters der Menschen und Engel wegen, damit Ich ihnen ein begreiflicher und schaubarer Gott bin, und ihr könnet Mich nun schauen, hören und sprechen und doch leben dabei! Denn ehedem hieß es, daß Gott niemand sehen und dabei leben könne. Ich bin denn nun durchgängig Gott; in Mir ist der Vater, und die von Mir nach Meiner Liebe, Weisheit und nach Meinem allmächtigen Willen ausgehende Kraft, die den ewig endlosen Raum allenthalben erfüllt und auch überall wirkt, ist der Heilige Geist.

Ich, wie ihr Mich nun als Gottmenschen unter euch sehet, bin mit Meiner ganzen Urzentralwesenheit sicher vollkommen und ungeteilt unter euch hier in diesem Speisesaal auf dem Ölberg und befinde Mich darum als ein wahrster Gott und Mensch zugleich nirgends anderswo, weder auf dieser Erde und noch weniger auf einer andern; aber durch die von Mir ausgehende Kraft, die da ist der Heilige Geist, erfülle Ich wirkend dennoch alle Himmel und den irdisch materiellen und endlosen Raum. Ich sehe da alles vom Größten bis zum Kleinsten, kenne alles, weiß um alles, verordne alles und schaffe, leite und regiere alles.

Wenn ihr aber nun solches wisset aus Meinem Munde, so werdet ihr auch verstehen, aus welchem Grunde ihr die Menschen, die an Mich glauben und nach Meiner ihnen bekanntgemachten Lehre auch handeln werden, im Namen des Vaters, des Sohnes und des Heiligen Geistes durch die Auflegung der Hände stärken sollet.«

An anderer Stelle erklärt Jesus, wie ebenfalls die Taufe in der gleichen Formel vorgenommen werden soll.

Wir erfuhren hier in ganz konzentrierter Form jene Jakob Lorber geoffenbarte Sicht von der Dreieinigkeit Gottes, die in seinem ganzen Werk an unzähligen Stellen immer wieder mit neuen Aspekten vom Anfang bis zum Ende widerspruchslos vorgebracht wird. Das Erstaunliche im ganzen Lorberwerk ist die widerspruchslose und klare Sicht in allen wesentlichen Fragen von Anfang an. Das kann gar nicht von einem Menschen erdacht sein. Wir alle sind doch Entwicklungs- und Reifeprozessen unterworfen, die sich gedanklich durch die Jahre unseres Lebens hindurch verfolgen lassen. Man distanziert sich von früheren Auffassungen, man korrigiert sich. Hier aber, in dieser Prophetie, überwältigt einen die immer wiederkehrende widerspruchslose Schau der großen Geheimnisse des göttlichen und menschlichen Seins, der Schöpfung, des Sündenfalls und der Erlösung. So eine gewaltige, komplexe und universale Schau ist für ein Menschenleben zuviel, das kann ein Mensch nicht aus sich selbst produzieren, es muß Einsprache aus dem höchsten geistigen Raum sein, vom Geiste des Herrn. Letztlich hat dieses geistige Geschehen ja einen einfachen, demütigen Menschen überrollt, der das nichtsahnend in seinen reiferen Jahren als einen jenseitigen Einbruch erleben mußte und dann einfach gehorchte.

In einem der großen Jenseitswerke Jakob Lorbers, »Die geistige Sonne«, spricht im ersten Band (51,19 ff.) der Evangelist Markus in seiner Sphäre bei seiner himmlischen Führung: »Also wendet euch denn nun auch an den alleinigen Herrn Jesum Christum, denn Er ist der alleinige Gott und Herr Himmels und der Erde. Wendet euch aber in eurer Liebe zu Ihm, und ihr werdet alsobald in Ihm und aus Ihm in euch die wahre Bestimmung des ewigen Lebens finden und dann allerklarst erschauen.

Diese (irrige) Dreieinigkeit aber muß in euch völlig untergehen, auf daß ihr die wahre Dreieinigkeit, welche da ist die Liebe, Weisheit und daraus hervorgehende ewige Tatkraft in dem alleinigen Herrn Jesus, erkennet! Denket nicht, daß bei der Taufe Christi eine göttliche Dreipersönlichkeit geoffenbart ward; denn solches alles war ja nur eine Erscheinlichkeit, vom Herrn zugelassen, damit die Menschen dadurch sollten in dem Einen Herrn die volle Allmacht und die volle Göttlichkeit erkennen. Denn damals hat wirklich die Weisheit Gottes, als Sein ewiges Wort aus der ewigen Liebe hervorgehend, das Fleisch angenommen und hieß Gottes Sohn, welches ebensoviel besagt als: Die Weisheit ist die Frucht der Liebe und geht aus derselben hervor wie das Licht aus der Wärme. Und die ersichtliche Gestalt des Geistes Gottes über dem Sohne bezeichnete erscheinlich nur, daß die ewige unendliche Kraft Gottes zwar also wie die Weisheit aus der Liebe gehend, aber dennoch durch die Weisheit wirket, also wie die Wärme der Sonne im fortgepflanzten Lichte die Wirkungen hervorbringt.

Wenn ihr nun dieses alles einsehet, so werdet ihr es ja auch leichtlich begreifen, daß in dem Herrn, weil in Ihm das gesamte unendliche Licht der Weisheit vorhanden war, also auch dic gesamte unendliche Liebe, wie aus den Beiden die gesamte unendliche göttliche Tatkraft vorhanden sein mußten.«

Markus kommt bei der weiteren Belehrung auf den Prolog des Johannesevangeliums zurück und folgert: »Gott und das Wort ist eines und dasselbe wie Sohn und Vater, da ist nicht eines früher denn das andere, denn Vater und Sohn, oder Gott und das Wort, oder Liebe und Weisheit sind von Ewigkeit her vollkommen Eins. Daher möget ihr auch den Text aus Johannes drehen wie ihr wollt, so hat sein Zeugnis immer einen und denselben Sinn, nämlich, daß der Herr Einer ist, sowohl als Vater, als Sohn und als Geist!« –

In der himmlischen Sphäre des Markus kommt es für uns weiterhin zu Aufhellungen über das Wesen Gottes: (»Die geistige Sonne« I 74,14 ff.)

»Jesus Christus ist der alleinige Gott und Herr aller Himmel und aller Welten! Er ist in Sich allein Seiner ewigen unendlichen Liebe zufolge der Vater, und Seiner unendlichen Weisheit zufolge der Sohn, und Seiner ewig allmächtigen unantastbaren Heiligkeit zufolge der Heilige Geist Selbst; wie Er es auch Selbst von Sich ausgesagt hat, daß Er und der Vater Eines sind, und wer Ihn sieht, auch den Vater sehe; und daß der Heilige Geist von Ihm ausgehe, wie Er es gezeigt hat, da er Seine Apostel anhauchte und zu ihnen sprach: Nehmet hin den Heiligen Geist! – Das ist für euch der erste Glaubensartikel, ohne welchen niemand ins ewige Leben gelangen kann, denn es heißt in der Schrift: Wer nicht glaubt, daß Christus ist der Sohn des lebendigen Gottes, welcher ist die Liebe des Vaters, der wird nicht selig.

Ich (Markus) aber sage euch: Werdet ihr nicht den Vater wie

den Geist im Sohne Christus ergreifen, so werdet ihr nicht zum Leben eingehen!

Stoßet euch nicht an dem Text, da es heißt: ›Der Vater ist mehr denn der Sohn‹; denn solches besagt, daß die Liebe, als der Vater in Sich, das Grundwesen Gottes ist, und aus Ihr gehet ewig hervor das Licht und der ewig mächtige Geist. – Solches sei für euch der zweite Glaubensartikel.

Der dritte Glaubensartikel aber lautet also: Seid von ganzem Herzen demütig, und liebet Gott im alleinigen Christo über alles, euch untereinander aber also, wie jeder sich selbst; und ein jeder von euch sei der andern willen da und trachte, wie möglich als der Geringste allen zu dienen!«

Im zweiten Band des Lorberwerkes »Die geistige Sonne« Kap. 13 erleben wir einen Höhepunkt in den prophetischen Aussagen der Sphäre des Apostels Johannes, der ja der Liebesjünger war und an der Brust Jesu ruhend tiefste Geheimnisse erfuhr. Mit dem klaren Blick der Liebe bekennt er sich zu Jesus als Gott und Mensch, das personale Zentrum Gottes: »Ich sage euch, Jesus ist etwas so ungeheuer Großes, daß, so dieser Name ausgesprochen wird, die ganze Unendlichkeit vor zu großer Ehrfurcht erbebt. Saget ihr Gott, so nennt ihr zwar auch das allerhöchste Wesen; aber ihr nennt Es in Seiner Unendlichkeit, da Es ist erfüllend das unendliche All und wirkt mit Seiner unendlichen Kraft von Ewigkeit zu Ewigkeit. Aber in dem Namen Jesus bezeichnet ihr das vollkommene, mächtige, wesenhafte Zentrum Gottes, oder noch deutlicher gesprochen: Jesus ist der wahrhaftige, allereigentlichste, wesenhafte Gott als Mensch, aus dem erst alle Gottheit, welche die Unendlichkeit erfüllt, als der Geist Seiner unendlichen Macht, Kraft und Gewalt gleich den Strahlen aus der Sonne hervorgeht. – Jesus ist demnach der Inbegriff der gänzlichen Fülle der Gottheit, oder: In Jesu wohnt die Gottheit in Ihrer allerunendlichsten Fülle wahrhaft körperlich wesenhaft; darum denn auch allzeit die ganze göttliche Unendlichkeit angeregt wird, so dieser unendlich heiligst erhabene Name ausgesprochen wird!

Und dieses ist zugleich auch die unendliche Gnade des Herrn, daß Er Sich hatte gefallen lassen, anzunehmen das körperlich Menschliche. Warum aber tat Er dieses? Höret, ich will euch nun ein kleines Geheimnis enthüllen!

Vor der Darniederkunft des Herrn konnte nimmerdar ein Mensch mit dem eigentlichen Wesen Gottes sprechen. Niemand konnte dasselbe je erschauen, ohne dabei das Leben gänzlich zu verlieren, wie es denn auch bei Moses heißt: ›Gott kann niemand sehen und leben zugleich‹. Es hat sich zwar der Herr in der Urkirche, wie auch in der Kirche des Melchisedek, zu der sich Abraham bekannte, wohl öfter persönlich gezeigt und hat gesprochen mit Seinen Heiligen und Selbst gelehrt Seine Kinder. Aber dieser persönliche Herr war eigentlich doch nicht unmittelbar der Herr Selbst, sondern allzeit nur ein zu diesem Zweck mit dem Geiste Gottes erfüllter Engelsgeist. Aus solch einem Engelsgeiste redete dann der Geist des Herrn also, als wenn unmittelbar der Herr Selbst redete. Aber in einem solchen Engelsgeiste war dennoch nie die vollkommenste Fülle des Geistes Gottes gegenwärtig, sondern nur insoweit, als es für den bevorstehenden Zweck nötig war.

Ihr könnet es glauben: In dieser Zeit konnten auch nicht einmal die allerreinsten Engelsgeister die Gottheit je anders sehen, als ihr da sehet die Sonne am Firmament. Und keiner von den Engelsgeistern hätte es je gewagt, sich die Gottheit unter irgendeinem Bilde vorzustellen, wie solches auch noch unter Mosis Zeiten dem israelitischen Volk auf das strengste geboten wurde, daß es sich von Gott kein geschnitztes Bild, also durchaus keine bildliche Vorstellung machen sollte.

Aber nun höret: Diesem unendlichen Wesen Gottes hat es einmal wohlgefallen, und zwar zu einer Zeit, in welcher die Menschen am wenigsten daran dachten, Sich in Seiner ganzen unendlichen Fülle zu vereinen und in dieser Vereinigung anzunehmen die vollkommene menschliche Natur!

Nun denket euch: Gott, den nie ein geschaffenes Auge schaute, kommt als der von der allerunendlichsten Liebe und Weisheit erfüllte Jesus auf die Welt!

Er, der Unendliche, der Ewige, vor dessen Hauch Ewigkeiten

zerstäuben wie lockere Spreu, wandelte und lehrte Seine Geschöpfe, Seine Kinder, nicht wie ein Vater, sondern wie ein Bruder!

Aber das alles wäre noch zu wenig. Er, der Allmächtige, läßt sich sogar verfolgen, gefangennehmen und dem Leibe nach töten von Seinen nichtigen Geschöpfen! Saget mir: Könntet ihr euch eine unendlich größere Liebe, eine größere Herablassung denken, als diese, die ihr an Jesu kennet?

Durch diese unbegreifliche Tat hat Er alle Dinge des Himmels anders gestaltet. Wohnt Er auch in Seiner Gnadensonne, aus welcher das Licht allen Himmeln unversiegbar zuströmt, so ist Er aber dennoch ganz derselbe leibhaftige Jesus, wie Er auf der Erde in all Seiner göttlichen Fülle gewandelt ist als ein wahrer Vater und Bruder, als vollkommener Mensch unter Seinen Kindern gegenwärtig. Er gibt all Seinen Kindern alle Seine Gnade, Liebe und Macht und leitet sie Selbst persönlich wesenhaft, endlos mächtig zu wirken in Seiner Ordnung!

Ehedem war zwischen Gott und den geschaffenen Menschen eine unendliche Kluft, aber in Jesus ist diese Kluft beinahe völlig aufgehoben worden; denn Er Selbst, wie ihr wisset, hat uns dieses ja doch sichtbar angezeigt, fürs erste durch Seine menschliche Darniederkunft, fürs zweite, daß Er uns nicht einmal, sondern zu öfteren Malen Brüder nannte, fürs dritte, daß Er mit uns aß und trank und alle unsere Beschwerden mit uns trug, zum vierten, daß Er als der Herr der Unendlichkeit sogar der weltlichen Macht Gehorsam leistete, zum fünften, daß Er Sich hat von weltlicher Macht sogar gefangennehmen lassen, zum sechsten, daß Er Sich sogar durch die weltlich mächtige Intrige hat ans Kreuz heften und töten lassen, und endlich zum siebenten, daß Er Selbst durch Seine Allmacht den Vorhang im Tempel, welcher das Allerheiligste vom Volke trennte, zerrissen hat!

Daher ist Er auch der alleinige Weg, das Leben, das Licht und die Wahrheit. Er ist die Tür, durch welche wir zu Gott gelangen können, das heißt, durch diese Tür überschreiten wir die unendliche Kluft zwischen Gott und uns und finden da Jesum, den ewigen, unendlich heiligen Bruder!

Ihn, der es also gewollt hat, daß diese Kluft aufgehoben würde, können wir denn nun doch sicher über alles lieben! Daher genügt zur Erweckung unserer Liebe zu Jesu ja doch sicher schon ein einziger Gedanke; – nur Sein Name, in unseren Herzen ausgesprochen, sollte ewig genug sein, um in aller Tiefe für Ihn zu erbrennen!«

Der Liebesjünger fährt an anderer Stelle fort: (Vers 18) »In der Welt der Geister gibt es unergründliche Tiefen. Kein geschaffener Geist könnte dieselben je ermessen; aber wir sind im Geiste des Herrn. Sein Geist lebt, waltet und wirket in uns, und in diesem Geiste ist uns keine Tiefe unergründlich; denn niemand kann wissen, was im Geiste ist, denn allein der Geist Gottes. – Jesus, der vereinigte Gott in aller Seiner Fülle, aber hat uns erfüllt mit Seinem Geiste. Und mit diesem Seinem Geiste in uns können wir auch dringen in Seine göttlichen Tiefen . . .«

In dieser für unsere Zeit neu geoffenbarten Sicht wird uns die Dreieinigkeit Gottes, bisher ein versiegeltes Geheimnis, neu erschlossen. Es war lange Zeiten hindurch für uns verschlossen, da die Menschheit für solche Gedanken einfach noch nicht reif war. Auch hat der Herr zu Zeiten Seines Erdenwandels Seinen Jüngern vieles nur andeutungsweise sagen können, da die Zeit für viele Wahrheiten in unverhüllter Form noch nicht aufgeschlossen war. Darum sprach Er viel in Gleichnissen und verhieß für die Folgezeit das Wirken Seines Heiligen Geistes. Darum sandte Er auch nach dieser Seiner Erdenzeit immer wieder vom Geist erfüllte Menschen, welche die Suchenden immer tiefer in die Wahrheit führen sollten. Ihr Los war vielfach nicht anders als das der Propheten des Alten Bundes oder gar des Herrn Selbst.

Ein ganz wichtiger Gedanke geht aus der Lorberschen Lehre über die Dreieinigkeit Gottes hervor, die er ja nicht selbst erfunden hat, die ihm durch das innere Wort eingegeben wurde: Wer Gott finden will, darf Ihn nicht in der für uns Menschen unzugänglichen Unendlichkeit suchen, dort wird er Ihn in Ewigkeit nicht finden. Wir sollen uns an das personale Zentrum in Gott, an Jesus Christus wenden, der als Mensch uns für alle Zeiten sichtbar geworden ist und uns gesagt hat, daß Er der Weg, die

Wahrheit und das Leben ist. Der Mensch soll Einkehr in seinem Herzen halten, und er wird in der Liebe seines Inneren Gott finden.

In Kapitel 51,17ff. des zweiten Bandes der »Geistigen Sonne« lehrt wiederum Johannes: »Wer aber die Liebe hat, der hat den Grund aller Dinge und aller Erscheinungen in sich, weil er den Herrn in sich hat, und kann daher auch allenthalben mit der leichtesten Mühe von der Welt auf den Grund kommen; aber der Weisheits- oder Unendlichkeitsjäger, der wird in der Unendlichkeit wohl schwerlich irgendein Ziel finden, dahin er sein flüchtiges und nichtiges Weisheitswurfgeschoß richten möchte.« ... »Wenn ihr dazu noch ein paar Blicke auf die Weltweisen eurer Zeit werfet, die alle ihr Wurfgeschoß auf den Herrn hin richteten und wollten Ihn fangen und messen mit der Elle und mit der Meßrute. Was aber haben sie mit all ihrer Weisheit am Ende errungen? Nichts als den Verlust des Herrn!

Den sie suchten im Unendlichen, im Unzugänglichen, den fanden sie nicht und waren am Ende genötigt, aus ihrer eigenen Nichtigkeit einen Gott zu kreieren.«

Trifft das nicht in erschütternder Weise auf die heutige Zeit mit ihrer verhirnt-materialistischen Arroganz zu, mit dem hybriden Aberglauben an die Machbarkeit und Manipulierbarkeit aller Dinge? Johannes fährt in Vers 20 im gleichen Kapitel fort: »Wenn Gott erst dann Gott wäre, wenn ihr Ihn denkt (mit euren Gehirnen; d. Verf.), da möchte ich denn auch wissen, wer euch erschaffen hat; und daß ihr eben einen Gott denken könnt, wer hat euch diese Fähigkeit gegeben? Denn das, was ihr von Gott aussagt, ist ja noch viel dümmer, als so da jemand ganz ernstlich behaupten möchte, daß ein Haus von sich selbst gebaut wird, ohne Baumeister, und ein Mensch erst dann Baumeister wird, wenn ihn allenfalls ein von sich selbst entstandenes Haus dafür annehmen will.«

Johannes belehrt seine Zuhörer immer wieder eindringlich: (»Geistige Sonne« II 60,18) »Der Name dieses Menschen aller Menschen, der da ist Gott von Ewigkeit und hat erschaffen alle Dinge, heißet nunmehr Jesus, welcher Name besagt, daß Er ist ein Heiland aller Seiner Geschöpfe. Sein Wort, das Er geredet hat, ward gerichtet an alle Kreatur, und somit hat Er auch alle Seine Kreatur zum Heile Seiner Liebe berufen, und du bist davon sowenig ausgeschlossen wie ich, sein Zeitgenosse auf Erden, es war.«

An anderer Stelle (»Geistige Sonne« II 64,2) steht das Wort: »Wir wissen nun, daß Gott, der allmächtige Schöpfer aller Dinge, Selbst ein vollkommener Mensch ist und allzeit wohnt unter denjenigen als Vater, die Seine Kinder sind.«

In dem zweibändigen Jenseitswerk »Von der Hölle bis zum Himmel – Robert Blum« ist im zweiten Band (278,3 f.) wiederum die Rede von der vergeblichen Suche nach Gott im Unendlichen. Da äußert sich nach Jakob Lorber der Herr: »Was macht denn eigentlich das größte Unglück aller Höllengeister aus? Es ist das Streben nach dem Unendlichen! Die Unendlichkeit aber hat keine Rückwand und keine Grenzen. Daher ist es leicht begreiflich, daß ein von der Hölle erfüllter Geist unmöglich zu einer Glückseligkeit gelangen kann. Wer die Seligkeit im Unendlichen sucht, kann sie unmöglich je finden! Je weiter er dringt, eine desto endlosere Kluft ersieht er vor sich, über die er ewig nicht gelangen wird.

Mein Reich ist daher in eines jeden Menschen kleines Herz gelegt. Wer da hineinkommen will, muß also in sein eigenes Herz eingehen und sich da ein Plätzchen der Ruhe gründen, die da heißt Demut, Liebe und Zufriedenheit. Ist er damit in der Ordnung, ist auch sein Glück auf ewig gemacht.«

Als Jesus, wie es Jakob Lorber geoffenbart wurde, in der Gegend von Cäsarea-Philippi weilt (»Das große Evangelium« V 117,4 ff.), belehrt Er einen früheren, armselig hin und her getriebenen Besessenen namens Mathael, den er geheilt hatte und der seitdem eine große geistige Entfaltung erlebte, daß die Erkenntnis der Gottheit Jesu die Vorbedingung zur wahren Gottesliebe ist. Diese Belehrung gilt für Mathael ebenso wie für alle anderen Menschen.

»Wer Mich nicht als Gott erkennt, der kann Mich auch nicht als einen Gott wahrhaft über alles lieben! Hättest du Mich aber je als Gott erkennen können, so du von Mir nur rein menschliche Handlungen und Taten und Reden beobachtet hättest? Sicher nicht! Und wäre deine Liebe zu Mir so mächtig geworden, so du kein Göttliches an Mir entdeckt hättest? Dadurch aber, daß Ich dich bloß mit aller Liebe und Neigung erfaßt hätte wie allenfalls ein Bräutigam seine Braut, hättest du nicht erfahren können, daß der Geist des allerhöchsten Gottes wohne und wirke in Rat, Wort und Tat in Mir, sondern Meine Weisheit und Meine Macht haben dir das erst verkündet, und es ist somit eben nicht ganz recht, so du Meine Weisheits- und Machtgröße ein erschrecklichstes Feuermeer nennest und der Meinung bist, daß die Menschen damit nie etwas zu tun haben sollen. Gerade das Gegenteil!

Die Menschen sollen mit aller Gier Mein Reich in allem und vor allem suchen und sollen sich als Meine werdenden Kinder stets mehr und mehr in ihres Vaters großem Hause in jeder Sphäre und Beziehung auszukennen anfangen. Dadurch werden sie dann auch in der wahren Liebe voll Demut wachsen, und sie werden dadurch am Vater, und der Vater auch an ihnen, eine stets größere, mit aller Liebe erfüllte Freude haben. Wenn die Menschen also tun und leben werden ein wahres Leben in und durch Meine Weisheit, Liebe und Macht, dann werden sie auch ganz das sein, was sie alle eigentlich sein sollen. Sie werden dadurch erst als Meine wahren Kinder ebenso vollkommen werden, wie Ich da Selbst vollkommen bin, und werden dann Meine göttliche Weisheit, Macht und Größe nimmermehr als ein erschreckliches Feuermeer finden!«

»Doch aber sage Ich euch allen hinzu, daß ihr alle vorderhand die Völker nicht alles das lehren sollet, was ich euch nun gezeigt habe. Lehret sie vor allem Gott erkennen und lebendig an Ihn glauben und Ihn lieben über alles! Alles andere wird ihnen nach dem Bedarfe der Geist selbst enthüllen.«

Die verwickelten Dogmen von Nicäa mit der Formulierung einer Dreipersönlichkeit Gottes vom Jahre 325 haben in der Folgezeit keinen großen Segen gebracht. Sie brachten den einheitlichen Gottesbegriff des Alten und Neuen Testaments durcheinander, in einem Maße, daß Millionen von Menschen im achten Jahrhundert am Christentum irre wurden. Die Völker des Orients gingen in Massen zur strengen Eingottreligion des Mohammedanismus über. Wie in einem Feuersturm gingen die alten, von Paulus gegründeten Christengemeinden Kleinasiens, Palästinas und Ägyptens verloren. Den Christen, die sich behaupten konnten, aber war der Weg zu Christus erschwert; Gott mußte sich auf irgendeine Weise den durch menschliche Schriftauslegung und durch Spaltungen verwirrten Erdenmenschen neu enthüllen.

Jakob Lorber, der sich selbst für einen »unnützen Knecht« hielt, durfte für unser Jahrhundert die Stimme Gottes sein, auf die wir hören sollten. Die Erkenntnisse, die er über die christliche Trinität erhielt, kann erst unsere Zeit, in der geistig alles ins Schwimmen geraten ist, recht erfassen.

Der große Gottsucher und Theologe Romano Guardini äußert in einer seiner Arbeiten »Gottes Nähe und Ferne«: »Wenn aber einmal die Zeit kommt, und sie wird kommen, nachdem die Dunkelheit durchgestanden ist und der Mensch Gott fragt: ›Herr, wo warst du doch damals?‹, dann wird er wieder die Antwort vernehmen: ›Euch näher als je!‹ Vielleicht ist Gott unserer frostigen Zeit näher als dem Barock mit der Pracht seiner Kirchen, dem Mittelalter mit der Fülle seiner Symbole, dem frühen Christentum mit seinem jungen Todesmut; nur empfinden wir es nicht. Er aber erwartet, daß wir nicht sagen: ›Wir fühlen keine Nähe, also ist kein Gott‹ – sondern daß wir ihm durch die Ferne hin die Treue halten. Daraus könnte ein Glaube erwachsen, nicht weniger gültig, ja reiner vielleicht, härter jedenfalls, als er in den Zeiten des inneren Reichtums je gewesen ist.«

In dieser Zeit der geistigen Finsternis ist in vielen Menschen die Sehnsucht nach Gotteserkenntnis gewachsen, und sie wird noch stärker wachsen.

Das ist die Zeit, in der auch Jakob Lorbers Erkenntnisse besser gewürdigt werden als bisher.

Kurz gefaßt drücken alle hochbedeutsamen Stellen in den prophetischen Schriften Jakob Lorbers aus: In Jesus ist verkörpert und Mensch geworden der alleinige Gott und Schöpfer

Jehova-Zebaoth. In Ihm ist vereinigt Vater, Sohn und Heiliger Geist! –

Im Lorberwerk »Von der Hölle bis zum Himmel – Robert Blum« (I 126,1 ff.) flüstern einem, der im Jenseits von seinen alten kirchlichen Vorstellungen erwacht, himmlische Stimmen wie Weihnachtsgesang aus dem Unsichtbaren zu: »Jesus, der Gekreuzigte, ist allein Gott über alle Himmel und über alles, was den unendlichen Raum erfüllt. Er allein ist der Urschöpfer aller Dinge, aller Engel, Menschen, Tiere, Pflanzen und aller Materie. Er ist der Vater Seinem urewigen Liebewesen nach, der ewige Sohn Seiner Weisheit und der allein Heilige Geist Seiner unendlichen Macht, Kraft und Wirkung nach.

An diesen Jesus wende dich im Herzen wahrhaftig und getreu und liebe Ihn, der dich so sehr liebt und liebte, daß Er aus Liebe zu dir wie zu allen Menschen die Menschennatur annahm und des Leibes bittersten Tod über Sich kommen ließ, auf daß dir und allen Menschen ein ewiges Leben ermöglicht werde!

Das ewige, Gott völlig gleiche, seligste Leben ist durch Ihn allein ermöglicht worden und als ein unendlicher Schatz gegeben aller Kreatur. Es bedarf nun nichts mehr, als diese heilige, große Gabe des heiligen Vaters liebewillig zu verlangen und allerdankbarst anzunehmen, – und der Mensch ist selig lebend in Ewigkeit in der Gesellschaft Gottes wie ein zweiter Gott.

Gott, der da ist unser aller Vater Jesus, ist die reinste Liebe, die niemanden richtet und jeden selig machen will. Denn Gott tut niemandem einen Zwang an, am allerwenigsten in dieser Welt der Geister. Daher wird jedem nur das zuteil, was er selbst will. Was du demnach willst, das wirst du auch empfangen. Es gibt aber kein Leben und keine Seligkeit außer in der reinen Gottesliebe. Wer diese in sich aufgenommen hat und selbst das will, was diese heilige Liebe will, der lebt und ist selig für ewig.«

Im Jahre 1984 veröffentlichte eine katholische Zeitschrift die Zuschrift eines Gläubigen, der die Schriften von Jakob Lorber und Swedenborg entdeckt und sich mit ihnen erst kurze Zeit vorher auseinandergesetzt hatte. Diese Namen waren ihm vorher unbekannte Begriffe. Er hatte erkannt, daß die Gottes- und

Nächstenliebe der Kern der christlichen Lehre ist und daß Jesus nicht von ungefähr dieses als erstes und größtes Gebot festgelegt hat. – Dieser Mann machte sich die Mühe und fragte einige seiner Bekannten, alles Christen, die regelmäßig in die Kirche gehen, ob sie Gott lieben. Er schildert, das Ergebnis sei niederschmetternd gewesen. »Zuerst waren sie sprachlos, dann sagten sie: ›Ich denke schon‹, und nach weiterem Nachdenken stellten sie sich die Frage: ›Ja, wie kann man denn jemanden lieben, den man noch nie gesehen hat?‹« –

In diesem kurzen Zitat eines suchenden Menschen, in dem die Liebe zu Jesus aufgeflammt war, als er der Prophetie Jakob Lorbers begegnete, wird klar erkenntlich: »Den sie im Unendlichen suchten, fanden sie nicht.« Wir finden Gott nur in Jesus Christus, unserem Vater, der uns in der Menschwerdung Bruder wurde, der in Seiner Kraftausstrahlung allgegenwärtig der unablässig wirkende Heilige Geist ist. In Jesus ist Er uns ganz nah, durch Seinen Geist auch in uns.

Durch diese geistige Erleuchtung ist uns unser Herr Jesus Christus als einziger und wahrer Gott, als Vater, Sohn und Geist wieder ganz nahe gerückt, der uns in der materialistischen Verdunkelung unserer Tage wieder unsichtbar zu werden drohte. Auch in den traditionellen Kirchen sind diese alten und ewig neuen Weisheiten bewahrt, aber durch menschliche Unzulänglichkeit wurde vieles bis zur Unauffindbarkeit verschüttet, gar aus Torheit vergraben.

Der eben schon erwähnte Theologe mit prophetischem Geist, Romano Guardini, dessen 100. Geburtstag eben, indem dieses Kapitel verfaßt wird, begangen wurde, schrieb anläßlich einer persönlichen Begegnung, die dem Verfasser geschenkt wurde, als Signum in das ihm zur Zeichnung vorgelegte Buch »Der Herr« die Worte: »Durch Ihn und mit Ihm und in Ihm« . . ., das war mitten im Krieg am 23. 8. 1942. Beim Lesen dieser Worte bekommen diese nach Begegnung mit der Lorberschen Lehre eine ganz besondere Bedeutung, ist es doch letztlich eine trinitarische Formel. Wie unbedacht werden diese heiligen Worte im Gottesdienst oft so dahingesagt.

In einem sehr alten Gebet, dessen jeweilige Einzelabschnitte Anlaß zur Meditation geben können, heißt eine Anrufung:

»Herz Jesu, in dem die ganze Fülle der Gottheit wohnt!«

Diese geistigen Edelsteine mußten im Rahmen dieser Betrachtungen erwähnt werden, um zu zeigen, welche Kostbarkeiten großenteils in der Christenheit vergessen wurden. – Durch Jakob Lorber werden sie wieder lebendig.

Der große einsame Mensch und evangelische Christ, der frühere UNO-Generalsekretär Dag Hammarskjöld, der am 17. 9. 1961 bei einem ungeklärten Flugzeugabsturz den Tod fand, schrieb 1954 in sein geistiges Tagebuch ein Gebet mit folgendem Anfang:

»Du, der über uns ist,
Du, der einer von uns ist,
Du, der ist – –
auch in uns . . .«

Es gibt der Beispiele mehr, wie Menschen geistig ganz nahe an dieses Herzensgeheimnis der Christenheit herangerückt sind, denen das Mysterium der göttlichen Trinität in Jesus Christus aufleuchtete. Sie bewahrten es in der Stille ihres Herzens. Bei Jakob Lorber aber besteht ganz offensichtlich ein Auftrag für unsere Zeit, uns allen behilflich zu sein, die Nähe des Dreieinen wieder deutlicher sehen und empfinden zu lernen in der Hinwendung an Jesus Christus.

5. Der Mensch, Sein Bild und Gleichnis

»Den Menschen erkennt nur, wer von
Gott weiß.« Romano Guardini

Wenn heute mehr Menschen darum wüßten, daß, umhüllt von der sonnenhaften Strahlenaura, der lebendige Gott in Seinem Menschenantlitz von Ewigkeit immerdar durch die Wolken des Himmels liebend auf Seine Werke herabschaut und um die Fülle der Zeit sogar in unserem Fleische auf dieser Erde weilte, um unter uns zu sein und uns schaubar zu werden, dann wäre es besser um unsere Zeit bestellt. Viele aber verharren in Blindheit. Manche verharren in alttestamentarischer Berührungsangst im Glauben daran, Gott könne niemand sehen, ohne zu sterben.

Aber Er kam ja darum in unser armseliges Fleisch, damit wir Ihn sehen sollten und das Leben hätten.

So wird vielfach jenes große Zeichen übersehen, daß seinerzeit bei Seinem Tode als Mensch der Vorhang des Tempels zerriß, der das Allerheiligste von der Menschheit getrennt hatte. Seitdem bekam die Weltgeschichte einen anderen Sinn, ob wir es nun wahrhaben wollen oder nicht. Weltgeschichte in tiefstem Sinne ist Geschichte der Menschheit bezogen auf Gott.

Im »Großen Evangelium Johannes« IV 56,1 f., dem Traum des Zorel stehen die Worte: »Gott Selbst ist der höchste und allervollkommenste, ewigste Urmensch aus Sich Selbst; das heißt, dieser Mensch ist in sich selbst ein Feuer, dessen Gefühl die Liebe ist; ein Licht, dessen Gefühl Verstand und Weisheit sind; und eine Wärme, deren Gefühl das Leben selbst ist in der vollsten Sphäre des Seiner-selbst-Bewußtseins. Wenn das Feuer heftiger wird, so wird auch heftiger das Licht und mächtiger die alles schaffende Wärme und strahlt am Ende weithin, und der Strahl ist selbst Licht, hat in sich schon die Wärme, und diese schafft in der Ferne wie in sich. Das Geschaffene nimmt stets mehr des Lichtes und der Wärme auf, leuchtet und erwärmt dann stets weiter und weiter hin und schafft abermals, dahin es gelangt. Und so pflanzt sich alles ewig fort aus dem Urfeuer, Urlichte und aus der Urwärme und erfüllt stets fort und fort und mehr und mehr den unendlichen Schöpfungsraum.

Alles nimmt sonach aus dem *einen* Ursein Gottes seinen Ursprung und bildet sich aus, bis es ähnlich wird dem Urwesen des Urmenschen, in welcher Ähnlichkeit es dann auch in einer vollends selbständigen Freiheit in der Form des Menschen besteht aus Gott.« In Vers 3 heißt es weiter: »Wo ihr sehet Licht, Feuer und Wärme, da ist auch der Mensch, entweder fertig oder im Beginne. Milliarden von Licht-, Feuer- und Wärmeatomen puppen sich ein und erzeugen Formen. Die einzelnen Formen ergreifen sich wieder von neuem, puppen sich in eine größere und dem Menschen schon entsprechendere Form ein und bilden sich in derselben zu einem Wesen. Dieses Wesen erzeugt nun schon mehr des Feuers, des Lichtes und der Wärme; mit dem stellt sich aber ein höheres Bedürfnis nach einer höheren und vollkommeneren Form ein. Gleich zerreißen die vielen, wenn auch in sich schon vollkommeneren Formen ihre Umhäutungen, ergreifen sich und puppen sich mit der Substanz ihres Willens wieder in eine höhere und vollendetere Form ein. Das geht so fort bis zur Vollendung des Menschen hin, und der Mensch puppt sich dann selbst aus bis zu dem Zustand, in welchem ich (Zorel, ein kleiner, äußerlich unansehnlicher Mensch, der in entrücktem Zustand spricht; d. Verf.) mich nun befinde, und ist also dem Urfeuer, Urlichte und der Urwärme völlig ähnlich, welches alles da ist Gott, den ich nun schaue mit unverwandtem Blick in Seinem Urlichte, in Sich das volle Feuer und die volle Wärme, was allein da ist Gott von Ewigkeit zu Ewigkeit.

Der Mensch ist darum zuerst ein Mensch aus Gott und dann erst ein Mensch aus sich. Solange er allein aus Gott ist, gleicht er einem Embryo im Mutterleibe; erst wenn er auch aus sich selbst ein Mensch wird in der Ordnung Gottes, dann ist er ein vollkommener Mensch, weil er dadurch erst zur wahren Gottähnlichkeit gelangen kann . . .«

Dieses Wort aus einer im Lorberwerk berühmten Stelle, dem »Traum des Zorel«, aus dem vierten Band vom »Großen Evangelium Johannes«, Kapitel 56, das dieser äußerlich ganz unscheinbar erscheinende, unbedeutende Mensch durch des Herrn Gnade in einem gehobenen geistigen Zustande spricht, drückt in konzentrierter Form Herkunft und Bestimmung des Menschen aus und wird uns erst verständlicher werden können am Ende dieses Kapitels.

Doch zunächst wollen wir sehen, was aus dem Menschen wird, der seinen unsichtbaren Ursprung in der Welt des Geistes nicht mehr erkennt.

Der christliche Philosoph Hans Joachim Hengstenberg äußerte kurz nach Kriegsende in einem Vortrag unter dem Thema »Massendämonie und ihre Überwindung durch das Christentum« den Gedanken:

Die grausamen Exzesse in den Massenvernichtungslagern der Hitlerzeit mit ihren unfaßbaren Grausamkeiten und Tötungsmechanismen seien in dieser Form nur deshalb möglich gewesen, weil der materialistisch gesonnene gottlose Mensch in seinen Mitmenschen, – jüdischen Mitbürgern und Andersdenkenden, nicht mehr das Ebenbild Gottes erkannte. Wenn der Mensch in seinem Mitmenschen das Ebenbild Gottes nicht mehr sehe, dann könne der Mensch den Menschen nicht mehr lieben. Dann erwache das Tier im Menschen, es verkehre sich die zwischenmenschliche Beziehung in Gleichgültigkeit und schließlich in einen rätselhaften blinden Haß bis zum Drang, das Menschenbild gegenüber tötend auszulöschen. So seien diese diabolischen Vernichtungsexzesse zu erklären.

Dostojewskis Wort »Ihr habt Gott verloren, davon kommt alles«, ergänzt diese Feststellung und erklärt all diese Vorkommnisse. Wenn der Mensch nicht mehr sich selbst nach Gottes Bild und Gleichnis geschaffen versteht, besteht immer wieder die Gefahr, trotz der bitteren Erfahrungen der Vergangenheit, zu weiteren Haßexzessen zwischen Mensch und Mensch, denn die Blindheit des Geistes ist noch immer nicht von uns gewichen.

Täglich erleben wir, was in offiziell atheistischen Gesellschaften zwischen Herrschenden und Beherrschten an offener oder versteckter Grausamkeit sich vollzieht; wie in kriegerischen Verwicklungen der Mensch den Menschen in der gleichen Art vertilgt, wie man Insektennester verbrennt. Wir erleben aber auch, was aus materialistischer Einstellung heraus in sogenannten freien Gesellschaften alles an Lieblosigkeit, Verleumdung, Rufmord geschehen kann aus dem Vergessen heraus, daß in jedem unserer Mitmenschen Gottes Bild und Gleichnis steckt.

Es ist bitter notwendig geworden, daß der Mensch der heutigen Zeit wieder zu jener Selbsterkenntnis findet, die sogar schon im vorchristlichen Zeitalter edle griechische Philosophen in ihrem Wort »Gnothi s'auton« (»Erkenne dich selbst«) formulierten. – Vor Gott ist jeder Mensch etwas Einmaliges.

Welche Einmaligkeit vor Gott jedem einzelnen Menschen zukommt, weiß Romano Guardini wunderbar zu sagen. Er erwähnt einmal ein Wort, das Jesus Christus im zweiten der sieben Sendschreiben der Apokalypse an die Gemeinden der Provinz Asia richtet, das einen ganz eigenartigen Klang hat: »Wer ein Ohr hat, der höre, was der Geist den Gemeinden sagt: Wer überwindet, dem will Ich . . . einen weißen Stein geben und auf den Stein geschrieben einen neuen Namen, den niemand weiß, als der ihn empfängt« (Apok. 2,17). Guardini bemerkt dazu: »In jenem Augenblick, da der Mensch vor den Gott der Gnade gelangt, vollendet dieser an ihm das Werk der Schöpfung und der Erlösung: Gott erkennt ihn zu dem, was er ewig sein soll; hebt ihn liebend hinein in Seine ewige Lebendigkeit. In diesem neuen und eigentlichen ›Du‹, das fortan zwischen Gott und ihm gilt, wird er zu seinem eigentlichen ›Ich‹. Das wird ausgesprochen in seinem eigentlichen und ewigen Namen. Dieser Name ist behütet. ›Niemand‹ weiß ihn, nur Gott und er, er in Gott. Das letzte der Person und ihrer Einmaligkeit kann mit allgemeinen Begriffen nicht gesagt werden. Es wird in der Liebe dessen gesagt, der diesen Menschen so liebt, wie keinen anderen. Das bedeutet keine Anmaßung, denn Gott liebt jeden als ihn selbst und also anders als jeden anderen, weil er allein realisiert, was Person ist. Daß er das aber vermag: für jeden als ihn allein da zu sein, ist eine sehr tiefe Definition seiner Göttlichkeit.« (Aus »Der Name des Menschen«)

Im vierten Band des »Großen Evangelium Johannes« 214,2f. steht: . . . »Aber ihr kennet solch eure Kraft ebensowenig, wie jemand die Kraft kennt, die da in Bewegung setzt des Menschen Glieder und herumtreibt das Blut in den Adern und pulsen macht das Herz und nötigt die Lunge, zu atmen die Luft aus und ein nach dem Bedarf fürs Leben und nach ihrer inneren Tätigkeit in bezug auf mehr oder weniger Wärme, die in ihr meistens durch größere oder mindere Tätigkeit der Leibesglieder im Blute erzeugt wird.

Also das sind doch tägliche Erfahrungen eines jeden Menschen, und doch versteht sie niemand, weil niemand sich selbst recht kennt; um wieviel weniger erst werden dann eure außerordentlichen Lebenseigenschaften begriffen, die offenbar tiefer liegen als bloß diejenigen, die in eurem leiblichen Organismus sich tätig äußern! . . .«

In Vers 6 fährt Jesus fort: »Im menschlichen Leibesorganismus besteht eine höchst ordnungsmäßige Gewähltheit und für euch kaum glaubliche Verschiedenheit. Um den organischen Bau des Menschenleibes einzusehen und zu wissen um jedes kleinste Atom und wohl zu erkennen den Grund des ›Also und nicht anders!‹ muß man im Geiste zuvor vollendet sein.

Wenn der Geist und die Seele eins geworden sind, dann beschaut die vollendete und lichtvolle Seele von innen heraus und hindurch ihren Leib, erkennt dann mit einem Blick den ganzen künstlichst eingerichteten Bau des Leibes, erinnert sich des Grundes und der Ursache eines jeden einzelnen noch so kleinsten Teiles eines Organs in ihrem Leibe und erkennt seine allerzweckmäßigste Einrichtung. Solange aber eine Seele ihre Lebensvollendung nicht erreicht hat, kann sie in tausend und abermals tausend Jahren nicht zur gründlichen Erkenntnis des Organismus ihres Leibes gelangen.

Aber ganz anders verhält es sich mit dem rein geistigen Vermögen einer Seele! Das kann ihr in allgemeinen Umrissen erläutert werden, und es ist auch also notwendig, daß sie das eher und leichter erkennen muß. Denn ohne diese praktische Erkenntnis könnte die Seele ja nie zu einer wahren Verbindung mit ihrem Geiste gelangen, ohne welche aber eine innere und tiefste Erkenntnis seiner selbst unmöglich ist.«

Selbsterkenntnis ist dem Menschen nach Jesu Worten notwendig, um zum Wesen seiner selbst zu gelangen. Jesus spricht hier als Seinsschichten des Menschen Leib, Seele und Geist an, eine Trinität im Menschen. (Als Lehre auch Trichotomielehre genannt.)

Im gesamten Lorberwerk wird ganz eindeutig eine strukturelle Dreigliederung des Menschen vertreten. Daß der Mensch Körper, Seele und Geist sei, ist auch in den Anfängen zur Zeit der Urchristenheit geglaubt worden. Der Völkerapostel Paulus spricht häufiger in Briefen vom fleischlichen Menschen, vom durchseelten und durchgeisteten Menschen, auch »geistlichen Menschen«, vom Anthropos sarkikos, Anthropos psychikos und Anthropos pneumatikos. Es ist erstaunlich, daß dieses alte wahre Wissen im Laufe der Jahrhunderte immer mehr aus dem Bewußtsein der Christen verschwand. Diese Lehre wurde im Laufe der Jahrhunderte immer mehr simplifiziert auf die verkürzte Formel, der Mensch bestehe lediglich aus Leib und Seele (Dichotomie).

Heilige und Mystiker ahnten wohl immer wieder, daß dieses verkürzte Menschenbild nicht ausreiche und sie differenzierten in Leib, Triebseele und Geistseele oder sprachen vom »Seelengrund« oder von »Seelenspitze«, aber sie wurden wenig beachtet.

So ist es nicht verwunderlich, daß im Verwitterungsprozeß der Zeit mit dem Verfall des Glaubens durch die Aufklärung und den aufkommenden Materialismus sogar das Wissen um eine unsterbliche Seele aus dem Bewußtsein vieler Menschen entschwand und ihre Existenz bezweifelt oder gar geleugnet wurde.

Als man schließlich nach Einreihung des Menschen ins Tierreich Geist mit Intellekt verwechselte und mit der Großhirnentwicklung des Menschen erklären wollte, konnte man mit dem Begriff Seele nur noch wenig anfangen, wenn auch ein Goethe noch ahnungsvoll schrieb: »Seele des Menschen, wie gleichst du dem Wasser«. – Der Mensch wurde offiziell nur noch rein triebhaft-fleischlich in einseitiger Weise als Leibwesen gesehen. Letztlich wurde mit der Leugnung des Geistes und der verkürzten Sicht, der Mensch sei nur Leib und Seele, die Einreihung des Menschen ins Tierreich vorbereitet, – denn auch das Tier hat eine Seele.

An dieser Stelle sei ein wichtiges Jesuswort aus dem achten Band vom »Großen Evangelium Johannes« (24,10 ff.) erwähnt: »Obschon aber einesteils der Leib und andernteils die Seele für sich zwei ganz verschiedene Menschen oder Personen darstellen, von denen eine jede für sich eine ihr ganz eigentümliche Tätigkeit innehat, von der sie sich am Ende nicht einmal eine Rechenschaft über das Wie und Warum geben können, so machen sie aber im Grunde des eigentlichen Lebenszweckes dennoch so ganz nur einen Menschen aus, daß da niemand weder von sich noch von jemand anderem sagen und behaupten kann, daß er nicht ein Einmensch, sondern ein Zweimensch sei. Denn es muß der Leib der Seele dienen und diese mit ihrem Verstande und Willen dem Leibe, weshalb diese auch für die Handlungen, zu denen sie den Leib benutzt hatte, ebenso verantwortlich ist wie für ihre höchsteigenen, die in allerlei Gedanken, Wünschen, Begehrungen und Begierden bestehen. Wenn wir aber das Leben und Sein der Seele für sich noch näher betrachten, so werden wir auch bald und leicht finden, daß sie als auch noch ein substantielles Leibmenschwesen für sich um nichts höher stünde als allenfalls die Seele zum Beispiel eines Affen. Sie würde wohl eine instinktmäßige Vernunft in einem etwas höheren Grade innehaben denn ein gemeines Tier, aber von einem Verstande und einer höheren freien Beurteilung der Dinge und ihrer Verhältnisse könnte da nie eine Rede sein.« –

Wir haben schon früher die Seelenentwicklungslehre ausführlicher besprochen und wissen daher, daß zwar jede Pflanzen- und Tierseele für sich in ihrer körperlichen Gestalt etwas Ganzes darstellt, aber im Vergleich zu einer voll ausgebildeten Menschenseele handelt es sich hier um Teilseelen; die Ganzheit der Seelenentwicklung ist erst in jedem neu geschaffenen Menschen erreicht.

Jesus fährt in dieser Belehrung, die die Dreieinigkeit (Trichotomie) im Menschen betrifft, den Geist betreffend fort: »Dieses höhere und eigentlich höchste, Gott völlig ähnliche Vermögen in der Seele bewirkt ein rein essentiell geistiger dritter Mensch, eben in der Seele wohnend. Durch ihn kann sie Wahres vom Falschen und Gutes vom Bösen unterscheiden und kann frei nach allen erdenklichen Richtungen hin denken und völlig frei wollen, wodurch sie sich selbst dem in ihr wohnenden Geiste, je nachdem sie sich mit ihrem von ihm unterstützten freien Willen für das reine Wahre und Gute bestimmt, nach und nach völlig ähnlich, also stark, mächtig, weise und als in ihm wiedergeboren, identisch macht. (= Wiedergeburt der Seele, höchste erreichbare Entwicklungsstufe des Menschen im Alten Testament; d. Verf.)

Ist das der Fall, dann ist die Seele so gut wie ein Wesen mit ihrem Geiste, so wie auch die edleren Leibesteile einer vollkommenen Seele – welche Leibesteile eigentlich in den gar sehr verschiedenen Leibesnaturgeistern bestehen – ganz in den geistig substantiellen Leib, den ihr das Fleisch der Seele nennen könnt, übergehen und am Ende dadurch auch in den essentiellen des Geistes, darunter auch zu verstehen ist die wahre Auferstehung des Fleisches an dem jüngsten und wahrsten Lebenstage der Seele, der dann erfolgt, wenn ein Mensch vollkommen im Geiste wiedergeboren wird – (Wiedergeburt im Geiste, höchste erreichbare Entwicklungsstufe des Menschen im Neuen Testament; d. Verf.) – entweder schon hier in diesem Leben oder etwas mühevoller und langwieriger jenseits.

Obschon aber ein im Geiste wiedergeborener Mensch ganz nur *ein* vollkommener Mensch ist, so besteht seine Wesenheit aber dennoch ewigfort in einer sich wohl unterscheidbaren Dreiheit.«

In der zweiten biblischen Schöpfungsgeschichte (Genesis

2,7) heißt es: »Gott bildete den Menschen aus Erde vom Ackerboden und blies ihm den Lebensodem in die Nase; so wurde der Mensch zu einem lebenden Seelenwesen.« Der Mensch ist also hier schon leibhaft, seelenhaft und geisthaft zugleich gesehen. Auf den Leib deutet in der Schöpfungsgeschichte das Wort »Erde vom Ackerboden«, auf die Seele das Wort »lebendes Seelenwesen«, auf den Geist der Ausdruck »Lebensodem Gottes«. Das Pneuma, der Hauch des Schöpfergottes, strömt aus ihm hervor wie der Hauch des Windes oder des Sturmes aus der Atmosphäre. So wurde der Mensch durch diesen Lebensodem ein Geistwesen.

Auch der Mensch, der nach Gottes Bild und Gleichnis von Ihm geschaffen wurde, ist also eine Trinität im kleinen.

Über den Geist sagt Jesus im »Großen Evangelium Johannes« IX 85,10: »Der lebendige Geist im Menschen ist Meine ewige Liebe und Weisheit, die alles schafft, ordnet und erhält. Und dieser Geist ist der eigentliche wahre und in sich ewige Mensch im Menschen, der sich aber nach Meiner ewigen Ordnung in ihm erst mit der Zeit, der Selbständigwerdung halber, mit Seele und Leib umkleidet und so in eine äußerlich schaubare Form tritt.«

Das wäre die kürzeste und konzentrierteste Anwort auf die Frage nach dem Geist.

Über die Seele sagt der Herr im Lorberwerk »Erde und Mond« 52,4f.: »Die Seele ist das Aufnahmeorgan für alle zahllos vielen Ideen des Urgrundes, aus dem sie wie ein Hauch hervorgegangen ist. Sie ist der Träger der Formen, der Verhältnisse und der Handlungsweisen. Alle diese Ideen, Formen, Verhältnisse und Handlungsweisen sind in ihr in kleinsten Umhüllungen niedergelegt. Ein gerechtes Maß davon in ein Wesen zusammengefaßt, bildet eine vollkommene Menschenseele.«

Die Seele steckt gleichsam wie ein zweiter feinstofflicher Körper in allen Gliedern und Organen des materiellen Körpers, der ihre Umhüllung darstellt und ohne Seele tot wäre wie ein den Körper umhüllendes Kleidungsstück, das abgelegt wurde. –

In Band VI des »Großen Evangelium Johannes« sagt ein erleuchteter Römer: (218,1) »Die Seele als eine geistige Substanz ist ganz vollkommen Mensch, sowohl der Gestalt als auch allen Bestandteilen des Leibes nach. Die Hände der Seele befinden sich in den Händen des Leibes, ihre Füße in des Leibes Füßen und so fort alle Teile der Seele in den entsprechenden Teilen des Leibes. Wird der Leib krank, so ist die Seele in den kranken Leibesteilen gegenwärtig und sehr bemüht, diese wieder gesund zu machen. Gelingt ihr das nicht, so wird sie darin untätig und die Folge davon ist, daß dann ein solcher Leibesteil gelähmt und untätig erscheint.«

Im neunten Band des »Großen Evangelium Johannes« 167,6 steht wie in Ergänzung dazu: »Was also im Leibe fühlt, hört, sieht, riecht, schmeckt, denkt und will, das ist das unsterbliche Wesen der Seele und nicht der an und für sich tote Leib, dessen Scheinleben nur durch das wahre Leben der Seele bedingt ist.«

Somit hätten wir indirekt auch schon eine Definition unseres Materieleibes, der unsere sichtbare Erscheinung in Zeit und Raum darstellt und nach erfüllter Funktion in dieser Raumzeit abgelegt wird, wie ein abgetragenes Gewand, um Seele und Geist in der anderen Dimension des Jenseits größere Freiheit zu gewähren.

In dem schon angedeuteten »Traum des Zorel« in Band IV vom »Großen Evangelium Johannes« in den Kapiteln 54 und 55 wird uns in besonderer Weise das Verhältnis von Körper, Seele und Geist des Menschen dargelegt. Es sei hier auszugsweise zitiert. Da erklärt Jesus dem Römer Cyrenius und seinem Gefolge: »Wenn du einen Rock am Leibe hast und nach griechischer Art eine Hose an den Beinen, so leben durch deines Leibes Bewegung Rock und Hose, das heißt, sie müssen deinem Willen sich also fügen, als wie sich deines Leibes Glieder fügen dem Willen deiner Seele. So du aber im Sommer in ein Bad gehst, da ziehst du die Kleider aus, weil du sie im Bade nicht brauchen kannst. Rock und Hose befinden sich nun, während du im Bade bist, in einer notwendigen Ruhe und haben für sich weder eine Regung noch eine Bewegung. Entsteigst du wieder dem Bade, so werden dein Rock und deine Hose gleich wieder die frühere Regung und Bewegung bekommen und gewisserart mit dir leben . . .«

»Wenn deine Seele durch des Tages Beschwerden müde und schwach geworden ist, so erwacht in ihr das Bedürfnis nach einer erquicklichen und stärkenden Ruhe. Da zieht dann die müde Seele alsbald ihr gegliedertes Fleischgewand (den Leib) aus und begibt sich in ein stärkendes Bad des geistigen Wassers (Definition des Schlafes) und badet, reinigt und stärkt sich darin; ist sie wieder stark geworden, dann begibt sie sich wieder in ihren Fleischrock und bewegt dessen schwerfällige Glieder wieder mit einer großen Leichtigkeit . . .«

»Sicher hast du (durch die Erzählung des Zorel in seinem Entzückungszustand; d. Verf.) gesehen, daß in seiner Seele noch ein innerster Lichtmensch aus dem Herzen der Seele aufzukeimen angefangen hat, zu dem sich das Wesen der Seele nahe also verhält, wie zur Seele ihr materieller Leib. Nun, dieser Lichtmensch hatte zuvor in dieser seiner Seele, als seinem gegliederten Gewande, noch nie eine wie immer geartete Stärkung erhalten; er lag so im Herzen der Seele wie das Ei im Weibe ohne eine männliche Belebung, Erregung und Erweckung.« (Jesus hatte in diesem Geschehen Zorel zur Belehrung für eine Weile in einem Entzückungsschlaf geistig erweckt.)

Er fährt in der Belehrung fort: »Durch diese eigenste Behandlung ist der eigentliche Urlebenskeim durch Mein Wort für den Moment belebt, erregt und erweckt worden, und da das mit ihm vorgenommen ward, so fing er an zu wachsen so lange, bis er seine ganze Seele, das ist sein Kleid, erfüllt hatte mit seinem rein geistigen Wesen.« Jesus erklärt dann weiter, welche »allerintensivste Verbindung zwischen Seele und Geist besteht«, das Materielle müsse die Seele zuvor ganz ablegen, bis der Geist das ihm Verwandte in der Seele »als sein Selbstisches« anziehen könne, um mit demselben »ein vollkommenes Ich« zu werden.

Zorel hatte die Zeit hindurch, als Jesus dem Cyrenius alles erklärte, (Kap. 55) ohne alle Regung wie tot dagelegen, ehe er für die ihm erlaubte Zeit als »vollendeter Geistmensch« aufstehen und reden konnte. Dieser Übergang in die höhere Sphäre durfte nur behutsam vorgenommen werden und geschah in einem »gewissen Schlafe«.

Nach der Erklärung durch Jesus bekam Zorel das »Aussehen eines Verklärten«, so daß sein Anblick sogar den anwesenden römischen Soldaten eine große Ehrfurcht einflößte. Und nun beginnt Zorel in seinem vergeistigten Zustand zu reden: »Mein ganzes Wesen ist nun Licht, und ich sehe keinen Schatten, weder in mir noch außer mir; denn auch um mich ist alles Licht. Im Allichte aber sehe ich noch ein allerheiligstes Licht; es leuchtet wie eine gar mächtige Sonne, und in dieser ist der Herr.« – Zorel bekommt für einen kurzen Augenblick aus Gnade tiefsten Einblick in die Schöpfung, und es wird uns klar: nur im Geiste kann der Geist erkannt werden. Indem Zorel Gott in Seiner Herrlichkeit schaut, äußert er: »Aber des Menschen Form ist aller Formen Grenz- und Schlußstein und seine Gestalt ist eine rechte Gestalt des Himmels; denn der ganze Himmel, dessen Grenzen nur Gott allein kennt, ist auch ein Mensch, und jeder Verein der Engel ist ebenfalls ein ganz vollendeter Mensch.«

»Das ist ein großes Geheimnis Gottes, und wer nicht auf dem Punkte steht, auf dem ich nun stehe (Zorel), der kann solches unmöglich fassen und begreifen; denn nur der reinste Geist aus Gott im Menschen kann fassen und begreifen und schauen, was des Geistes ist, und was da ist in ihm und außer ihm, und wie es besteht und entsteht, und warum und wofür! Nichts gibt es in der Unendlichkeit, daß es nicht da wäre für den Menschen; alles ist auf den Menschen und sein jedzeitliches und zuständliches Bedürfnis abgezielt.«

An Zorel, an sich einem gemeinen Verbrecher und scheinbar minderwertigen Menschen, demonstriert der Herr das Wesen, die Größe und zugleich das Elend des Menschen. Er warnt dabei vor ungerechtfertigtem Richten. Nach dem Ende der geistigen Verzückung wird Zorel vom Herrn mit großer Geduld und Behutsamkeit auf den rechten Weg geführt. –

Der reine Körpermensch, der Anthropos sarkikos, hat sein Ich-Zentrum im physischen Leib. Für ihn gibt es nur das physische Sein. Als Weltmensch ist er ganz dem Schein der äußeren Materie verfallen. Darum sieht er in seiner geistigen Blindheit in Welt und Menschen nur das niedere Wesen, die untere Ebene ihrer Existenz, und glaubt so in seiner vermeintlichen Lebenserfahrung, mit beiden Beinen auf der Erde zu stehen. Alle religiöse Erfahrung lehnt er als Phantasieprodukt ab oder verweist sie sogar in den Bereich der Geisteskrankheiten. – Wer kein klares Bild vom Wesen Gottes hat, kann auch den geistigen Ursprung und die zutiefst geistige Struktur des Menschen nicht begreifen.

Andererseits darf der Mensch sein innerstes geschaffenes Ich nicht mit dem ungeschaffenen Gottesfunken, dem inneren Brennpunkt des heiligen Gottesgeistes verwechseln, dann verfiele er in jene alte Schuld Luzifers und seines Anhanges, die den Engelsturz und die Bannung in die Materie auslöste. Wir müssen den geschaffenen Geist des Menschen, der ihm bei der Schöpfung von Gott eingehaucht wurde, klar unterscheiden vom Gottesgeist, oder göttlichen Geistfunken, der ungeschaffener Geist aus Gott ist. Mit dessen Hilfe soll unser Geist mit sich steigerndem Wachstum eine immer größere Stärkung erfahren nach den Worten Jesu »Werdet vollkommen, wie euer Vater im Himmel vollkommen ist«.

Das mag ein Jesuswort aus dem »Großen Evangelium Johannes« IX 25,1 erhellen: »Der geschaffene Mensch wird sich da freilich mit dem eigentlichen Urwesen Gottes nie vergleichen können; aber in dem geschaffenen Menschen wohnt denn auch ein ungeschaffener, ewiger Geist aus Gott durch den urewigen Willen Gottes, und der kann ja im Menschen ebensowenig eine Beschränkung haben, als im eigentlichen Urwesen Gottes selbst, da er doch eins mit demselben ist. – Oder meinst du wohl, daß das Licht der Sonne darum ein jüngeres und beschränkteres ist, das soeben die Erde erleuchtet und erwärmt, als jenes, das vor undenklichen Zeiten diese Erde erleuchtet und erwärmt hat?!« . . . »Im Geiste der vollen Wahrheit aus Gott wirst du erst dann denken und sprechen, wenn deine Seele in dem ewigen Geiste aus Gott zur völligen Einung gelangt sein wird. Das aber kann und wird nur dadurch geschehen, daß du in der Folge mit deinem freien Menschenwillen den erkannten Willen Gottes völlig zu dem deinen machen wirst in aller Rede und Tat.«

Diese an einen armseligen Menschen zur Zeit Jesu gesprochenen Worte gelten für jeden von uns.

Mit den Worten Jesu aus dem »Großen Evangelium Johannes« VIII 25,1 fahren wir nun fort: »Ihr merket an jedem Dinge . . . und an jeder Sache ein unterscheidbar Dreifaches: Das erste, das euch in die Augen fällt, ist doch sicher die Außenform; denn ohne diese wäre kein Ding und keine Sache denkbar und hätte auch kein Dasein. Das zweite aber, so das erste da ist, ist offenbar der Inhalt der Dinge und der Sachen. Denn ohne den wären sie auch gar nicht da und hätten auch keine Form und Außengestalt. Was ist denn nun das dritte zum Dasein eines Dinges oder einer Sache ebenso Notwendige wie das erste und zweite? Sehet, das ist eine innere, jedem Ding und einer jeden Sache innewohnende Kraft, die den Inhalt der Dinge und Sachen gewisserart zusammenhält und das eigentliche Wesen desselben ausmacht. Und weil eben diese Kraft den Inhalt und somit auch die Außenform der Dinge und Sachen ausmacht, so ist sie auch das Grundwesen von allem wie immer gearteten Dasein, und ohne sie wäre ebensowenig ein Wesen, ein Ding oder eine Sache denkbar wie ohne einen Inhalt und ohne eine äußere Form.«

Dieses angedeutete Trinitätsprinzip besteht also nach den Worten des Herrn durch Jakob Lorber in der ganzen Schöpfung. Interessant ist hierbei, daß eine Reihe von Physikern auf den gleichen Gedanken kamen; erinnert sei nur an den Atomphysiker Bernhard Philbert und sein Buch »Der Dreieine«.

Der Herr spricht im gleichen Kapitel, Vers 3 ff. weiter: »Gehen wir nun zu unserer Seele zurück! Die Seele muß des bestimmten und sicheren Daseins wegen einmal eine Außenform, die eines Menschen nämlich, haben; die Außenform ist demnach das, was wir den Leib oder auch das Fleisch nennen, ob noch materiell oder vergeistigt substantiell, das ist da ganz einerlei.

Ist aber die Seele als ein Mensch der Form nach da, so wird sie auch einen der Außenform entsprechenden Inhalt haben. Dieser Inhalt oder innere Körper der Seele ist ihr eigenes Lebenswesen selbst, also die Seele.

Ist das alles aber da, so ist auch die Kraft da, die die ganze Seele bedingt, und diese ist der Geist, der am Ende alles in allem ist, da es ohne ihn unmöglich eine gediegene Substanz und ohne diese somit auch keinen Leib und somit auch keine Außenform gäbe.

Obschon aber die drei unterscheidbaren Persönlichkeiten im Ganzen nur ein Wesen sind, so müssen sie aber dennoch eigens als unterscheidbar benannt und erkannt werden.

Dem Geiste oder der ewigen Essenz wohnt die Liebe inne als die alles bewirkende Kraft, die höchste Intelligenz und der lebendig feste Wille; alles das zusammen erzeugt die Substanz der Seele und gibt ihr die Form oder das Wesen des Leibes.«

In Vers 8 fährt der Herr in Seiner Belehrung fort: »Ist die Seele oder der Mensch also einmal da nach dem Willen und nach der Intelligenz des Geistes, so zieht sich der Geist ins Innerste zurück und gibt der einmal daseienden Seele nach seinem innersten Willen und nach seiner innersten Intelligenz einen wie von ihm getrennten freien Willen und eine freie und gewisserart selbständige Intelligenz, die sich die Seele teilweise durch äußere Wahrnehmungssinne und teils durch ein inneres Innewerden (Herzensdenken; d. Verf.) also aneignet und dann vervollkommnet, als wäre die vervollkommnete freie Intelligenz ihr eigenes Werk.

Infolge dieses notwendigerweise also gestalteten Zustandes, in dem sie sich wie von ihrem Geiste getrennt fühlt, ist eben die Seele auch einer sowohl äußeren wie inneren Offenbarung fähig. Empfängt sie diese, nimmt sie sie an und tut danach, so fängt sie dadurch auch an, sich mit ihrem Geiste zu einen und geht dadurch dann auch stets mehr in dessen unbeschränkte Freiheit über, sowohl in Hinsicht der Intelligenz und der Willensfreiheit nach eben der lichtvollen Intelligenz, wie auch der Kraft und Macht, alles das bewirken zu können, was sie erkennt und will.

Daraus aber könnt ihr wieder erkennen, daß die Seele als der in die lebendige Substanz umgewandelte Gedanke des Geistes, der im Grunde der Geist selbst ist, doch gewisserart als ein zweites, aus dem Geiste Hervorgehendes angesehen und betrachtet werden kann, ohne deshalb ein anderes zu sein, als da ist der Geist selbst.

Daß endlich die Seele als ein Individuum auch mit einem äußeren Leibe umkleidet erscheint, der gewisserart als die dritte Persönlichkeit erscheint, das zeigt euch die tägliche Erfahrung. Der Leib dient der Seele als eine äußere Offenbarung ihres innersten Geistes und hat den Zweck, die Intelligenz und den freien Willen der Seele nach außen zu kehren, zu beschränken und dann erst die innere Unbeschränktheit der Intelligenz und des Willens und seiner wahren Kraft zu suchen, zu finden und dadurch ein endlos verherrlichtes und völlig individuell selbständiges Eins zu werden mit dem innersten Geiste, der immer selbst das alleinige Etwas und durchgreifende Sein des Menschen ist.

Da ihr nun aus dieser Meiner Erklärung hoffentlich ersehen müßt, wie ein Mensch in und für sich, sowie auch in untergeordneten Graden ein jedes andere, aus einem gewissen unterscheidbaren Drei besteht, so wollen wir . . . zu dem dreieinigen Wesen Gottes Selbst übergehen, auf daß ihr hell und klar einsehen möget, warum Ich euch infolge der höheren und inneren lebendigen Wahrheit habe anbefehlen müssen, daß ihr die Menschen, die an Mich glauben und Meine Lehre tatsächlich angenommen haben, im Namen des Vaters, des Sohnes und des Heiligen Geistes taufen, das heißt stärken sollt.« Und nun wird noch einmal durch Jesus in Vers 14 in ganz betonter Weise das dreieinige Wesen Gottes so bestätigt im Hinblick auf die Erschaffung des Menschen nach Seinem Bild und Gleichnis als eine Dreieinigkeit im kleinen, wenn auch als Wesen begrenzt, daß man es hier nicht übergehen darf: »Sehet, die Schrift der Propheten – wie ihr das nun schon alle gar wohl wisset – sagt und erklärt, daß Ich, namens Jesus, Christus – auch Menschensohn genannt, der wahre Gott sei, obschon Er unter verschiedenen Namen, wie Vater, Sohn und Geist, bezeichnet und benannt wird! Und dennoch ist Gott nur *eine* persönliche Herrlichkeit in der vollkommensten Form eines Menschen.

Wie aber, euch nun schon bekannt, die Seele, ihr Außenleib und ihr innerster Geist also geeint sind, daß sie nur ein Wesen oder gewisserart am Ende nur eine individuelle Substanz ausmachen, unter sich aber doch ein wohl unterscheidbares Drei sind, ebenso geeint sind Vater, Sohn und Geist.«

Nach den Worten Jesu durch Jakob Lorber ist also auch der Mensch, geschaffen nach Gottes Bild und Gleichnis, ein Ineinander von drei Wesensstrukturen, die einander in drei Seinsebenen, in Körper, Seele und Geist übergeordnet sind, eine Trinität im kleinen. Durch den Sündenfall wurde Gottes Bild in ihm verunreinigt und der Mensch sank dem Leibe nach in die Begrenzung der Materie von Raum und Zeit. Er manifestiert sich weiter in den drei Strukturen, nachdem Gott ihn wunderbar erneuert hatte, dem irdisch-materiellen Körpermenschen, dem paradiesisch-substantiellen seelischen Menschen und schließlich dem himmlisch-essentiellen geistigen Menschen.

Zur Verdeutlichung geistiger Vorgänge sind wir in unserer irdischen Sprache immer wieder auf Gleichnisse aus unserem praktischen Leben angewiesen, die aber nur andeutungsweise geistige Vorgänge vergleichbar und anschaulich machen können. Wir denken daran, wie im Engelsturz bei Luzifers Abfall von Gott die Materie entstanden ist, und wie diese Materie in immer größerer Entfernung von Gott sich immer träger, liebloser und härter darstellte.

Inzwischen haben wir erkannt, unser Wesen in seinen geschaffenen Strukturen besteht dem Leibe nach aus unzähligen materiellen Intelligenzpartikeln oder Elementarteilchen. Unsere Seele aus unzähligen Urlebensfunken, die sich aus dem irdischen und gesamten kosmischen Bereich auf dem Wege der stufenweisen Läuterung: Mineral, Pflanze, Tier, Mensch von Materie zu Energie entdichtet und verklärt haben. Dem Geiste nach, wenngleich auch er gefallen, ist unser Wesen ein Kraftstrom aus Gott. Drängt sich hier nicht als Entsprechung der Vergleich mit den Aggregatzuständen etwa des Wassers auf? Das Wasser als Eis, fern von aller Wärme in Frost und Kälte, ist fest geworden; bei größerer Wärme wird Eis flüssig und ist schon viel freier und beweglicher. Schließlich wird es unter Einwirkung von noch mehr Wärme gasförmig, Wasserdampf, und dehnt sich frei nach allen Seiten aus. Anders gesprochen, in der Nähe des Feuers verflüchtigt sich die Materie zu Gas, weiter entfernt wird sie flüssig, fern von der Wärmequelle verdichtet sie sich in einen scheinbar festen Starrezustand. – So könnten wir gleichnishaft sagen: Ursprünglich schuf Gott gleichsam essentiell-geistigen »Wasserdampf«. Nachdem dieser durch freiwilliges Hochmütigerwerden erkaltete, sich von Gott entfernte, verdichtete er sich zu substantiell-seelischem »Wasser«. Nachdem dieses schließlich freiwillig noch hochmütiger und dadurch noch kälter wurde, verdichtete es sich am Ende zu materiellem »Eis«. – Das Ganze soll nur als Gleichnis aus der Natur geistige Vorgänge verdeutlichen.

Dieser Vorgang ist bei einem freiwilligen Demütiger- oder Wärmerwerden wieder umkehrbar, aus »Eis« kann wieder »Wasser« und am Ende »Wasserdampf« oder »Gas« werden. Dieses simple Beispiel zeigt uns in Entsprechung, was unser Herr eigentlich auf Sich nahm, als Er aus Seiner himmlischen Freiheit hinabstieg und Sich freiwillig in die raumzeitlich gebundene Materie einkerkerte, indem Er einen Fleischleib annahm gleich dem unseren. In Wahrheit aber ist diese Liebestat für uns in unserem jetzigen Zustande unfaßbar.

Der Mensch ist Körper, Seele, Geist seiner geschaffenen Struktur nach, eine Trinität im kleinen. Nur die höheren Seinsebenen können, auch das müssen wir wissen, die niederen erkennen, nur der Geist kann Geistiges beurteilen. Dabei ist zu sagen, daß die substantielle Seele sich in einem unentschieden neutralen Zwischenzustand zwischen Materie und Geist befindet, sie kann sich freiwillig vergeistigen, sie kann sich auch mit ihrem freien Willen mit der Materie identifizieren und so in höherem Sinne geistig blind werden, den Tod wählen.

Befindet sich zunächst unser Persönlichkeitskern im Zentrum der Seele, so wandert er im Falle einer durch eigene Willensentscheidung erfolgten Vergeistigung immer mehr hinein in unseren Geist. Dieser kann immer mehr befreit werden, je höher die Stufe ist, die er erreicht. Ein dem Verfasser bekannter Mensch hörte einmal im Traum von Mozart die Worte: »Je höher im Geiste, desto größer die Freiheit!« Den Vergeistigungsvorgang der Seele nennen wir auch »die Wiedergeburt der Seele«.

Umgekehrt kann bei einem freiwilligen Tiefersinken der Seele in die Triebwelt der Materie der geistig angelegte Ich-Kern der

Seele immer mehr im Materiellen versinken und dort den Tod finden (geistig), während er im Aufstieg zum Geiste hin in Demut, Selbstverleugnung und Liebe das Leben gewinnt.

Alle drei Strukturen des Menschen: Körper, Seele, Geist stellen einen Menschen dar in einer Person. Diese Strukturen stehen nicht nebeneinander, sie befinden sich ineinander, geistig gesprochen übereinander und sind qualitativ unterschieden. Ist der Mensch in fleischlich-triebhafter Gesinnung geistig blind, so ist er als durchseelter Mensch schon offen für die Überwelt und den Geist, er kann sich für oben oder unten entscheiden. Der durchgeistete Mensch, der sich für sein eigentliches, ihm von Gott angebotene ewige Leben entschieden hat, hat sich jenes mehr und mehr wachsende Maß an Freiheit erworben, das ihn immer weiter hinauswachsen läßt in unendliche Räume. Sein Blick und Aktionsradius umfaßt ungeheure Weiten, von denen unsere materiestumpfen Sinne nichts ahnen. Er sieht, hört, empfindet mit seinen geistigen Sinnen Unsagbares aus dem lichten Raum des unendlichen göttlichen Äthers, er ist der Macht des Todes entronnen.

Vergessen wir nicht, diese drei geschilderten menschlichen Seinsschichten sind von Gott geschaffene Strukturen und seinerzeit mit dem Sturz Luzifers und seiner von Gott abtrünnigen Geisterschar gefallen. Auch unser individueller Geist ist seinerzeit gefallen, aber als unteilbares, aus Gott herausgestelltes Ganzes von Ihm als unvergängliche Kostbarkeit aufgefangen worden, wenn auch für lange Zeit in die Materie gebunden, aber letztendlich dazu bestimmt, all die zerstobenen Materie- und Seelenpartikel, Urlebensfunken nach Jakob Lorber, aus den aus ihnen entstandenen niederen Lebensformen in Materiewelt und Äther wieder zur Ganzheit unserer alten Menschenseele zu sammeln. Unbeschreiblich lange Schöpfungszeiträume sind vergangen, bis wir als Menschen aus den Übergängen von Mineral-, Pflanzen- und Tierreich, gesammelt von hilfreichen Engeln und unserem Eigengeist, durch Gottes Hilfe wieder zur Ganzheit als Mensch wurden, wobei uns, eingetaucht in die begrenzte vergängliche Materiewelt die Erinnerung an all das Geschehen in der Vorzeit verlorengehen mußte.

Unser Geist, nach Lorber vorher in Gott gleich einem »Embryo im Mutterleibe«, zu einem bestimmten Zeitpunkt aus Ihm herausgestellt und erschaffen, ist also auch vor jenen unaussprechlich langen Schöpfungszeiträumen gefallen und war lange wie tot in die Materie gebunden, bis er, vom Herrn befreit, wieder zur Tätigkeit erwachen durfte. Eben dieser gefallene Geist, vom Herrn einst in uns hineingesenkt, steht dennoch unendlich viel höher als unsere dunkle Materie des Leibes und noch im Dämmerlichte befindliche Seele. Er ist Licht im Vergleich zu diesen letztgenannten tieferen Seinsschichten und soll wieder ganz licht werden durch ständiges Emporsteigen zum Urlicht der göttlichen Nähe. Und es bleibt uns in der Ewigkeit in immer weiterem Vordringen in höhere Sphären unser einmaliges, einmal vom Schöpfer gegebenes individuell geprägtes Angesicht, in dem wir uns erkennen und in dem wir von Gott erkannt sind. Wir werfen im Tode den Leib ab wie ein verbrauchtes Kleid; die Seele, unsere Gestalt mit allen Gliedern und Sinnen, mit dem gleichen Angesicht in vollendeterer Form, angetan mit dem Auferstehungsleib als umhüllendem Kleid, dringt vor unter Führung unseres Geistes in immer größere Gottesnähe. Wir bleiben eine Trinität aus Seelenleib, Geist und höherem Geist mit immer verklärterem Angesicht als Ausdruck unserer einmaligen Individualität.

Wie schon angedeutet, dürfen wir nun keinesfalls der Gefahr erliegen, diese eben geschilderten geschaffenen Geiststrukturen mit dem uns außerdem hinzugegebenen Gottesfunken oder Geistfunken in uns zu verwechseln, der ungeschaffen und nicht gefallen ist. Diese Verwechslung geschieht bei vielen spirituell eingestellten Menschen öfter und bringt die Gefahr mit sich, daß der Mensch sich als geschaffenes Geistwesen mit dem göttlichen Geistwesen identifiziert und dadurch in jenen luziferischen Hochmut verfällt, der seinerzeit den Sturz des Erstgeschaffenen und seines Anhangs verursacht hat.

Wir müssen klar erkennen, wir Menschen sind in unserer dreidimensionalen Wesensstruktur von Körper, Seele und Geist als ein Wesen aus Gott herausgestellt und erschaffen worden. Dieses Wesen ist einst von Gott abgefallen, auch unser geschaffener

Geist ist in diesen Abfall verflochten. Dieses Wissen um unsere Gefallenheit wird uns vor diesem angedeuteten Irrtum bewahren. Die erwähnten drei Wesensstrukturen gehören zu unserer menschlichen Person und sind diesseits und jenseits erkennbar durch unser unverwechselbares individuelles, von Gott gestaltete Angesicht. Dieses uns verliehene persönliche Angesicht ist in jeder höheren Seinsschicht vollkommener, am vollkommensten in unserem Sein als Geistwesen. Wir sollen mit all unserem Bemühen bestrebt sein, dieses höchste Bild unseres Seins, das Gott uns in Seiner Schöpfung ausdachte, zu verwirklichen. Wir sollen uns vergeistigen, Mensch im höchsten Sinne werden.

Gottes erbarmende Liebe aber gab uns einen ungeschaffenen Liebesfunken aus Sich hinzu, einen Funken aus Seinem Geiste. Unser geschaffenes Innere ist einem Hohlspiegel gleich, der die Ausstrahlung der göttlichen Gnadensonne in die Unendlichkeit (= Heiliger Geist) auffangen kann und diese zu einem Brennpunkt in sich vereinigt. Dieser Brennpunkt der aufgefangenen und reflektierten Strahlen aus Gott ist der Geistfunke in uns, der bald heller, bald dunkler erstrahlt, je nachdem wie klar der reflektierende Spiegel in uns ist. Dieser innere Spiegel reflektiert um so stärker, je mehr unser Innerstes vergeistigt, frei von Hochmut und Selbstliebe ist. Der göttliche Brennpunkt, Licht aus ungeschaffenem Lichte, kann bei manchen Menschen das ganze Wesen in gottähnlichem Liebefeuer aufstrahlen lassen, die geschaffenen Strukturen in der Vollendung durchdringen.

In einer vermaterialisierten Seele, deren innerer Hohlspiegel blind und unsauber ist, ist dieser Brennpunkt (Geistfunke) kaum spürbar und schwach. Je mehr aber der einzelne Mensch sich um des Himmelreiches willen Gewalt antut und aus Liebe zu Gott sein niederes Triebleben überwindet, je mehr er sich vergeistigt, um so stärker reflektiert der innere Hohlspiegel, um so stärker wird der innere Brennpunkt. Der Gottesfunke in uns erhellt dann unser ganzes geschaffenes Wesen und läßt inmitten das Bild unseres Herrn und Schöpfers Jesus Christus aufleuchten. (Siehe Matth. 5,8: »Selig sind, die ein reines Herz haben, denn sie werden Gott schauen.«)

An ein anderes Wort Jesu soll erinnert werden: »Ich bin gekommen, Feuer auf die Erde zu werfen, wie froh wäre ich, es würde schon brennen« (Luk. 12,49).

Je reiner also unser Wesen als Hohlspiegel die Strahlen der göttlichen Sonne reflektiert, um so stärker wird der innere Brennpunkt. Dieses Bild macht verständlich, daß der Mensch ein Sammelpunkt des Lebens aus Gott ist, das ist seine Bestimmung.

Das personale Zentrum im Innersten der Gottheit ist Jesus in der ewigen Ursonne. Aus diesem Gotteszentrum strahlt alles Licht in die gesamte ewige Unendlichkeit. Jesus, unser alleiniger Herr und Gott, nahm um die Fülle der Zeit unsere geschaffenen Umhüllungen an. In einem Kampfe sondergleichen, unter größter Selbstüberwindung als Mensch hat er Seine geschaffenen menschlichen Strukturen, Seinen Leib und Seine menschliche Seele durch Seinen Erdenwandel und Seinen Erlösungstod am Kreuz mit Seinem göttlichen Geiste vereinigt. Er hat Seine Menschheit vergöttlicht und uns erlöst.

Nun werden diese von Ihm ausgehenden göttlichen Lichtstrahlen gleichsam von den geschaffenen Umhüllungen des Gottheitszentrums reflektiert und strömen dann zu uns Menschen. Das geschaffene Gottheitszentrum wurde zu einem reflektierenden Hohlspiegel von göttlichen Ausmaßen, der das aus dem ungeschaffenen Gottheitszentrum ausgehende Licht an uns weiterstrahlt, damit wir es in uns wiederum sammeln und zu einem Brennpunkt konzentrieren sollen. An diesem Bild erkennen wir den unendlichen Unterschied vom ewigen Gottmenschen in Jesus als gebender Ursonne zu uns, den Geschöpfen und Empfangenden.

So hat nach Jesu Menschwerdung, Leiden und Tod durch die Stärkung des Geistfunkens in uns auch unser geschaffener, individueller Geist eine ungeheure Stärkung erhalten. Durch die intensivere Geistausstrahlung nach Jesu vollbrachtem Erlösungswerk und Seiner Auferstehung wurde nach Seiner Rückkehr in die geistigen Sphären zu Pfingsten unserem individuellen Menschengeiste die Befreiung zu unbegrenztem Höhenwachstum zuteil. Die Himmel aller Himmel, die im Alten Bund verschlossen waren, wurden den erlösten Menschen in diesem Neuen Bund geöffnet.

Während unsere in Ewigkeit sich weiter entwickelnden geschaffenen trinitarischen Geiststrukturen in immer verklärterer Form unser individuelles personales Sein, kenntlich durch unser einmaliges Angesicht, unauslöschlich darstellen, wird auch der innere Brennpunkt, der nicht geschaffene Gottesfunke immer stärker. Dieses Bild des Herrn in uns nährt unseren in Ewigkeit zu immer vollkommeneren Ebenen drängenden geschaffenen Geist. Wir kommen dem Urlichte, in dessen Mitte das personale Zentrum Gottes als der vom irdischen Leid verherrlichte Jesus-Jehova-Zebaoth in Seiner Menschengestalt wohnt, immer näher, bleiben aber gesondert als Geschöpf in der Begrenzung unserer eigenen Individualität.

Im zweiten Band der »Haushaltung Gottes« (72,11 ff.) befindet sich das »Gesicht des Oalim«, in dem die wichtigsten Grundbegriffe des Menschen zusammengefaßt sind. Oalim war ein Nachkomme von Seth, dem dritten Sohn von Adam und Eva.

Oalims Herz begann in diesem geistigen Gesichte durchsichtig zu werden: »Und ich sah gar bald drei Herzen also ineinanderstecken, wie da stecken hinter oder vielmehr innerhalb der stachelig rauhen Kastanienfrucht drei Kerne, und zwar zuerst der braune Schalekern, in diesem Schalekern das eigentliche Fleisch oder der Fleischkern, und in diesem Fleischkerne erst hernach der kleine Keimkern, in welchem erst das Leben eingeschlossen ist, und in diesem die unendliche Mannigfaltigkeit und endlose Vielfalt seiner selbst.

Das äußere Herz aber zersprang und fiel alsbald abgelöst hinab in eine endlose Tiefe, wo es vollends vernichtet wurde; und das war das äußere Fleischherz des Leibes.

Das inwendigere, substantielle Herz aber blieb und erweiterte sich beständig, darum (weil) es das innerste, überstark leuchtende Keimherz also nötigte, dieweil dieses selbst fort und fort wuchs und also auch stets größer wurde, wie da der Keim eines in die Erde gelegten Samens sich stets erweitert, und zwar so lange fort, bis aus ihm dasteht ein mächtiger Baum.

Also auch war es mit diesem meinem innersten Keimherzen der Fall. Anfangs sah es nur aus, als wäre es ein Herz; als es aber dann stets größer und größer wurde, da bekam es auch immer mehr und mehr eine menschliche Gestaltung, und nun gar bald erkannte ich mich selbst in diesem neuen Menschen, der da geworden ist aus diesem meinem ehemals inwendigsten lichten Keimherzen.

Beim Anblick dieses Menschen aber dachte ich mir: ›Hat etwa dieser neue Herzmensch in mir denn auch noch ein Herz in sich?‹

Und siehe da, alsbald wurde ich in diesem neuen Menschen gewahr, daß auch er noch ein Herz in sich barg! Dieses Herz aber sah aus wie eine Sonne, und deren Licht war stärker denn das Licht der Tagessonne tausendfach genommen.

Als ich aber dieses Sonnenherz mehr und mehr betrachtete, da entdeckte ich auf einmal in der Mitte dieses Sonnenherzens ein kleines, Dir, o heiliger Vater, vollkommen ähnliches, lebendiges Abbild, – wußte aber nicht, wie solches möglich. Da ich aber darüber nachdachte, da ergriff mich auf einmal eine unaussprechliche Wonne, und Dein lebendiges Bild öffnete alsbald den Mund und redete zu mir aus dem Sonnenherzen des neuen Menschen in mir folgendes: ›Richte empor nun deine Augen, und du wirst bald gewahr werden, woher und wie Ich in dir nun lebendig wohne!‹

Und ich richtete alsbald meine Augen aufwärts und erschaute sogleich in einer endlosen Tiefe der Tiefen der Unendlichkeit ebenfalls eine unermeßlich große Sonne und in der Mitte dieser Sonne aber dann bald Dich Selbst, o heiliger Vater!

Von Dir aus aber gingen endlos viele überlichte Strahlen, und einer dieser Strahlen fiel in das Sonnenherz im neuen Menschen in mir und bildete also Dich Selbst lebendig in mir.« –

Die Erlösung, das heißt die Öffnung des Reiches der seligen Geister des Himmels, die neue Möglichkeit zur Wiedergeburt des Geistes zu gelangen, wurde uns mit der Inkarnation Jesu Christi in unserem Fleische im Stalle zu Bethlehem gebracht und im Gesang der den Hirten erschienenen Engel des Himmels angekündigt, als sie die jubelnden Verse sangen: »Ehre sei Gott in der Höhe und auf Erden Friede den Menschen, die guten Willens sind!«

Im vierten Band des »Großen Evangelium Johannes« 133,8f. erklärt Jesus Jüngern: »Um das Geheimnis des Reiches Gottes zu fassen in aller Tiefe der Tiefen, müßt ihr alle zuvor im Geiste wiedergeboren sein, was für euch jetzt noch unmöglich ist. Erst wenn des Menschen Sohn wird dahin zurückgekehrt sein, von wannen Er gekommen ist, so wird Er dann den Geist aller Wahrheit, der heilig ist, zu euch senden; der wird euch erst völlig erwecken und wird vollenden eure Herzen und erwecken den Geist aller Wahrheit in euch, das heißt im Herzen eurer Seele, und ihr werdet durch diesen Akt dann wiedergeboren sein im Geiste und im hellsten Lichte alles sehen und verstehen, was die Himmel fassen in ihren Tiefen.

Das aber, was Ich euch nun zeige und erkläre, ist nur ein Vorbau zu dem, was euch in aller Fülle geben wird der Geist. Gar vieles hätte Ich euch noch zu sagen, aber ihr könntet es nun nicht ertragen; wenn aber der Geist der Wahrheit kommen wird, der wird euch führen und leiten in alle Weisheit . . .!«

Wir wissen, daß Jesus Seinen Lieblingsjünger Johannes, der an Seinem Herzen liegen durfte und mehr als die anderen in die Geheimnisse des Reiches Gottes eingeweiht wurde, schon früh mit diesem Seinem Heiligen Geiste erweckte. In einer gewissen Vorstufe dazu wurden auch Petrus und Jakobus – Johannes war ebenfalls dabei – vorbereitend eingeweiht, als sie auf dem Berge Tabor den verklärten Herrn schauend erleben durften.

Über die Wiedergeburt des Geistes spricht Jesus an anderer Stelle im vierten Band vom »Großen Evangelium Johannes« 220,10f.: »Dieser Funke Meiner Liebe aber wird in das Herz einer Menschenseele erst dann gelegt in der Fülle, wenn ein Mensch Mein Wort vernommen und es in seinem Gemüte gläubig und mit aller Liebe zur Wahrheit angenommen hat; solange dies nicht der Fall ist, kann kein noch so seelenvollkommener Mensch zur Wiedergeburt des Geistes gelangen. Denn ohne Mein Wort, das Ich nun zu euch rede, kommt der Funke Meiner Liebe nicht in das Herz eurer Seele, und wo er nicht ist, kann er auch nicht wachsen und gedeihen in einer Seele und somit in derselben auch nicht wiedergeboren werden.

In der Folge aber werden auch die Kindlein, so sie auf Mein Wort und auf Meinen Namen gezeichnet und getauft werden, den Geistesfunken Meiner Liebe ins Herz ihrer Seele gelegt bekommen; aber dieser wird dennoch nicht wachsen bei einer verkehrten Erziehung, wohl aber bei einer Erziehung nach Meiner euch allen nun überklar gezeigten Ordnung, nach der vor allem das Gemüt, und von dem aus erst entsprechend der Verstand, gebildet werden soll. Das Gemüt aber wird gebildet durch die wahre Liebe und durch Sanftmut und Geduld.«

In Kapitel 263,6 f. des gleichen Bandes verheißt der Herr den Seinen durch Seine Ankunft auf Erden statt des verlorenen Paradieses »den ganzen Himmel des reinsten und mächtigsten Geistes aus ihm Selbst«.

»Freilich braucht ihr, um die Durchgeistung eurer Seele zu erreichen, auch viele Mühe und Tätigkeit.« Erinnert sei hier an das Wort Jesu in der Heiligen Schrift: »Das Himmelreich an sich zu ziehen, braucht Gewalt!«

Er fährt dann in Vers 8 fort: »Denn wahrlich sage Ich es euch: Alle aus Meinem Worte und der Tat danach Wiedergeborenen werden des Leibes Tod weder fühlen noch ihn gleich den Weltmenschen und manchen Tieren ängstlich ahnen, sondern sie selbst werden ganz freiwillig den Körper verlassen, wenn Ich sie, zu höheren Zwecken benötigend, von dieser Welt in Mein Haus berufen werde! . . .«

Erinnert sei an das Jesuswort durch Jakob Lorber in Band VIII vom »Großen Evangelium Johannes« 24,14: »Obschon aber ein im Geiste völlig wiedergeborener Mensch ganz nur *ein* vollkommener Mensch ist, so besteht seine Wesenheit aber dennoch ewig fort in einer in sich wohl unterscheidbaren Dreiheit.«

Im zweiten Band des »Großen Evangelium Johannes« 41,4 f. spricht Jesus zu Sarah, der Tochter des Jairus: »Ich bin das eigentliche Leben im Menschen durch die Liebe in seiner Seele zu Mir, und diese Liebe ist Mein Geist in jedem Menschen. Wer die Liebe zu Mir erweckt, der erweckt seinen von Mir ihm gegebenen Geist, und da dieser Geist Ich Selbst bin, so erweckt er Mich Selbst in sich, ist dadurch in das ewige Leben vollauf eingeboren und kann ewig nimmer sterben, weil er mit Mir eins ist. Beharre daher in deiner Liebe zu Mir, so wirst du keinen Tod sehen, fühlen oder schmecken!«

Im Lorberwerk »Das große Evangelium Johannes« IX 30,2 sagt der Herr: »Hat der Gute durch seinen Eifer dieses Maß (der Vollkommenheit in der Wiedergeburt des Geistes; d. Verf.) völlig erreicht, dann hören auch alle weiteren Versuchungen auf und er geht dann im Vollichte aus den Himmeln von einer Lebensvollendungsstufe zu einer noch höheren und so ins Unendliche vorwärts.«

Zu dem vom leiblichen Tode erweckten Sohn einer Witwe in Nahim spricht der Herr: (Gr. Ev. IX 36,12 f.) »Es wird in deinem hohen Alter schon wieder einmal eine Stunde kommen, in der Ich deine Seele aus dem Leibe zu Mir rufen werde; dann werde Ich dir auch die Rückerinnerung an den dreitägigen Zustand im Paradiese Meiner Engel zum voraus geben, und du selbst wirst Mich dann kniend bitten, dich als Seele aus ihrem morsch gewordenen Leibe zu erlösen.

Dein Leib wird dann freilich noch einmal und für immer tot werden, und da wird in ihm kein Lebensbewußtsein zurückverbleiben; aber du wirst dann fortleben im vollkommensten Bewußtsein deiner selbst und wirst mit Meinen Engeln, von einer Weisheits- und Liebesstufe stets seliger werdend, emporsteigen und den Vater, der in Mir wohnt, stets tiefer und tiefer erkennen und Seine endlos vielen und großen Schöpfungen bewundern.«

In diesem Herrenwort ist zwar nur Leib und Seele des Menschen erwähnt, dem Sinne nach aber enthält es ebenso eine Aussage über den geistigen personalen Kern des Menschen, denn die stets tiefer und tiefer werdende Erkenntnis Gottes ist nur – wir erfuhren es soeben in verschiedenen anderen Worten des Herrn – im endlosen Fortschreiten im Geiste möglich, in fortschreitender Vergeistigung.

Und so soll abschließend zur alten Dichotomielehre, in der unvollständig behauptet wird, der Mensch sei nur Leib und

Seele, festgestellt werden, daß diese Lehre in verhüllter Weise doch letztlich auch auf den Menschen als Geistwesen hinzielt. Unbewußt wird da vielfach unterschieden zwischen Triebseele und Geistseele, die nach kirchlicher Lehre durch die heiligmachende Gnade im Menschen gestärkt wird.

Romano Guardini und sein Kreis hat sich oft die Trichotomielehre, wie sie in einigen Briefen des Apostels Paulus vertreten wird, daß der Mensch Körper, Seele und Geist sei, zu eigen gemacht.

Es besteht kein Zweifel, die Lehre von der Trichotomie des Menschen wird der Fülle des Seins gerechter. Der nach Gottes Bild und Gleichnis geschaffene Mensch ist eine Trinität im kleinen. Durch die Wiedergeburt des Geistes, die Vereinigung seines geschaffenen menschlichen Geistes mit dem ungeschaffenen Gottesgeiste, dem uns geschenkten Geistfunken, erlangt er den Himmel und erhält er Anteil an der Schöpferkraft Gottes. Trotz immer größerer Nähe zu Gott bleibt ewig ein Abstand vom Geschöpf zu seinem Schöpfer. Die Personalität des einzelnen entfaltet sich in der ewigen Seligkeit zu immer größerer Vollkommenheit und Freiheit. Die liebevolle Freigebigkeit des Herrn kennt keine Grenzen, Seine göttliche Fülle erleidet dabei keine Einbuße. Immer aber bleibt der Mensch ein selbständiges Ich.

Uns Erdenkindern wurde durch Jesu Erlösungswerk die Gotteskindschaft geschenkt und damit die Möglichkeit des direkten Weges in den höchsten Liebehimmel, in das himmlische Jerusalem, die Stadt und den Wohnsitz Gottes. Wir haben allen Anlaß zu dankbarer Freude!

6. Der Tod, Ende oder neuer Anfang?

»Denn deinen Gläubigen, o Herr, wird das Leben gewandelt, nicht genommen.«
(Aus dem Gebet der Kirche im Gottesdienst für Verstorbene)

Auch an diesem Rätsel unseres Seins scheiden sich die Geister. Die einen sagen, mit dem Tode sei das Leben des Menschen abgeschlossen. Andere sind voller Angst und Zweifel, sie fürchten das Dunkel dieser ungelösten Frage. Wieder andere, die ihr Leben in der Nachfolge Christi gelebt haben, glauben an ein ewiges Fortleben in einem Jenseits. Sie haben ihr Leben im Glauben an die göttliche Botschaft der Freude gewagt.

Wer aber kann kompetent etwas über das sogenannte Jenseits aussagen? Welcher Mensch ist so vertrauenswürdig und wissend, daß er uns so genau Bescheid geben könnte. Wer ist denn wirklich aus dem jenseitigen Leben wiedergekehrt, daß er uns authentisch alles schildern könnte?

Als der reiche Mann in jenem Gleichnis im Neuen Testament bei Luk. 19 ff. den Vater Abraham bittet, einen von den Toten zu seinen Angehörigen zu schicken, um sie in ihrem leichten Lebenswandel zu warnen, kommt die Antwort: »Hören sie nicht auf Moses und die Propheten, so werden sie sich auch nicht überzeugen lassen, wenn jemand von den Toten aufersteht.« – Es gibt heute eine Sterbeforschung oder Thanatologie, in der systematisch klinisch bereits Tote, die durch die Methoden der modernen Reanimationstechnik wiederbelebt wurden, nach ihrem visionär anmutenden Erlebnis befragt wurden. Die Ergebnisse sind erstaunlich, und es ist auch wert, sich mit dieser Literatur zu befassen. Es gibt da eine Reihe von Menschen, die zweifellos an der Schwelle standen und den Austritt ihres Seelenkörpers mit ihren Sinnen deutlich miterlebten; aber sie kamen nur bis zur Schwelle, nicht weiter. Einige bekamen einen ahnungsvollen Einblick in die jenseitige Welt von ferne. Aber im eigentlichen Jenseits waren sie noch nicht. Und wer zweifeln will, hat immer Einwände. –

Wir können uns letztlich nur auf den Einen verlassen, der um unsertwillen Fleisch annahm und in diese raumzeitliche Materiewelt in unbegreiflicher Liebe eintrat, auf den Herrn Jesus Christus, der Gott und Mensch zugleich ist. Wenn wir Seinen Worten Glauben schenken, sind wir in der Wahrheit. Und noch eines gibt es für uns, wir können den Menschen Glauben schenken, die – vom Geiste Gottes erfüllt – uns als Propheten Wahrheiten von Gott her zu künden beauftragt sind.

Den unverbildeten Menschen aller Zeiten wohnte und wohnt auch heute noch eine tiefe Zuversicht inne, daß der Mensch nach dem Tode weiterlebt. Es ist mehr ein unbestimmtes Ahnen, daß der Tod eine Art zweiter Geburt in ein ewiges besseres Dasein sein könnte.

In allen alten Kulturvölkern der vorchristlichen Zeit mit ihren verschiedenen höher oder tiefer entwickelten Religionen lebte ein starker Unsterblichkeitsglaube mit oder ohne Annahme einer Seelenwanderung. Auch die heidnischen Religionen der Gegenwart bejahen die Fortexistenz des Menschen in einem jenseitigen Leben. Diese Beobachtung ist so auffallend, daß ganz zwangsläufig der Gedanke aufkommen muß, daß es in grauer Vorzeit einmal eine göttliche Uroffenbarung gegeben hat, durch die die damaligen Menschen ein festes Wissen um das ewige Fortleben hatten. Im Zerfall der alten Uroffenbarung und der Entartung im Aufkommen der heidnischen Vielgötterei, wobei Aspekte und Eigenschaften des einen großen Himmelsgottes personifiziert wurden, bis zu grotesken Verzerrungen in tierische Triebkomponenten, blieb weiterhin ein latentes Wissen um die Fortexistenz des Menschen in einem Jenseits erhalten mit vagen Vorstellungen von Gericht, Strafe und Belohnung. Aber die jenseitigen Erscheinungsbilder bekamen dann oft ein gespenstisch fratzenhaftes Gesicht. Der Widersacher Gottes, der Durcheinanderwerfer, spielte im großen Welttheater mit, Unkraut unter den Weizen säend.

Den Jenseitsglauben untergegangener Geschlechter vor uns erkennt man vielfach an den hinterlassenen Grabfunden mit ihren Bildern und Beigaben für die Verstorbenen im Totenreiche.

Immer aber gab es auch Menschen, die in rein diesseitiger Einstellung, für geistige Dinge blind, ein Weiterleben des Menschen nach dem Tode ablehnten. Es sei an den griechischen Naturphilosophen Demokrit (um 460–388 v. Chr.) erinnert, der gesagt hat: »Es gibt nichts als die Atome und den leeren Raum; alles andere ist Meinung.« Erinnert sei an die im Buche der Weisheit der Heiligen Schrift des Alten Testaments erwähnten Toren oder Gottlosen, an die Sekte der Sadduzäer zur Zeit Jesu, die jegliches Fortleben nach dem Tode leugneten.

In der heutigen Zeit, die weitgehend geprägt ist vom Positivismus, mechanistisch-materialistischem Denken, lehnen viele Menschen den Gedanken an ein ewiges persönliches Fortleben nach dem Tode ab. Andere sind unter dem Einfluß der trostlosen Doktrinen, deren Auswirkung wir in früheren Kapiteln behandelt haben, zu Zweiflern geworden. Selbst ein großer Prozentsatz derer, die sich Christen nennen, glauben nach modernen Meinungsumfragen nicht mehr an ein Fortleben nach dem Tode. Sie räumen ein, daß ein Mensch indirekt fortlebe durch eine große Tat. Der Erbauer des Eiffelturms etwa lebe fort in seinem Werk. Goethe sei gewissermaßen unsterblich durch seine herrlichen Werke, große Meister wie Bach, Mozart oder Beethoven lebten durch ihre unsterbliche Musik fort. Zur Zeit des Nationalsozialismus hieß es besonders betont, der Mensch lebe in seiner »Erbmasse«, ob gut, ob schlecht, in seinen Nachkommen fort. Den heutigen Existentialisten blieb es vorbehalten, den Menschen als Trost den Gedanken zu verkünden, wir kämen aus dem Nichts und kehrten zurück ins Nichts, der Mensch müsse lernen, diese Tatsachen in heroischer Haltung zu ertragen und darauf, seiner Würde gemäß, als Sisyphus seine Ethik aufzubauen.

Wir wollen nun die fruchtlose Sphäre jenes Geistes verlassen, der in Goethes Faust unübertroffen gekennzeichnet, die Worte spricht:

> »Ich bin der Geist,
> der stets verneint!
> und das mit Recht:
> denn alles, was entsteht,
> ist wert, daß es zugrunde geht.
> Drum besser wär's, daß nichts entstünde.
> So ist denn alles, was ihr Sünde,
> Zerstörung, kurz das Böse nennt,
> mein eigentliches Element . . .«
> (Goethes Faust, erster Teil, Worte des Mephisto)

In der Heiligen Schrift des Neuen Testaments wird die Wahrheit des Fortlebens nach dem Tode durch Jesus ganz unmißverständlich verkündet und wird dort zum Stein des Anstoßes für die starke Sekte der Sadduzäer. Dieser Glaube, grundgelegt in der Auferweckung und Verklärung des Herrn Selbst, ist unverzichtbarer Bestandteil der christlichen Glaubensverkündigung. Beim Evangelisten Johannes (11,23 ff.), anläßlich der Auferweckung des Lazarus als Zeichen, sagt Jesus zu Martha: »Dein Bruder wird auferstehen.« Martha sagte zu Ihm: »Ich weiß wohl, daß er auferstehen wird – bei der Auferstehung am Jüngsten Tage.« Da sagte Jesus zu ihr: »Ich bin die Auferstehung und das Leben. Wer an mich glaubt, der wird leben, selbst wenn er stirbt; und wer lebt und an mich glaubt, der wird niemals sterben . . .«

Zu den Sadduzäern (Luk. 20,34 ff.), die an Jesus die bekannte Fangfrage stellten, wer von den sieben verstorbenen Brüdern bei der Auferstehung die vom ersten überlebende Frau heiraten werde, sagte Jesus ein sehr aufschlußreiches Wort, in das auch der Jenseitsglaube im Alten Testament eingeschlossen ist: »Nur in dieser Welt heiraten die Menschen. Die aber, die Gott für würdig hält, an jener Welt und an der Auferstehung von den Toten teilzuhaben, werden dann nicht mehr heiraten. Sie können auch nicht mehr sterben, weil sie den Engeln gleich und durch die Auferstehung zu Söhnen Gottes geworden sind. Daß aber die Toten auferstehen, hat schon Moses in der Geschichte vom Dornbusch angedeutet, in der er den Herrn den Gott Abrahams, den Gott Isaaks und den Gott Jakobs nennt. Er ist doch kein Gott von Toten, sondern von Lebenden; denn für ihn sind alle lebendig.«

Besonders eindeutig ist die Aussage Jesu über das Fortleben des Menschen im Jenseits in dem bekannten Gleichnis vom reichen Prasser und dem armen Lazarus (Luk. 16,20 ff.). Die ganze Heilige Schrift gibt Zeugnis vom ewigen Leben. So beispielsweise auch bei Joh. 4,13 f. in dem Gespräch Jesu mit der Samariterin: »Wer aber von dem Wasser trinkt, das ich ihm gebe, der wird in Ewigkeit keinen Durst mehr haben; sondern das Wasser, das ich ihm geben werde, das wird in ihm eine Quelle werden, deren Wasser bis ins ewige Leben quillt.«

Nachdem Jesus laut Evangelist Markus im Neuen Testament (10,27) anläßlich der Begegnung mit dem reichen Jüngling zu Seinen Jüngern äußert: »Wie schwer werden die Reichen in das Reich Gottes kommen«, sind diese tief betroffen. Er aber wiederholt: »Liebe Kinder, wie schwer ist's, ins Reich Gottes zu kommen! Es ist leichter, daß ein Kamel durch ein Nadelöhr geht, als daß ein Reicher ins Reich Gottes kommt.« Die Jünger erschraken noch mehr und sprachen zueinander: »Wer kann dann gerettet werden?« Jesus aber sah sie an und sagte: »Bei den Menschen ist's unmöglich, aber nicht bei Gott; denn alles ist möglich bei Gott.« Im nachfolgenden Vers 28 ff. gibt daraufhin Petrus dem Herrn die Entgegnung: »Siehe, wir haben alles verlassen und sind dir nachgefolgt.« Jesus sprach: »Wahrlich ich sage euch: Es gibt niemanden, der Haus oder Brüder oder Schwestern oder Mutter oder Vater oder Kinder oder Äcker verläßt um meinetwillen oder um des Evangeliums willen, der nicht hundertfach empfängt: jetzt in dieser Zeit Häuser und Brüder und Schwestern und Mütter und Kinder und Äcker mitten unter Verfolgungen – und dann in der zukünftigen Welt das ewige Leben. Viele aber werden die Letzten sein, die die Ersten sind, und die Ersten sein, die die Letzten sind.«

Mehrfach von den synoptischen Evangelisten bezeugt, hat Jesus den Jüngern Seinen eigenen bevorstehenden Tod am Kreuz und Seine Auferstehung vorausgesagt, was diese zunächst gar nicht verstanden und erst später im Ablauf der weiteren Ereignisse in geistiger Erleuchtung richtig begriffen, was aber auch bezüglich unserer eigenen Zukunft von größter Bedeutung ist. (Mark. 8,31–32; 9,30–32. Luk. 9,21–22; 18,31 ff. Matth. 16,21–23; 17,22–23; 20,17–19)

Petrus, der bei einer solchen Gelegenheit Jesus entsetzt ins Wort fiel, wurde dabei von Ihm ungewöhnlich heftig zurückgewiesen.

Schließlich erlebten Petrus, Jakobus und Johannes (Luk. 9,28 ff.; Mark. 9,2 ff.) auf dem Berge Tabor, nachdem ihnen aus Gnade die Augen dafür geöffnet waren, das vorübergehende Durchbrechen der himmlischen Herrlichkeit in Jesus bei Seiner Verklärung, als gleichzeitig in überirdischem Glanz Moses und Elia erschienen, um mit Jesus über Sein bevorstehendes Leiden und Sterben in Jerusalem zu reden. Beim Erwachen sahen diese auserwählten Apostel nur noch einen vergehenden Rest der Himmelserscheinung, schließlich stand der Herr wieder vor ihnen in Seiner einfachen irdischen Gestalt. Petrus begann vor Ergriffenheit wirr zu reden vom Bau dreier Hütten für Jesus, Mose und Elia, um dieses unfaßbare Erleben in die Länge zu ziehen. Beim Abstieg vom Berge gebot ihnen Jesus, niemandem von dem Erlebten zu sagen, »bis der Menschensohn von den Toten auferstanden« wäre. – Ratlos fragten sie einander, was das wohl heiße: »Von den Toten auferstehen«.

Noch kurz vor Seinem Tode am Kreuz, als einer der mitgekreuzigten Verbrecher bittet: »Jesus, gedenke meiner, wenn du in dein Reich kommst!« und Er dann antwortet: »Wahrlich ich sage dir, heute noch wirst du mit mir im Paradiese sein«, gibt Jesus Zeugnis vom Fortleben des Menschen nach dem Tode (Luk. 23,42 ff.).

Durch Seine Auferstehung von den Toten bezeugte Er am eindrucksvollsten für alle Menschen die Tatsache der Unzerstörbarkeit des aus dem Geiste stammenden individuellen Lebens und gab vierzig Tage lang bis zu Seinem Aufstieg in die geistigen Sphären des Himmels Seinen Jüngern einen Anschauungsunterricht über die Beschaffenheit jenes Geistleibes, der durch Sein vollbrachtes Erlösungswerk auch für uns bestimmt ist.

Im 1. Korintherbrief 15 bezeugt der Apostel Paulus die Auferstehung des Herrn und erwähnt die Erscheinungen nach dieser Auferstehung in ihrer Reihenfolge mit großer Genauigkeit. Zuletzt sei Er als einem Unwürdigen auch ihm (Paulus) selber erschienen. Er fährt dann von Vers 12 an wörtlich fort: »Wenn aber von Christus verkündet wird, daß er von den Toten auferstanden ist, wie sagen dann einige unter euch: ›Es gibt keine Auferstehung von den Toten?‹ Gibt es keine Auferstehung der Toten, so ist auch Christus nicht auferstanden. Ist aber Christus nicht auferstanden, so ist unsere Predigt vergeblich, so ist auch euer Glaube vergeblich . . .«. (Vers 20) »Nun aber ist Christus von den Toten auferstanden als Erstling derer, die entschlafen sind. Denn da durch einen Menschen der Tod gekommen ist, so kommt auch durch einen Menschen die Auferstehung der Toten. Denn wie sie in Adam alle sterben, so werden sie in Christus alle lebendig gemacht werden.« In Vers 35 läßt sich Paulus noch ausführlicher aus über den Geistleib des Menschen in der Ewigkeit und vergleicht den irdischen Leib mit dem zur Verwesung bestimmten Samenkorn, aus dem in Herrlichkeit eine Pflanze entsteht.

Hier erinnern wir uns wieder an das herrliche Wort Jesu, das uns der Evangelist Johannes im 12. Kapitel 24ff. im Neuen Testament berichtet: »Wahrlich, wahrlich ich sage euch: Wenn das Weizenkorn nicht in die Erde fällt und stirbt, bleibt es ein einzelnes Korn; wenn es aber stirbt, bringt es viel Frucht. Wer sein Leben liebhat, der wird's verlieren; und wer sein Leben auf dieser Welt gering achtet, der wird's bewahren zum ewigen Leben.«

Die Hoffnung der Schöpfung und die Gewißheit des Heils kommt in wunderbarer Weise bei Paulus im Römerbrief 8,15 zum Ausdruck: »Denn ich bin überzeugt, daß die Leiden dieser Zeit nichts bedeuten gegenüber der Herrlichkeit, die an uns offenbar werden soll. Denn die ganze Schöpfung wartet sehnsüchtig darauf, daß die Kinder Gottes offenbar werden. Die Schöpfung ist ja der Vergänglichkeit unterworfen – nicht nach ihrem Willen, sondern durch den, der sie unterworfen hat; aber zugleich gab er ihr Hoffnung; denn auch die Schöpfung soll von der Sklaverei und Verlorenheit befreit werden zur Freiheit und Herrlichkeit der Kinder Gottes. Denn wir wissen, daß die gesamte Schöpfung bis zum heutigen Tage gemeinsam seufzt und in Geburtswehen liegt. Aber nicht nur sie, sondern auch wir selbst, die wir den Geist als Erstlingsgabe haben, seufzen in unserem Herzen und warten darauf, daß wir mit der Erlösung unseres Leibes als Kinder Gottes offenbar werden, denn wir sind gerettet.« In Vers 28 fährt Paulus fort: »Wir wissen, daß Gott bei denen, die ihn lieben, alles zum Guten führt, bei denen, die nach seinem ewigen Plan berufen sind; denn alle, die er im voraus erkannt hat, hat er auch im voraus dazu bestimmt, an Wesen und Gestalt seines Sohnes teilzuhaben, damit dieser der Erstgeborene von vielen Brüdern sei.«

Bei Paulus finden wir zum ersten Mal das visionäre Bild von der erlösten Schöpfung, dem Corpus Christi mysticum, in dem er Jesus Christus als das Haupt, die erlösten Menschen in ihrer Gesamtheit als den großen himmlischen Leib Christi sieht. Dieses Bild vom Himmel kehrt in der christlichen Prophetie immer wieder, in neuerer Zeit im Homo maximus bei Swedenborg und im großen geistigen Schöpfungsmenschen bei Jakob Lorber in seinen Jenseitswerken wie »Von der Hölle bis zum Himmel« und in der »Geistigen Sonne«.

Der Ursprung dieser prophetischen Sicht, die Wurzel, liegt in jenem entsprechenden Wort Jesu beim Evangelisten Johannes (15,4 ff.): »Bleibt in mir und ich in euch. Wie die Rebe keine Frucht bringen kann aus sich selbst, wenn sie nicht am Weinstock bleibt, so könnt auch ihr keine Frucht bringen, wenn ihr nicht in mir bleibt. Ich bin der Weinstock, ihr seid die Reben, wer in mir bleibt und ich in ihm, der bringt viel Frucht, denn ohne mich könnt ihr nichts tun. Wer nicht in mir bleibt, der wird weggeworfen, wie solche Reben, die man sammelt und ins Feuer wirft: der verdorrt und muß brennen ...« Diese Worte vom »Fruchtbringen« haben sehr viel mit unserem Fortleben im Jenseits zu tun, es sind Schlüsselworte. Es ist mit Sicherheit anzunehmen, daß auch die Worte vom Corpus Christi mysticum dem Apostel Paulus vom Geiste Gottes eingegeben wurden.

Verheißungsvoll klingen auch die Worte von Paulus, ganz vom Geiste Jesu erfüllt, im 1. Korintherbrief 2,9 ff.: »Was kein Auge gesehen und kein Ohr gehört hat (Jes. 64,3) und in keines Menschen Herz gekommen ist, das hat Gott bereitet denen, die ihn lieben. – Uns aber hat es Gott geoffenbart durch seinen Geist; denn der Geist erforscht alle Dinge, auch die Tiefen der Gottheit. Denn was im Menschen ist, weiß niemand als allein der Geist des Menschen, der in ihm ist. So weiß auch niemand, was in Gott ist, als allein der Geist Gottes.« – Diese Stelle soll ganz zitiert werden, denn sie bestätigt gleichzeitig Worte vorhergehender Kapitel über den Geist aus Gott, über den Jakob Lorber seine Botschaft empfing. Paulus fährt fort: »Wir aber haben nicht den Geist der Welt empfangen, sondern den Geist aus Gott, so daß wir wissen können, was uns von Gott geschenkt ist. Und davon reden wir nicht mit Worten, wie sie menschliche Weisheit lehren kann, sondern mit Worten, die der Geist lehrt, und deuten das Wirken des Geistes auf geistgewirkte Art. Der natürliche (fleischliche) Mensch aber nimmt nichts an, was vom Geiste Gottes kommt, es ist ihm eine Torheit, und er kann es nicht verstehen; denn es muß vom Geiste her (geistlich) beurteilt werden. Der geistliche Mensch (der pneumatische, vom Heiligen Geist durchwirkte Mensch; d. Verf.) aber beurteilt alles und kann doch selber von niemand beurteilt werden. Denn ›wer hat den Geist des Herrn erkannt, oder wer will ihn unterweisen?‹ (Jes. 40,13) Wir aber haben den Geist Christi.«

Der 2. Korintherbrief des Apostels Paulus (4,14) enthält wiederum tiefe Gedanken über das ewige Fortleben: »Denn wir wissen, daß der, der den Herrn Jesus auferweckt hat, auch uns mit Jesus auferwecken und samt euch vor sich stellen wird.« In Vers 16 fährt er fort: »Darum werden wir nicht mutlos; und wenn auch unser äußerer Mensch zerfällt, der innere wird Tag für Tag erneuert. Denn die kleine Last unserer gegenwärtigen

Not schafft uns eine ewige, über alle Maßen gewichtige Herrlichkeit, uns, die wir nicht auf das Sichtbare starren, sondern nach dem Unsichtbaren ausblicken, denn das Sichtbare ist vergänglich, das Unsichtbare ist ewig. Wir wissen, wenn unser irdisches Zelt abgebrochen wird, dann haben wir eine Wohnung von Gott, ein nicht von Händen errichtetes, ewiges Haus im Himmel.«

Auf diese Worte aus dem Geiste der Heiligkeit, wie er aus prophetischen Menschen spricht, können wir uns verlassen. So hat der Herr auch durch Jakob Lorber zu unserer Zeit gesprochen, wir dürfen nicht achtlos daran vorübergehen.

Im siebten Band vom »Großen Evangelium Johannes« 217,2 spricht der Herr zu unser aller Belehrung die Worte: »Sieh, wenn Gott die Menschen nur für diese Erde erschaffen hätte, dann wäre es wohl eine sonderbare Liebhaberei von Seiner Seite, in einem fort zu erschaffen und es dann wieder zu zerstören; aber weil Er die Menschen für ein höheres und ewiges Leben erschaffen hat und sie nur so lange auf dieser Erde bestehen läßt, bis sie die nötigste Willensfreiheitsprobe oder mindestens den Durchgang durchs Fleisch gemacht haben, so ist das eine wahre und lebendige Liebhaberei Gottes zu Seinen Menschen, daß Er sie auf dieser Jammerwelt nur so lange im Fleische erhält, als es eben für einen oder den andern Menschen höchst nötig ist! Verläßt der eigentliche Mensch diese Erde, so wird er jenseits schon in solche Schulhäuser geführt werden, die geeignet sind, um zur höheren und wahrsten Lebensvollendung zu gelangen.« Im sechsten Band vom »Großen Evangelium« 205,5 äußert Jesus hellenistischen Juden gegenüber: »In der Willensfreiheit des Menschen liegt auch der größte Beweis, daß Gott die Menschen nicht allein für diese Erde und für ihre kurze Lebenszeit geschaffen hat, sondern für ein ewiges, geistiges Leben, das aber eben nur durch die vollste Willensfreiheit der Seele in diesem kurzen Leibesleben vollkommen erreicht werden kann.« – Besonders betont wird in der Lorberschen Prophetie immer wieder die Willensfreiheit des Menschen. Gegen diese Willensfreiheit ist zweifellos in den vergangenen Jahrhunderten innerhalb des christlichen Raumes sehr oft gesündigt worden. Echte Nachfolge Christi ist immer eine freie Entscheidung jedes Einzelmenschen und kann nicht erzwungen werden.

Einem vom Herrn Erweckten (Josoe) in Band II vom »Großen Evangelium« werden die Worte in den Mund gelegt: 195,2 »Wenn wir aber von Gott aus berufen werden, diese Welt zu verlassen, dann wird zuvor ein Engel Gottes alles dem Geiste Angehörige aus der Materie frei machen und die Materie der Auflösung übergeben, die Seele aber und ihren Lebensgeist sowie alles, was in der Materie der Seele angehört, in vollkommenster Menschengestalt vereinigend in die reine Welt der Geister hinüberführen, nach dem ewigen, unwandelbaren Willen Gottes!«

Wir erfahren also durch Jakob Lorber, daß der Herr beim irdischen Tod eines Menschen einen der höheren Schutzengel des betreffenden Menschen sendet, der die Löse vornimmt. Diese höheren Schutzengel der Menschen wohnen in höheren Regionen der Lüfte, wo die reinsten Geister dieser Erde zu Hause sind (nach »Erde und Mond« Kap. 28); sie leiten, übergeordnet den unteren Schutzgeistern, nach dem Willen des himmlischen Vaters die Führungen und Geschicke des irdischen Menschen.

Der eigentliche Sterbevorgang wird im vierten Band vom »Großen Evangelium Johannes« 128,6 ff. durch einen geistig geweckten Seher berichtet. Mathael wurde von seinem Vater zu einer sterbenden Nachbarin mitgenommen. Er berichtet: »Ich besah mir nun die Sterbende näher. Aus der Brustgrube (dem gewöhnlichen Ausweg der Seele aus dem Leib, Gegend des Sonnengeflechts; d. Verf.) erhob sich ein weißer Dunst, breitete sich über der Brustgrube immer mehr aus und wurde auch stets dichter; aber von irgendeiner menschlichen Gestalt merkte ich lange nichts. – Als ich das so etwas bedenklich betrachtete, da sagte der lichtgraue große Geist zu mir (der anwesende Schutzgeist; d. Verf.): ›Sieh nur zu, wie eine Seele ihr irdisches Wohnhaus für immer und ewig verläßt!‹ – Ich aber sagte: ›Warum hat denn diese scheidende Seele keine Gestalt, während doch ihr, die ihr auch pure Seelen seid, ganz ordentliche Menschengestalten habt?‹ – Sagte der Geist: ›Warte nur ein wenig noch; wenn die Seele erst ganz aus dem Leibe sein wird, wird sie sich schon ganz fein zusammenklauben und wird dann auch recht schön und freundlich anzusehen sein!‹

Während ich solchen Dunst über der Brustgrube der Kranken sich immer mehr ausbreiten und verdichten sah, lebte der Leib noch immer und stöhnte zuweilen wie jemand, der von einem schweren Traum geplagt wird. Nach etwa dem vierten Teile der Zeit einer römischen Stunde schwebte der Dunst in der Größe eines zwölfjährigen Mädchens etwa zwei Spannen hoch über des sterbenden Weibes Leib und war mit dessen Brustgrube nur noch durch eine fingerdicke Dampfsäule verbunden. Die Säule hatte eine rötliche Färbung, verlängerte sich bald und verkürzte sich auch wieder dann und wann; aber nach jedesmaligem Verlängern und abermaligem Verkürzen ward diese Dampfsäule dünner, und der Leib trat während der Verlängerungen stets in sichtlich schmerzhafte Zuckungen.

Nach etwa zwei römischen Stunden der Zeit nach ward diese Dampfsäule von der Brustgrube ganz frei, und das unterste Ende sah aus wie ein Gewächs mit sehr vielen Wurzelfasern. In dem Augenblick aber, als die Dampfsäule von der Brustgrube abgelöst ward, bemerkte ich zwei Erscheinungen. Die erste bestand in dem völligen Totwerden des Leibes, und die andere darin, daß die ganze weißnebelige Dampfmasse sich in einem Augenblick in das mir nur zu wohlbekannte Weib des Nachbarn umwandelte.«

Dieser anschaulich geschilderte Sterbevorgang durch einen seherischen Menschen ist immer wieder in der Literatur ähnlich oder entsprechend geschildert worden. Diese Schau in die anderen Dimensionen des Seins ist für den Durchschnittsmenschen unmöglich, das ist nur selten der Fall bei besonders seherisch begabten Personen.

Der neue Seelenleib hat nicht immer eine dem irdischen Fleischleibe völlig ähnliche Gestalt. In der geistigen Welt ist die äußere Gestalt ein Entsprechungsbild des inneren Wesens. Der energetische Leib gestaltet sich hier rascher und vollständiger äußerlich nach der inneren Beschaffenheit der Seele, sei es in höllischer, sei es in himmlischer Richtung. So schildert der Seher Mathael im »Großen Evangelium« IV 130,15 ff. zwei ganz gegensätzliche Gesichte, die sehr lehrreich sind. Das eine Gesicht schildert den Kreuzestod einer Reihe von vertierten, grausamen Raubmördern, dabei kommen tigerartige Seelen zum Vorschein. Diese Schilderung ist sehr erschreckend. Aber auch hier bestehen Bemühungen aus dem Reiche der höheren Geister, diese Seelen zu retten.

Hingegen erblickte Mathael mit seiner geöffneten geistigen Sehe ein trostvolles Gegenbeispiel beim Tode des alten Lazarus, des Vaters des uns bekannten Lazarus von Bethanien, der im irdischen Leben schon zu großer geistiger Vollendung gelangt war. Der Herr erklärt Mathael: (Gr. Ev. IV 139,5 ff.) »Nun gehen wir in das Sterbegemach des alten Lazarus! Dort sahst du keine zertragene Dunstgestalt über dem Leichnam schweben, sondern schon mehr eine volle Menschenform. Der Grund davon liegt in der (dem Lazarus eigenen) großen Liebe zur Tätigkeit, was schon ein vollendetes inneres, geistiges Leben andeutet, das aller Furcht vor der kommenden großen Tätigkeit im endlosen Reiche der Himmel vollkommen bar ist. Die Angstvibrationen der Seele können da nicht stattfinden, und somit ist die seelische Menschenform schon gleich beim ersten Austritt aus dem Leibe als unzertragen und in voller Ruhe ersichtlich, natürlich für den, der solches zu schauen das seltene Vermögen hat.

Der kleine und äußerst dünne Bindefaden zwischen der Seele und ihrem Leibe bekundet den stets allergeringsten Sinn fürs Irdische und somit auch das vollkommenst leichte und schmerzlose Lostrennen vom Leibe. Die gleiche Lichterscheinung über dem Haupte der Seele aber bekundet vor allem den mächtigen Willen der Seele selbst, durch dessen außerordentliche Tätigkeit nach der Ordnung der Himmel er sich als eine Lichtsäule über dem Haupte darstellt.«

In diesem Zusammenhang bleibe nicht unerwähnt, im Buche »Kohelet« (auch »der Prediger Salomo« genannt) des Alten Testaments ist gegen Ende im Kapitel 12,1 f. kurz vom Sterben des Menschen die Rede. Da wird eine »silberne Schnur« erwähnt, analog jener Schnur bzw. Verbindung zwischen Materieleib und dem sich bildenden Seelenleib. Es heißt dort: »Denke an deinen Schöpfer in den Tagen deiner Jugend, ehe die bösen Tage kommen und die Jahre sich nahen, von denen du sagen wirst: sie gefallen mir nicht. Während der Mensch in sein ewiges Haus geht; auf der Straße gehen schon die Klagefrauen umher, ehe die silberne Schnur zerreißt und der goldene Leuchter zerspringt und der Krug an der Quelle zerschellt und das Rad am Brunnen zerbricht und der Staub zur Erde zurückkehrt, wie er war, und der Odem zurückkehrt zu Gott, der ihn gegeben.« Diese Stelle hat Bezug zum Sterbevorgang und hat schon manchen Übersetzern, die unkundig waren, Schwierigkeiten bereitet.

Die Farbe und Lichtstrahlung der Seelen richtet sich nach den Gesichten Jakob Lorbers in ihrem Unterschied nach ihrer geistigen Beschaffenheit. Dunkel und finster, je nach dem Grade ihres höllischen Wesens, sind die Ungeläuterten und Selbstsüchtigen. Hell und strahlend sind dagegen, je nach dem Grade ihrer Gottes- und Nächstenliebe und ihres himmlischen Tätigkeitseifers, die geläuterten Seelen.

Einem Oberstadtrichter erteilt Jesus im »Großen Evangelium Johannes« X 176,8–10 über die Verhältnisse im Jenseits eine Belehrung: »Ich habe Mich der wenigen Guten wegen dieser Welt erbarmt und will für sie Selbst jenseits ein Reich gründen, in welchem sie ewig bei Mir sein und mit Mir herrschen sollen. So wie dein Vater befinden sich im großen Jenseits schon zahllos viele der besseren Juden- und Heidengeister; wenn Ich aber in Kürze in Mein ewiges Ursein zurückkehren werde, dann wird auch all diesen besseren Juden und Heiden im Jenseits der rechte Weg zum vollkommenen, ewigen Leben gezeigt werden. Allen Bösen aber wird es auch ewig freistehen, sich entweder zu bessern und die Wege des Lichtes zu betreten oder in ihrem Bösen zu verbleiben und sich von ihm quälen zu lassen für ewig hin; denn was sie selbst wollen, darin widerfährt ihnen kein Unrecht.

Und so wird jenseits des Guten Lohn Gutes sein, des Bösen aber Böses, und ein jeder wird nach der Ablegung seines Leibes sich befinden in seinem Jüngsten Tage, und Ich werde einen jeden auferwecken und ihm den Lohn geben aus ihm selbst, wie er war, gut oder böse.«

Jesus fährt in Vers 11 noch mit den aufschlußreichen Sätzen fort, die irgendwie in Beziehung zur ganzen Botschaft durch J. Lorber stehen: »Wollte Ich dir auch noch tiefere Antworten geben, so würdest du sie dennoch nicht verstehen; denn ihr seid allzumal noch Kinder in eurer Seele und könnet eine feste, männliche Kost noch nicht vertragen. Daher müsset ihr vorerst noch mit Milch gespeist werden; wenn ihr aber einmal durch diese Speise hinreichend gekräftigt sein werdet, dann werdet ihr auch eine kräftigere Speise aus dem Himmel zu vertragen wohl imstande sein.«

Einem Wirt zu Kapernaum gibt Jesus Belehrungen über die Ursache der Todesfurcht. Diese Belehrungen sind für unsere heutige Zeit so gültig wie damals. (Gr. Ev. VI 68,1–4) »Daß aber Menschen wie du es bis jetzt von dem Fortleben der Seele nach des Leibes Tode zu keinem bestimmten Bewußtsein haben bringen können, davon habe Ich dir den Grund bereits gezeigt, . . . aber die Furcht vor des Leibes Tode liegt eigentlich nicht so sehr in dem unbestimmten Bewußtsein des Lebens der Seele nach dem Abfalle des Leibes, als vielmehr in der Liebe zur Welt und in der Selbstliebe. Durch diese beiden Liebearten wird die Seele stets mehr und mehr in ihr Fleisch vermengt, und die Folge davon ist, daß sie eben dadurch das Gefühl des Sterbens, Vergehens und Aufhörens stets mehr und mehr zu ihrem eigenen machen und übergehen muß in allerlei Angst und Furcht.

Siehe, die Urväter der Menschen dieser Erde hatten keine Furcht vor dem Tode des Leibes, sondern oft nur eine Sehnsucht danach, daß sie befreit würden von dem gebrechlich gewordenen Leibe! Sie hatten ob ihres Gott wohlgefälligen Lebenswandels von Zeit zu Zeit helle Blicke und Gesichte ins Jenseits und hatten sich dadurch ein klares und wahres Bewußtsein über das Leben der Seele nach dem Abfall des Leibes erworben.

Aber in dieser Zeit ist ja beinahe aller Glaube an Gott bei den Menschen erloschen! Wo sollte dann bei den Menschen das helle Bewußtsein des Lebens der Seele nach dem Leibestode noch herrühren?! Ich sage es dir: Wo man an dem Grunde alles Lebens schon beinahe allgemein zweifelt, da ist es denn gar nicht verwunderlich, wenn man über das Fortleben der eigenen Seele nach des Leibes Tode in starkem Zweifel ist.« –

Diese Worte Jesu galten zu jener Zeit den materialistischen Sadduzäern bei den Juden und für die hellenistischen Kyniker, Schülern des Diogenes. Wie gültig sind sie aber auch heute noch, da die Mehrheit der Menschen im materialistischen Denken zu versinken scheint.

Jesus geißelt im Folgenden die Fleischeslust und Unzucht, diese Sünde »ersticke die Seele förmlich im Schlamme des Fleisches und töte sogar das Fleisch selbst«. Der Wirt ist sehr nachdenklich geworden, indem er an seine Jugendsünden denkt, und fragt Jesus, ob man das wohl einigermaßen wiedergutmachen könne, so daß man wieder aufnahmefähig werde für das Licht des Himmels. Jesus gibt ihm zur Antwort: (11 ff.) »Solange ein Mensch auf dieser Erde lebt und einen vollkommen ernsten Willen hat, ist das alles noch gar wohl möglich.« Er führt dann als Beispiel David an, der seinerzeit der Sünde der Fleischeslust verfallen sei, aber er hätte sich dann zu rechter Zeit »ermannt«, er sündigte aus Liebe zu Gott nicht mehr und wurde darum ein Mann nach dem Herzen Gottes. »Denn wahrlich, Ich sage es dir, daß im Himmel mehr Freude ist über einen Sünder, der seine Sünden als solche erkennt, sie verabscheut, wahrhaft bereut, eine rechte und vernunftgemäße Buße übt und sich vom Grunde aus bessert und nicht mehr sündigt, denn über neunundneunzig Gerechte, die der Buße nie bedurft haben! Oder ist das nicht unter den Menschen also der Fall, daß ein Mensch über eine verlorene und dann wieder glücklich gefundene Sache von einem noch so unbedeutenden Werte mehr Freude hat, denn über seine großen Schätze, die da nie verloren waren?! Siehe, ebenso ist es auch bei Gott, und wäre es nicht also, so hättest du Mich nun in dieser deiner Herberge wahrlich nicht als deinen Gast!«

Da er sich (der Wirt) von seinen Jugendsünden ganz abgewandt habe, so sei Er in sein Haus gekommen, um ihn vollständig von allen Übeln zu heilen. Jesus fährt fort: (13) »Wo Ich aber einmal eingezogen bin, da ist auch die vollste Vergebung aller Sünden und das Licht und das ewige Leben selbst eingezogen. Ich kann dir darum sagen, daß deinem Hause und dir selbst nun ein großes Heil widerfahren ist.«

In Kapitel 69,1 f. fährt der Herr bezüglich des jenseitigen Lebens trostvoll fort: »Wahrlich, Ich sage dir: Wer Mein Wort hört, es als Wahrheit annimmt und stets danach lebt und handelt, der wird hinfort keinen Tod mehr fühlen noch schmecken. Aber wer Mich nur so als eine wohl gute Beute neben der Welt gleichschrittig einherziehen will, der wird bis zu seinem diesweltlichen Ende wenig des geistigen Lebenstrostes in sich verspüren, und jenseits wird sich dann erst klar zeigen, was bei ihm das Übergewicht hatte. Denn wer mehr Welt in sich hat, der wird sehr zu tun haben, um nur einmal das Gleichgewicht herzustellen, und Ich Selbst werde noch gar lange nicht in seinem Hause zu Gaste sitzen und bei ihm Meine Ruhe nehmen.

Du aber, der du nun das weißt, sei guten Mutes, und denke dir, daß man mit einem Hiebe keinen voll ausgewachsenen Baum umhaut, und du wirst Ruhe finden in deinem Gemüte! Du brauchst von nun an bloß nach Meinem Worte zu handeln, und dir wird das andere, was du suchst, schon zur rechten Zeit hinzugegeben werden.« –

In Vers 3 wird jenes Liebesgebot, das Jesus gegeben hat, von Ihm noch einmal ausdrücklich betont.

Es zieht sich in immer neuen Variationen durch das ganze Lorberwerk hindurch und ist, wenn es befolgt wird, der Weg zum Himmel, der ja nach Jakob Lorbers empfangener Botschaft schon auf dieser Erde beginnen kann. Denn der Himmel ist ein Zustand der Gottesnähe inwendig im Menschen, er kann schon in diesem Leben erreicht werden. Dann ist er nach dem leiblichen Tode auch ein Ort in der Unendlichkeit der Schöpfung. Dieses Gebot lautet: »Suche nach Meinem Worte nur allein das Reich Gottes und seine Gerechtigkeit, die da vor allem besteht in der Liebe zu Gott und zum Nächsten, so wird dir alles andere ganz frei hinzugegeben werden.« – Das Liebesgebot Jesu, wie es im Neuen Testament verkündet wird, ist auch die eigentliche

Grundlage der Lorberschen Prophetie; seine Befolgung führt den Menschen zum ewigen Heil. Diese Tatsache beweist, daß diese Prophetie zutiefst christlich und biblisch ist, sie ist eine Aufschließung für weite Gebiete der Heiligen Schrift gegen die geistigen Krankheiten unserer Zeit.

Seinem Freunde Lazarus nennt der Herr die Bedingungen fürs ewige Leben: (Gr. Ev. VI 13,10) . . . »Wer da hat die Liebe, die Wahrheit und also die rechte Ordnung Gottes in sich, dem wird dort (im Jenseits nach dem Tode des irdischen Leibes) alsogleich noch gar vieles hinzugegeben werden; wer aber das nicht hat oder viel zuwenig hat, dem wird auch noch das, was er allenfalls noch hat, genommen werden, auf daß er dann gar nichts habe und nackt, mittellos und somit ohne Hilfe dastehe. Wer wird sich da seiner erbarmen und für ihn geben eine Löse?! Wahrlich, Ich sage euch: Hier zählt eine Stunde mehr denn dort tausend Jahre! – Diese Worte schreibt euch tief ins Herz; aber vorderhand behalte sie ein jeder bei sich!«

Aufgeschlossenen jüdischen Priestern gegenüber äußert Jesus über das Fortleben nach dem Tode im »Großen Evangelium«: (VI 14,7 f.) »Denn eine jede Seele wird auch jenseits fortleben ganz aus ihrer Liebe und aus ihrem Glauben und daraus nach der vollen Freiheit ihres Willens. Ist die Liebe rein und gut, so wird auch ihr jenseitiges Leben ein reines, gutes und seliges sein; ist aber ihre Liebe schlecht und unrein und für keinen Nebenmenschen eine Seligkeit bereitend, so wird auch ihr jenseitiges Leben ein unreines, schlechtes und seligkeitsloses sein.

Einer Seele aber ihre Liebe nehmen und ihr eine andere geben, hieße sie vernichten und an ihrer Stelle eine ganz andere Seele schaffen. Das aber wäre wider die ewige göttliche Ordnung; denn was Gott einmal ins Dasein gerufen hat, das kann nicht mehr vergehen, sondern nur stets in ein Edleres und Besseres übergehen. Es wird demnach auch jenseits für solche verlorenen Seelen gesorgt werden; aber das sage Ich, wie Ich schon früher gesagt habe: Hier ist eine Stunde besser denn dort tausend Jahre!« –

Das Gegenteil jener Liebe, die zum Heile führt, ist, auch das kehrt in der Lorberschen Prophetie immer wieder, Selbstsucht, Eigenliebe, Hochmut, Herrschsucht, zusammengefaßt die dem Fleische zugewandte Liebe, die ins Verderben führt. Liebe besteht im Jenseits immer, die reine Liebe, die zu Gott führt, oder die pervertierte Liebe, die von Gott entfernt und schließlich im Haß endet (Zuständlichkeit der Hölle).

Nach der Lehre, die Jakob Lorber empfing, ist das Leben des Menschen im Jenseits keinesfalls ein Zustand steriler Ruhe, es ist vielmehr für den seligen Menschen eine immer innigere Teilhabe an Gottes Schöpfung. So äußert der Herr Sich zu einem aufgeschlossenen Pharisäer: (Gr. Ev. VI 226,15 f.) »Denke dich selbst in ewig jugendlicher Kraft auf einer Welt unsterblich fortlebend! Wirst du einmal zu denken und zu wollen aufhören? Wirst du einmal ganz untätig werden, oder wirst du nichts mehr genießen wollen? Sicher nicht, sondern du wirst stets tätiger werden, wirst auf das eifrigste bemüht sein und wirst alles aufbieten, um dir stets mehr und größere Annehmlichkeiten des Lebens zu bereiten; denn das hat die Liebe und das wahre Leben der Liebe in sich, daß es nimmer ruhen kann, sondern es muß tätig sein, weil das Leben selbst nichts anderes als nur eine Tätigkeit um die andere ist. Darum meine ja niemand von euch, daß er sich einst jenseits in einer ewig untätigen, süßen Ruhe befinden werde; denn das wäre gerade des Geistes oder der Seele wahrster Tod. Je geistiger ein Mensch in seinem Innern wird, desto tätiger wird er auch, und das durch und durch. Wenn aber solches schon gar wohl ersichtlich und klar erkenntlich in dieser Welt der Fall ist, um wieviel mehr wird das erst drüben der Fall sein, wo kein schwerer Leib die Seele in ihrer Tätigkeit hemmen wird!«

Der Herr fährt in Seiner Belehrung fort: (227,4 ff.) »Wer in Meiner Lehre verbleibt, der verbleibt auch in Mir, und Ich verbleibe in ihm; wer aber Meine Lehre verläßt in der Tat nach ihr, der verläßt auch Mich, und das Leben ist nicht in ihm. Ich bin der wahre Tag des Lebens. Wer an diesem Tage fortwandelt, der wird nicht anstoßen, und wer an diesem Tage arbeitet, der wird den wahren Lohn des Lebens ernten.«

In diesem Zusammenhang erklärt Jesus, das Wissen allein mache nicht selig, sondern das Handeln! »Es gibt aber ein zweifaches Handeln: ein Handeln für die Welt aus Eigennutz – und ein rechtes Handeln in der Welt aus wahrer Liebe zu Gott und aus Liebe zum Nächsten. Aus dem ersten Handeln gewinnt der Mensch das Gericht und leicht den ewigen Tod, aus dem zweiten Handeln aber die Liebe und Gnade Gottes und das ewige Leben der Seele.«

In Vers 7 und 8 erklärt Jesus die rechte Einstellung zum Besitz und die Folgen für das Leben im Jenseits. In den folgenden Kapiteln, wie Vers 10, spricht Er: »Ihr seht, daß Ich nicht nur ein Freund der Armen, sondern auch ein Freund der Reichen bin, wenn sie ihren Reichtum nach der wahren und rechten Absicht Gottes benutzen und gebrauchen. Wer reich ist, der tue also, und er wird leben.« Als Beispiel hebt er Lazarus hervor, der nicht reich für sich, sondern für viele tausend Arme sei, die bei ihm Arbeit und ein gutes Unterkommen fänden.

Im Gegensatz dazu aber zeigt Jesus, wie es dem Geizigen im Jenseits ergehen werde: (8) »Wer aber von seiner eigennützigen Sparsamkeit (schon diese wird von Jesus verworfen) in den vollen Geiz übergeht, der ist schon hier ein Teufel in Menschengestalt, der dem Geiste Gottes, der pur Liebe ist, allzeit widerstrebt und darum von der Seligkeit für immer ausgeschlossen bleiben wird. Denn so gewiß es einen Himmel gibt, so gewiß gibt es auch eine Hölle, deren Wurm nimmer stirbt, und deren Feuer nimmer erlischt. Wer da hineinkommt aus seinem höchsteigenen Willen, der wird nimmerdar herauskommen auch aus seinem höchsteigenen Willen, – und das ist der wahre, ewige Tod der Seele. Dieses merket euch auch hinzu, und hütet euch, daß ihr nicht in die Selbstsucht, Eigenliebe, in den Neid, Geiz und in den Hochmut der Welt verfallet! Denn alle anderen Sünden wird ein Mensch eher los als die soeben angeführten.«

Zu Lazarus gewandt, sagt Jesus: (14) »Dir aber sage Ich: Kaufe noch mehr Güter; denn was du dein nennst, das gehört schon so gut wie den vielen Armen, die das meiste von deinen Gütern verzehren!«

Dann fährt Jesus in Vers 15 fort: »Einem Reichen, der seine

Reichtümer ihret- und seinetwegen zu sehr liebt, aber sage Ich, daß da ein Kamel leichter durch ein Nadelöhr kommt, denn ein solcher Reicher dereinst in den Himmel!«

Anläßlich der Bekehrung von Götzenpriestern spricht Jesus: (Gr. Ev. VI 131,13) »Was nützen dem Menschen alle Schätze dieser Erde, so er sie dennoch in Bälde für immer und ewig verlassen muß? Ist es denn da nicht unberechenbar klüger für den Menschen, sich solche Schätze zu sammeln, die für ewig bestehen und der menschlichen Seele für ewig das seligste und wonnevollste Leben sichern, und zwar also, daß der Mensch schon in diesem Erdenleben die klarste und ungezweifelte Überzeugung erlangt, daß bei ihm das wahre, vollkommenste und freieste Leben erst nach dem Tode des Fleisches seinen vollsten und wahrsten Anfang nimmt?«

In einem der großen Jenseitswerke, die Jakob Lorber als Offenbarung erhielt, die in ihrer Art einzigartig in der Weltliteratur dastehen und mit denen wir uns im Folgenden noch auseinandersetzen müssen – im ersten Band »Von der Hölle bis zum Himmel – Die jenseitige Führung des Robert Blum« (67,1–3) erklärt der Herr die Zuständlichkeit eines Menschen nach seinem Leibestod und dem Übertritt seiner Seele in die Geisterwelt: »Der Mensch ist nach Ablegung seines Leibes ganz so Mensch mit Haut und Haaren, mit seiner Sprache, mit seinen Ansichten, Gewohnheiten, Sitten, Gebräuchen, Neigungen, Leidenschaften und daraus hervorgehenden Handlungen, wie er es auf der Welt bei seinem Leibesleben war – d. h. solange er nicht die völlige Wiedergeburt des Geistes erlangt hat.

Deshalb heißt auch ein solcher erster Zustand sogleich nach dem Übertritt (ins Jenseits) ›die naturmäßige Geistigkeit‹, während ein vollends wiedergeborener Geist sich im Zustand der ›reinen Geistigkeit‹ befindet.« – Es ist sehr wichtig, diese unterschiedlichen Begriffe gut zu durchdenken und klar zu unterscheiden.

Der Herr fährt in der Erklärung fort: »Den Unterschied zwischen dem Leben in dieser Welt und jenem in der Geisterwelt macht bei naturmäßigen Geistern, so sie mehr einfacher Art sind, bloß die zweckmäßige ›Erscheinung‹ der Örtlichkeit aus. Sie ist stets mehr oder weniger ein Aushängeschild von dem, wie die Geister zum größten Teil innerlich beschaffen sind. – Diese, die vernachlässigte Wiedergeburt des Geistes hier in der Geisterwelt sehr begünstigende Erscheinlichkeit kommt zumeist nur jenen armen Geistern zugute, die auf der Welt in einer natürlichen und geistigen Armut ihr Leben zugebracht haben. – Aber Geister von reichen Besitzern allerlei irdischer Güter, an denen ihr Herz wie ein Polyp am Meeresgrund klebt, finden alles wieder, was sie hier verlassen haben. Sie können dort mehrere hundert Jahre nach irdischer Rechnung in solch einem grob naturmäßigen Zustand verharren und werden daraus nicht eher gehoben, bis sie selbst Bedürfnis nach etwas Höherem und Vollkommenerem in sich zu verspüren anfangen.«

Eine Grundwahrheit, die in der ganzen Lorberschen Prophetie immer wieder betont wird, das ist die Willensfreiheit des Menschen. Sie macht seine Würde aus und wird von Gott in keinem Fall irgendwie angetastet. So bereitet sich das Los im Jenseits letztlich der Mensch nach seinem freien Willen selbst. Im »Großen Evangelium Johannes« spricht Jesus zu Nikodemus: (VII 62,9) »Der Mensch wird zwar nur durch Gott und in Gott selig, aber nur insoweit, als er durch sein eigenes Wollen den Willen Gottes zu dem seinigen gemacht hat und in seinem Selbstbewußtsein gewisserart eins mit Gott geworden ist. Wenn aber Gott dem Menschen seinen freien Willen hinwegnähme und dafür durch Seine Allmacht Seinen eigenen Willen in des Menschen Herz setzte, so wäre der Mensch so gut wie für und in sich völlig tot, da nur der aufgedrungene allmächtige Wille Gottes den Menschen belebte. ... Gott aber hat den Menschen erschaffen und hat ihn belebt und also eingerichtet, daß er sich nach und nach selbst entfalten kann und muß, und das ist so weise, daß der Mensch sich mit aller seiner Vernunft und allem seinem Verstande sich nichts noch Weiseres vorstellen kann.«

In dem großen Jenseitswerk »Von der Hölle bis zum Himmel« belehrt der Herr im Jenseits Robert Blum, der ja 1848 als Revolutionär in Wien erschossen worden war: (I 30,6 ff.) »Höre, Mein lieber Freund, meinst du denn, daß die Gottheit die Hölle so eingerichtet habe? Oh, da bist du in einem großen Irrtum! Siehe, das haben von alten Urzeiten her die argen Geister selbst getan. Die Gottheit hat es ihnen nur zugelassen, um sie nicht im geringsten zu beirren in ihrer Freiheit. Aber daß sie eine Hölle je erschaffen hätte, das kann in allen Himmeln kein Wesen sich auch nur im entferntesten Sinne denken. Denn so die Gottheit eine Hölle erschaffen könnte, da müßte in ihr auch Sünde und somit Böses sein, was für die Gottheit eine Unmöglichkeit wäre. Denn es ist nicht möglich, daß die Gottheit wider ihre eigene ewige Ordnung handeln könnte. Und so ist es auch unmöglich zu denken, daß die Gottheit aus sich im eigentlichsten Sinne des Wortes eine Hölle erschaffen könnte. Aber zulassen kann und muß sie es den freiesten Geistern, wenn sie aus ihrer ganz verkehrten ursprünglichen Ordnung (der Welt) heraus sich selbst Zustände bereiten, die allerdings sehr arg und schlimm sind!

In der ganzen Unendlichkeit aber wirst du nirgends einen Ort finden, der da schon von der Gottheit aus als eine Hölle gestaltet wäre. Denn es gibt nirgends eine Hölle außer im Menschen selbst. Wenn aber der Mensch ganz freiwillig in sich durch gänzliche Nichtbeachtung des Gotteswortes die Hölle ausbildet und sich nimmer an die leichte Beachtung der Gottesgebote kehrt: was kann da die Gottheit dafür, so ein Geist sie freiwillig flieht, verspottet und lästert?

Da aber die Gottheit allein das wahre Leben und auch das Licht allen Lichtes ist und sonach auch die alleinige vollste Seligkeit aller Wesen, so ist es auch wohl erklärlich, daß ein gottloser Zustand durchaus nichts Angenehmes an sich haben kann, – da es ohne Gott kein Leben, kein Licht, kein Wahres und kein Gutes geben kann!«

In Vers 10 fährt der Herr fort: »Wenn die Gottheit nur ein kleinstes Wesen vernichten möchte, das einmal aus ihr heraus freigestellt ward, so wäre das ein Anfang zur gänzlichen Vernichtung aller Wesen. Wenn aber die Gottheit ihre Ordnung für ewig unwandelbar dahin feststellt, daß kein Wesen, möge es in der Folge sich gestalten wie es wolle, je vernichtet werden kann, so ist dadurch allen Wesen die ewige Fortdauer gesichert. Und zugleich auch für jedes Wesen die freie Möglichkeit, ein überglückliches werden zu können, aber auch so lange ein unglückliches zu verbleiben, als es selbst will!«

Es ist also letztlich so: Gott in Seiner Liebe und Gerechtigkeit richtet die Geschöpfe nicht als furchterregender Richter, wie es in mittelalterlichen Liedern schreck- und furchterregend zum Ausdruck kommt, das widerspräche auch ganz dem Bilde des Herrn, wie es uns in der Heiligen Schrift gezeigt wird. Der Mensch bereitet sich in seiner Willensfreiheit selber sein Gericht, Gott respektiert die freie Entscheidung jedes einzelnen Menschen. Er läßt es an Mahnungen und Hilfe nicht fehlen sowohl von Seiner Seite, wie auch von Seinen guten Geistern, der Mensch muß nur auf die Stimme des Gewissens in sich hören. Der Apostel Johannes schreibt in seinem ersten Brief (3,20) das tröstende Wort: »Wenn unser Herz uns anklagt, so ist Gott größer als unser Herz, und er weiß alles.« –

Zu einem römischen Richter spricht Jesus im »Großen Evangelium Johannes«: (X 2,5 f.) »Ich sage dir, daß auch den argen Seelen drüben das Evangelium von Meinen zahllos vielen Engeln verkündet wird. Die es anhören, annehmen und sich danach richten, werden auch noch zur Seligkeit gelangen. Darum sei dir um niemand im großen Jenseits allzu bange, denn Gottes Liebe und Weisheit und große Erbarmung waltet überall, auch im großen Jenseits. Die sie ergreifen und sich nach ihr fügen und richten werden, die werden nicht verlorengehen.«

7. Die Schau der jenseitigen Reiche

»Halt an, wo läufst du hin, der Himmel ist in dir,
suchst du ihn anderswo, du fehlst ihn für und für.«

Angelus Silesius

Wenn ein gläubiges Kind gefragt wird, wo der Himmel sei, deutet es mit den Fingern nach oben zum Himmelsblau mit den dahinziehenden Wolken, oder es zeigt im Dunkeln auf den mit Sternen bedeckten Nachthimmel, dort wohne auch der »liebe Gott«. Oben und Unten sind für ein Kind ganz einfache Begriffe. Auch beim Beten ist das Kind nach oben gewandt.

Mit dem Anblick des sternenbedeckten Himmels ist, auch für den unverbildeten Erwachsenen noch, soweit ihm das Glück unmittelbaren Naturerlebens außerhalb einer großen Stadt vergönnt ist, ein ergriffenes Erschauern verbunden, er ahnt Leben in diesen Himmelslichtern und denkt unwillkürlich an den Schöpfer dieser unendlichen Räume.

Was aber bleibt den Menschen der großen Städte mit ihren die Naturlichter verdrängenden grellen Kunstlichtern noch von dieser Pracht, was von dem Sonnenlicht in der klaren Natur, das ihnen von dem bleiernen Dunst der Abgase oder gar Smog verdunkelt wird?

Wie tröstlich sind da die in der Offenbarung Jakob Lorbers immer wiederkehrenden Hinweise, der Himmel sei weniger ein Ort – das zwar in gewisser Hinsicht auch –, der Himmel sei im wesentlichen ein Zustand unserer Seele, er sei in uns, wenn wir im Herzen Gott nahe seien, wenn »Er« in uns wohne.

Sicher hat der eine oder andere von uns schon erlebt, daß er von einem reiferen Kind gefragt wurde, wo denn Gott eigentlich wohne; wenn dann dieses Kind erfuhr, Gott wohne in seinem

Herzen, wie dann ein inneres Aufstrahlen bei ihm sichtbar wurde. Die älteren Kinder von heute fragen oft anspruchsvoller als Kinder früherer Zeiten. »Oben und unten« sind in der heutigen Welt früher als je topographisch in unser Inneres verlagert.

Der Mensch des Mittelalters hatte mehr noch die naive Sicht eines kleinen Kindes von den jenseitigen Welten, was sich auch deutlich in der damaligen Lehre der Kirche niederschlug, auch bezüglich der religiösen Malerei, für die damals noch vielfach des Schreibens unkundigen Menschen das Mittel der Verkündigung.

Am Ausgang jener Zeit und Eingang der Neuzeit steht als Symbolgestalt der Gelehrte Galileo Galilei mit seinen neuen Erkenntnissen, die eine sich immer mehr ausdehnende Sicht des Weltbildes mit sich brachten bis hin zu den schaudererregenden kosmischen Weiten unserer Zeit. Als dieser krisenhafte Verfall des mittelalterlichen Weltbildes begann, ahnte man kirchlicherseits folgenschwere Umwälzungen und suchte zunächst die alten verfallenden Mauern des bisherigen geistigen Weltgebäudes, das so für Ewigkeiten gefestet schien, gewaltsam mit Brettern gleichsam abzustützen, wobei man auch vor geistigem Zwang nicht zurückschreckte, – ganz und gar nicht im Sinne des göttlichen Gründers der Kirche, hat Er doch Seine Kinder zur Freiheit berufen.

Wir kennen alle diese tiefsinnige, von Dostojewski erfundene Legende von der Begegnung des wiederkehrenden Christus mit dem Großinquisitor, in der dieser dem schweigenden Herrn vorwirft, er habe den Menschen die Freiheit gebracht, jedoch die Menschheit sei noch nicht reif für dieses utopische Geschenk gewesen. So habe man sich aus Liebe zur Menschheit gezwungen gesehen, das göttliche Gesetz der Freiheit abzuändern. Der Mensch müsse zum Guten gezwungen werden, damit auch die große Masse mehr Anteil bekomme an dem Guten, das der Herr gebracht habe, denn in Freiheit würden sich nur wenige Auserwählte für das Heil entscheiden. Nur in diesem Punkte habe man das göttliche Gesetz verändern müssen. –

Wir erinnern uns, wie in der Offenbarung Jakob Lorbers ein Grundgedanke immer wieder auftaucht, der göttliche Grundsatz der »Willensfreiheit«. Wer diesen ehernen göttlichen Grundsatz antastet, versündigt sich gegen den göttlichen Geist, der ein Geist der Freiheit ist. –

Beim Eintritt einer Seele nach ihrem irdischen Tode ins Jenseits wird nach der Jakob Lorber geoffenbarten Lehre die freie Willensentscheidung jedes einzelnen Menschen respektiert, der Mensch wählt und entscheidet sein jenseitiges Los, ob Gottesnähe, Gleichgültigkeit oder Gottesferne in freier Willensentscheidung, selbst. Gottes Liebe zu jedem einzelnen Geschöpf aber gibt keines Seiner Kinder für immer auf, so bietet Er Selbst oder mittelbar durch hilfreiche Engel und Geister in immer neuer Erfindergabe, wie sie nur die Liebe eingeben kann, schwankenden und gefallenen Seelen Hilfestellungen, ohne aber je die freie Willensentscheidung eines Geschöpfes anzutasten.

Doch zuvor noch einmal zurück zu Galileo Galilei, von dem berichtet wird, daß er seinerzeit von seinen Inquisitoren gefragt wurde, wo denn in seinem Weltsystem, in dem oben und unten sich auflösten, sich der Himmel befinde. Er soll geantwortet haben: »In uns oder nirgends.« Diese Antwort ist typisch für jene aufkommende Mündigkeit in der damaligen Christenheit, die das Stadium des Kleinkindes verläßt und im Denken differenzierter wird, der Begriff Oben und Unten wird geistiger gesehen. – Die Mittel des geistigen Zwanges konnten den Gang der Menschheit in eine größere Freiheit nicht aufhalten. Es ist einesteils verständlich, der Mensch möchte sich zu gern im Diesseits einrichten, Hütten und Häuser der irdischen Geborgenheit bauen. Die Welt unseres Schöpfers aber ist in ständigem Wandel begriffen, voll dynamischer Bewegung im Himmel wie auf Erden. So ist auch der Himmel und das ganze Jenseits überhaupt nach Jakob Lorber nicht »ewige Ruhe«, er ist ewiges Tätigsein im schöpferischen Sinne. Und dennoch ist das Reich der Himmel auch Geborgenheit in der Nähe des Herrn.

Das Offenbarungswerk Jakob Lorbers enthält drei umfangreiche Jenseitsschilderungen, Werke, die in der Weltliteratur unvergleichlich sind. Leider sind diese viel zuwenig bekannt, obgleich sie sich an Höhen- und Tiefengehalt mit Dantes Göttlicher Komödie messen können. Es besteht ein Unterschied: Die Welt Dantes ist im ptolemäischen Weltbild des Mittelalters verhaftet, die Schau Jakob Lorbers entspricht den heutigen Vorstellungen über den Kosmos und ist für die jetzige Zeit bestimmt. Die Bücher »Von der Hölle bis zum Himmel – Robert Blum«, »Bischof Martin« und »Die geistige Sonne« schildern persönliche Führungen Verstorbener durch die jenseitigen Reiche und enthüllen uns das dortige Geschehen so ungewöhnlich konkret, einleuchtend und lebendig, daß dem dafür aufgeschlossenen und gereiften Menschen Erkenntnisse über den Sinn unseres Daseins vermittelt werden, die ihn veranlassen können, sein bisheriges Leben von Grund auf zu ändern. Es ist, als ob der Herr Selbst mit einem Blick Seiner Augen uns streifte, um uns mahnend und werbend zu Seiner Nachfolge zu bewegen.

Auch die anderen Offenbarungswerke Jakob Lorbers bringen uns immer neue Erkenntnisse über unsere unvergängliche jenseitige Existenz. Das ganze »Große Evangelium Johannes« ist voll davon. Diese drei genannten Jenseitswerke aber fassen alles notwendige Wissen um unser ewiges Fortleben in einer Weise zusammen, wie man es selber in einem ganzen Erdenleben nie erfassen könnte.

Wer dürfte überhaupt sich erdreisten, hierüber zu reden, dieses Unsagbare in Worte zu fassen, darüber zu schreiben, wenn es nicht ein ganz offenbar von Gott Begnadeter wäre, der den Auftrag dazu hat. Und so wagt es auch der Verfasser nach Überwindung anfänglicher Skrupel nur aus der festen Überzeugung heraus, daß die Worte Jakob Lorbers Offenbarungen des Herrn für unsere Zeit sind. Dieser demütige Mensch hat wahrhaftig nicht sich selbst gesucht, er hat immer nur der Wahrheit gedient und hat dennoch, wie es das Los von Propheten ist, ein schweres Leben in Verborgenheit hinnehmen müssen, um Verfolgungen zu entgehen. Wir erinnern uns, Jakob Lorber lebte im Österreich Metternichs, und die ihm mitgeteilte Offenbarung hatte für die Zeit der Restauration hochexplosiven Charakter, sie rüttelte am Bestehenden mit seiner festgefahrenen sozialen Ungerechtigkeit. Sie sagt letztlich die Völkerkatastrophen voraus, die eben hinter uns liegen, in deren Gefolge Fürstenthrone und feudale Institutionen in die Tiefe gerissen wurden. Auch die Kirche blieb davon nicht verschont, soweit sie sich mit weltlicher Macht verbündet hatte und ihrem Auftrag untreu wurde. Wir wissen alle, welches Gericht durch die menschliche Torheit über die Erde niederging und wie reinigend diese Katastrophen – nicht von Gott gefügt, von Menschen selber hervorgerufen – gewirkt haben. Gott straft nicht, – diese Wahrheit geht durch das ganze Lorberwerk hindurch, Er duldet nur und respektiert die Freiheit Seiner Geschöpfe. »Du hast es, o Gott, so eingerichtet, daß sich selber zur Strafe wird ein jeder ungeordnete Geist«, diese Erkenntnis des Kirchenvaters Augustinus begegnet uns im ganzen Lorberwerk immer wieder aufs neue.

Im zweiten Band des Jenseitswerkes »Die geistige Sonne« belehrt der Herr uns in Kapitel 124,1 u. a.: »Im Evangelium könnet ihr leicht nachlesen, unter welchen allgemeinen Bildern Ich Selbst das Himmelreich dargestellt habe. Unter diesen Gleichnissen ist auch das vom Senfkörnlein. Klein ist dieses Korn, wer sieht in ihm die baumartig große Pflanze? Doch trägt dieses Senfkörnlein eine ganze Unendlichkeit seinesgleichen in sich. Zahllose ganz gleiche Senfkörnlein können aus dem einen hervorgehen. Säet aber zahllose solche Senfkörnlein in das Erdreich und ihr werdet wohl lauter gleiche Pflanzen daraus bekommen. Aber was die gewisse Symmetrie der Form betrifft, da wird nicht ein Stamm dem andern gleichen, sowenig als ihr imstande seid, auf einem und demselben Baum zwei symmetrische Blätter zu treffen . . .«

Jesus fährt an weiterer Stelle fort: »An der Form oder an dem Erscheinlichen der Geisterwelt liegt an und für sich gar nichts, wenn nur alle diese endlos verschiedenen Formen und Erscheinungen ein und dieselbe Wahrheit und ein und denselben Zweck zum Grunde haben. Und so trägt denn jeder Mensch ein anderes Samenkorn für die Entwicklung der geistigen Welt in sich, welches in ihm aufgeht und endlich zu einem Baume wird, der die Form der inneren Welt ist . . .« – »Überall ist nur ein Gott, ein Vater, eine Liebe, eine Weisheit, und aus ihr geht hervor das

Unendliche wie das Ewige.« – . . . »Was das erscheinliche Wesen betrifft, so ist dessen stets andere Form nur zur Weckung des Geistes da, der darin sein Wonnegefühl findet. Denn unter einem ewigen vollkomnenen Einerlei würde alles in einen ewigen Schlaf dahinsinken. Nur muß der Mensch sein Heil und seine Seligkeit nicht in der Form, sondern in der Realität, in der Wirklichkeit suchen. Was die Form betrifft, so habe ich für ihren ewigen, stets neu reizenden Formenwechsel schon von Ewigkeit her gesorgt, und es gilt auch dafür der Grundtext aus dem Evangelium: ›Suchet vor allem das Reich Gottes und seine Gerechtigkeit; alles andere wird euch hinzugegeben werden.‹ Fraget daher nicht diesen oder jenen: ›Wie sieht der Himmel aus und wie die Geisterwelt?‹ Denn alles das ist eitel! Sondern suchet jegliches Wort von Mir in euch lebendig zu machen durch die Werke der Liebe, und ihr habt dann schon den Himmel lebendig in euch und alles, was der Geisterwelt ist. Denn es wird nie jemand in einen Himmel kommen, der so aussehen wird, wie er ihn so oder so beschrieben in sein Gedächtnis und Vorstellungsvermögen aufgenommen hat. Ein jeder trägt den eigenen Himmel und die eigene Geisterwelt in sich, deren Form sich allzeit nach der Art der Liebe richten wird, die in ihm ist, und nach den Werken, die aus ihr hervorgegangen sind.«

Als Beispiel vom Wesen des Geisterreiches erfahren wir im gleichen Band, Kapitel 126, von Jesus noch ein anschauliches Beispiel: »Wenn die unbedeutende Eichelnuß in die Erde gelegt wird, so fängt sich in ihr das vegetative Leben an zu kräftigen. Ein junger Eichbaum mit zwei Blättern wird zuerst ersichtlich. In diesem ersten Stadium ist das vegetative Leben des werdenden Eichbaumes noch schwach. Es übertrifft das Gewicht der vorigen glatten Eichelnuß kaum um das Zehnfache. Aber betrachten wir es nur um dreißg Jahre später, da hat es sich schon eine so mächtige vegetative Lebenskraft angeeignet, daß ihr an seinem Stamme mehrere Pferde anbinden könnt und sie werden ihn mit ihrer riesigen Kraft dem Boden nicht zu entreißen vermögen. Betrachtet es aber in einem Alter von hundert Jahren. Welch ein riesiger, majestätischer Baum und welche allen Stürmen trotzende Kraft in ihm! Wieviel tausendfältig hat diese hundertjährige Eiche in den gleichen Eichelnüssen ihr ursprüngliches kleines vegetatives Leben reproduziert und wie mächtig hat sie durch ihre Abfälle und dadurch gewisserart mit dem Überfluß ihrer vegetativen Lebenskraft den Boden um sich her gedüngt und ihn zur steten Vermehrung der eigenen Lebenskraft belebt! Kurz, ein solcher Baum ist zu einer Welt voll Lebens geworden. Und das alles kam von einer einzelnen unbedeutenden Eichelnuß.« – Jesus überträgt nun dieses Bild ins Geistige: »Sehet, also geht ursprünglich von Mir nur ein Fünklein der Lebenskraft aus, mit dem Vermögen ausgerüstet, sich als eine Lebenskraft bis ins Unendliche zu stärken und zu kräftigen. Und dazu dient eben diese Erscheinlichkeit am Baume zu jedermanns klarster Einsicht.«

Übertragen auf den Menschen bedeutet dieses Gleichnis nach den Worten Jesu: »Und seht, so hat ein jeder Mensch den Keim seines geistigen Zustandes, der die eigentliche Geisterwelt ist, schon in sich. Er ist auf dieser Welt ein Lebensfünklein, das sich kräftigen soll zu einer Lebenssonne. Aus seinem atomgroßen Lebenskeim soll ein riesiger, mächtiger Lebensbaum werden.« ... »Wie die Eichelnuß zahllose Wälder voll riesiger Bäume in sich trägt, so trägt auch der Mensch in seinem klein scheinenden Leben auf dieser Welt eine unendliche Kräftigung und Potenzierung in sich ...« Jesus erwähnt in diesem Zusammenhang auch das Gleichnis von den vergrabenen Talenten. Es ist wie für unsere Tage gesprochen, ist doch unsere Zeit eine Zeit der vergrabenen Talente.

Jesus fährt im übertragenen Sinne fort: »Sehet, aus dieser Stelle erscheint ganz klar, daß Ich das Leben in den möglichst kleinsten Partien aus Mir hinausstreue in die endlosen Gebiete Meines allwaltenden Seins, um aus einer jeglichen dieser kleinsten Lebenspartien eine übermäßig potenzierte Lebensmasse zurückzubekommen.«

Am Ende dieses schönen Kapitels einer Belehrung durch Jesus in den himmlischen Sphären mahnt Er uns: »So ihr aber Kinder eines allmächtigen Vaters seid und habt den Lebenskeim des Vaters in euch, so kräftiget diesen Keim im guten Erdreich Meines Willens und machet stark den Vater in euch, so werdet auch ihr dadurch gleichen Maßes im Vater stark werden. Denn der Vater verlangt nicht eure Stärke für Sich, sondern für euch selbst verlangt Er sie, damit auch ihr vollkommen werden sollet, wie Er Selbst in Sich oder im Himmel vollkommen ist.«

Diese jenseitige gleichnishafte Belehrung durch Jesus gipfelt schließlich im nächsten Kapitel 127 in dem Entsprechungsbild eines Menschenkindes als Bild des Himmelreiches und des Universums. Jesus schließt mit den Worten: »Und so führt der Mensch in seinem Gesamtumfang in seiner ganz einfachen beschaulichen Form den Menschen durch all seine drei Stufen vor: In seinen Füßen die gebundene Naturmäßigkeit, in seinem Leibe dessen geistige Sphäre, die noch mit Verschiedenem zu tun und zu kämpfen hat, und durch den Kopf seine himmlische Sphäre, wo der Mensch an und für sich zwar in einer festen, unwandelbaren Beschaffenheit dasteht, aber eben dadurch in seiner Wirkungssphäre um desto weiter hinausgreifend ist, wie die Bestandteile des Kopfes schon beim naturmäßigen Menschen endlos weiter hinausreichen als die Bestandteile des Leibes. – Nun sehet, das ist ein ganz einfaches, aber klares Bild. In diesem Bildnis äußerer Erscheinlichkeit ist das Ganze des Himmels, das Ganze der dem Himmel untergeordneten Geisterwelt und so auch das Ganze der dem Himmel und der Geisterwelt untergeordneten naturmäßigen Welt in allen ihren Einzelheiten enthalten.« –

Auf die so verständliche menschliche Frage des Römers Agrippa, wo denn der Aufenthaltsort der abgeschiedenen Seelen, das Reich der Geister sich befinde, antwortet der Herr: (Gr. Ev. VIII 33,2 ff.) »Es hat zwar alle Geisterwelt mit dem Raum und der Zeit dieser materiellen, gerichteten und somit unfreien Welt durchaus nichts mehr zu tun; aber er (der Raum) als eine äußerste Hülle ist am Ende dennoch der Träger aller Himmel und aller Geisterwelten, weil diese sich irgend außerhalb des unendlichen Schöpfungsraumes nirgends befinden können. Und so muß es auch gewisse Räumlichkeiten geben, in denen sich die Geisterwelten wie örtlich befinden, obschon besonders einen vollendeten Geist die Örtlichkeit des Raumes ebensowenig angeht wie dich nun dieser Ölberg, wenn du dir Rom oder Athen denken willst; denn für den Geist gibt es sogestaltig weder einen bestimmten Raum noch irgendwie eine gemessene Zeit (als Grenze seines Wollens und Wirkens). Was aber das individuelle Wesen eines Geistes betrifft, so kann sich dieses dennoch so wenig wie Ich Selbst nicht völlig außer Raum und Zeit befinden. Und so befinden sich auch die Seelen der von dieser materiellen Welt Abgeschiedenen in einer bestimmten örtlichen Räumlichkeit, obwohl die lebensunvollendeten keine Ahnung davon haben, so wenig wie du in einem Traum, in dem du dich bald in dieser und bald in einer ganz anderen Gegend sogar tätig befindest, ohne dabei die materiell-räumliche Örtlichkeit für dein persönliches Individuum auch nur um eine Linie zu verändern.

Du willst aber von Mir die eigentliche, gleichsam stabile Örtlichkeit kennenlernen, in der sich besonders die lebensunvollendeten Seelen nach dem Tode des Fleisches befinden. Ich will dir das denn auch treulich kundgeben. Wenn ein Mensch in seinem Leibesleben eine besondere Liebe für diesen oder einen andern Ort auf der materiellen Welt hatte, so bleibt er auch als abgeschiedene Seele in demselben Ort oft viele hundert Jahre lang und wird dessen auch, wenn auch unklar, zuweilen inne auf dem Wege der geistigen Entsprechungen.

Es sei aber zum Beispiel ein Mensch, der eine große Sehnsucht dahin in sich trägt, den Mond, die Sonne und auch die Sterne näher kennenzulernen. Wenn eines solchen Menschen Seele entleibt wird, so ist ihre materielle Örtlichkeit auch schon dort, wohin sie ihre Liebe gezogen und gestellt hat. Dort wird sie auch bald durch die Geister (mit den Geistern) jener Welten in Verkehr treten und ihre dortigen Studien beginnen.

Ist aber eine Seele hier schon (auf Erden) von der Liebe zu Gott völlig durchdrungen, so wird ihre materiell-individuelle Bestandsörtlichkeit zwar aus der Nähe dieser Erde als der Erziehungswiege für die Kinder Gottes nicht verändert. Aber sie wird durch Mich dennoch im hellsten Lebenslicht die ganze Unendlichkeit nach dem stets steigenden Bedürfnis ihrer Intelligenz und daraus hervorgehenden Seligkeit durchwandern können, ohne dabei die materiell-räumliche Örtlichkeit für ihr individuelles Sein auch nur im geringsten verändern zu müssen; gleichwie auch Ich sie im Geiste nicht verändere und dennoch allenthalben in der ganzen Unendlichkeit zugleich gegenwärtig bin. – Ein Mehreres und Tieferes kann Ich dir darüber jetzt nicht sagen; wenn du aber im Geiste selbst wiedergeboren sein wirst, so wirst du auch noch viel mehr sonnenklar verstehen.«

Im »Großen Evangelium Johannes« II 8,4 beantwortet Jesus dem Römer Faustus die Frage nach dem Reiche Gottes: »Mein lieber Freund, das eigentliche wahre Himmelreich Gottes ist für die wahren Freunde Gottes überall, für die Feinde Gottes aber nirgends; denn für die ist wieder alles Hölle, wohin du nur immer deine Augen und andern Sinne wenden kannst und magst. Unten und oben ist da gleich. Blicke weder zu den Sternen empor – denn sie sind Erden wie diese, die du betrittst –, noch senke deine Augen zur Erde hinab, denn sie ist gerichtet wie dein Fleisch, das einmal sterben und verwesen muß! Forsche und suche aber dafür fleißig in deinem Herzen; dort wirst du finden, was du suchst. Denn in eines jeden Menschen Herz ist der lebendige Same gelegt, aus dem dir des ewigen Lebens ewiges Morgenrot erblühen wird.« – In Vers 6 ff. fährt der Herr fort: »Durch dein Herz wirst du nach dem Tode deines Leibes hinaustreten in den endlosen Gottesraum, und nach der Art deines Herzens wirst du ihn entweder als Himmel oder als Hölle antreffen! Denn es gibt nirgends einen eigens geschaffenen Himmel, noch irgendeine eigens geschaffene Hölle, sondern alles das kommt aus dem Herzen des Menschen; und so bereitet sich ein jeder Mensch im Herzen, je nachdem er Gutes tut oder Böses, entweder den Himmel oder die Hölle . . .« – »Jeder aber prüfe die Neigungen seines Herzens, und er wird leicht erfahren, wessen Geistes sein Herz voll ist. Ziehen seine Neigungen das Herz und dessen Liebe zur Welt hinaus und fühlt er in sich eine Sehnsucht, in der Welt etwas Großes und Angesehenes zu werden, – hat das hochmütig werden wollende Herz ein Mißbehagen an der armen Menschheit und fühlt es den Trieb in sich, daß es herrschen möchte über die andern, ohne zum Herrschen von Gott erwählt und gesalbt zu sein, so liegt im Herzen schon der Same der Hölle, der, so er nicht bekämpft und erstickt wird, dem Menschen nach dem Tode des Leibes offenbar nichts denn die Hölle bereitet.

Ist aber das Herz des Menschen voll Demut, und fühlt er sich glücklich, der Geringste unter den Menschen zu sein, allen zu dienen, seiner selbst der Liebe zu den Brüdern und Schwestern wegen gar nicht zu achten, dem Vorgesetzten willig zu gehorchen in allen guten, den Brüdern nützenden Dingen, und liebt er also Gott über alles, dann erwächst im Herzen der himmlische Same zu einem wahren, ewig lebendigen Himmel. Und der Mensch, der so schon den gesamten Himmel in der Fülle in seinem Herzen birgt voll wahren Glaubens, reinster Hoffnung und Liebe, kann nach dem Tode des Leibes unmöglich irgendwo anders hinkommen als ins Himmelreich Gottes, das er in aller Fülle schon lange in seinem Herzen trug.«

Wir erfahren bei Jakob Lorber: Jede unvollendete Seele wird nach ihrem Abscheiden von ihren geistigen Schutzmächten in die mittlere Luftregion des sogenannten »Mittelreiches« erhoben, wo sich zahlreiche Seelen in ähnlicher Lage, bildlich gesprochen, wie in einem traumartigen Schwebezustand befinden. Nach Jakob Lorber gibt es »im großen Mittelreich« zwischen Himmel und Hölle drei Seinsstufen: die Vorhölle, den mittleren Bereich und das dem Himmel nahe Paradies. Es entspricht etwa in kirchlichem Sinne dem sogenannten Fegfeuer, welcher Ausdruck aber im offiziellen kirchlichen Sprachgebrauch nicht mehr üblich ist. Hier spricht man vielmehr vom Purgatorium oder Reinigungsort der Seelen Verstorbener. Nach den Offenbarungen, die Jakob Lorber erhielt, gelangt niemand nach seinem Leibestode sofort in den Himmel oder die Hölle, es sei denn, jemand hätte schon in seinem irdischen Leben aus der reinen Liebe zum Herrn und zum Nächsten die volle Wiedergeburt erreicht. Eine solch vollendete Seele würde ohne die Zwischenstufen des Mittelreiches sogleich in den Himmel eingehen. Ebenso kann im Ausnahmefall ein überaus böswilliger hartnäckiger Frevler wider den Heiligen

Geist ohne Übergang gleich in die unterste Stufe der Hölle stürzen. Wer auf Erden schon den Himmel in höchster Vollendung in seinem Herzen trug, gelangt direkt in das jenseitige Reich der Himmel. Der hartnäckige Frevler dagegen stürzt sofort in die Hölle, weil keine Spur Himmlisches mehr in seinem Herzen war. – Das aber sind seltene Ausnahmen. Das Mittelreich ist der große Sammelraum für alle Menschen nach dem Ablegen ihres Leibes, ohne Unterschied des Standes und Ranges auf Erden, wo jeder Eintretende sich vorbereitet zum weiteren Eintritt in ein höheres oder tieferes Dasein, das er sich selbst durch seinen Erdengang bereitet hat.

Das große Mittelreich ist ein Hauptbetätigungsort für alle himmlischen Geister. So steht es in der »Geistigen Sonne« II 120,5: »Denket euch diesen Ort, der alle Stunden eures Tages viele Tausende neuer Ankömmlinge erhält. Diese müssen alle sogleich durchgeprüft und an den ihnen vollkommen entsprechenden Ort gebracht werden, oder besser gesprochen: Sie müssen sobald in einen solchen Zustand hineingeleitet werden, der mit ihrer Grundliebe in eins zusammenfällt. Daher müssen sie in all ihren Neigungen erforscht und erprobt werden, und wohin sie dann am meisten neigen, dahin muß ihnen geistig der Weg geöffnet werden.« Sinngemäß heißt es da weiter: Bevor ein Arzt einem Kranken eine ihn von Grund auf heilende Medizin verschreiben darf, muß er vorher seinen Patienten sehr gründlich kennen. Gerade im Jenseits kann niemandem mit einer Scheinkur gedient sein. Nach der Offenbarung Jakob Lorbers muß dort jeder Ankömmling zunächst von A bis Z seines Lebens ein Generalbekenntnis ablegen. Danach verändert sich sein Zustand im Sinne einer »vollkommenen Enthüllung«. Jeder Geist steht dann völlig »nackt« da und gelangt in einen dritten Zustand, welcher die Abödung oder auch Abtötung alles dessen genannt wird, was der Mensch an irdischen Begierden und Schwächen ins Jenseits mitgenommen hat. Die unmittelbare Umgebung für jene Menschen im Jenseits, die auf Erden stets zur »Eigenliebe, Herrschsucht, Habgier, Neid, Völlerei und Unzucht« neigten, die sich »vom trügerischen Weltglanz« blenden ließen, gestaltet sich gleichnishaft zu einer »geistigen Einöde«, in die äußerlich eine häßliche, kahle und furchterregend dürftige Landschaft hineinprojiziert ist. Hierdurch soll die Seele, nicht im Sinne einer Strafe, vielmehr im Sinne einer Hilfe, dahin gebracht werden, daß sie sich selbst besinnt, Reue empfindet und den Willen zu einer Besserung entwickelt. Dann erst können höher entwickelte Seelen als Helfer von oben, sogar dazu beauftragte Engel, unerkannt eingreifen und bewirken, daß solche »armen Seelen« eine Stufe höhersteigen dürfen. Analog dazu ändert sich auch die äußere Umgebung, sie wird freundlicher und lichter.

Manchmal (wie im Falle von Robert Blum) nähert sich auch der Herr Selbst in verhüllter Gestalt unerkannt solch suchenden Seelen, um helfend einzugreifen. Er naht sich dann gleichsam wie ein hilfreicher Fremder in entsprechender Erscheinlichkeit dieser gleichen Seinsebene; Er will keinen unwiderstehlichen Zwang ausüben, deshalb diese Verhüllung. Wir wissen alle, Gottes Stimme ist leise, mahnend, nicht nötigend; auch in unserem Erdenleben ist es so. Der Mensch kann annehmen, er kann auch widerstreben. So ist es im Jenseits auch. Gottes Liebe waltet nach Jakob Lorber vom höchsten Himmel bis in die tiefste Hölle, so auch hier in den unteren Regionen des Mittelreiches.

In diesen Stufen des Mittelreiches soll der Mensch durch dienende Tätigkeit den Weg nach oben finden; alles Unreine, Grobe soll aus dem Inneren ausgefegt werden, denn kein Unreiner kann je in das Gottesreich eingehen. Unter Anleitung von Engeln und hilfreichen Geistern leisten gutwillige ungeläuterte Seelen in einer Schule der Demut niedere Arbeiten und Dienste, um Stufe für Stufe höher zu steigen. Die sühnenden Tätigkeiten entsprechen den irdischen Verfehlungen. Manchen ungereiften Seelen ist nach Ablegen ihres irdischen Leibes zunächst noch gar nicht klar, daß sie gestorben sind. Erst durch die Veränderung der Erscheinlichkeit ihrer Umgebung im Zustande der Abödung wird ihnen ihre Situation bewußt. Wer in diesem Zustand den Herrn um Hilfe anruft, ruft nicht vergebens, die Situation wird heller und lichter, jenseitige Helfer stellen sich ein.

Wer auf Erden solcher Dahingeschiedener betend gedenkt,

hilft ihnen auf dem Wege nach oben. Es ist also sehr sinnvoll, für Verstorbene zu beten. Die anfangs noch wie im Traumzustand für die Umgebung abgestumpften äußeren Sinne nehmen bei ihnen von Stufe zu Stufe an Empfindungskraft zu. In der Regel können die Geister einer unteren Stufe die einer höheren Seinsstufe zugehörigen nicht schauen, wohl aber können die einer höheren Stufe zugehörigen Geister die in einer unteren Stufe befindlichen erblicken. Die äußere Erscheinlichkeit der jenseitigen Kleidung entspricht dem Vollkommenheitsgrad jedes einzelnen. Es sind mehr oder weniger farbige oder auch unscheinbare Gewänder, jenen der Griechen vergleichbar, für Männer und Frauen, gebildet aus Teilen der Seele. So gibt es je nach der Entsprechung auch zerlumpte und armselige Bekleidungen. Den Gleichgesinnten auf niederen Stufen ist untereinander die äußere Erscheinlichkeit unauffällig, wie auf der materiellen Welt auch. Die vollendeten Seelen aber sehen die Angehörigen der ungeläuterten Geisterwelt je nach dem Grade ihrer Unausgereiftheit und Unvollkommenheit mehr oder weniger armselig oder gar mißgestaltet, Wesen der höllischen Regionen sogar in tierischer Gestalt, was diese unter sich aber keinesfalls so sehen. (Über dieses Phänomen berichtet ausführlich der Jakob Lorber in vielen Punkten ergänzende nordische Seher Emanuel Swedenborg in seinen Jenseitsvisionen.) Für die höhere Geisterwelt wird die niedere in ihrer wahren Entsprechung sichtbar.

Diese ganze vielfältige jenseitige geistige Schau wird in der Prophetie Jakob Lorbers ganz konkret sichtbar gemacht für den, der es fassen will. Die schon erwähnten großen Jenseitswerke bringen viele interessante Einzelheiten über das Leben nach dem irdischen Tode in den Seinsebenen der höllischen Bereiche, über Aufstieg oder Abstieg im Mittelreich und die verschiedenen Abstufungen im Bereich der ewigen Seligkeit der Himmel, der wiederum drei Hauptstufen enthält: den Weisheitshimmel, den Liebe-Weisheitshimmel und den Liebehimmel, die höchste Vollkommenheitsstufe, das Leben in der ständigen Nähe des Herrn. Es ist unmöglich, in diesem Rahmen auf alles einzugehen. Es bleibt uns nur, die wesentlichen Züge dieser Offenbarung, die wirklich ein Geschenk an die heutige Menschheit ist, hervorzuheben. Wer mehr wissen möchte, der greife zu diesen großen Jenseitswerken Jakob Lorbers.

Ganz wesentlich ist hier die Tatsache, daß der Herr niemanden richtet und verdammt. Der Mensch kommt aus eigenem Willen an die Orte, die seiner Liebe entsprechen; so auch der Mensch, der seine Seele im Fleische vergrub. Er stürzt sich seiner pervertierten Liebe entsprechend selbst in die Hölle, den Ort seiner Wahl. Im Jenseitswerk »Von der Hölle bis zum Himmel – Robert Blum« gibt der Herr einem Mönch himmlische Belehrung, als dieser Bedenken hat, an einem Mahl, das der Herr Selbst bereitet hat, teilzunehmen: (I 127,1 ff.) »Den Judas hieß Ich nicht mit Mir Brot in die Schüssel zu tunken, denn Ich wußte es, daß es ihm zum Gericht gereichen werde, da er unwürdig war, mit Mir das Brot des Lebens zu essen! Dich aber beheiße Ich Selbst, weil Ich in dir keine Unwürdigkeit entdecke. Und so kannst du ohne Bedenken tun, was Ich von dir nun verlange. Zudem hat hier alle richterliche Zurechnung aufgehört, da hier jede Tat ohnehin ihre Folge hat, entsprechend dem Geist, in dem sie begangen wurde. Weil ein jeder Geist nach seinen Taten hier vollkommen sein eigener Richter ist, hast du auch von keiner Seite mehr eine fremde Einwirkung zu befürchten. Was du willst, das wirst du auch tun; und das Tun wird dich richten nach deinem Willen, der die eigentliche Triebfeder jeder Handlung ist.

Und so mache dir von nun an keine Skrupel mehr! So du durstig und hungrig bist, wirst du doch etwas zu essen und zu trinken haben wollen. Wolltest du aber dennoch nichts essen und trinken, müßtest du dir dann freilich auch den Schmerz gefallen lassen, den Hunger und Durst als notwendige Folge in sich bergen. Oder würdest du eine scharfe Rute zur Hand nehmen und dich selbst damit züchtigen? Das wirst du sicher auch bleibenlassen. Was du aber dir selbst nicht tun möchtest, wirst du auch deinen Brüdern nicht antun. Denn die Liebe deines Herzens würde sicher nimmer zulassen, den Brüdern wehe zu tun, weil hier im Geisterreich die Ordnung so bestellt ist, daß da eine jede Tat, an einem zweiten verübt, auch auf den Täter mit der gleichen Empfindung zurückwirkt . . .« – »Siehe, Ich könnte dich zwingen, dahin augenblicklich zu gehen, wo Ich dich haben will. Da Ich dich aber schon zum Guten nicht mittels Meiner Allmacht zwinge, sondern nur mit sanfter Belehrung dein Herz, deinen Verstand und Willen stärke, – um wieviel weniger werde Ich dich dann zu etwas Argem zwingen. Von Mir wird nichts so sehr berücksichtigt, wie des Menschen völlig freier Wille. Und so kannst du es ganz beherzt wagen, freiwillig das zu tun, was zu tun Ich als dein Gott, Schöpfer und Vater voll der mächtigsten Liebe von dir verlange.«

Als weitere Wahrheit, die in der Lorberschen Prophetie verkündet wird, sei erwähnt: Im Jenseits bestehen keine statischen Zustände, die den auf der Erde Abgeschiedenen für immer in eine Ausweglosigkeit verdammen würden. Der Herr will all das Seinige wieder an sich ziehen und wirkt mit Seiner guten Geisterwelt bis in die unterste Hölle hinein. Jedem Menschen ist die Möglichkeit gegeben zur Umkehr nach oben, zur Rückkehr ins Vaterhaus. Gott verdammt nicht, der Mensch tut es selbst, es wird nur seine freie Willensentscheidung von Gott respektiert. Aber immer wieder versucht der Herr mit Seinen helfenden guten Geisterscharen, diesen freien Willen mit der schöpferischen Phantasie Seiner Liebe zu beeinflussen, aber Er zwingt nie. Der Herr richtet nicht, der Mensch richtet sich durch seine freie Entscheidung selbst. In einer himmlischen Belehrung spricht der Herr im ersten Band von »Robert Blum«: (111,4) »Willst du ganz nach Meiner Ordnung sein, so mußt du auch diesen Richter aus deinem Herzen schaffen! Du wirst darauf ewig keinen Hunger und keinen Durst mehr empfinden. Denn siehe, Ich allein bin ein Richter, gut und gerecht in aller Fülle Meiner Macht und Kraft, und dennoch richte Ich Selbst niemanden, sondern ein jeder richtet sich selbst nach seiner Liebe. Ist diese rein und gut, so wird auch sein Gericht über ihn selbst gut sein; ist aber seine Liebe unlauter und schlecht, so wird dergleichen auch sein Gericht. Wenn Ich aber aus Meiner Macht und Kraft niemanden richte, um wieviel weniger darfst dann du jemanden richten.«

Satan, der Fürst der Hölle und Erzfeind Gottes, sucht zu richten. Der Herr richtet auf.

Noch ein Kennzeichen des jenseitigen Reiches sei erwähnt. Im Gegensatz zur irdisch-materiellen Welt ist hier eine Haltung der Verlogenheit, der Lüge, nicht mehr möglich. Jedwede Maske, auf Erden vielleicht wirkungsvoll getragen, ist hier wirkungslos im Reiche der Wahrheit, die allerdings keine kalte Wahrheit ist, sondern eine von Liebe durchwirkte Wahrheit. Der Mensch zeigt hier sein wahres, inneres Bild in untrüglicher äußerer Entsprechung, das himmlische, das unentschiedene und das höllische. Niemand aber ist absolut verworfen und für ewig verloren. Im Reiche Gottes kommt es nicht auf den Verstand, – auf das Innerste, das Herz kommt es an. Der irdische Verstand ist Teil der vergänglichen Materie.

Zwischen Himmel und Hölle befindet sich also das große Mittelreich, gleichsam als »Eintrittszimmer« in die jenseitige Welt (Zwischenreich, Fegfeuer, Purgatorium, Reinigungsort). Es ist jener Ort, oder besser Zustand größten geistigen Ringens, einesteils des betreffenden Geistes selbst, anderenteils der höheren helfenden Geister, – aber auch der niederen Geisterwelt, die nach Gesinnungsgenossen sucht.

Wenn eine Seele in diesem Mittelreich weiter in ihren unlauteren Trieben und Gedanken verharrt, um ihren irdischen Leidenschaften weiter nachzugeben und auf die Belehrungen ihrer Schutzengel und -geister nicht eingeht, sinkt sie tiefer hinab in den Geisteszustand der »Vorhölle«. Die Auswirkung dieses inneren Seelenzustandes wird beispielsweise in dem Jenseitswerk Lorbers »Die geistige Sonne« (I, Kap. 23,38) eindrucksvoll geschildert. Man blickt hier in düstere, kahle und kalte Wohnwelten hartherziger Reicher, hochmütiger, kaltherziger Stoiker und Gelehrter, reiner Verstandesmenschen, unlauterer Priester, untreuer Beamter, von Lebemännern und Lebedamen in licht- und freudlosem Dasein. In diesem Zustand der »Abödung« sollen ihre Seelen der Aufnahme höheren Lichtes aufgeschlossener werden. Ein Teil der Bewohner dieser düsteren Sphären nimmt das von oben gebotene Licht dankbar an. Andere wenden sich unwillig widerstrebend davon ab. Eindrucksvoll wird hier die tragische Verstrickung eines Ehepaars geschildert. Der schwache, unentschieden schwankende Mann wird durch sein arglistiges, auf Erden einst schönes Weib immer tiefer ins höllische Verderben gezogen.

Wenn aber in den mittleren und unteren Bereichen des großen Zwischenreiches durch ihre geistigen Erlebnisse in einer Seele die Sehnsucht nach himmlischer Erleuchtung und Seligkeit wächst und sie ruft betend um Hilfe und Erlösung, so kommt sehr bald durch die helfenden höheren Geister im Dienste Gottes Hilfe und Erleuchtung. Es werden ihr Wege aus der Bedrängnis gezeigt. Diese Seele darf sich in eine lichtere Stufe des Seins erheben, sie gelangt in das »Paradies« oder den »Vorhimmel«. Im himmlischen Unterricht der jenseitigen Schüler durch den Apostel Johannes (»Die geistige Sonne« II 117,14) heißt es: »Ich sage euch: Fürwahr, ein reumütiger Blick zum guten Vater genügt, um der Hölle zu entrinnen. Seht den Missetäter am Kreuz! Er war ein Räuber und Mörder, aber da blickte er zum Herrn empor und sprach in schmerzhafter Zerknirschung seines Herzens: ›O Herr, wenn du in dein Reich kommst und wider uns große Missetäter zu Gericht ziehen wirst, dann gedenke meiner und strafe mich nicht zu hart für meine großen Missetaten, die ich verübt habe!‹ – Und seht, der allmächtige Richter sprach zu ihm: ›Wahrlich, heute noch sollst du bei Mir im Paradiese sein‹.«

In dieser dritten Region, der Paradies-Sphäre, wohnen die meisten Schutzgeister der Menschen. Sie stiften Frieden in den unteren Geisterregionen und bekommen Anweisungen durch vollkommene Engelgeister, die über und unter ihnen weilen. Da jeder Geist hier schon zum Schöpfer seiner Region geworden ist nach der Beschaffenheit seines Inneren, so gibt es hier schon herrliche Landschaften. Diese Geister sind in ihrem Aufgabenbereich schon intensiv als Helfer des Schöpfers eingesetzt.

Wer auf Erden noch nicht zur geistigen Wiedergeburt gelangte, was wohl bei den meisten Menschen der Fall ist, wird die Wiedergeburt in diesen Regionen des Vorhimmels schließlich unter Anspannung seines ganzen Willens erreichen. Wir kennen ja das Wort des Herrn aus der Heiligen Schrift, das auch im Offenbarungswerk Jakob Lorbers immer wieder betont wird: »Das Himmelreich leidet Gewalt!« Wir sollen es unter Anspannung all unserer Kräfte mit aller Gewalt, aber auch in aller Demut an uns ziehen. Mit der Wiedergeburt der Seele im Geiste beginnt der Eintritt in den Himmel.

Im »Großen Evangelium Johannes« (V 51,4) gibt der Erzengel Raphael eine Belehrung über diese geistige Wiedergeburt, von der im Lorberwerk so oft die Rede ist. Er spricht: »Wie aber kann ein Mensch erfahren, daß seine Seele eins geworden ist mit dem wahren Geiste Gottes in ihr? – Das erfährt er aus sich überaus leicht! Wenn du in dir keinen Hochmut, keinen unnötigen Ehrgeiz, keine Ruhmsucht, keinen Neid, keine Hab- und Glanzsucht, keine Eigenliebe, aber dafür desto mehr Liebe zum Nächsten und zu Gott lebendig und wahr fühlst und es dir eine wahre, dich tief rührende Herzensfreude machen wird, dein ganzes Hab und Gut im Notfall an arme und sehr notleidende Brüder und Schwestern verteilt zu haben, ja, wenn du ein ordentliches Leid in deinem Herzen fühlen wirst, irgend einem Armen nicht helfen zu können, wenn dir Gott alles und die ganze Erde mit allen ihren Schätzen nichts sein wird, dann ist deine Seele völlig eins mit dem Geiste Gottes in dir, hat das vollkommene, ewige Leben erreicht, ist weise und wo nötig durch ihr pures Wollen wundertatkräftig!«

Im praktischen Unterricht der jenseitigen Schüler erfahren diese durch den Evangelisten Johannes (»Die geistige Sonne« II 118,2 ff.) über himmlische und höllische Prinzipien zur Weckung ihrer Unterscheidungsgabe: »Ein Mensch gehört so lange der Hölle an, solange er nach ihren Prinzipien handelt. Ihre Prinzipien aber sind Herrschsucht, Eigenliebe und Selbstsucht. Diese drei sind den himmlischen Prinzipien gerade entgegen, welche da sind Demut, Liebe zu Gott und Liebe zum Nächsten. Wer bei sich klar erfahren will, ob er der Hölle oder dem Himmel angehört, der frage sorgfältig sein inneres Gemüt. Sagt dieses nach seiner Grundneigung und Liebe: Das ist mein und jenes ist auch mein, und das möchte ich und jenes möchte ich auch, dieser

Fisch ist mein und den andern will ich fangen, gebt mir alles, denn ich möchte, ja ich will alles, – wo das Gemüt sich also hören läßt, da ist noch die Hölle der positive Pol . . .«

Die Regel für den himmlischen Menschen ist diese: »Wer bei was immer sieht, daß damit auch die Liebe seines Nächsten beschäftigt ist, der soll sich sogleich zurückziehen und dem Nächsten gegen die Verwirklichung seiner Liebe keine Schranken setzen; denn es ist besser, bei jeder Gelegenheit in der Welt leer auszugehen, als durch irgendeinen wenn auch ganz unbedeutenden Kampf etwas zu gewinnen. . . . Es gibt nirgends einen Ort, der Himmel oder Hölle heißt, sondern alles das ist ein jeder Mensch selbst; und niemand wird je in einen anderen Himmel oder eine andere Hölle gelangen, als die er in sich trägt.«

Im »Großen Evangelium Johannes« (VII 169,8) belehrt Jesus junge Menschen: »Da ihr aber auch gefragt habt, wo sich irgend Meine Himmel befinden, so sage Ich euch: Meine Himmel befinden sich überall, wo es fromme, reine und gute Menschen und Geister gibt. Dieser ganze sichtbare Raum, der nirgends ein Ende hat, ist der Himmel ohne Ende und Anfang, aber nur für gute Menschen und Geister. Wo aber böse Menschen und Geister hausen, da ist dieser Raum kein Himmel, sondern die Hölle, welche da ist das Gericht und der ewige Tod, den in dieser Welt die Materie darstellt, die in sich auch ein Gericht und somit tot ist.« Dann kommt in Vers 9 noch ein bemerkenswertes Wort Jesu: »Es halten sich alle bösen Geister denn auch zumeist in der Materie dieser Erde auf; die guten und reinen Geister aber bewohnen für beständig nur die reinen Lichträume des freien Ätherraumes.«

Unter den Bewohnern des Himmels gibt es nach der Offenbarung Jakob Lorbers Unterschiede. Ein in den Himmel aufgenommener Mensch ist zum Unterschied zu den noch nicht durchs irdische Menschenleben gegangenen reinen Urgeistern oder geschaffenen Engeln ein »gewordener Engel« und erwarb sich durch den Gang durch die Materie der Erde die Gotteskindschaft, jenen einmaligen Vorzug aller Erdenmenschen im Unterschied zu den Menschen anderer Gestirne.

In den reinen Ätherräumen des Himmels mit ihren lichten Wohnungen können die Geister des Himmels in ihrer nunmehr ganz unbeschränkten Willensfreiheit sich im Dienste der Liebe auch in jede beliebige tiefere Sphäre begeben, ohne dabei Schaden zu nehmen.

Es gibt auch in den Himmeln nach der Prophetie Jakob Lorbers drei Stufen: den Weisheitshimmel, den Liebe-Weisheitshimmel und den Liebehimmel, die höchste himmlische Stufe der Vollendung. »Denn«, so spricht der Herr im »Großen Evangelium Johannes« III 32,7, ». . . ein Leben, das sich erst jüngst zu erkennen angefangen hat, kann offenbar nicht so mächtig sein wie ein Leben, das sich schon vor Ewigkeiten in aller Fülle und Tiefe der hellsten Wahrheit nach erkannt und ergriffen hat.«

So schildert der Herr im »Großen Evangelium« I 191,16 ff. sehr anschaulich die drei Stufen des Himmels und begründet sie auch entsprechend: ». . . So ein Mensch Mein Wort hört, es aufnimmt in die Tiefe seines Herzens, wo es allzeit und allein gültig, recht und lebendig verstanden wird, ein solcher Mensch ist dann gleich einem guten Lande, in das der Same fällt und bringt je nach dem Willen und der Kraft des Menschen bald hundertfache, bald sechzigfache und bald dreißigfache Frucht an guten Werken. Und da ist hundertfach, der alles für Mich tut, und sechzigfach, der vieles für Mich tut, und dreißigfach, der einen guten Teil für Mich tut. – Also aber sind der Himmel in Meinem Reiche drei: der oberste für die hundertfache Frucht, der untere für die sechzigfache und der unterste für die dreißigfache Frucht.«

Im Jenseitswerk »Von der Hölle bis zum Himmel – Robert Blum« spricht der Herr ein kurzes, erwägenswertes Wort über den Himmel: (II 278,5 f.) »Ein Herz voll Liebe zu Mir und zu den Brüdern und Schwestern, sowie ein stets tätigkeitslustiger und tätigkeitsvoller Sinn, das wird jedem von euch die wahre, ewige Seligkeit begründen. – So sollt ihr euch Meine Himmel auch nicht irgendwo als recht weit entfernt vorstellen, sondern ganz nahe. Der ganze Weg beträgt höchstens drei Spannen Maß: die Entfernung vom Kopf bis ins Zentrum des Herzens! Habt ihr diese kleine Strecke zurückgelegt, so seid ihr auch schon drinnen.

Denkt ja nicht, daß wir etwa eine Auffahrt über alle Sterne hinauf und hinaus machen werden, sondern eine Niederfahrt nur in unser Herz. Da werden wir unsere Himmel und das wahre, ewige Leben finden!«

Im Weisheitshimmel befinden sich zuständlich schon manche Menschen in diesem Erdenleben. Wer in der geistigen Welt diese Eingangsstufe zum Himmel erreicht, war auf Erden schon weit in der Erkenntnis des Glaubens, sittlich rein und selbstbeherrscht. Es sind die puritanisch strengen »Glaubensgerechten«, denen aber noch der siebente Gottesgeist, der alle übrigen in sich enthält, fehlt: die zum Vater in Jesus und jeden Mitmenschen umfassende werktätige Liebe und Barmherzigkeit. In diesen Ätherwohnwelten gibt es Landschaften von unaussprechlicher Schönheit und Großartigkeit, gegen die die herrlichsten Landschaften der Erde nur ein schwacher Abglanz sind. Die seligen Geister dort wohnen in großartigen Palästen, es gibt dort die kunstvollsten Tempel. Die dortigen Seelen verfügen infolge ihrer Lebensvollendung über eine tiefe Weisheit und umfassende Erkenntnis. Sie können Erde, Sonne, Mond, die Planeten und Erden anderer Sonnen in den verschiedenen Hülsengloben, die Sonne selber forschend erkennen und an den vom Herrn aus Liebe geschaffenen Gestaltungen ihre höchste Freude finden, die Liebe, die Weisheit und Macht Gottes erkennen. »Und doch«, sagt der Herr im »Großen Evangelium Johannes« VII 67,1, »ist diese Eigenschaft einer lebensvollendeten Seele als ein mindester Grad der eigentlichen großen Seligkeit anzusehen, weil das allein eine vollendete Seele mit der Weile ebenso anzuwidern anfangen würde, wie es dich hier anwidern würde, wenn du diese noch so schöne Landschaft nur hundert Jahre nacheinander fort betrachten und bewundern müßtest.« – Die Bewohner dieses ersten Himmels müssen vor allem noch die direkte Gegenwart des Herrn entbehren, der ihnen noch nicht persönlich sichtbar wird, sie sehen ihn nur indirekt als Geistige Sonne. Ihre Gesellschafter sind die Engel des Himmels, die ihnen auch Botschaften vom Herrn bringen.

Die Seligkeit eines Himmelsbürgers in der zweiten Himmelssphäre, dem »Liebe-Weisheitshimmel«, liegt weniger in der Erkenntnis, sie beruht mehr auf der Tätigkeit. So führt der Herr in Seiner Belehrung fortsetzend darüber aus: (67,2) »Die größere Seligkeit einer Seele besteht doch offenbar nur darin, daß die vollendete Seele auch mit der wahrhaften göttlichen Schöpferkraft ausgerüstet und versehen ist und aus gottähnlicher Weisheit alles bewirken kann, was Gott Selbst auf ganz dieselbe Art und Weise bewirkt und hervorbringt.«

Die geistigen Wohnwelten der Seelen in den Ätherräumen des Liebe-Weisheitshimmels werden in den Jenseitswerken als einfach und schlicht geschildert. Ein endlos weites, liebliches Hügelland, die Wohnungen ähnlich den schmucken niederen Alpenhäuschen der Schweiz, deren Bewohner sich dort noch wohler fühlen als in den Palästen der früheren »Weisheitsebene«. In dieser Sphäre richtet sich das Leben der Bewohner mehr aus auf die »Liebetätigkeit« im Mitwirken an der Erlösung der noch im Banne der Materie weilenden Seelen in oft harter Arbeit in Demut und Selbstlosigkeit. Hierbei kann es ab und an schon geschehen, daß der Vater in Jesus »wesenhaft gestaltlich« (»Geistige Sonne« II Kap. 1–3) in diese Sphäre kommt, um Seelen, die mit heißem Herzen nach Ihm verlangen, zu besuchen. Seelen, die den vollen Reifegrad in dieser dienenden Tätigkeit in Liebe erreicht haben, geleitet der Herr dann Selbst in die höchste Sphäre des Himmels, den Liebehimmel.

So heißt es wiederum im siebten Band vom »Großen Evangelium Johannes«: (67,3) »Ein noch höherer und eigentlich schon beinahe allerhöchster Seligkeitsgrad einer vollendeten Seele aber besteht darin, daß sie Gott, den alleinigen Herrn und Schöpfer der Unendlichkeit, als ihren höchsten Lebensfreund fort und fort um sich haben und ihn ohne alles Maß und ohne alle Grenzen lieben kann und mit Ihm in einem Augenblick die ganze geistige und materielle Schöpfung übersehen kann. Das gar Allerhöchste der Seligkeit einer vollendeten Seele aber besteht darin, daß sie sich, als mit Gott durch die Liebe völlig vereint, auch in der vollsten göttlichen Freiheit befindet.«

Im zweiten Band des Jenseitswerkes »Robert Blum«

Kap. 283 u. 284 wird die höchste ›Himmelssphäre‹ als das wahre Reich des ewigen Lebens beschrieben, wo jeden des »Lebens höchstes Wonnegefühl« durchdringt. Es ist für einen Erdenmenschen, der geistig noch nicht vollendet ist, und das sind wir durchweg alle, diese Sphäre nie völlig zu begreifen. Wie in der Johannesapokalypse, so kann es auch im Offenbarungswerk Jakob Lorbers nur in Entsprechungsbildern ausgedrückt werden. So heißt es ja auch in der Heiligen Schrift: »Kein Auge hat je gesehen und kein Ohr je gehört, was Gott denen bereitet hat, die ihn lieben.« –

Einesteils ist von einem überweit gedehnten Land von unaussprechlicher Schönheit voller kleiner anheimelnder Wohnhäuser die Rede. Das Zentrum aber ist das Neue Himmlische Jerusalem, die Stadt und der Wohnsitz Gottes, unseres Vaters und im Geiste der Liebe unseres Bruders. Die Stadt ist voller Leben, Licht, Gesang und Harmonie. Jedem Himmelsbürger ist seine Wohnung bereitet und alles ist eine Einheit, wie ein großer Leib. Hier gibt es keine Not, alles ist ewig und in unendlicher Fülle vorhanden. Aus dieser Stadt »bezieht alle Unendlichkeit ihre Nahrung naturmäßig und geistig« (284,5). »Die Wohnungen der Stadt Gottes nehmen wohl einen Anfang, aber dahinter nimmer ein Ende. Die Stadt selber«, so heißt es gleichnishaft, »bildet im Anfang ein vollkommenes Viereck, aber dahinter dehnt sie sich endlos aus und hat nirgends und nimmermehr ein Ende« (284,6). – Die Sprache versagt, diese unendliche Herrlichkeit der ewigen, liebevollen Gottesnähe in Kürze mit irdischen Worten zu schildern. In dieses Leben in Fülle kann keine Sünde, kein Tod mehr dringen. Die Seligen sündigen nicht mehr. In dieser endlosen schöpferischen Herrlichkeit und Freiheit, auch in der Bewegungsfreiheit in alle Sphären der Höhe und der Tiefe, gibt es im Einklang mit dem Herrn keinen Drang mehr zur Sünde. In Kapitel 283,11 wird über der Stadt die »herrlichste Sonne aller Sonnen« geschildert, »von der das Licht in alle Unendlichkeit ausgeht«. Und der Herr erklärt Robert Blum: (12 f.) »Siehe, diese Sonne bin Ich im Grunde Selbst! Es gibt noch zwei Himmelssphären, gegen Abend hin einen puren ›Weisheitshimmel‹

und gegen Mittag hin einen ›Liebe-Weisheitshimmel‹. Die Bewohner dieser beiden Himmel sehen Mich nur als eine Sonne, und zwar diese, die du nun in der Mitte über der Stadt leuchten siehst. Nur hier im allerhöchsten Himmel bin Ich außerhalb der Sonne, obschon auch in der Sonne. Außerhalb der Sonne bin Ich, wie ihr alle Mich nun unter euch seht (d. h. verkörpert in der Gestalt Jesu). In der Sonne aber bin ich pur geistig durch die Kraft und in der Kraft Meines Willens, Meiner Liebe und Weisheit. Ich Selbst bin (als Gottesgeist-Zentrum) im Grunde des Grundes in dieser Sonne, und die Sonne bin Ich Selbst. Aber dennoch ist ein Unterschied zwischen Mir und dieser Sonne. Ich bin der Grund, und diese Sonne ist gleich einer Ausstrahlung Meines Geistes, der von hier und also aus Mir alle Unendlichkeit in ungeschwächter Kraft durchströmt und allenthalben Meine ewige Ordnung schafft.«

Es sei an ein Wort in der Neuoffenbarung erinnert: Nur in Jesus finden wir Gott. Wer Gott im Unendlichen sucht, wird Ihn nicht finden und von Seiner Allmacht zermalmt werden. Die göttliche Lebensmachtmitte hat auch irgendwo in der Unendlichkeit ihren räumlichen Sitz, wie ja jeder Geist, auch unser menschlicher, an irgendeinem Ort seinen räumlichen Aufenthalt hat. (Walter Lutz, Grundfragen des Lebens, S. 258) Gott wohnt »im unzugänglichen Lichte« und ist uns menschlich nahe in Jesus. Der himmlisch-selige Mensch wächst ewig Stufe um Stufe höher und ist mit von Gott verliehenen Kräften begabt. In Ewigkeit aber bleibt der Abstand und Unterschied vom Geschöpf zum Schöpfer, aber in Jesus, der das Menschlich-Geschöpfliche angenommen und verklärt ins Geistige emporgehoben hat, ist Er uns immer nahe. Im obersten Himmel weilt Er in Jesus immer bei uns, aber auch schon auf Erden, wenn wir unser Herz himmlisch gestaltet haben, das heißt die Wiedergeburt erlangt haben.

Nach der von Jakob Lorber empfangenen Offenbarung ist in allen urgeschaffenen Geistern das »männlich-positive« und das »weiblich-negative« Prinzip vollkommen gegenwärtig. Durch den Fall der Geister wurde es auf einer gewissen Stufe der Entwicklung eines jeden gefallenen Urgeistes notwendig, diese beiden Prinzipien voneinander zu trennen und auf gesonderten Wegen in die Welt zu schicken. Es sei nur an die Erschaffung der Eva aus dem ursprünglich androgynen Adam erinnert. Das Leben der Vollendeten im Himmel bedeutet neben der Wiedergeburt des Geistes als Zeichen der Auferstehung auch die Rückführung zur Ganzheit ihres ursprünglichen Wesens. Diejenigen Ehepartner, die von Ewigkeit her füreinander bestimmt sind, die aber durch den tragischen Riß, der als Folge des Sündenfalls durch die Schöpfung ging, voneinander getrennt waren, finden meist erst hier, manchmal aber auch schon auf der Erde, wieder zusammen zur »himmlischen Ehe«.

In seinem Fundamentalwerk über die Offenbarungslehre Jakob Lorbers »Die Grundfragen des Lebens« führt Walter Lutz im Sinne Jakob Lorbers dazu aus: (S. 285 f.) »Wie die auf Fleisches- und Weltsinn gegründete Ehe ihrem materiell-höllischen Wesen nach ›ewige Unrast und Pein‹ verursacht, so verschafft dagegen die auf den Geist gegründete Ehe ihrem ›göttlich-guten, himmlischen Wesen‹ nach auch in der anderen Welt ewigen Frieden und ewige Glückseligkeit.« (Das bedeutet, daß auch auf Erden schon Menschenpaare sich zur Ehe vereinigen, die von Ewigkeit zusammengehören.) Rein irdische Ehen kommen nicht unter dem Einfluß des göttlichen Geistes zustande, da spielen oft niedere Leidenschaften, Machtverhältnisse, Geldgier u. a. eine bindende Rolle, die nicht von Dauer sein kann. Lutz führt im Sinne Jakob Lorbers weiter aus: »Wenn in einem durch die geistige Herzensehe verbundenen Paar die einst getrennten Urgeist-Hälften nach langer Lebensfahrt sich in dem durch Gottes Ratschluß bestimmten Zeitpunkt endlich gefunden und ihre aus der Materie gelösten Seelen völlig vergeistigt haben, dann werden diese geistig Wiedergeborenen ›wie die Engel Gottes im Himmel sein‹, das heißt, es wird in ihnen nichts Fleischlich-Sinnliches, noch Weltsüchtiges mehr Macht haben. Sie werden daher auch, wie der Herr es den Sadduzäern erklärte, nicht mehr in irdischer Art nach fleischlichen oder weltlichen Gründen ›freien und sich freien lassen‹, sondern sie werden als von Gott Verbundene ewig beisammenbleiben in himmlischer Harmonie und Vollkommenheit.«

Im ersten Band des Lorberschen Jenseitswerkes »Robert Blum – Von der Hölle bis zum Himmel« Kap. 124 vollzieht der Herr die himmlische Eheschließung zwischen Robert Blum und Helena, der früheren Lerchenfelderin, einer im Erdenleben scheinbar unbedeutenden Person, die in der Jenseitsschule des Herrn zu einer edlen und wunderbaren Frau geläutert wurde. Zunächst äußert Robert Blum dem Herrn dankend: »O Herr, von Dir mir gegeben (als Frau und Gehilfin), würde sie freilich aus meinem einen Hause zehntausend Himmel machen. Aber sie ist ja zu schön, lieb und herrlich für mich.« Der Herr antwortet darauf Robert Blum: »Du warst ja doch sonst ein Freund alles Schönen und dabei auch Nützlichen! Dein Wahlspruch lautete sogar: ›Das Schöne muß nützlich, und das Nützliche muß schön sein!‹ Und siehe, das ist auch von Ewigkeit her Mein eigener Handlungsgrundsatz gewesen. Daher denn auch alle Meine Werke so schön wie nützlich sind. Denn die Nützlichkeit entspricht Meiner ewigen Liebe und Güte, die Schönheit Meiner Weisheit und Wahrheit. Und so kannst du hier im Reiche der Himmel nie eines ohne das andere haben. Je schöner hier sich dir etwas darstellt, desto nützlicher ist es auch!

Helena ist wahrlich überaus schön, aber sie ist eben deshalb ein ebenso überaus nützliches Wesen. Daher scheue dich nicht so sehr ihrer Schönheit wegen! Du wirst erst durch sie ein vollkommener Mensch und Engel, und sie durch dich noch schöner, vollkommener und nützlicher. Ich gebe sie dir zu einem wahren himmlischen Weibe, mit dem du stets weiser, glücklicher und seliger werden wirst. Reiche ihr daher deine Rechte und drücke sie an deine Brust! Und die Erfüllung dieses Meines Willens ist der ewige Segen für euch beide!« – Auch in Emanuel Swedenborgs Himmelsvision wird die »himmlische Ehe« geschildert. Auch dort bilden ein Mann und sein zugehöriges Weib zusammen einen Engel.

Ergänzend und abschließend sei hierzu gesagt: Eine einmal aus den Elementen des Naturreiches gebildete Menschenseele verliert nie mehr ihre Persönlichkeit. So wird auch bei einem solchen vollendeten und geistig wiedergeborenen Paar der Mann sowohl wie das Weib ewig eine »gesonderte Persönlichkeit« bleiben. Infolge der ursprünglichen geistigen Zusammengehörigkeit wird ewig zwischen beiden eine einzigartige Harmonie und wechselseitige, von wahrem Glück erfüllte gegenseitige Ergänzung bestehen. Es ergibt sich hier ein Zusammenklang, wie es nur der alliebende Schöpfer einst in Seiner unergründlichen Weisheit und Macht ersinnen konnte und schließlich auf wunderbaren Wegen zur Vollendung führte.

Im »Großen Evangelium Johannes« IV 139,7 f. wird uns noch ein himmlisches Geheimnis enthüllt: Ein im Fleisch das Erdenleben durchwandernder Geist der Himmel, der sich auf der Erde der wahren himmlischen Weisheit beflissen hat und daraus zu einem Menschen voll Liebe, Weisheit und himmlischer Gerechtigkeit geworden ist, erkennt schließlich soviel für sich allein, wie alle die anderen, den Weg im Fleische noch nicht durchlittenen urgeschaffenen Engelgeister zusammengenommen, weil solch ein Geist, ebenso wie des Menschen Seele «ein Kompositum sämtlicher Himmelsintelligenzen bildet, was sicher unendlich viel sagen will«. – Nach den Worten des Herrn besteht das wahre Himmelreich und dessen wachsende Seligkeit in einer stets sich mehrenden wahren Liebetätigkeit (Gr. Ev. V 259,2).

Ist es eine Anfangsaufgabe seliger Geister, den Menschen auf der irdischen Ebene, meist auch hinterbliebenen nahen Verwandten schützend zur Seite zu stehen, so obliegt den fortgeschrittenen Geistern die Leitung und Erhaltung geistiger Welten.

Nach den Worten des Herrn im Jenseitswerk »Robert Blum – Von der Hölle bis zum Himmel« (II 295,14) bekommt ein Geist, der »seine Sache gut macht und es versteht, die verschiedenen (ihm untergeordneten) Geister in vollem Respekt zu erhalten, einen stets größeren Wirkungskreis«.

Schließlich erhalten die höchstvollendeten Himmelsbürger in immer steigendem Maße vom Herrn Anteil an Seiner göttlichen Gabe der Ur- und Neuschöpfung. Den Engeln und Engelsfürsten der Himmel stehen im Unendlichen in jedem Punkt von Gottes Geist, Weisheit und Macht erfüllten Raum Heere von Helfern zur Verfügung.

Noch ein wunderbares Geheimnis wird uns in dem Jenseitswerk »Die geistige Sonne« (II 2,15) vom Herrn enthüllt: »Ein Kind von der Erde, aus Mir hervorgehend, ist der führende Wille von zahllosen anderen Geistern aus den Gestirnen, die zwar an und für sich auch ihren eigenen Willen haben; dennoch aber geht in Fällen des Liebewirkens der Wille Meiner Hauptkinder in sie alle aus und ein. Und dann sind sie zu Milliarden wie ein Mensch, dessen wirkender Willensgeist eines Meiner Kinder ist.« (Gemeint sind hier jene seligen Geister, die in die Materiewelt dieser Erde inkarniert waren und so die Gotteskindschaft erwarben.)

Eine weitere Verheißung des Herrn für die Kinder dieser Erde erfüllt uns mit dankbarer Freude: (»Natürliche Sonne« Kap. 3,16f.) »Jene Kinder aber, welche auf dieser Erde in die reine Liebe zu Mir übergegangen sind und aus dieser Liebe heraus alles Weltliche und Materielle abgelegt haben und nichts anderes wollten als nur allein Mich, haben sich dadurch den weiten Weg überaus stark abgekürzt. Denn diese sind wahrhaft Meine Kinder (Gotteskindschaft) und wahrhaft Meine Brüder und Schwestern und kommen daher nach der freudigen Ablegung ihres materiellen Leibes sogleich vollends zu Mir – und zwar in den obersten, allerhöchsten Himmel, da Ich Selbst wohne wesenhaft.«

Sinngemäß fährt der Herr dann fort: »Seht, das ist sonach der Unterschied, der sich da ergibt mit den Geistern besonders dieses Erdplaneten nach der Ablegung des Leibes.« – Ähnliches könne auch bei den Bewohnern anderer Gestirne der Fall sein. Jedoch kämen von keinem dieser anderen Gestirne die Geister sogleich in den obersten Himmel, sondern nur in den ersten Weisheitshimmel.

Wir erfahren hier also die für uns Erdenmenschen beglükkende Kunde, daß uns nach den schweren Prüfungen und Nöten des irdischen Lebens, wenn wir alles bestanden, dank der Erlösungstat Jesu Christi in unserem Fleische der kürzeste Weg im großen, unermeßlichen Schöpfungsgeschehen zur Vollendung in der Ewigkeit und Nähe Gottes des Vaters offensteht. – So sind alle Diskussionen und Streitigkeiten über eine sogenannte Reinkarnationslehre, die fälschlich in ihrer Wichtigkeit gern hochgespielt wurde, recht nebensächlich geworden. Der Herr hat uns durch Seinen Erdenwandel, Seine Herabkunft in unser begrenztes raumzeitliches Geschehen in Kreuz und Leid erlöst und den direkten Weg ins Reich der Himmel geöffnet.

Zum Abschluß dieses Kapitels wollen wir uns noch einmal der großartigen Parabel vom Samenkorn erinnern, von dem einst Jesus gesprochen hat, um uns das Himmelreich zu erklären. In uns allen steckt ein himmlisches Samenkorn, das bestimmt ist zum Hervorbringen eines Baumes, der unermeßlich größer sein wird als dieses winzige unscheinbare, aber potenzgeladene Körnlein, – und der viele Früchte tragen soll. Wir alle sollen im himmlischen Sinne fruchtbar sein; diese Möglichkeit steht uns allen bei gutem Willen offen.

In dieser Botschaft Jakob Lorbers, die nichts anderes ist als eine ganz tiefe Erklärung oder Aufschließung der Heiligen Schrift, kommt die umfassende ganzheitsbezogene Tiefenpsychologie des Menschen zum Vorschein, die in der Lehre Jesu im Neuen Testament verborgen liegt. Das unvergängliche Wesen des Menschen wird hier offenbar.

Das ist etwas völlig anderes als der ausweglose schauerliche Abgrund materialistisch orientierter Teilwahrheiten in wissenschaftlicher Verbrämung, deren Ende der Tod ist.

Hier wird vielmehr das Mysterium einer uns unbegreiflich erscheinenden Liebe sichtbar, die uns erlöst, heilt und im Geiste erneuert zur herrlichen Freiheit der Kinder Gottes. Diese Liebe des Vaters in Jesus geht aus vom Zentrum der höchsten Personalität, die es geben kann, und ist für jeden einzelnen von uns in seiner individuellen Einmaligkeit bestimmt. Jesus ist jeder im Geiste wiedergeborenen Seele so nah, als ob es nur diese eine Seele und Ihn gäbe.

Das ist das große Wunder der himmlischen Welt: Der Herr schenkt jedem einzelnen Menschen Seine einzigartige Liebe und verliert dabei nichts von Seiner unendlichen geistigen Fülle. Er kann unendlichfältig »Du« sein für einen jeden von uns, wir müssen uns nur öffnen.

8. Das Gleichnis von den Hohlspiegeln

Die geistige Welt, das Reich Gottes, die Himmel sind letztlich in unserer kargen Sprache nicht auszudrücken. »Kein Auge hat je gesehen, kein Ohr hat es je gehört, was Gott denen bereitet hat, die ihn lieben«, heißt es in der Heiligen Schrift. Jesus hat, um dieses Unaussprechliche den Erdenmenschen um die Fülle der Zeit klarzumachen, gern in Gleichnissen gesprochen. Durch diese Entsprechungen wurde es möglich, himmlische Geheimnisse im Worte Gottes offenbar zu machen, vielen die »geistige Sehe« zu öffnen, wie Jakob Lorber es ausdrückt. Erinnert sei an das Gleichnis vom Senfkorn, der kostbaren Perle oder dem Schatz im Acker. Angesprochen wird hierdurch immer wieder der Zustand unseres Inneren, weniger die Örtlichkeit, wenngleich auch diese miteinbezogen ist.

Geistig erleuchtete Menschen früherer Zeiten, sozusagen Vorläufer Jesu, sprachen auch häufiger in Gleichnissen, weil sich nur von daher im Entsprechungssinne Geistiges ausdrücken läßt. Platons Höhlengleichnis erlangte in diesem Sinne große Berühmtheit.

In der Jesuslehre durch Jakob Lorber erfahren wir immer aufs neue in Gleichnissen Entschlüsselungen göttlicher Geheimnisse. Ein Gleichnis, durch das die persönlich-wesenhafte Allgegenwart des Herrn verdeutlicht wird, das Spiegel- bzw. Hohlspiegelgleichnis, verdiente es wahrhaftig, unter den Menschen bekannter zu werden, übertrifft es doch an Deutlichkeit und Bestimmtheit der Aussagekraft das Platonsche Höhlengleichnis. Dieses

Gleichnis befindet sich im Jenseitswerk »Die geistige Sonne« Band I, Kap. 60. Jesus erklärt da einer Gesellschaft von seligen Geistern – Er belehrt den Sprecher dieser Gesellschaft und damit alle anderen mit – dieses unbegreifliche Geheimnis. Es soll hier wegen seiner Leuchtkraft wörtlich aufgenommen werden:

»Da sieh einmal empor und betrachte diese von hier aus gar nieder stehende Sonne. In dieser Sonne bin Ich ureigentümlich vollkommen zu Hause. Diese Sonne befindet sich im ewigen unverrückten Zentrum Meines göttlichen Seins. Die Strahlen, die aus dieser Sonne ausgehen, erfüllen in ihrer Art die ganze Unendlichkeit und sind in sich selbst nichts anderes als Mein Liebewille und die aus demselben ewig gleichfort ausgehende Weisheit. Diese Strahlen sind demnach allenthalben vollkommen lebendig und sind allenthalben vollkommen gleich Meiner Wesenheit.

Wo immer demnach ein solcher Strahl hinfällt, da bin Ich Selbst also wie in der Sonne ganz vollkommen gegenwärtig, nicht nur allein wirkend, sondern auch persönlich; und diese Persönlichkeit ist demnach auch allenthalben eine und dieselbe. Wo du hier nur immer hingehen willst, da wirst du Mich auch allenthalben vollkommen zu Hause antreffen. Gehe in welches dieser dir sichtbaren kleinen Wohnhäuser du nur immer willst, und du kannst versichert sein, daß du Mich in einem jeden als vollkommenen Hausherrn antreffen wirst.

Du sagst zwar jetzt, auf diese Weise sei Ich denn doch nicht der eigentliche Grund-Christus, der da auf der Erde gewandelt und gelehrt hatte, sondern nur ein lebendiges und vollkommenes Abbild desselben und wohne an und für sich dennoch im unzugänglichen Lichte. Du sagst noch ferner: Wenn es sich mit der Sache also verhält, so kommt da ja offenbar eine Vielgötterei heraus.

Höre, mein lieber Freund, Bruder und Sohn! Du denkst in dieser Hinsicht noch naturmäßig; wenn du aber erst vollends inwendig geistig denken wirst, so wird dir diese Sache ganz anders vorkommen. Damit du aber aus deinem naturmäßigen Denken desto leichter in das geistige eingehst, so will Ich dich durch naturmäßige Beispiele dahin leiten. –

Siehe, auf der Welt sahst du nur eine Sonne, wenn du aber

gegen die Sonne einen Spiegel hieltest, so war dieselbe Sonne auch im Spiegel, und du kannst unmöglich behaupten, daß die im Spiegel vorhandene Sonne eine andere war als diejenige, die am Himmel leuchtet. Wenn du aber mehrere tausend solcher Spiegel aufgestellt hättest, hättest du da nicht in einem jeden Spiegel eine vollkommene Sonne erblickt, welche ein ebenso starkes Licht und eine ganz gleiche Wärme dich verspüren ließe?

Du sagst, solches müsse allerdings der Fall sein. – Ich will dir aber noch ein stärkeres Beispiel geben.

Du wirst auf der Erde öfter von der Wirkung der sogenannten großen Hohlspiegel gehört haben. Du sprichst: O ja, ich war selbst einmal im Besitze eines solchen. – Wenn du die Strahlen der Sonne mit einem solchen Spiegel auffängst, so werden sie in ihrer Widerstrahlung aus dem Spiegel oft um mehr als das Tausendfache heftiger wirkend, denn die eigentlichen Strahlen aus der wirklichen Natursonne.

Wenn du von solchen Spiegeln auch mehrere Tausende der Sonne gegenüber aufstellst, so wirst du bei dieser Gelegenheit von einem jeden einzelnen dieselbe heftige Wirkung wahrnehmen. Solches ist sicher und vollkommen wahr.

Was wirkt denn aber aus all diesen Spiegeln? Siehe, nichts anderes als stets eine und dieselbe Sonne, welche du durch diese bedeutende Spiegelanzahl vervielfältigt hast. Nun aber frage Ich dich: Ist durch diese Vervielfältigung wohl im Ernste die Sonne vervielfältigt worden oder nur deren Wirkung? Du sagst nun: Allerdings nur die Wirkung. Gut, sage Ich dir: Wie viele Sonnen aber hattest du demnach in deinen Spiegeln? Du sprichst: Dem Spiegel nach genommen so viele, als da Spiegel waren; aber der Sonne nach genommen hatte Ich immer nur eine und dieselbe. –

Nun siehe, was da dieses naturmäßige Beispiel zeigt, das stellt sich hier in der größten lebendigen Wirklichkeit und Fülle dar.

Du sagst zwar in dir: Solches sehe ich jetzt wohl ein; wenn man aber dessenungeachtet jede Spiegelsonne untersuchen und ihr näher kommen wollte, um eben die Sonne in ihrem eigentümlichen Wesen kennenzulernen, so werden einem dabei all die Spiegelsonnen nichts nützen, und der Sonne eigentliche Wesenheit bleibt dem forschenden Auge dennoch fremd.

Solches ist richtig; was hättest aber du samt der Erde dabei gewonnen, wenn sich die eigentliche Sonne der Erde und dir also genähert hätte, wie du sie dir mittels des Spiegels genähert hast? Siehe, da wäre wohl die ganze Erde samt dir augenblicklich wie ein kleiner Wassertropfen auf einem weißglühenden Eisen aufgelöst worden. Was hätte dir dann die Annäherung der wirklichen Sonne genützt?

Siehe, bei weitem mehr ist solches mit dieser Meiner Sonne der Fall. Sie muß ewig in einem unzugänglichen Zentrum stehen, dem sich kein Wesen über die bestimmte Ordnung nahen kann; denn jede Annäherung über das bestimmte Maß würde jedem Wesen die völlige Vernichtung bringen. Solches wurde auch dem Moses gesagt, als er Gottes Angesicht schauen wollte; denn unter »Schauen« mußt du hier nicht das Wahrnehmen mit den Augen verstehen, sondern das sich völlige Nahen dem Grundwesen der Gottheit.

Siehe nun, wenn Ich aber Einer und Derselbe bin, wie Ich bin in der Sonne, und bin aber vor dir also, daß du dich Mir vollkommen nahen kannst, wie ein Bruder dem andern, – ist solches nicht mehr wert? Und ist das nicht mehr Liebe und Erbarmung, als so du dich dieser Sonne wirklich nahen könntest, von ihr aber dann bei deiner Annäherung vernichtet würdest?

Ferner, wie unvollkommen glücklich wärest du und Ich, wenn es Mir nicht möglich wäre, Mich Selbst als Vater überallhin in Meiner ganzen Fülle persönlich wesenhaft zu versetzen, wo immer Meine Kinder sind.

Siehe, der Himmel ist unendlich! Wäre Mir eine solche wesenhafte, Meiner Einheit völlig unbeschadete endlose Vervielfachung nicht möglich, wie verwaist wären da Meine Kinder und wie allein dastehend wäre Ich Selbst mitten unter ihnen?

Daß Ich aber vollkommen Derselbe bin und habe dasselbe lebendige göttliche Bewußtsein und alle die göttliche Liebe,

Weisheit und Machtfülle, solches kannst du ja daraus entnehmen, daß Ich dich persönlich wesenhaft hierhergeführt und habe dir gezeigt auf diesem Wege die Macht Meiner Liebe, Meiner Weisheit und Meines vollkommenen göttlichen Wollens. Wenn dir dieses alles noch nicht genügen sollte, so denke dir, was du willst, und Ich will es, daß es sogleich als erschaffen vor dir erscheine.

Siehe, du wolltest eine dir bekannte Erdgegend. Da sieh hin vor dich; Ich habe sie schon, dir sichtbar und fühlbar, geschaffen!

Du sprichst jetzt: Wahrlich, solches kann nur der alleinige Gott tun! – Gut, sage Ich dir; also wirst du aber auch einsehen, daß Ich, der Ich hier vor dir stehe und dir die Wunder Meines Seins enthülle, vollkommen Derselbe bin, der Ich dort urwesentlich ewig bin in jener Sonne!

Du sprichst: Ja, solches glaube ich nun völlig. Aber wenn ich nun zu einem anderen Hause ginge, Du aber hier bliebest, und ich träfe dort offenbar ein zweites Wesen, mit Dir eines und desselben Ursprungs, wird dasselbe wohl vollkommen mit Dir eins sein, und wird es Dir gleichen in allem?

Ich sage dir: Das kommt von deiner Seite nur auf einen Versuch an. Ich will denn machen, daß du gedankenschnell dort in tiefer Ferne von hier dich bei einem Hause, wie das da ist, befindest. Ich aber werde hier verweilen, und deine Gesellschaft soll dir davon Zeugnis geben bei deiner Rückkunft; und du magst es Mir dann kundgeben, ob du Mich dort vollkommen wiedergefunden hast oder nicht. – Und so denn, sei dort! – – –

Nun siehe, Mein lieber Freund, Bruder und Sohn! Du bist nun hier, wie du siehst, im tiefen Morgen; das kannst du erkennen, wenn du dich nach allen Seiten umsiehst und nichts anderes mehr erblickst, auch deine Gesellschaft nicht, als nur den endlos weitgedehnten Morgen mit seinen Wohnungen. – Sage Mir nun, bin Ich hier nicht ganz Derselbe?

Siehe, also muß es ja sein; und wäre es nicht also, da wäre sogar nie etwas erschaffen worden, und kein Mensch wäre als solcher denkbar! Denn das Leben eines jeden Menschen ist ja eben auch nur ein Mir vollkommen ebenbildliches. Und wenn ein Mensch nach Meinem Worte gelebt hat, oder wenn Millionen also gelebt haben, kann da nur einer aus ihnen sagen: Christus lebt in mir, oder können das nicht alle zahllosen Gerechten sagen? Wenn aber alle solches sagen können, bin Ich darum ein geteilter Christus in ihnen oder ein ewig ungeteilter?

Ich bin ewig immer Einer und Derselbe in eines jeden Menschen Herzen. Und wenn Millionen und Millionen ihre Herzen mit Mir erfüllt haben, und zwar ein jeder für sich vollkommen, so hat deswegen nicht ein jeder für sich einen eigentümlichen, anderen Christus, sondern in eines jeden Herzen wohnt ein und derselbe Christus vollkommen! – Nun, was sagst du jetzt? Bin Ich hier nicht vollkommen derjenige, als den du Mich dort bei deiner Gesellschaft verließest?

Du sprichst: Ja Herr! Du bist vollkommen Ein und Derselbe und ist da kein Unterschied weder in der Gestalt noch im Worte, noch in Deinem göttlichen Wollen; und ich kann mir nichts anderes denken, als Du wärest in gleicher Schnelligkeit mit mir hierhergezogen! – Ja, so erscheint es dir wohl; aber wie Ich dir gesagt habe, daß dir bei deiner Zurückkunft deine Gesellschaft über Meine dortige beständige Gegenwart Zeugnis geben wird, also wirst du es auch sogleich erfahren. Ich sage dir daher: Sei wieder dort! – Nun siehe, du bist ja schon wieder hier; nun sage Mir, wie du Mich denn dort gefunden?

Du sprichst: Du warst ja selbst dort, wie Du hier bist, und war nicht der leiseste Unterschied. Ich sage dir: Das ist richtig; aber nun frage auch deine Gesellschaft, ob Ich Mich unterdessen von hier entfernt habe? Siehe, die Gesellschaft spricht: Nicht im geringsten, im Gegenteil hat der Herr zu uns gesprochen, wie es dir nun dort ergeht. Nun siehe, du machst jetzt große Augen und verwunderst dich darüber. Ich sage dir aber, daß solches nicht weniger als wunderbar ist, sondern es ist vollkommen geordnet.

Wärest du auf der Welt ein Optiker gewesen, so wäre dir solches noch anschaulicher begreiflich. – Wie kommt es denn, daß mehrere Menschen für sich einen und denselben Gegenstand nur als den einen erschauen, und dennoch sieht ein jeder einzelne nur den seinigen? Siehe, das liegt im Auge des Menschen.

Von dem Gegenstand gehen nach allen Richtungen Strahlen aus und ein jeder nimmt das Strahlenbild in sein Auge auf. Ein jeder beschaut dann in sich nur dieses aufgenommene Strahlenbild, welches in allem dem beschauten Gegenstande vollkommen ähnlich ist.

Ist deswegen der Gegenstand vervielfacht oder zerrissen worden, wenn ihn jeder als denselben in sich erschaut? Du sprichst: Mitnichten. – Siehe, also ist es auch hier der Fall lebendig, was auf der Welt nur naturmäßig und somit auch tot erscheinlich ist.« –

Am Ende dieses Gleichnisses weist Jesus darauf hin, daß es sich letztlich nur um ein Gleichnis aus der naturmäßigen Welt handelt, das aber eine geistige Entsprechung hat und in potenzierter Form im Jenseits Wirklichkeit ist.

In ähnlicher Weise gleichnishaft äußert sich Jesus im fünften Band vom »Großen Evangelium Johannes« Kap. 14. Auch hier wird wieder das Hohlspiegelgleichnis angeführt und mit dem Spiegel unserer Seele verglichen. Der Mensch mit solch einem Seelenspiegel erkennt dann bald in größter und lebendigster Klarheit Dinge, von denen ein gewöhnlicher Mensch wohl nie einen Traum haben kann. Jesus sagt wörtlich in Vers 10 ff.: »Ein solcher Mensch wird dann auch stets mehr und mehr Mensch; und je mehr und mehr Mensch er wird, desto vollendeter wird er auch in sich. Und wenn mit der gerechten Weile sich sein Lebensspiegelumfang oder -durchmesser mehr und mehr ausgedehnt und an Tiefe gegen das Lebenszentrum zugenommen hat, so wird der nach außen wirkende und um vieles größer und lichtdichter gewordene Brennpunkt auch sicher noch um vieles Größeres bewirken als Mein für alle Kreatur genauest abgegrenztes Sonnenlicht, von dem auf dem ordnungsmäßigen und natürlichen Wege nie ein gewisses außerordentliches Mehr zu erwarten ist und man nicht annehmen kann, daß der Sonne ganz natürliches auf diese Erde fallendes Licht je einen Diamanten schmelzen wird, wohl aber der verdichtete Lichtstrahl aus einem großen sogenannten magischen Spiegel.

Gerade also aber verhält es sich dann auch mit einem höchst

vollendeten Menschen, von dem Ich früher gesagt habe, daß er noch Größeres leisten werde denn Ich. Ich leiste nur alles nach der von Ewigkeit her genauest abgewogenen Ordnung, und es muß die Erde in der bestimmtesten Entfernung von der Sonne ihre Bahn halten, in der sie im allgemeinen stets unter einem gleichen Lichtgrade steht.

Ich kann somit wohl leicht einsichtlich nie irgendeinmal des Wissens oder etwa gar eines Scherzes halber mit Meines Willens Allmacht diese oder eine andere Erde ganz knapp an die Sonne hinsetzen; denn ein solcher Versuch würde diese ganze Erde ehest in einen puren weißlichblauen Dunst verwandeln.

Aber ihr Menschen könnet durch derlei Spiegel auf dieser Erde der Sonne zerstreutes Licht auf einen Punkt zusammenziehen und dessen Kraft an kleinen Teilen der Erde versuchen und tuet dadurch schon, naturmäßig betrachtet, mit dem Lichte aus der Sonne ein Mehreres und Größeres denn Ich, – um wieviel mehr mit Meinem Geisteslichte aus dem vollkommensten Demutshohlspiegel eurer Seele!

Ja, Meine wahren Kinder werden Dinge zustande bringen und Taten vollziehen in ihren kleineren Bezirken, die an und für sich offenbar in dem Verhältnismaße Meinen Taten gegenüber größer sein müssen, weil sie nebst der vollendeten Erfüllung Meines Willens auch nach ihrem freiesten Willen, in dem sich Mein Licht bis zu einer unaussprechlichen Potenz verdichten kann, zu handeln vermögen und dadurch in einem kleinen Bezirk mit der allerintensivsten Feuermacht Meines innersten Wollens Taten verrichten können, die Ich der Erhaltung der ganzen Schöpfung wegen nie verrichten darf, wenn Ich es freilich wohl auch könnte.«

Im zehnten Band vom »Großen Evangelium« (195,9 ff.) betont Jesus noch einmal, daß es sich um einen Vergleich handelt, den man entsprechungsmäßig in die geistige Welt übertragen muß. Er äußert: »Freilich ist der Spiegel nur ein sehr matter Vergleich, weil er an und für sich tot ist und daher nur die toten Formen der ihm gegenüberstehenden Dinge repräsentieren kann. – Die Seele aber ist ein lebendiger Spiegel.« . . . »Solange die Seele zwar in dieser Welt noch lebt, bleibt in ihr dieses Vermögen noch unvollkommen, und sie weiß am Ende selbst nicht, was sie damit machen soll; wenn sie aber einmal von dieser Welt gänzlich befreit ist, so wird sie dessen schon in einem immer höheren Grade innewerden, was sie mit diesem Vermögen zu tun hat.«

9. Die Hölle und Gottes Liebe

»Denn Gott gefiel es, in ihm
die ganze Fülle wohnen zu lassen
und durch ihn alles auf ihn hin
zu versöhnen, indem er Frieden
stiftete durch das Blut seines Kreuzes.«
1. Kol. Brief 1, 19.20

Wir sprachen in den vorhergehenden Kapiteln häufiger von der »Liebesgeschichte Gottes mit Seinen Geschöpfen« und erfuhren dabei, daß Er die Liebe schlechthin ist in einem für uns nicht zu begreifenden Ausmaß. Sein Ziel ist die Rettung eines jeden aus Ihm herausgestellten personalen Wesens, das in den tiefen Sturz der Ursünde geriet, freilich durch die eigene, in Willensfreiheit gefällte Entscheidung. Wir haben gesehen, zu welch universalen Mitteln die Ewige Liebe griff, um die Gefallenen zu retten. Welch ein Widerspruch hierzu wäre da der Gedanke an die Möglichkeit einer ewigen qualvollen Verbannung in die Finsternis der Gottesferne ohne Möglichkeit einer Rückkehr und Begnadigung, eine ewige Verdammnis.

Während die Menschen der Urchristenheit in dem Jubelruf »Marana tha«, »Unser Herr, komm!« ihrer Sehnsucht zum Herrn Ausdruck gaben, schreckte im Mittelalter bis in den Beginn der Neuzeit hinein das furchtbare »Dies irae« die Menschen auf und erfüllte sie mit Angst und Grauen. Was war aus der Frohbotschaft geworden, von der Erlösung, Gnade und Wiedergeburt angesichts einer drohenden Möglichkeit ewiger Verwerfung? Die eigentliche Lebensäußerung des Christentums ist doch der Atem der Hoffnung und der Freude; wie konnte das vergessen werden und sich in Angst und Beben verwandeln vor Ihm, der uns das Heil brachte? Ein purer Moralismus hatte den großen Atem der Hoffnung und Liebe verdrängt.

Nach der offiziellen Lehre der Kirche in allen Konfessionen

gibt es eine ewige Verdammnis. Jeder Versuch einer Auflockerung dieser Lehre innerhalb der katholischen Kirche gelangte zu einer Verurteilung, wobei als entscheidendes Motiv ganz sicher die seelsorgerische Verantwortung maßgebend war. Wohl kam es innerhalb der katholischen Dogmatik zur Ausbildung der Lehre vom Fegfeuer, welche die evangelische Kirche in dieser Form nicht kennt.

Charakteristisch für die religiöse Lage der Gegenwart in ihrer Verflachung ist hingegen, daß die sogenannten »Letzten Dinge« des Menschen geflissentlich übergangen werden. Der aufgeklärte, in Wahrheit aber metaphysisch erblindete Mensch der Gegenwart kennt nur innerweltliche Erwartungen und kommt mit seinem Blick über die Endlichkeit nicht hinaus.

In den ersten christlichen Jahrhunderten, als unter dem Alexandriner Origenes, dem größten altchristlichen Theologen (2.–3. Jh.), der erste große Versuch einer Systematisierung des christlichen Gedankengutes gemacht wurde (»Peri Archon«*), brachte dieser den Gedanken vor, der seitdem im Laufe der Geschichte der Kirche immer wieder auftauchte, – am Ende müsse es aus der Logik Gottes mit Seiner Geschichte heraus zu einer Allversöhnung kommen. »Apokatastasis ton Hapanton« nannte sich dieser Begriff. Origenes vermochte die Hoffnung nicht gänzlich aufzugeben, daß in dem Leiden Gottes die Realität des Bösen aufgefangen, aufgearbeitet sei und ihre Endgültigkeit verloren habe. Bedenken wir die Unbegreiflichkeit dieser Liebestat des Unendlichen, Ewigen, der sich bis zur Rechtlosigkeit entäußert hatte, bis zur Preisgabe Seines unsertwillen angenommenen menschlichen Lebens.

In dieser Hoffnung folgten Origenes eine Reihe von Großen aus der Väterzeit, wie Gregor von Nyssa, Didymus, Diodor von Tarsus, Theodor von Mopsuestia, Euagrius Ponticus, um nur einige zu nennen, und zeitweise Hieronymus. In den ersten christlichen Jahrhunderten wurde diese Möglichkeit einer »Wiederherstellung alles Geschaffenen« weitgehend geglaubt. Dieser

* Peri Archon = lat. De principiis, »Über den Ursprung«, eine Frühschrift des Origenes.

Gedanke an die Apokatastasis ton Hapanton als Möglichkeit der Wiederherstellung alles Geschaffenen blieb bis in die heutige Zeit hinein wirksam in der Ostkirche, in Kreisen des pietistischen Protestantismus, bis in katholische Theologenkreise hinein.

Seit Augustinus in seinem Werk »Der Gottesstaat« den niemals endenden Fortgang der Höllenstrafe lehrte, ist ihm die offizielle Kirche in dieser Lehre überwiegend gefolgt. Dabei mag aber doch eingeworfen werden, daß Augustinus Lehren verkündet hat, von denen kirchliche Stellen mehr und mehr abrückten, weil er damit großes Unglück angerichtet hatte; beispielsweise bezüglich seiner Lehre von der ewigen Verdammnis der ungetauften Kinder, oder der folgenschweren Prädestinationslehre, die auf Jahrhunderte das Leben von Christen der reformatorischen und auch gegenreformatorischen Zeit verdüstert hat, womit die unverzichtbare christliche Wahrheit von der Willensfreiheit des Menschen verdunkelt bzw. geleugnet wurde.

Bezüglich dieser beiden konträren Lehren, die sich beide auf die Bibel berufen, äußert der bekannte evangelische Theologe Adolf Köberle in seinem Aufsatz »Allversöhnung oder ewige Verdammnis?« (Verlag Herder, Freiburg, »Vom Leben nach dem Sterben«): »In der urchristlichen Botschaft laufen Worte von der Möglichkeit eines ewigen Verlorengehens und Verheißungsworte von der Wiederbringung aller Dinge nebeneinander her. Im Mathematik-Unterricht haben wir einmal gelernt, daß Parallelen sich im Unendlichen schneiden. Als Schulkinder haben wir uns darunter nicht allzuviel vorstellen können. Jetzt aber mag die Erinnerung daran hilfreich und bedeutsam sein.«

Der katholische Schweizer Theologe Urs von Balthasar äußert hierzu (Verbum Caro, Johannes-Verlag, Einsiedeln, Seite 289): »Das menschliche Denken drängt freilich immer auf ›Systematik‹; die Schrift aber läßt den möglichen, ja wirklichen doppelten Ausgang des Gerichtes ›unversöhnt‹ stehen neben den Ausblikken in eine Allversöhnung, und es gibt keine Möglichkeit, die eine Linie der andern unterzuordnen.«

Wenige Sätze vorher, im gleichen Kapitel, gibt er zu bedenken: »Wo nicht mehr Christus, der Erlöserrichter, das Eschaton (das Entscheidende) ist, sondern über die Gerichtsausgänge als wißbare ›Gegenstände‹ verfügt wird, da muß der Charakter des Glaubens (als einer liebend-vertrauenden Unterwerfung der Gesamtperson unter die personale Gotteswahrheit des Vaters im Sohn) notwendig zu einem intellektuellen, neutralen Akt werden, der indifferent Heils- wie Unheilswahrheiten umfaßt, und somit *nur* dort, wo er sich auf eine Heilswahrheit richtet, die Liebe und Hoffnung und das Vertrauen miteinschließen kann. Damit hängt auch ein seltsam verkümmerter Hoffnungsbegriff aufs engste zusammen, da es nun gegen den Glauben zu sein scheint, auf die Rettung aller Menschen zu hoffen (was doch in fühlbaren Konflikt kommt mit dem biblischen Hoffnungsbegriff).« Urs von Balthasar ist schließlich der Ansicht, »durch diese Vorentscheidung über eine bedeutsamste Linie von Schrifttexten, welche die Erlösung aller in den Bereich des Erhoffbaren (aber niemals Wißbaren!) stellen, werde in einem Sinne entschieden, der ihrer Aussage etwas von der klar vorhandenen Kraft wegnehme«.

Kein Geringerer als Joseph Ratzinger kommt in seiner »Kleinen katholischen Dogmatik«, Seite 178f. zu dem Schluß: »Hoffnung kommt nicht aus der neutralen Logik des Systems, sondern aus der Preisgabe der Harmlosigkeit und dem Bestehen der Realität an der Seite Jesu Christi. Solche Hoffnung aber wird nicht zu eigenmächtiger Behauptung. Sie läßt sie dort. Das Dogma behält seinen realen Gehalt; der Gedanke der Barmherzigkeit, der es in der einen und anderen Form während der ganzen Geschichte begleitete, wird nicht zur Theorie, sondern zum Gebet des leidenden und hoffenden Glaubens.«

Adolf Köberle rät am Schluß seines erwähnten Beitrags in dem erwähnten Buch: »Lebe, was dich persönlich betrifft, als ob es keine Allversöhnung für dich geben wird! Und wage gleichzeitig zu hoffen, daß Gott alle retten kann, die in dieser Weltzeit durch eigene oder fremde Schuld davon abgehalten worden sind, Ihm (Christus) zu begegnen . . .« – »Mit einem Wort von Christoph Blumhardt dürfen wir darum bitten, daß die ganze Erde, die ganze Totenwelt in die Hand Jesu kommt.«

Viele denkende Menschen und Heilige haben sich um diese Gedanken gequält. Péguy, Bernanos und Claudel, Mystiker und Heilige wie die beiden Mechthilden, Gertrud, Brigitta, Theresa, Johannes vom Kreuz, und auch Eckehart, Nikolaus von Kues und andere viele, die von der Gottesfinsternis erfuhren. Theresia von Lisieux hat stellvertretend für andere in neuester Zeit diese geistige Finsternis der Gottesferne im Glauben durchlebt, gilt sie doch geradezu in der Kirche als Opferseele für die Atheisten unserer Zeit. Seit diesem Licht von Lisieux brach ein Hoffnungsschimmer durch.

Indem wir uns nun wieder unserem Gedankenkreis zuwenden, fragen wir uns: Was kann die ewige Seligkeit einer wiedergeborenen Seele bedeuten, wenn sie eine ihr nahestehende Person in der ewigen Höllenpein wüßte? Könnte es für einen solchen Himmelsbürger, der ja ganz von der göttlichen Liebe durchdrungen ist, unter solchen Umständen überhaupt eine echte Seligkeit geben? Fällt uns da nicht das Wort Jesu ein, als die Jünger bestürzt fragen, wer unter solchen Umständen überhaupt gerettet werden könne, als von den Schwierigkeiten der Reichen mit dem Himmel die Rede war? Da antwortete ihnen Jesus: »Bei den Menschen ist's unmöglich, bei Gott aber ist alles möglich!« Hat er uns das nicht zum Trost auch im Hinblick auf diese Dinge gesagt?

Was aber bedeutet für uns zeitgebundene Wesen das Wort »ewig«. Sagt nicht sogar die verbal oft so unerbittliche Kirche in ihrem Gebet »von Ewigkeit zu Ewigkeit« (per omnia saecula saeculorum)? Und es kann doch letztlich nur eine Ewigkeit geben? Ist dieses Wort »ewig« nicht in einer Zeit geprägt worden, wo man sich der Unendlichkeit dieses Begriffs noch nicht so recht bewußt war?

Der bekannte Schweizer Atomphysiker Max Thürkauf bemerkt in seinem Buch »Christuswärts«, wie er selbst sagt, als »blökender Laie«: »Die ewige Verdammnis, welche manchem Exegeten theologisch haltbar ist, soll nicht als eine Strafe von unendlich langer Dauer, sondern als eine solche, die in der Ewigkeit – also in der Zeitlosigkeit – vollzogen wird, verstanden werden. In der Zeitlosigkeit ist eine unendliche Zeit gegenstandslos.«

Im zehnten Band vom »Großen Evangelium Johannes« 155,1 ff. erklärt Jesus Seinen Jüngern den Begriff der Ewigkeit, wobei Er auch das Wort vom »Jüngsten Tag« erläutert: »Daß Ich aber mit euch noch nie von einem allgemeinen Erweckungs- und Gerichtstage gesprochen habe, dessen werdet ihr euch alle wohl zu erinnern wissen, – wohl aber von einem speziellen jüngsten Tag für einen jeden Menschen, und das in dem Augenblick, in dem seine Seele die fleischlich-irdische Probehülle verlassen wird. Aber freilich wird diese Erweckung nicht jedem zum sofortigen ewigen Leben verhelfen, sondern auch umgekehrt zum ewigen Tode, wobei aber wohl zu bemerken ist, daß ihr das Wort ›ewig‹ nicht als eine endlos fortdauernde Zeit betrachtet, so wie auch die Unendlichkeit Meines Schöpfungsraumes sich nicht ausschließlich auf diesen Raum bezieht, der freilich wohl nirgends einen Anfang und ein Ende hat gleichwie Gott Selbst, von dem dieser Raum ausgeht und allenthalben erfüllt ist mit den Werken Seiner Liebe, Weisheit und der Macht Seines Willens nach allen Richtungen hin.

Die Ewigkeit entspricht wohl der Zeitendauer in den materiellen Welten; aber jenseits im Geiste ist sie das, was hier die Zeit ist. Aber es ist damit durchaus nicht gesagt, daß in ihr keine Veränderung statthaben sollte, sondern nur das ist damit angezeigt, daß die Wahrheit und das Leben ewig und unveränderlich gleich ist, und das Falsche und Unwahre bleibt denn als Gegensatz zu dem ewigen Wahrheitslichte und Leben demnach auch ewig, ohne daß ein Wesen dadurch auch gezwungen wäre, ewig in diesem Widersatze (Widersetzung) zu verbleiben . . . So Ich denn von der Ewigkeit und Unendlichkeit rede, so müßt ihr dies auch in dem rechten Sinne verstehen, nicht aber, wie es euch euer kurzsichtiger Weltverstand eingibt.«

Was den »Jüngsten Tag« betrifft, so hat in der Heiligen Schrift Jesus, als Lazarus gestorben war, Martha von Bethanien berichtigt, als diese zu Ihm in traditionellen Vorstellungen der Pharisäer befangen, äußerte: »Ich weiß wohl, daß Lazarus auferstehen wird in der Auferstehung am jüngsten Tage.« Daraufhin entgegnet ihr Jesus: »Ich bin die Auferstehung und das Leben! Wer an mich glaubt, der wird leben, ob er gleich stürbe. Und wer da lebt und glaubt an mich, der wird nimmermehr sterben« (Joh. 11,25 ff.).

Im Auftrag des Herrn spricht im Jenseits ein erweckter Geist zu verängstigten Seelen, die den »Jüngsten Tag« erwarten, an dem sie erweckt und gerichtet werden (»Robert Blum« II 238,2 ff.): »Das Gotteswort selbst und die uns verliehene Willensfreiheit sind das, was uns richtet, sonst wären wir Steine ohne Leben. Haben wir uns aber aus freiem Willen den Todesstoß gegeben und können uns dann von selbst nicht mehr helfen, so kommt der Vater von oben mit Seinen Engeln und hilft den Toten wieder zum Leben! Wenn die ›Toten im Geiste‹ dann wieder zum ewigen Leben erwachen in und bei Gott, so ist das für jeden Erwachten ein wahrhaft jüngster Tag. Darum fürchtet euch nicht mehr so albern vor einem gewissen Schreckenstag, der in dieser geistigen Welt nimmer zum Vorschein kommen wird. Heißt es denn nicht in der Schrift: ›Und ich, spricht der Herr, werde ihn am Jüngsten Tage erwecken!‹ und nicht: ›Ich werde ihn am Jüngsten Tage umbringen und verdammen!‹

Uns Menschen hat Gott der Herr für das Licht erschaffen und nicht für eine ewige Todes- und Qualnacht. Und so erweckt Er Selbst auch alle, die im Tode noch begraben liegen. Seid daher weise und laßt euch belehren!«

Der »jüngste Tag« ist also für jeden Menschen der erste, den er nach Ablegen der irdischen Hülle als »Seelengeist« in der geistigen Welt zubringt, und in höherem Sinne der Tag, an dem er als »Toter im Geiste« zum ewigen Leben in und bei Gott erwacht.

Wie kann man es wagen, etwas Verbindliches über diese ernsten Dinge zu äußern! Aus eigenem Wissen, vom Hirnverstand her ist es unmöglich, darum sind auch so viele theologische Antworten unbefriedigend. Aber wir dürfen gläubigen Herzens jenen Begnadeten vertrauen, die ihr Wissen vom Herrn empfangen haben und die ihre vom Herrn empfangenen Worte an uns weitergeben. Wir erinnern uns an jenes Jakob Lorber geoffenbarte Wort im sechsten Band vom »Großen Evangelium Johannes«, als Jesus uns alle auffordert, wir sollten uns das tief ins Herz schreiben: (13,10) »Hier im Erdenleben zählt eine Stunde mehr als dort (im Geisterreich) tausend Jahre!«

Auch in der Offenbarung des Herrn an Jakob Lorber gibt es die Hölle, Zustand und Ort der Gottesferne in seiner ganzen Furchtbarkeit und Finsternis. Auch hier gibt es analog zu den anderen jenseitigen Reichen drei Stufen. Wie lange die Unglücklichen, die dort nach dem Tode ihres Leibes aus eigenem Willen hingelangt sind, dort weilen, können wir aus unserem zeitlich-räumlichen Denken nicht ermessen, denn im Jenseits gibt es keine Zeit mehr im irdischen Sinne. Jesus sagt im sechsten Band vom »Großen Evangelium Johannes« 204,11 ff.: »Wer die volle Wahrheit einer göttlichen Offenbarung annimmt und sie mit seinem Verstande klar einsieht, aber eigenwillig dagegen handelt, der sündigt und verdirbt dadurch sein Leben auch jenseits auf eine oft lange Zeitenfolge; denn er ist allen inneren Lichtes bar, da er weder seiner absoluten Vernunft noch der wohlverstandenen göttlichen Offenbarung willig Folge geleistet hat. Wenn aber eine Seele so durch ihr eigenes Verschulden in die dickste Lebensfinsternis gelangt, so kann ihr Gott mit Seiner Allmacht auch nicht helfen – so lange, bis sie zu einiger Selbsterkenntnis kommt.«

Warnend sagt Jesus weiter im »Großen Evangelium« VI 246,9: »Es stelle sich ja niemand vor, daß die allgemeine Umkehr (des Großen Weltenmenschen) in einem kurzen Zeitraum erfolgen werde, und daß die Einwohner der Hölle oder des Gerichtes etwa zu kurze Zeiten für ihre Untaten in ihrer selbstgeschaffenen Unordnung zu schmachten haben. Die Hartnäckigsten werden am längsten und die früher in sich Gehenden weniger zu leiden haben.«

Aus diesen Worten können wir mehreres ersehen: Es ist nicht Gott, der die Menschen richtet und verdammt. Der Mensch verdammt und richtet sich selbst. Der Mensch ist in völliger Willensfreiheit geschaffen und bekommt das, was er wählt und am meisten liebt. Ist seine Liebe materieverhaftet und pervertiert, so geschieht ihm nach seiner freien Wahl. Der Mensch kann seine geistige Seele in der Materie vergraben und erleidet dann den »geistigen Tod«, bis er irgendwann anderen Sinnes wird. Grundsätzlich ist also der Aufenthalt in der Hölle nicht ewig vorgesehen. Gott gibt niemanden auf, Er läßt nichts unversucht, eine solch »verirrte Seele« zur Umkehr zu bringen, aber Er greift nicht in die Willensfreiheit eines Geschöpfes ein und ist doch auf die Umkehr des Verlorenen bedacht, denn Seine Liebe reicht auch bis in die Tiefe der Hölle, die Er ja nicht geschaffen hat, die das widerstrebende Geschöpf sich selbst bereitet hat. Auch die Hölle ist ein Seelenzustand, in dem sich ein Mensch schon auf dieser Erde befinden kann, wie auch im großen Jenseits Gottes, wo aber höllische Seelen doch auch örtlich zu ihresgleichen drängen.

Als Jesus Robert Blum im Jenseits den wahren Sinn des Gleichnisses vom reichen Prasser und armen Lazarus erklärt (»Robert Blum« I 30,6–10), spricht Er zu ihm: »Höre, Mein lieber Freund, meinst du denn, daß die Gottheit die Hölle so eingerichtet habe? Oh, da bist du in einem großen Irrtum! Siehe, das haben von alten Urzeiten her die argen Geister selbst getan. Die Gottheit hat es ihnen nur zugelassen, um sie nicht im geringsten zu beirren in ihrer Freiheit. Aber daß sie eine Hölle je erschaffen hätte, das kann in allen Himmeln kein Wesen sich auch nur im entferntesten Sinne denken; denn so die Gottheit eine Hölle erschaffen könnte, so müßte in Ihr auch Sünde und somit Böses sein, was für die Gottheit eine Unmöglichkeit wäre. Denn es ist nicht möglich, daß die Gottheit wider Ihre ewige Ordnung handeln könnte. Und so ist es auch unmöglich zu denken, daß die Gottheit aus Sich im eigentlichsten Sinn des Wortes eine Hölle erschaffen könnte. Aber zulassen kann und muß Sie es den freiesten Geistern, wenn sie aus der von ihnen ganz verkehrten ursprünglichen Gottesordnung heraus sich selbst Zustände bereiten, die allerdings sehr arg und schlimm sind! In der ganzen Unendlichkeit aber wirst du nirgends einen Ort finden, der da schon von der Gottheit aus als eine Hölle gestaltet wäre. Denn es gibt nirgends eine Hölle, außer im Menschen selbst. Wenn aber der Mensch ganz freiwillig in sich durch gänzliche

Nichtbeachtung des Gotteswortes die Hölle gestaltet und ausbildet und sich nimmer an die leichte Beachtung der Gottesgebote kehrt, was kann da die Gottheit dafür, so ein Geist Sie freiwillig flieht, verspottet und lästert?

Da aber die Gottheit allein das wahre Leben und auch das Licht allen Lichtes ist und sonach auch die alleinige wahre, vollste Seligkeit aller Wesen, so ist es auch wohl erklärlich, daß ein gottloser Zustand durchaus nichts Angenehmes an sich haben kann, da es ohne Gott kein Leben, kein Licht, kein Wahres und kein Gutes geben kann!

Ein Mensch aber, der die Gottheit verläßt und aus sich hinausschafft und keine mehr annehmen will, muß ja in sich eine wahre Hölle gestalten, die in allem böse und arg sein muß. Wenn es dann solch einem gottlosen Menschengeist notwendig sehr schlecht ergehen muß – und je länger er in dem gottlosen Zustand verharrt, desto schlechter –, da kann die Gottheit nichts dafür. Denn würde die Gottheit Sich durch Ihre Allmacht eines Wesens trotzdem bemächtigen, obschon das Wesen aus seinem eigenen freiesten Willen Ihr auf das hartnäckigste widerstrebt, so würde das solch ein Wesen augenblicklich gänzlich vernichten, was wider alle göttliche Ordnung wäre.

Denn wenn die Gottheit nur ein kleinstes Wesen vernichten möchte, das einmal aus Ihr heraus freigestellt ward, so wäre das ein Anfang zur gänzlichen Vernichtung aller Wesen. Wenn aber die Gottheit Ihre Ordnung für ewig unwandelbar dahin feststellt, daß kein Wesen, möge es in der Folge sich gestalten wie es wolle, je vernichtet werden kann, so ist dadurch allen Wesen die ewige Fortdauer gesichert und zugleich auch für jedes Wesen die freie Möglichkeit, ein überglückliches werden zu können, aber auch so lange ein unglückliches zu verbleiben, als es selbst will!«

Als ein römischer Hauptmann Jesus fragt, was es mit der Hölle für eine Bewandtnis habe, antwortet ihm Jesus: (Gr. Ev. X 110,10 ff.): »Mein Freund, siehe, wie der Himmel allenthalben ist, wo es gute und Mir liebe und wohlgefällige Menschen gibt, so ist auch die Hölle überall, wo es Gottesverächter, Feinde alles Guten und Wahren, Lügner, Betrüger, arge Diebe, Räuber,

Mörder, Geizige, weltehrsüchtige Herrschgier und arge, lieblose Hurer und Ehebrecher gibt.

Willst du wissen, wie es in einer solchen Hölle aussieht, so betrachte nur das Gemüt, die arge Liebe und den bösesten Willen eines solchen Menschen, in dem die Hölle waltet, und du wirst daraus leicht innewerden, wie es in der Hölle, die eben ein Werk von derlei Menschen ist, aussieht! In der Hölle will ein jeder der Erste, der höchste und unumschränkteste Gebieter sein, die höchste Gewalt und Macht haben, alles besitzen, und alle sollen ihm gehorchen und für ihn arbeiten um den schlechtesten Lohn.«

Der Herr fährt dann in Kapitel 111,5 fort: »Wenn nun die Menschen auf dieser Erde sich Meine Ordnung nicht wollen gefallen lassen und nach ihrem Verstand und freien Willen sich eine andere und vermeintlich bessere und vernünftigere Ordnung schaffen wollen, was gar überhäufig hier und jenseits der Fall ist, so müssen sie es sich selbst zuschreiben, wenn sie dadurch in einen, statt besseren, nur immer schlimmeren Lebens- und Seinszustand gelangen und sich am Ende so weit verrennen und verarbeiten, daß ihnen nur auf – leider – keine andere Weise mehr beizukommen ist als durch die Empfindung aller erdenklicher Qualzustände, die sie sich selbst bereitet haben. Und derartige Empfindungen dauern dann so lange fort, bis eine Seele in sich zu gehen anfängt und stets mehr und mehr einsieht, daß sie durch das Sichsträuben gegen Meine Ordnung sich ihren Zustand ewig nie verbessern, sondern nur verschlimmern muß.«

Es gibt auch in diesem jenseitigen Bereich, wie schon erwähnt, drei Grade der Hölle. Diese besteht als solche, wie es Jakob Lorber geoffenbart wurde, endlose Zeiten, aber keine Seele ist ewig verdammt. Sobald eine dieser Seelen anderen Sinnes wird und den Herrn reuig um Hilfe anruft, wird ihr die Rettung kraft des Erlösungsleidens unseres Herrn Jesus Christus, der ausnahmslos für alle gelitten und wahrhaft zur Hölle abgestiegen ist, zuteil. Dann beginnt für diese Seele allmählich wieder der Weg nach oben aus dem Gericht der Materie heraus. Bis ganz verhärtete, erzböse Seelen aber zur Umkehr kommen, darüber können nach den Worten des Herrn bei Jakob Lorber hunderte und tausende Jahre vergehen. Es kann schließlich sogar einen unabsehbaren Schöpfungszeitraum dauern, oder sogar mehrere, bis es zur Umkehr kommt. Der Sinn des Erlösungswerkes Jesu ist die Umkehr aller gefallenen Geister, auch des Erstgeschaffenen (Luzifer). In diese Richtung weist letztlich auch Jesu Gleichnis von der Heimkehr des verlorenen Sohnes, ebenso auch das vom guten Hirten. Aber, das müssen wir uns scharf einprägen, Gott zwingt nie eine Seele, Er achtet die Willensfreiheit Seiner Geschöpfe in ihrer ureigensten Entscheidung zum Guten oder zum Bösen. Seine Liebe ersinnt immer neue Wege zur Rettung einer gefallenen Seele, Er und Seine himmlischen Helfer, aber Er zwingt nie.

Wenn Menschen in ihrem Hochmut, ihrem Eigenwillen, ihrer Böswilligkeit und in ihrer Fleischlichkeit verharren, dann stirbt nach den Worten Jesu (Gr. Ev. VII 58,5) »nach dem Abfall ihres Leibes diese fleischlich gewordene Seele nicht, sie lebt fort in der Geisterwelt, aber ihr Fortleben ist ein ebenso mageres wie ihr Erkennen und Selbstbewußtsein. Solch eine Seele lebt jenseits nur wie in einem etwas helleren Traume fort und weiß oft nicht, daß sie je in einer anderen Welt gelebt hat, sondern sie lebt und handelt ihrer gewohnten Sinnlichkeit gemäß«. – In dieser »ersten Hölle« wird solch eine Seele, die nur noch aus lauter stumpfer Selbstsucht und Eigenliebe besteht, mit einem »Genuß- und Freßpolypen« verglichen. Wird eine solche Seele »von helleren, sich ihr offenbarenden Geistern dahin ermahnt und belehrt, daß sie sich nun in einer anderen, geistigen Welt befindet, so glaubt sie das nicht und verhöhnt die seligen Geister, welche ihr die Wahrheit anzeigen«. In diesem Zustand können solch abgestumpfte Seelen Jahrhunderte verharren (nach unseren Zeitbegriffen).

In der Verdammnis will die Seele (»Erde und Mond« 58,12) ihren Geist ausstoßen, um den Geist Satans anzunehmen. Sie wird ihrem Geiste höchst unähnlich, der eine ganz entgegengesetzte Polarität ist. Der höhere Geist im Menschen setzt sich gegen den Satansgeist zur Wehr. Je näher die Seele dem Wesen

Satans kommt, um so heftiger ist in ihr die Reaktion des Geistes. Die Seele empfindet diese Spannung überaus schmerzhaft, vergleichbar der Qual des Feuers. So entsteht das Leiden und die Höllenpein, die sich in ihrer Erscheinlichkeit als das unauslöschliche Feuer kundgibt. Und das ist eben der »Wurm« in der Seele, der »nicht stirbt« und dessen Feuer nicht erlischt. – Es ist nach den Worten des Herrn »ein und dasselbe Feuer, welches im Engel die höchste Seligkeit und im Teufel die höchste Unseligkeit gebiert«.

Wenn in der zweiten Hölle durch eine »starke Fastenbehandlung der Seele«, einem Erziehungsvorgang, in dem versucht wird, eine hochgradig genußsüchtige Seele von ihrer Genußsucht zu befreien, die Seele mehr und mehr einschrumpft – sie muß in dieser sehr schmerzhaften Fastenbehandlung alle irdischen Lustreize, an die sie gewöhnt war, nun entbehren –, dann wird in einer solch unglücklichen Seele der stark gefesselte Geist freier. Im besseren Fall kehrt jetzt so mancher Geist hier um, kräftigt sich und erhebt auch seine Seele stets mehr und mehr. Im schlimmsten Fall aber reagiert der nun freier gewordene Geist oft auch böswillig und überaus tief beleidigt und gekränkt. Er geht aus solcher »Beleidigung und Kränkung« in Zorn über. In diesem Zustand keimt in ihm die Idee auf, daß ihm für solche Unbill von seiten der Gottheit eine kaum zu berechnende große Genugtuung zustehe. (»Geistige Sonne« II 106,16) In seinem Zorn verlangt er Entschädigung und glaubt, diese in der zweiten Hölle zu finden. Diese Geister bereiten sich selbst in ihrer hochmütigen Willensentscheidung die größten Schmerzen. Sie machen Gott dafür verantwortlich und haben sich doch alles selbst durch ihre verkehrte Willensentscheidung zugefügt.

Aus dieser immer größeren Forderung geraten diese Geister in eine immer größere Maßlosigkeit. Der stets mehr und mehr wach werdende Geist geht in ein sich rächenwollendes Selbstgenugtuungsgefühl über und wird in diesem Gefühl schließlich zum »Verächter Gottes« (gleich Teufel). Er erkennt seine Unzerstörbarkeit und versteift sich in der Idee, daß der Geist sich durch die Erhöhung seiner Begriffe und Forderungen ins Unermeßliche stärken könne (Zustand der dritten Hölle). Ihm erwächst dann sogar die satanische Wahnidee, die Gottheit fürchte sich vor der stets wachsenden Macht solcher Geister. Er verachtet die Gottheit, haßt sie und sieht sich selbst als ein immer höheres Wesen an.

Der Evangelist Johannes schildert in seiner himmlischen Sphäre im zweiten Band des Jenseitswerkes »Die geistige Sonne«, Kap. 108,7 ff., zunächst die Grundwahrheit, daß in der ganzen unendlichen Schöpfung Gottes nichts Vernichtbares vorhanden ist: »Auch das Allerkleinste kann sich gegen das Allergrößte fortwährend behaupten, wenn nicht in dieser, so doch wieder in einer anderen Form. – Wäre ein Atom zerstörbar, müßten es auch die anderen sein, und auf diese Weise wäre es auch mit einem ganzen großen Gebirge geschehen. Derselbe Fall wäre es mit der Erde, und mit Gott Selbst würde es am Ende nicht besser gehen, wenn in Seiner ganzen Unendlichkeit irgend etwas Vernichtbares vorhanden wäre. Also ist das die feste, ewige göttliche Ordnung, daß da das Allerkleinste neben dem Allergrößten bestehen kann.«

Danach zeigt uns Johannes, wie sich aus dieser Grundwahrheit die folgende, rein höllische Philosophie entwickelt: (108,10.11) »Wenn aber demnach die kleinste Lebenspotenz in ihrer geistigen Sphäre sich als untötbar und somit unvernichtbar erkennt, so hat sie auch keine Furcht mehr vor der allerhöchsten Lebenspotenz. Und dieses Bewußtsein erhebt dann die unterste Lebenspotenz zu einem Herrschergefühl, in welchem sie spricht: Ich bin der obersten Lebenspotenz, die sich als die Gottheit ansieht, zu ihrem Dasein so notwendig und unentbehrlich, daß sie ohne mich nicht bestehen kann. Wenn wir mehrere, ja zahllos viele untere Potenzen uns in eins vereinen, so können wir vom Zentrum aus wirken und die vermeintliche oberste Potenz zu der untersten machen. Diese kann uns dann ebensogut anbeten, wie sie solches nun von uns verlangt. Wie man möglicherweise einer Welt Innerstes nach außen kehren kann, also kann es auch mit uns Lebenskräften der Fall sein. Vereinen wir untere Potenzen uns, legen wir nach außen einen Sturm, und die Gottheit liegt als untere Lebenspotenz zu unseren Füßen.« Der Evangelist Johannes, der mit diesen Worten jenseitige Schüler belehrt, nennt das »den eigentlichen Grund allen Lasters, die Herrschsucht«. Er vergleicht das Wesen der Hölle mit der Struktur eines Weltkörpers (Gestirne): »Die Oberfläche entspricht gleichnishaft dem ersten Grad der Hölle in der polypenartigen Genußsucht; alles, was man dort sieht, ist gleichsam ein Fresser. In der mehr inneren Rinde der Erde zeigt sich gleichsam das Fasten und Magerwerden, nirgends besteht eine Vegetation. Wie im starren und rachebrütenden Tod liegt alles da; höchstens zeigen sich als entsprechende Bilder des schon überall durchblickenden Zornes dieser Höllengeister Feuer- und heiße Wasserquellen. – Im Inwendigen der Erde besteht nichts als ein fortwährendes mächtiges Durcheinandergedränge. Da weckt und erstickt ein Feuer das andere. Jeder dort hineingelangende Wassertropfen wird alsbald in glühenden Dampf verwandelt.«

Der Herr in Seiner Weisheit hat es nun so eingerichtet, daß diese furchtbaren »inneren Reaktionen trotz stärksten Widerwillens der Hölle zur ewigen Erhaltung der Dinge dienen müssen. So wird dieser ›Muß-Dienst‹, der den höllischen Geistern wohlbekannt ist, ihnen zur größten Qual. Sie sehen, wie trotz ihres Widerwillens alle ihre Aktionen im allgemeinen der göttlichen Ordnung auf ein Haar entsprechen müssen«.

Hier zeigt sich zugleich die unendliche Liebe und Weisheit des Herrn, »denn nur auf diese Weise ist es möglich, diesen argen Wesen in ihrem herrschsüchtigen Handeln Schranken zu setzen. Sie sehen dann, wie sich der Herr ihre bösesten Unternehmungen allzeit zugute machen kann. Nachdem sie erbost eine Weile nichts mehr tun, schmieden sie einen neuen Plan gegen den Herrn, den dieser wie die früheren zu benutzen weiß. Dies ist in Entsprechung die Aktion und das Wesen der untersten Hölle.« –

Zur Unterscheidung sei festgestellt: Dämonen sind urgeschaffene, mit Luzifer aus der Ordnung Gottes in die äußerste Widerordnung gefallene Geister, die noch nicht den Demutsweg durch das Fleisch des Menschen angetreten haben. Teufel sind ehemalige Erdenmenschen, die hochmütig und herrschsüchtig wurden in einem Maße, daß sie durch diese Entwicklung sich immer mehr von der Liebe zu Gott abwandten und zu einem »Verächter und Hasser Gottes« wurden.

Gegen Ende des großen Jenseitswerkes »Von der Hölle bis zum Himmel – Robert Blum« II 294,4 kommt es zu einer trostvollen Bekundung des Herrn, wie sie im Offenbarungswerk Jakob Lorbers häufiger sinngemäß wiederkehrt: »Wer wegen Verkehrtheit seiner Liebe sich im ersten oder zweiten Grad der Hölle befindet, kann nach vielen bittersten Erfahrungen dennoch wieder das werden, was er anfänglich war. Sein Bewußtsein wird ihm belassen, seine Erinnerung bleibt ihm und er kann zur Vollendung gelangen.«

Im Unterschied zur herkömmlichen Lehre wird in den Offenbarungen des Herrn an Jakob Lorber immer wieder aufs neue betont, Gott verdammt und richtet niemanden. Der Mensch wählt aufgrund seiner Willensfreiheit nach der Art seiner reinen oder pervertierten Liebe sein Los selbst, richtet sich im Angesicht der ewigen, unbestechlichen Wahrheit selbst und glaubt dabei nach dem Grade seiner Erkenntnis das Rechte zu tun. Der Herr und Seine himmlischen Geister bemühen sich um die Rettung solch verirrter Seelen, aber immer unter Wahrung der persönlichen Freiheit.

Für den Einzelfall aber, wenn der Mensch durch eigene Willensentscheidung in jenen furchtbaren Zustand gelangt ist, der als dritte Stufe der Hölle bezeichnet wird, spricht der Herr im gleichen Kapitel (5–7.9–12): »Aber so der Mensch durch die mehr unerträglichste Lauheit weder kalt noch warm ist, sich um nichts kümmert, weder um etwas Gutes noch um etwas Böses, – oder es ist ihm das eine wie das andere, so daß er einmal kaltblütig die größten Greuel und so auch manchmal etwas Gutes ausüben kann – dem also gleich ist Gott oder Teufel, Tag oder Nacht, Leben oder Tod, Wahrheit oder Lüge: der ist dem eigentlichen ewigen Tode verfallen. Und er befindet sich damit in der alleruntersten Hölle, aus der in ein und derselben Urwesenheit kein Herauskommen mehr denkbar ist.

Der Grund eines solchen Zustandes ist der konzentrierteste

Hochmut, der alle Grade der Selbstsucht und Eigenliebe durchgemacht hat und sich in solch hochgradiger Verdichtung gewisserart selbst erdrückt und so um das Urleben des Geistes gebracht hat. Und eben darin besteht der eigentliche ewige Tod, der das Schlimmste alles Schlimmen ist, weil da das eigentliche Sein ein völliges Ende nimmt.

Solch eine Seele ist dann gänzlich verdorben. Ihre erste Gesamtheit muß durch des Feuers Gewalt in ihre einzelnen Urlebensfunken aufgelöst und darauf, mit ganz neuen gemengt, auf langen Wegen durch die Pflanzen- und Tierwelt eines anderen Planeten in einem ganz fremden Sonnengebiet in eine höchst untergeordnete Form eines Menschen übertragen werden. Auf diese Weise bleibt dann von der Urwesenheit einer solchen Seele verzweifelt wenig mehr übrig. Und das ist das eigentlich Schlimmste, denn solch eine Seele kann dann unmöglich mehr je zu Meiner Anschauung gelangen, weil sie dann bloß nur Seele ohne Meinen Geist in ihr ist und bleibt.« (Der Weg zur Gotteskindschaft ist ihr so verbaut.)

Die in diesem Kapitel erwähnten himmlischen Geister um Robert Blum, die soeben die höchste Stufe der Vollkommenheit in Begleitung des Herrn erreichten, entgegnen dem Herrn sinngemäß: In allen guten Verheißungen, auch durch den Mund der Propheten, hätte der Herr allezeit das Wort gehalten. Wenn aber nur einige Bessere (Gerechte) sich an Ihn in ihrem Herzen gewandt hätten, hätte Er Seine scharfe Zuchtrute zurückgezogen. Er hätte dann den Erdkreis wieder gesegnet und für die Besserung der Bösen einen ganz anderen Weg eingeschlagen.

Der Herr gibt den Seligen, wie aus einem Munde sprechenden Geistern, recht: »Der Grund, daß Ich angedrohte Gerichte oft nicht erfolgen lasse, liegt hauptsächlich darin, daß wirklich erfolgte Strafen die Menschen selten bessern.« Wenn nur einige wenige Gerechte sich gläubig an Ihn wendeten, wandle Er gern die Drohungen in Segen um. Er segne bei einigermaßen gutem Willen für wenige Gute auch viele Schlechte mit, »damit sie nicht Gelegenheit bekommen sollen, noch schlechter zu werden, wie das bei Kriegen der Fall ist. Denn Kriege sind stets die beste

Nahrung für den unersättlichen Wuchergeist und die beste Schule der Grausamkeit teuflischen Hochmuts«.

»Ein Vater bleibt doch stets der sanfteste Richter und schlägt nicht sogleich drein . . .« »Es ist besser, jahrzehntelang zu drohen und durch die Finger sehen, als ein Jahr lang zu strafen. Denn die Pflanzen dieser Erde sind von zartester Art und müssen mit großer Schonung behandelt werden. Die Geburtsstätte der Kinder Meines Herzens ist eine andere als die Meiner anderen Wesensteile. Ihr müßt euch stets vor Augen halten, daß eben die kleine Erde jene Geburtsstätte der Kinder Meines Herzens ist!«

Wir ersehen aus allem, ewig ist die Pein nur so lange, als der Sünder sich nicht zur Ordnung Gottes bekehrt; kehrt er um, was eben bei den hartnäckigen Seelen der Unterwelt sehr schwer ist und erst nach qualvollsten Erfahrungen geschehen kann, so wird die Pein ihm genommen. Das innere Geistesleben einer solchen Seele erwärmt und lichtet sich, belebt sich mit neuen, glücklicheren »Erscheinlichkeiten« (gleich Vorstellungsbildern von Wirklichkeitscharakter). So kann schließlich eine Seele, wohl unter großen Schwierigkeiten, auch aus dem ersten und zweiten Grade der Hölle allmählich zu höherer Gottesnähe, bis zur Seligkeit gelangen.

Aus dem alleruntersten dritten Grade der Hölle ist eine Rückkehr kaum möglich, hier ist der Sitz der unversöhnlichen Gottes- und Lebensverachtung; dennoch dürfen wir annehmen, daß auch hier für die abgrundtiefe Barmherzigkeit Gottes nicht alles ausgeschlossen ist. Der Herr hat Zeit, tausend Jahre sind vor Ihm wie ein Tag, der Schöpfungsabschnitte sind unendlich viele. Erinnert sei an das Wort der Heiligen Schrift: »Beim Menschen ist's unmöglich, bei Gott aber ist alles möglich.« –

Etwas ganz Wichtiges können wir dem Vorhergehenden entnehmen. Das fürbittende Gebet für Verstorbene ist ungeheuer wichtig und kann dem einen oder andern die Hölle ersparen. Der Herr hört auf die Fürsprache von Seelen, die sich bemühen, den Weg Gottes zu wandeln. –

Jesus erklärt Schriftgelehrten im achten Band vom »Großen Evangelium Johannes« 83,8, daß vollendete Seelen im Jenseits nicht nur diese Erde, sondern – wenn es ihr Wunsch ist – auch die ganze Schöpfung durch und durch beobachten können, daß ihnen sogar auf anderen Weltkörpern lebende Menschen und die anderen Geschöpfe zur Leitung und Führung anvertraut werden. »Aber«, so spricht der Herr wörtlich: »unvollendete und böse und finstere Seelen werden das nicht vermögen, denn es wäre das auch nicht gut, weil sie in ihrer großen Schadenfreude und Rachgier der Erde und allen Geschöpfen sicher großen Schaden zufügen würden. Sie halten sich zwar in den Niederungen dieser Erde auf, auch in manchen Höhlen und Löchern der Erde; aber sie sehen dennoch den von ihnen besessenen Ort nicht, sondern nur das haltlose und lockere Gebilde ihrer Phantasie. Nur zuweilen wird es dem einen oder anderen gestattet, des materiellen Ortes, den ein solcher Abgeschiedener bewohnt, innezuwerden. In solch einem Zustande weiß er dann auch, was irgend ein ihm verwandter oder auch anderer Mensch auf der Erde tut, wie es ihm geht und noch so manches andere, aber alles nur einige Augenblicke lang. Dann kehrt er gleich wieder in seine nichtigen Phantasien zurück, wo er seinesgleichen findet. Denn es ist das auch bei den unvollendeten und argen Seelen der Fall, daß die Gleichgesinnten in Vereine sich zusammenbünden, aber freilich in keine guten; denn in gute Vereine bünden sich nur die seligen Geister.«

Im siebten Band vom »Großen Evangelium Johannes« 169,9 erfahren wir über den Aufenthaltsort der bösen Geister: »Es halten sich alle bösen Geister denn auch zumeist in der Materie dieser Erde auf; die guten und reinen Geister aber bewohnen für beständig nur die reinen Lichträume des freien Ätherraumes.« Auch die Hölle ist in erster Linie, so erfahren wir in der Jesusbotschaft durch Jakob Lorber, ein geistiger Zustand. Aber es muß im Jenseits nach Jesu Worten auch gewisse Räumlichkeiten geben, in denen sich diese Geisterwelten örtlich befinden; die Gleichgesinnten spüren einander und finden sich zusammen.

In der Hölle aber gestalten sich die inneren Erlebnisse (nach »Robert Blum« II und »Die geistige Sonne«) der friedlosen Seelen zu furchtbaren, nicht enden wollenden Kampfesträumen von

Wirklichkeitscharakter. Der Herr offenbart das dortige Geschehen durch Jakob Lorber in seiner ganzen Konsequenz und Grauenhaftigkeit. Da hier zahllose grenzenlos hochmütige und selbstsüchtige Geister sich zusammengerottet haben, herrscht dort eine beispiellose Anarchie voller Intrigantentum. Es ist ein Kampf aller gegen alle. Eine Horde steht gegen die andere auf in ununterbrochenem Zank, Hader und Krieg. Man verbrennt und verstümmelt die Gegner. Die zuckenden Teile klauben sich wieder zusammen. Die einen suchen die anderen in Ketten zu legen, Berge Gefesselter liegen aufeinander. Das Licht der Hölle gleicht dem schaurigen Schein des zerstörenden Feuers. Man beraubt und erschlägt einander. Eine Rotte besiegt die andere, um dann wieder untereinander in neuen Streit zu geraten. Einige werfen sich zum König und Gott ganzer Vereine auf. Es kommt zu Meutereien, Absetzungen solcher sogenannter Könige. Diktatoren erheben sich und erlassen Verordnungen um Verordnungen. Dann wieder entsteht eine neue Verschwörung, ein Kampf aller gegen alle, jeder will der Oberste sein. So kommt es niemals zu einer Ordnung. –

Bei dieser Höllenpein, die in der Heiligen Schrift den unseligen Geistern angedroht ist, handelt es sich nicht um ein materielles Feuer und um materielle Qualen anderer Art, es handelt sich hier um Zustände geistiger Qualen und Leiden, die sich diese unglücklichen Seelen in hartnäckigem Hochmut, in Eigenliebe und Selbstsucht in den Erlebnissen ihres geistigen Innenlebens – die aber, das muß betont werden, Wirklichkeitscharakter haben – durch ihre boshafte Gesinnung selbst zugezogen haben.

Bemerkt sei an dieser Stelle: Die Seelen in Hölle und Zwischenreich leben in einer Art Traumwirklichkeit voll entsprechender Erscheinlichkeiten, die von den betreffenden Seelen wie Wirklichkeiten erlebt werden. Im Himmel aber ist alles pure Wirklichkeit.

Im »Großen Evangelium« VII 119,13.16 erklärt Jesus dem Römer Agrikola: »Wenn eine Seele das einmal einzusehen anfängt, so wird sie ihrer alten Bosheit selbst feind und fängt an, sie zu verabscheuen und sucht in sich selbst besser zu werden.« . . .

»So werden nach und nach ihre bösen Leidenschaften vermindert und abgekühlt, und es wird also denn auch lichter und heller in einer solchen Seele. . . . Da darf Meine Allmacht nur insoweit auf sie (die Seele) einwirken, daß sie in solche Zustände ihres Lebens gerät, die ihr als notwendige Folge ihrer bösen Handlungen erscheinen müssen. Und nur eben dadurch ist es möglich, eine solche Seele in und aus sich wahrhaft und lebendig zu bessern. Ob früher oder später, das ist am Ende doch gleich vor Mir und gleich im Vergleich mit der Ewigkeit.«

Nach den Worten des Herrn können Tausende von Jahren vergehen, ja es kann einen Schöpfungsabschnitt, einen Äon lang dauern, bis es gelingt, eine solche verrannte Seele zur Umkehr zu bringen. Schlimmstenfalls können mehrere solcher Äonen benötigt werden. Die Bemühungen des Herrn und Seiner seligen Geister jedoch hören nie auf.

Die höheren Geister sehen die noch unerlösten Seelen oft in größter Armseligkeit, in zerlumpten Kleidern, dürr und ausgemergelt, in tierischen Gestalten. Die höllischen Geister aber unter sich bemerken diese ihnen entsprechenden Entstellungen nicht unbedingt, erst wenn sie anderen Sinnes werden. Sie können auch die himmlischen Geister nicht erschauen.

Im achten Band vom »Großen Evangelium« 129,7f. erklärt Jesus einem wahrheitssuchenden römischen Hauptmann Sein Wirken und das Seiner helfenden Geister an verirrten Seelen: »Es muß daher mit solchen Seelen gar behutsam zu Werke gegangen werden, um sie so nach und nach, von ihnen ganz unbemerkt, auf den rechten Weg zu bringen. Dazu gehört aber eine allerhöchste göttliche Liebe, Weisheit und Geduld; denn man muß eine solche Seele, stets nur wie von außen her einwirkend, in solche Zustände durch ihr Wollen, Trachten und Handeln kommen lassen, in denen sie aus sich innezuwerden anfängt, daß sie sich in großen Irrtümern befindet . . . In solch einem Zustand ist es dann erst an der Zeit, solch einer Seele einen ihr wie ganz ebenbürtig aussehenden weisen Geist entgegenkommen zu lassen, der sich dann mit ihr über dies und jenes besprechen kann, wodurch es dann in solch einer verirrten Seele dann auch schon lichter wird und sie nun wie völlig aus sich zu erkennen anfängt, daß sie sich in großen Irrtümern befindet und sich nach dem wahren Lichte mehr und mehr zu sehnen anfängt.«

In allen großen Jenseitswerken, die Jakob Lorber im Auftrag des Herrn für uns aufzeichnete, werden die vielseitigsten Hilfestellungen der himmlischen Geister gegenüber den Verlorenen geschildert. Der Herr Selbst begegnet solchen Seelen oft in ganz unscheinbarer Gestalt, um sie zu belehren. Seine Liebe ist göttlich erfinderisch, und die Himmelsbewohner wetteifern in der Tätigkeit der Liebe. Der Herr gibt keines Seiner Wesen auf, Seine Liebe reicht bis in die Tiefen der Unterwelt. –

Himmel und Hölle als Jenseitsbereiche wirken auch hinein in diese zeitlich-örtlich begrenzte Welt, in der wir leben, ist doch unsere Welt eingebettet in die Ewigkeit. Der Mensch, von Gott erschaffen als freies Geistwesen, trägt in sich ein Spannungsfeld von zwei Polaritäten, zwischen Gut und Böse, das bedeutet, er kann zwischen beiden Polaritäten, zwischen Demut, Gottes- und Nächstenliebe oder Hochmut, Herrschsucht, Selbstsucht und Eigenliebe, in seinem Innern frei entscheiden, das ist der eigentliche Kern seiner Willensfreiheit. Er kann schon in dieser Materiewelt unter großer Mühegabe als Gotteskind seine Vollendung in der Wiedergeburt des Geistes in freier Willensentscheidung erreichen. Er kann aber auch den breiten, bequemen Weg wählen, freiwillig böse zu werden, sich dem teuflischen Geiste nähern und schließlich ein vollendeter Teufel werden. Diese Erde ist ein großer geistiger Kampfplatz. Was ein Mensch schon auf dieser Erde an Vollendung erreicht, erspart ihm viel Zeit und Mühe in der Ewigkeit. Die meisten Menschen bleiben unentschieden zwischen den beiden Polaritäten schwankend und erreichen erst im großen Jenseits Gottes das Ziel ihrer eigentlichen Liebe. Kein irdischer Mensch aber darf einen anderen Erdenmenschen richten oder gar als Teufel ansehen, weil er dadurch dessen Rückkehr zum Guten erschwert und sich selbst das Gericht zuzieht.

Von Zeit zu Zeit brechen auch auf Erden, ganz offenbar und klar erkennbar, höllische Zustände aus. Es sei nur an die Greuel der Massenvernichtungslager erinnert, an Rassenhaß, Völkermord, Folter, Grausamkeiten von Machthabern in Diktaturen in Vergangenheit und Gegenwart. Auch die Tötung ungeborener Menschen im Mutterleibe sei nicht vergessen. Viele Menschen im Banne falscher Anschauungen wissen einfach nicht, was sie tun. Erinnert sei an die Verfallenheit an Süchte aller Art, Lärm und ekstatische Rhythmen, sogenannte Kunstwerke mit Verhöhnung von Gott, Mensch und Natur. Viele Verführte spüren dahinter gar nicht den diabolischen Initiator.

Die Anhäufung von kriminellen Handlungen und Gewalttaten zeigt in erschreckender Weise, wie sehr der Mensch freiwillig auf die schiefe Ebene der Mächte des Abgrunds geraten kann. Im Lärm des Tagesgeschehens wird das viele Positive, das im Geiste Gottes im stillen geschieht, übertönt und verschwiegen. Es gibt viele Beispiele dafür, daß auch der Geist des Himmels auf dieser Erde transparent werden kann in Taten der Gottes- und Nächstenliebe, die unauffällig und voller Demut geschehen. Wir ersehen, Himmel und Hölle wirken in diese Welt hinein, der Mensch kann sich frei entscheiden.

Im Jenseitswerk »Robert Blum« I 111,4 belehrt der Herr eine jenseitige Seele über den Geist des Richtens: »Willst du aber ganz nach Meiner Ordnung sein, so mußt du auch diesen Richter aus deinem Herzen schaffen, und wirst darauf ewig keinen Hunger und keinen Durst mehr empfinden. Denn siehe, Ich allein bin ein Richter, gut und gerecht in aller Fülle Meiner Macht und Kraft, und dennoch richte Ich Selbst niemanden! Sondern ein jeder richtet sich selbst nach seiner Liebe. Ist diese rein und gut, so wird auch sein Gericht über ihn selbst gut sein; ist aber seine Liebe unlauter und schlecht, so wird desgleichen auch sein Gericht. Wenn Ich aber aus Meiner Macht und Kraft niemanden richte, um wieviel weniger darfst dann du jemanden richten.«

In Vers 6 fährt der Herr fort: »Wer sich selbst nicht verdammt, den verdammen auch wir nicht. Wer sich aber aus der argen Liebe seines Herzens selbst verdammt, der soll auch verdammt sein! Kurz und gut, einem jeden werde, was er selbst will! Und so ihm das wird, ist das wohl das höchste und vollendetste Recht, das jemandem zuteil werden kann. Es soll wohl von unserer Seite nie ermangeln, allen nach ihrer Fassungskraft den rechten Weg zu zeigen und sie durch eine rechte Belehrung zum Guten hinzulenken. Wollen sie den wandeln, wird es für sie gut sein. Wollen sie aber das durchaus nicht, so werde ihnen deswegen von uns keine Strafe zuteil, sondern nur das, was sie selbst wollen: sie haben dadurch des Gerichtes und der Strafe in Überfülle! Wollen sie sich aber mit der Zeit, durch ihre Leiden genötigt, wieder auf den guten Weg begeben, so sollen ihnen ewig nie hemmende Schranken in den Weg gelegt werden.«

Im überlieferten Jenseitswerk »Die geistige Sonne« I 86,14 ff. belehrt der Evangelist Markus drüben einen Prior, der sich Gedanken macht infolge seiner Selbsterkenntnis, wie er nur der Hölle entrinnen könne: »Wer hat dich denn zur Hölle verdammt? Meinst du, die Boten der Ewigen Liebe werden solches tun? Wenn du dich selbst nicht verdammst durch deinen unbeugsamen Sinn, und wenn du, wie ich es sehe, Liebe zum Herrn in dir empfindest, wo ist wohl da derjenige, der über alles das die Macht hätte, dich zur Hölle zu verdammen? Meinst du, der Herr sendet Seine Boten der Verdammnis wegen? Oh, da bist du noch in einer großen Irre!

Der Herr sendet Boten nur der Erlösung, aber ewig nie der Verdammnis wegen! Daher kümmere dich nicht mehr um Törichtes, sondern mache deine Liebe zum Herrn hell auflodern und gehe hin in solcher Liebe zu deinen Brüdern, führe sie alle aus ihren Gefängnissen hierher, und du wirst dann erst erfahren, wie der Herr Seine Kinder richtet.

Glaube Mir, der Herr ist auch in der Hölle pur Liebe; und nicht ein arger Geist ist darinnen, der nicht – so er nur will – berechtigt wäre, als ein verlorener Sohn zum Vater zurückzukehren. – Wenn aber solches der allergewisseste und untrüglichste Fall ist, so wirst du wohl auch aus deiner Liebe zum Herrn schließen können, daß dich Seine Allmacht nicht für die Hölle erschaffen hat.« –

Wie es Jakob Lorber geoffenbart wurde, umfaßt das Erlösungswerk Jesu Christi die gesamte gefallene Schöpfung einschließlich des Erstgeschaffenen, der in seinem Abfall die ihm

Hörigen mit sich in den Abgrund, das Gericht der Materie, riß. Jesu Erdenleben, Kreuzestod und Abstieg in die Hölle samt Seiner Auferstehung im verklärten Materieleibe wurde zum Anfang der Wiederbringung aller Verlorenen. Jesus sagt Selbst im zweiten Band vom »Großen Evangelium« 152,23f. zu dem römischen Hauptmann Julius: »Freund, das sind Dinge, die du jetzt noch nicht fassen kannst und die auch die Engel nicht in aller Tiefe fassen. Die irdische Zeit hat dafür kein Maß.« –

Und so geht es auch uns. Wir haben das bisher nicht so konsequent gesehen und uns darüber beruhigt, daß Luzifer, der Erstgeschaffene, ewig vom Throne Gottes verbannt bleibt mit seinen Trabanten. Konsequent gedacht, ist aber das Erlösungswerk unseres Herrn Jesus Christus erst dann vollständig, wenn es alle Verlorenen einschließt und keinen ausschließt. Der Sinn des göttlichen Erlösungswerkes ist nur gesamtkosmisch zu erfassen. Wenn es nur diese Erde beträfe, wäre es fragmentarisch und unvollständig gesehen.

So gibt Jesus im zweiten Band vom »Großen Evangelium Johannes« 63,2 dem römischen Oberstatthalter Cyrenius eine Eröffnung ins Herz über das Los Luzifers, den Sinn der Schöpfung und die Wiederbringung aller Dinge: »Was da geschieht, geschieht dessentwegen: Der verloren ist, wird gesucht, und dem Überkranken wird Arznei geboten, aber dessen Wille bleibt frei und muß frei bleiben; denn seinen Willen hemmen, hieße die ganze materielle Schöpfung in härtesten Stein verwandeln, darin sich kein Leben regen kann. Die ganze materielle Schöpfung ist der so weit als möglich gerichtete große Geist, und dieser wird getrennt in zahllose Welten (der große materielle Schöpfungsmensch), die aber in ihrer endlosen Zahl dennoch sein komplettes Wesen bedingen. Aber aus diesem einen Wesen werden zahllose Myriaden der Myriaden Wesen, wie da sind die meisten Menschen dieser Erde, genommen und werden durch Gottes Kraft, Macht, Liebe und Weisheit zu ganzen, gottähnlichen Wesen umgestaltet, und das ist eine *sichere* Umkehr des einen großen Geistes!

Wenn aber alle Erden und Sonnen in lauter Menschen aufgelöst sein werden, dann wird auch von dem Einen (Luzifer) nichts mehr übrig sein als sein pures ›Ich‹, das im völligsten Alleinsein sich nach Zeiten der Zeiten zur Umkehr wird anschicken müssen, ehe es sich einem ewigen Verschmachten preisgeben wird. Dann wird keine materielle Sonne und keine materielle Erde mehr kreisen im endlosen ewigen Raum, sondern all und überall wird eine überherrliche neue geistige Schöpfung mit seligen freien Wesen den endlosen ewigen Raum erfüllen, und Ich werde ewig gleichfort aller Wesen Gott und Vater sein von Ewigkeit zu Ewigkeit; und dieses allerseligsten Zustandes wird fürder nimmer ein Ende sein; es wird da sein *eine* Herde, *ein* Schafstall und *ein* Hirte! –

Wann aber dieses alles so sein wird, nach der Anzahl der Erdenjahre, kann nimmer bestimmt werden! Und würde Ich dir die Zahl auch kundtun, so würdest du sie unmöglich fassen.« –

Bei diesen Zeiträumen könnte man im irdischen Sinne schon das Wort »ewig« gebrauchen. Wer ahnte schon in früherer Zeit diese kosmischen Dimensionen? Aber absolut gesprochen ist es eben doch nicht »ewig«, es ist eine Begrenzung und ein Ende, wenn auch erst nach sehr langer Zeit. Es überschreitet im Grunde unser Begriffsvermögen. Erst in der heutigen Zeit reifen wir heran, eine christliche Botschaft von solcher Weite, die nicht auf den im Grunde so kleinen Sektor unserer Erde begrenzt ist, anzunehmen. Es ist wie zu jener Zeit, als überraschend der Kontinent Amerika wiederentdeckt wurde und das damalige, auf die sogenannte alte Welt beschränkte Weltbild sich weiten mußte, wie dann auch das kosmische Weltbild in der Kopernikanischen Wende. –

In ähnlicher Weise stehen auch wir mitten im Anbruch einer neuen Zeit mit immer größerem Einblick, sowohl in den Mikrokosmos wie auch in den Makrokosmos. Die alten Maßstäbe reichen nicht mehr aus, auf Schritt und Tritt bröckelt es in den alten Bauwerken, die uns in ihrer Ehrwürdigkeit so liebgeworden waren. Alles Menschenwerk ist vergebens, wenn der göttliche Baumeister nicht baut.

Unser Herz und unser Geist müssen größer und weiter werden

in der Fähigkeit des Erfassens, damit wir in aller Demut begreifen lernen, wie grenzenlos die alles erhellende und durchwärmende Liebe unseres Schöpfers ist. Dieser Geist leuchtete im vergangenen Jahrhundert mitten im Zeitalter der Aufklärung auf, um unserer Zeit eine echt erleuchtende Aufklärung zu vermitteln. Gottes Licht leuchtet auch in die Abgründe des Seins.

10. Kennzeichen wahrer und falscher Prophetie

Jesus warnt in der Heiligen Schrift vor den falschen Propheten, die äußerlich den Schafen zu gleichen scheinen, innerlich aber reißende Wölfe sind. Wir sind gewarnt und werden aufgefordert, wachsam zu sein und die Geister zu unterscheiden.

Es werden falsche Propheten auftreten, die sagen: »Hier ist Christus oder dort!« Und wir sollen ihnen nicht glauben. Erst an den Früchten wird man sie erkennen können. Die meisten, die da behaupten, aus ihnen spräche der Herr oder sie seien die Stimme Gottes, sind Lügner, man soll nicht auf sie hören, aus ihnen spricht nicht der Geist Gottes. Es können solche angeblichen Propheten auch krankhaft gestörte Personen mit übersteigertem Selbstbewußtsein sein, die wahnhafte Gedanken aus Geltungsbedürfnis unter die Menschen bringen. Manche lassen sich ihre »Prophetie« in Alltagsdingen des Lebens teuer mit Geld bezahlen.

Nichts davon finden wir bei Jakob Lorber, er lebte im Verborgenen, war kein Geschäftemacher und war uneigennützig, demütig und arm. Die Früchte seiner Prophetie in den Menschen, die seine Botschaft vom Himmel annahmen, sind gut. Sie haben einen starken Glauben, eine große Hoffnung auf Gottes Barmherzigkeit und zeigen in ihrem Leben in wachsendem Maße wahre Liebe zu Gott und ihren Nächsten.

Wir dürfen also nicht leichtgläubig und leichten Sinnes jenen Menschen Gehör schenken, die mit verlockenden Worten Utopien für die Zukunft verkünden, der Menschheit Paradiese versprechen, die sich dann in der Verwirklichung als Abbild der Hölle erweisen. Die falschen Propheten suchen aus dem gewundenen dornigen Bergpfad zur Höhe eine bequeme, breite Straße zu machen, die im Verderben endet. Es sind vielfach schillernde Gestalten, die mit einer seltsamen Suggestivkraft begabt sind. Sie verbreiten ihre Ideen, nicht Gottes Gedanken, oft unter wissenschaftlichem Mantel als Schein- oder Teilwahrheiten. Oft haben sie die Fähigkeit, ganze Völker mit ihren Parolen zu irritieren, Massen laufen ihnen nach und das Ende ist eine Katastrophe. Es gibt Propheten des Abgrunds, wir erfahren es aus der Geschichte. Wer aber hat gemerkt, daß Satan aus ihnen sprach, wer lernt aus der Vergangenheit dazu?

Echte Propheten sind in ihrer Art herb. Sie verkünden wirkliche Wahrheit aus dem Munde des Herrn, und was sie im Auftrag des Herrn zu künden haben, bringt ihnen kaum öffentliche Anerkennung oder Lob ein; im Gegenteil, sie erleiden viele Unannehmlichkeiten, werden verkannt, abgelehnt und stoßen auf blinde Verständnislosigkeit. Oft ist Verfolgung in Wort und Schrift, oft auch gewaltsame Unterdrückung ihr Los. Der Inhalt ihrer Botschaft enthält vielfach Kritik an Zuständen ihrer Zeit, auch an jenen, die den Auftrag hatten, die überlieferte Lehre des Herrn rein zu erhalten, über ihre Wahrheit zu wachen, die zu jener Zeit aber wahrhaft diese ihre Aufgabe vergaßen und weltliche Geschäfte der Nachfolge des Herrn vorzogen, die aus Gründen allgemeiner oder persönlicher Art ihr Amt schlecht verwalteten oder wankelmütig um Fürstengunst buhlend vergeudeten.

Heute wissen wir, Jakob Lorbers Kritik – die man wahrheitsgemäß als Kritik des Herrn selber auffassen muß – an den Zuständen der äußeren Kirche seiner Zeit, war nur allzu berechtigt. Die Kirche zu dieser Zeit war zu ihrem größeren Teil, angelehnt an die weltlichen Herrscher, feudalistisch orientiert. Das trifft jedoch nicht zu für alle Teile der Kirche, letztlich waren immer die Heiligen die Säulen, die alles trugen.

Wenn in solchen Zeiten ein prophetischer Mensch auftritt und aus dem Munde Gottes Mißstände tadelt, ist das der gedankenlos herrschenden Oberschicht nicht angenehm. Das war schon in alten Zeiten so, denken wir nur an die großen Propheten Israels und in der Kirchengeschichte. Echte Prophetie wird in ihrer Zeit im allgemeinen auf wenig Einsicht treffen, enthält sie doch immer die ernste Mahnung Gottes zur Umkehr, sie geschieht nicht aus eigenem Auftrag. Kurz gefaßt sagt sie aus: Hütet euch vor Menschen, für die Gesetze wichtiger sind als Liebe!

Inzwischen ist in den vergangenen Jahrzehnten in den Kirchen, speziell der katholischen Kirche, der Jakob Lorber ja angehörte, überwiegend unter dem Druck der historischen Entwicklung, nachdem die Menschen in wachsendem Freiheitsbewußtsein ihrer Würde allgemein mehr bewußt wurden, eine starke Selbstbesinnung und ein Wandel eingetreten. Man besann sich auf die eigentliche Aufgabe der Kirche und achtete auch mehr auf Freiheit und Menschenwürde, so daß die damals durchaus berechtigte Kritik heute nicht mehr so bitter empfunden werden muß. Lorber sagte es voraus, in furchtbaren Völkerkatatrophen stürzten selbstherrliche Fürstenthrone um, das Volk gewann mehr Freiheit. So gibt es auch heute keine »Kirchenfürsten« mehr im alten Sinne, was ja in unfaßbarem Kontrast zur Gründerzeit Jesu mit Seinen einfachen Aposteln am See Genezareth stand.

Der eigentliche Inhalt der Botschaft Jakob Lorbers, von der die erwähnte Kritik an den bestehenden Zuständen zur Zeit der Feudalherrschaft nur der geringere und unwesentlichere Teil ist, ist zweifellos für unsere heutige Zeit bestimmt. Wer tiefer hineinhorcht, empfindet keinen Zweifel mehr, daß in ihr eine Einflußnahme des Herrn durch ein menschliches Werkzeug stattfindet für jene, die Ohren haben zu hören. Diese Botschaft wendet sich an das Herz und ist zugleich eine Entsiegelung verborgener Inhalte der Heiligen Schrift, die erst der heutige Mensch besser verstehen kann.

Im zehnten Band vom »Großen Evangelium Johannes« 155,6 belehrt der Herr Seine Jünger: »Sehet, hiermit habe ich euch nun eine männliche und festere Kost gegeben, weil Ich wohl sehe, daß einige von euch schon mehr oder weniger die Fähigkeit besitzen, solch eine Kost zu verdauen!

Wenn ihr aber in Meinem Namen in die Welt hinausgehen und den Völkern Mein Evangelium predigen werdet, so werdet ihr es auch in einer Milchspeise den Kindern vorzusetzen haben. Denn so ihr mit solchen Lehren den Anfang machen würdet, da würden euch die Menschen als Irrsinnige ansehen und euch gar nicht anhören, was ihr lehren und sprechen würdet, darum ihr euch aber auch gar nicht zu kümmern habt; denn es wird euch allzeit in den Mund gelegt werden, wie und was ihr zu reden habt. Alles andere wird dann schon Mein Geist bei allen tun, die durch euch Meinen Geist überkommen und in ihm wiedergeboren werden. Und darin wird denn auch das Wahrzeichen bestehen, daß Meine Worte nicht aus dem Munde eines Menschen, sondern aus dem Munde Gottes zu euch gekommen sind.«

Ein Vergleich mit der Zeit Jesu drängt sich auf, vorausgesetzt, man nimmt es gläubig an, daß durch den Mund Jakob Lorbers der Herr selber gesprochen hat: Wie seinerzeit Jesus, Gott Selbst, in unscheinbarer Menschengestalt, das Mosaische Gesetz und das der Propheten nicht aufgehoben, sondern zur eigentlichen Erfüllung gebracht hat, was die meisten Seiner Zeitgenossen absolut mißverstanden und zu ihrem eigenen Unheil verwarfen, so wird auch heute jene Botschaft des Herrn durch Sein menschliches Werkzeug – das sich als Schreibknecht empfand, nichts anderes – vielfach vordergründig mißverstanden und vorschnell verworfen. Wer diese Lehre aufmerksam, nicht herumblätternd oberflächlich und unvollständig, von Anfang bis zu Ende unvoreingenommen und guten Willens liest, wird feststellen, daß kein Widerspruch zur Heiligen Schrift besteht, vorausgesetzt, der Lesende klebt nicht am tötenden Buchstaben und ist aufgeschlossen für den lebenspendenden Geist.

Der Wahrheitsgehalt dieser Prophetie soll nun in einigen Punkten unterstrichen werden, die entscheidend sind für die christliche Botschaft:

1. Hier wird betont und kompromißlos ausgesagt: Jesus Christus ist wahrer Gott und wahrer Mensch. Dies ist das wichtigste Kriterium einer wahren christlichen Prophetie überhaupt. Kaum irgendwo sonst wird so akzentuiert immer wieder die Gottheit

Jesu in Wort und machtvoller Tat betont. – Falsche Propheten versuchen immer wieder, Jesus die Gottheit teilweise oder ganz abzusprechen. Sie behaupten dann von Ihm, Er sei ein Mensch, der nachträglich, – beispielsweise bei der Taufe des Johannes, von Gott als Sohn adoptiert und mit göttlichen Kräften ausgestattet worden sei. Diese alte geschichtliche Irrlehre dringt auch in modernem Gewande immer wieder aufs neue an die Oberfläche.

Andere begnügen sich damit, Er sei ein großer Mensch gewesen, ein Prophet wie Buddha, Zarathustra oder Mohammed. Wieder andere sagen, Er sei eine Ausnahmepersönlichkeit wie Sokrates oder Platon gewesen. Andere wiederum behaupten, Er sei ein hoher Engel oder gar der größte geschaffene Engel, dem Gott das Erlösungswerk aufgetragen habe, noch im Range vor Luzifer.

Entscheidend war einst schon die Frage des Herrn an Seine Jünger: »Für wen halten die Menschen den Menschensohn?« Wir denken an die erleuchtete Antwort des Simon Petrus. – Von wiederum anderen wird Jesus die wahre Menschennatur abgesprochen, als ob Er nur scheinbar einen Leib zur Schau getragen hätte. Diese verkennen den Sinn des Erlösungsganges Jesu im Fleische. –

Wir sagen: »Er ist das fleischgewordene Wort, der ewige Gott, der Fleisch von unserem Fleisch annahm, wie es der Evangelist Johannes in seinem Prolog für alle Zeiten gültig bezeugt hat und wie es Jakob Lorber aufs neue für unsere Zeit geoffenbart wurde.«

2. Ein weiteres Kriterium ist in dieser Botschaft die Betonung dessen, daß Jesus nicht durch den Vorgang einer materiellen Zeugung durch einen menschlichen Vater in diese Welt trat. Jesus wurde durch das »Ja« der Jungfrau Maria vom Geiste Gottes empfangen und durch Ihn in ihrem Schoße zu einem menschlichen Kinde gebildet, bei dessen Annäherung schon vor der Geburt anläßlich des Besuches Seiner Mutter bei ihrer Base Elisabeth deren Kind, das später Johannes der Täufer genannt wurde, im Mutterleibe vor Freude hüpfte. Im Fleische ist Jesus wahrhaft

der »Sohn«, Mensch durch die Mutter Seines menschlichen Leibes. Jesus war so wirklich Mensch von Anfang an, daß Herodes Ihm schon als Kind nach dem Leben trachtete.

Wie viele falsche Lehren werden auch in der jetzigen Zeit, allein über diese bisher aufgeführten Argumente, durch falsche Propheten verbreitet!

3. Die Lehre Jesu durch Jakob Lorber verkündet ferner, daß der Herr nach Seinem schmachvollen Tode am Kreuz drei Tage später leiblich in einem verklärten Körper auferstand. Diese Tatsache wird hier immer aufs neue bekräftigt: Jesu Eintritt in die begrenzte Materie dieser Welt, Sein Erdenwandel mit aller Bitterkeit des Loses von Erdenmenschen, Sein Durchleiden des menschlichen Todes dem Leibe nach, der Abstieg Seiner Seele zu den harrenden Bewohnern der Unterwelt, denen Er den Weg zum Himmel öffnete, und Seine Auferstehung von den Toten sind zusammengefaßt wesentlicher Bestandteil Seines göttlichen Erlösungswerkes. Seitdem hat das Zentrum Gottes den verklärten Erdenleib des Menschen in Jesus, wodurch auch unser materieller Leib Anteil an der Verklärung durch die Möglichkeit der Vergeistigung erhalten hat.

4. Ein weiteres wesentliches Argument für die Wahrheit dieser Botschaft ist in ihr die Aufforderung des Herrn an die Christen, die sie vernehmen, ja in ihren Kirchen zu verbleiben und diese nicht auf dieses Geoffenbarte hin zu verlassen. Es wird hier also keinesfalls in Betonung einer Teilwahrheit zu einer Sektenbildung aufgerufen. – »Erfüllet das äußere Begehren eurer Kirche – und lasset euch von Mir ziehen«, so spricht der Herr in einem Wort als Antwort für Fragende in »Himmelsgaben«. Es wird also in dieser Lehre keinesfalls eigennützig, wie das bei Sektierern der Fall ist, eine Trennung vom großen Leibe der Kirche gefordert; im Gegenteil, der Herr verurteilt mehrfach mit strengen Worten den Sektengeist. – Diese ganz eigen geartete Botschaft ist nicht als neue, vom bisher Verkündeten abweichende Lehre gedacht, sie soll vielmehr als Vertiefung der christlichen Lehre für den, der es freiwillig annehmen will, angesehen werden.

Die Uneigennützigkeit dieser Botschaft mit der starken Betonung der Freiwilligkeit der Annahme spricht für ihre Echtheit, der Herr verabscheut jeden Zwang als Verstoß gegen die Willensfreiheit des Menschen. In diesem ganzen riesigen Offenbarungswerk finden sich, das ist sehr erstaunlich, von Anfang bis Ende keine Widersprüche. Ist es Menschenwerk, so beobachtet man Entwicklungsphasen, Reifungsprozesse, Berichtigungen von früheren Irrtümern; das ist das ganz Erstaunliche, das auf den himmlisch-geistigen Ursprung hinweist.

5. Ein Hauptbestandteil dieses Offenbarungswerkes ist die große Jenseitslehre, in der der Mensch als aus Gott herausgestelltes Geistwesen dargestellt wird, bestimmt für ein ewiges tätiges Fortleben in der Nähe Gottes. Der Mensch als Geschöpf Gottes verfügt über einen freien Willen und darf seine Zukunft auf Erden wie im Jenseits selbst gestalten, wobei ihm, wenn er dafür aufgeschlossen ist, die Hilfe Gottes und Seiner seligen Geister nicht fehlen. Gott als Vater, in Jesus nach Seinem Erdenwandel zugleich als Freund und Bruder aller Menschen, ist bestrebt, alle Kinder Seines Herzens in Seiner Nähe zu haben, – zwingt jedoch niemanden. – Diese durch Jakob Lorber geoffenbarte Jenseitslehre ist einmalig in ihrer Art in der gesamten Weltliteratur und von einer so überzeugenden Logik, daß wer Ohren hat zu hören, hier die Stimme des Herrn erkennt. So etwas kann menschliche Phantasie unmöglich aus sich in dieser Folgerichtigkeit alles ersinnen.

6. Ein weiterer Grundgedanke dieser Lehre muß als Argument für die Echtheit angeführt werden: Hier wird in unübertrefflicher Weise das »Mysterium iniquitatis«, das »Geheimnis des Bösen« erklärt, das vielen religiösen Suchern, auch Theologen, ein unlösbares Rätsel scheint: Gott hat das Böse nicht als Gegenpol in sich und kann es daher auch nicht erschaffen haben. Es gibt keinen bösen Gegengott, wie es in heidnischen Religionen als Klärung des offensichtlichen Bruches, der durch die ganze Schöpfung geht, angenommen wird.

Gott gab den erschaffenen Geistern, Engeln und Menschen, die Willensfreiheit, sich frei für Ihn oder gegen Ihn zu entscheiden. Ohne diese Willensfreiheit wäre ein personales Geschöpf

»gerichtet« wie ein Tier, oder gelenkt wie eine Marionette, was des wahren und ewigen Gottes unwürdig wäre.

Gott gab den Geschöpfen (Menschen und Engeln) Seine Ordnung, ohne die alles Geschaffene keinen Bestand haben kann.

Ein Teil der geschaffenen Geister (Engel und Menschen) mißbrauchte die Freiheit, um sich Gottes Ordnung zu widersetzen und entfernte sich von Gott. So entstand in ihnen die Widerordnung, das Böse. Das ist das Gericht, weil es sie von der Liebe entfernt, die allein Leben und Seligkeit in sich birgt.

7. Ein ganz wichtiges Argument für die wahre Prophetie des Offenbarten in diesem Werk, das nicht übergangen werden darf, ist die immer wärmer werdende Liebe zu Gott, der uns in Jesus Christus sichtbar wurde, die unwillkürlich in einem jeden während der Lektüre aufsteigt.

Jesus, unser Gott und Vater in Menschengestalt, der aus Seiner geistigen Sonne heraus mit Seinen Strahlen als Heiliger Geist die ganze Unendlichkeit erfüllt in Seiner allgegenwärtigen Liebe, wird uns in diesem Werk in der heutigen, von liebloser Nüchternheit und Lichtlosigkeit gekennzeichneten materialistisch-mechanistischen Zeit menschlich so nahe gebracht, daß wir darauf nur mit Liebe antworten können. Wir erfahren hier, daß Gott Menschengestalt hat als der eigentliche Urmensch von Ewigkeit her. Die Erfahrung zeigt, daß jeder, der intensiver in diese Lehre hineinwächst, auch in der Gottesliebe wächst und die Lauheit, die im konventionellen Christenglauben so weit verbreitet ist, ablegt. Der Mensch wird innerlich wärmer und lichter. Erst jetzt wird einem so recht klar, wie unermeßlich die Liebe Jesu Jehova Zebaoths zu uns Geschöpfen eigentlich ist. Seine Liebe zu uns gefallenen Kindern dieser Erde hat Ihn so weit gebracht, daß Er Sich auf das äußerste demütigte, indem Er aus dem ewigen grenzenlosen Reiche des Lichtes hinabstieg in unsere Finsternis, mit allen Konsequenzen des Abstiegs in die Materie. So geht es uns bei dieser Kunde wie den Emmausjüngern, die da sprachen: »Brannte nicht unser Herz in uns bei Seinen Worten?« – Eine prophetische Verkündigung, die in einem solchen Maße Liebe zu Jesus, in dem allein wir Gott finden können, in uns erzeugt, kann keine falsche Prophetie sein. –

8. In diesem Offenbarungswerk wird überzeugend bekräftigt, daß das gesamte Leben Jesu auf dieser Erde – nicht nur Sein Leiden und Kreuz – Sein Erlösungswerk ausmacht. Zum Erlösungswerk unseres Herrn gehört einfach alles, was Sein Erdenleben betrifft: Seine Inkarnation in unserem Fleisch, Sein freiwilliges Eintreten in die Begrenztheit der Materie in Raum und Zeit. Dazu gehört Seine Geburt in einer armseligen Felsengrotte. Dazu gehört die sehr bald einsetzende Verfolgung in Seinen frühesten Kindheitstagen, der Plan des Herodes zu Seiner Ermordung und die notwendig werdende Flucht in die Fremde. Jesu Erlösungswerk umfaßt Sein Aufwachsen in Armut und Verborgenheit, Sein Erleiden von Kälte und Hitze, Seinen Hunger und Durst, Sein Ertragen der geistigen Stumpfheit Seiner Zeit, alle menschliche Vergeblichkeit und Endlichkeit, die Er auf Sich nahm. Dazu gehören auch die seelischen Kämpfe Seiner Jugendzeit vom 12. bis zum 30. Lebensjahr, die der Hebräerbrief mit den Worten beschreibt: »Der versucht ist allenthalben, gleich wie wir, doch ohne Sünde . . .« (Hebr. 4,15) Dazu gehört auch Seine eigentliche Passion mit dem Wissen um die Schuldverlorenheit Seiner gefallenen Geschöpfe, die Gefangennahme, Geißelung, Verhöhnung, Dornenkrönung und Sein schimpflicher Tod am Kreuz. Dazu gehört aber auch Seine Auferstehung und Verklärung als Anfang der erlösten neuen Schöpfung.

Hier wird gleichzeitig die universale Bedeutung dieser Erlösungstat Jesu für den gesamten Kosmos gesehen. Jesus ist ausnahmslos für alle Gefallenen gestorben, nicht nur für die Menschen aller Völker und Stämme dieser Erde, auch für jene auf den anderen Gestirnen. Unsere unscheinbare Erde, einst ein unbedeutender Stern an letzter Stelle, wurde zum Herzstück der neuen Schöpfung.

Erst in unserer Zeit beginnt die Menschheit für diesen großen kosmischen Zusammenhang aufgeschlossener zu werden, nachdem die grenzenlosen Weiten des Mikrokosmos und Makrokosmos uns offenbar geworden sind. So wird die unbegreifliche Liebestat Gottes verständlicher, wenn unser Blick über diese Erde hinaus geweitet wird. Diese Sicht ist der unendlichen Liebe unseres Schöpfers angemessener.

Wir wissen, daß eine Reihe von seherisch begabten Menschen Visionen über die jenseitigen Reiche hatten und daß diese visionären Schauungen sich teilweise ganz erheblich voneinander unterscheiden. Mittelalterliche Visionen – beispielsweise über die Hölle – zeigen das Bild ihrer damaligen Zeit und schildern körperliche Marter- und Feuerqualen »ewig verdammter Seelen« in ihrer anscheinend nie endenden Gottverlassenheit; Bilder in der Erscheinlichkeit nach Herkunft und Bildung des jeweiligen Sehers. Seher der heutigen Zeit würden ein anderes Bild erschauen, hat doch die Bosheit im Zeitalter der technischen Überentwicklung noch ganz andere Formen angenommen, erinnert sei nur an die Möglichkeit moderner Kriege, oder die Verfeinerung von Qualen durch den durch die Entstehung der Tiefenpsychologie ermöglichten Psycho-Terror, dessen sich herrschende Gruppen bedienen können. Alle früheren Visionen der erwähnten Art rühren nur an die Peripherie des Problems der jenseitigen Reiche.

Im Jenseitswerk Jakob Lorbers »Die geistige Sonne« II 110,10 ff. belehrt hierüber der Evangelist Johannes Schüler in seiner himmlischen Sphäre mit folgenden, auch für uns überzeugenden Worten: »Nur äußerst wenigen Sehern war es vergönnt, in den Grund dieses Ortes (der Hölle) einen tieferen Blick zu tun, aber sehr vielen ward es gestattet, eines oder das andere Erscheinliche dieses Ortes zu erblicken. (Erscheinlichkeit, ein Wort, das uns in der Lorberschen Prophetie häufiger begegnet, ist ein Bild der Phantasie von Wirklichkeitscharakter, entspricht aber keinesfalls der ganzen Wahrheit, wohl aber der jeweiligen Erkenntnistiefe und Reife eines Menschen.) Und so hat die Darstellung des Erscheinlichen durch ihre voluminöse Masse stets den wahren Grund überboten. Aus diesem Grunde hat sich dann die Hölle unter so mannigfachen Gestalten vervielfacht und niemand wußte und weiß es bis jetzt vollkommen, wie er mit diesem Orte daran ist.« . . . »Nur derjenige kann über diesen düsteren Ort den richtigen und allgemein geltenden Grundbegriff aufstellen, der da ein Herr ist wie über alle Himmel, so auch über alle Höllen!

Wie aber jemand, der in den Grund der geheimen Staatsverwaltung eingeweiht ist, mit leichter Mühe den Grund aller im Volke kursierenden Begriffe erschauen wird, so wird auch derjenige, der den wahren Grund dieses Ortes unter dem Begriff der Hölle vom Herrn aus kennt, den Grund aller anderen albernen Begriffe darüber einsehen. Ein jeder Mensch trägt nach seiner Individualität den Himmel wie die Hölle in sich.

Wird er nun durch einen gewissen Zustand seiner eigenen Individualität ansichtig, so wird er dadurch nur seiner eigenen unausgebildeten Hölle oder seines höchst unvollkommenen Himmels ansichtig. Auf diesem Wege können dann zahllosfache verschieden aussehende Höllen entstehen.

Ist aber das hernach schon als Grund anzunehmen? (Bem. d. Verf.: Als Grund ist hier die ganze Weite und Tiefe des Abgrundes gemeint.) Sicher sowenig, als wenn einer, der am seichten Ufer mit einem Spazierstäbchen das Meer mißt, wo es höchstens einen halben Schuh tief ist, dann im Ernste auftreten und fest behaupten möchte, das Meer sei nur einen halben Schuh tief, und er selbst habe es gemessen. Ebenso gilt es auch hier von der Behauptung aller Seher, die da sagen: ›Ich habe die Hölle in diesem oder jenem Zustande also gesehen.‹ Wie wenig aber jemand das seichte Ufer, das wohl auch zum Meere gehört, als den eigentlichen Hauptgrund des Meeres ansehen kann, ebensowenig kann auch eine solche geschaute Erscheinlichkeit der Hölle als deren wahrer Grund angenommen werden.« –

Im fünften Band vom »Großen Evangelium Johannes« 83,10 ff. erhält der Grieche Roklus durch den Erzengel Raphael eine Belehrung über wahre und falsche Propheten: »In den späteren Jahren und Jahrhunderten wird es dann schon wieder schwerer werden, als zur Zeit der Anwesenheit Gottes in Jesus auf Erden, sich mit dem ganz reinen Willen des Herrn zu befreunden; denn es werden neben den rechten auch viele falsche Propheten aufstehen, werden sogar Wunder tun und dadurch ganz falsche Begriffe von Gott und Seinem reinsten Willen sogar mit Zwang beibringen. Da wird dann eine große Trübsal unter den Menschen dieser Erde entstehen, und keiner wird dem andern zu einem verläßlichen Führer dienen können, weil der eine sagen und lehren wird: ›Siehe, hier ist die Wahrheit!‹ und ein anderer: ›Siehe, da oder dort ist sie!‹ Aber alle, die also schreien werden, werden nicht sein in der Wahrheit, sondern im Falschen über und über!

Es wird aber der Herr dessenungeachtet noch immer von Zeit zu Zeit Knechte erwecken, die jenen, die eines guten Willens sind, den reinen Willen Gottes zeigen werden also, wie wir ihn nun euch zeigen. Wohl denen, die sich völlig danach richten werden; denn sie werden dadurch eben das erreichen, was ihr nun gar überleicht erreichen könnt (Anm. d. Verf.: wie zur Zeit Jesu Erdenwandels die Jünger). Nur mit der Wundertätigkeit wird es da etwas spärlicher aussehen, denn des Herrn Geist wird die Seinen lehren, damit vorsichtig zu sein, um dadurch nicht ein ganzes Heer von pur falschen Propheten gegen sich zu hetzen und dann mit dem Schwerte der Hölle kämpfen zu müssen. Die wahren Wahrheitspropheten wird der Herr stets ganz in aller Stille erwecken, und sie werden wie ganz stille Wasser in der Welt nie einen Lärm noch irgendein fühlbares Geräusch machen; die aber irgendein Geräusch oder Lärm machen werden, in denen wird die Wahrheit und das Wort des Geistes nicht sein.

Die von Gott erweckten echten Propheten werden in aller Stille wohl auch sehr wohl imstande sein, Wunder zu wirken; aber es wird davon die Welt nichts merken, sondern allein dann und wann die wahren Freunde Gottes zu ihrem eigenen stillen Troste.« . . .

Am 4. 7. 1842 vormittags empfing Jakob Lorber ein direktes Wort der Belehrung vom Herrn zu dem Text in der Heiligen Schrift des Alten Testaments aus dem ersten Buch der Könige 19,7–18. (Die Belehrung befindet sich im zweiten Band des geistlichen Tagebuches »Himmelsgaben« S. 112/113.)

Der Prophet Elia befand sich auf der Flucht vor der Königin Isebel und lag in der Wüste erschöpft unter einem Ginsterstrauch. Der Bibeltext lautet wörtlich: »Und der Engel des

Herrn kam zum zweitenmal wieder und rührte ihn (Elia) an und sprach: ›Steh auf und iß, denn du hast einen weiten Weg vor dir!‹ Und er stand auf und aß und trank. (Der Engel hatte ihm geröstetes Brot und Wasser gebracht.) Danach ging Elia durch die Kraft der Speise vierzig Tage und vierzig Nächte bis zum Berg Gottes, dem Horeb. Und er kam daselbst in eine Höhle und blieb dort über Nacht. Und siehe, das Wort des Herrn kam zu ihm: ›Was machst du hier, Elia?‹ Er sprach: ›Ich habe geeifert für den Herrn, den Gott Zebaoth, denn Israel hat deinen Bund verlassen und deine Altäre zerbrochen und deine Propheten mit dem Schwert getötet, und ich bin allein übriggeblieben, und sie trachten danach, daß sie mir mein Leben nehmen.‹ Der Herr sprach: ›Geh heraus und tritt hin auf den Berg vor den Herrn, und siehe, der Herr wird vorübergehen.‹ Und ein großer Sturm, der die Berge zerriß und die Felsen zerbrach, kam vor dem Herrn her; der Herr aber war nicht im Sturm. Nach dem Sturm aber kam ein Erdbeben. Doch der Herr war nicht im Erdbeben. Nach dem Beben kam ein Feuer. Doch der Herr war nicht im Feuer. Nach dem Feuer kam ein sanftes, leises Säuseln. Als Elia es hörte, hüllte er sein Gesicht in den Mantel, trat hinaus und stellte sich an den Eingang der Höhle. Da vernahm er eine Stimme, die ihm zurief: ›Was willst du hier, Elia?‹ Er antwortete: ›Ich habe für den Herrn, den Gott Zebaoth, geeifert, denn Israel hat deinen Bund verlassen, deine Altäre zerbrochen, deine Propheten mit dem Schwert getötet, und ich bin allein übriggeblieben, und sie trachten danach, daß sie mir das Leben nehmen.‹ Aber der Herr sprach zu ihm: ›Gehe deinen Weg zurück durch die Wüste und begib dich nach Damaskus. Sobald du dort angekommen bist, salbe Hasael zum König über Aram, und Jehu, den Sohn Nimsis, sollst du zum König von Israel salben, – und Elisa, den Sohn Saphats aus Abel-Mehola, salbe zum Propheten an deiner Statt, und es soll geschehen: Wer dem Schwerte Hasaels entrinnt, den soll Jehu töten, und wer dem Schwert Jehus entrinnt, den soll Elisa töten. Und Ich will übriglassen siebentausend in Israel; alle Knie, die sich nicht gebeugt haben vor Baal, und jeden Mund, der ihn nicht geküßt hat.«

Soweit das Zitat aus dem ersten Buch der Könige.

Jakob Lorber empfing nun am 4. 7. 1842 folgendes Wort des Herrn: »Wenn du das hier Gesagte nur einigermaßen aufmerksam durchgehst und beachtest die gleichlautende Antwort dieses größten aller Propheten Israels, so kann es dir ja unmöglich entgehen, wodurch sich ein rechter Prophet klärlichst unterscheidet von einem falschen, der da ist allzeit ein Diener Baals und ein blinder Pharisäer im vollkommensten Sinne des Wortes.

Damit aber du und ein jeder es genau merken und wissen solle, wie die Sachen stehen zwischen einem wahren und falschen Propheten, so will Ich aus den Anführungen des Propheten Elias' dich nur auf folgendes aufmerksam machen, und so höre denn: Für wen allein nur eiferte der wahre Prophet Elias? Eiferte er für weltliche Rechte, für weltliche Macht und Gewalt und für weltliches Einkommen in Gold und Silber? – Er spricht: ›Ich habe um den Herrn, den Gott Zebaoth geeifert!‹ Siehe, so da aber jemand eifert ohne Entgelt um den allein wahren Gott und tut sonach, wie es da getan hat der Prophet Elias, sage mir, ist das ein falscher Prophet? – Also ist der Eifer das sicherste und untrüglichste Zeichen eines wahren und eines falschen Propheten.

Wenn aber der eine eifert um weltliches Ansehen seiner Kirche und seines Oberhauptes, das da begraben ist in Gold, Silber und allen Edelsteinen, ein andrer aber eifert allein um Mich –, welcher von den zwei Propheten ist da wohl der allein wahre? –«

. . . »Da aber der Elias ein vollkommen wahrer Prophet war, wie erkannte er Mich da, als Ich vorüberzog an der Türe der Höhle am Berge Horeb, da er noch in ihr verborgen lag? – Etwa im großen und starken Winde? – Siehe, also bin Ich auch nicht in denen, die da viel Wind und Aufsehen machen. Denn das ist die Art der echten, blindesten Pharisäer.

Oder hat mich Elias erkannt im darauf folgenden Feuer? – Siehe, also bin ich auch nicht in jenen Feuereiferern, aus deren Munde nichts als ein Gericht ums andere und eine Verdammnis um die andere sprüht, da sie Gott nur im richtenden Feuer, aber niemals in der Liebe erkennen wollen.

Der wahre Prophet Elias aber hat Mich, den Gott Zebaoth,

nur im stillen, sanften Wehen oder Säuseln erkannt, das heißt mit anderen Worten nichts als: Elias hat Mich erkannt wahrhaftig allein nur in der Liebe! Wenn du Mich aber ebenso sanft wehend in der alleinigen Liebe erkennst, gleich dem Elias, wie bist du demnach ein falscher Prophet? (Jakob Lorber selbst ist angesprochen.) – Lasse die Weltpropheten nur reden und rufen wider uns! Am Ende wird sich ja wohl zeigen, wer da heimführen wird die Braut!

Elias aber ward berufen zu einem Richter über Israel in der Liebe, darum er mußte ziehen nach Damaskus und zu Königen salben den Hasael und den Jehu und zum Propheten Elisa, damit diese erhalten möchten die, welche sich nicht gebeugt haben vor Baal, und mit dem Schwerte der Treue absondern die Spreu Baals von Meinem reinen Weizen. Was aber da geschah im kräftigen Vorbilde, siehe, das geschieht auch jetzt im Geiste wahrhaftig. Darum am Ende doch die Liebe über alles siegen und zugrunde richten und zuschanden machen soll alle die ›Winde‹, ›Erdbeben‹ und alles ›Feuer‹!

Nun aber urteile selbst und finde den wahren Propheten aus der falschen großen Menge heraus, die da ist eine Dienerin der Welt.

Elias also ist ein rechter Prophet, aber ebenso auch jeder, der da Mich findet, wie Mich Elias gefunden hat – nämlich in der Liebe. – Verstehet es!«

11. Reinkarnation?

Im Vorhergehenden erfuhren wir die frohe Kunde, daß uns Menschen dieser Erde dank der Erlösungstat Jesu Christi, wenn wir all die schweren Prüfungen und Nöte dieses irdischen Lebens bestanden, der kürzeste Weg in die Nähe Gottes, unseres liebevollen Vaters, geöffnet wurde. Durch diesen unseren Erdengang erwerben wir die Kindschaft Gottes und können uns dadurch den weiten Weg durch die jenseitigen Reiche sehr abkürzen. Wenn wir aus reiner Liebe zum Herrn alles Weltliche und Materielle abgelegt haben und Er das Ziel all unseres Mühens und Sehnens geworden ist, wenn wir Ihn allem anderen vorziehen, dann gelangen wir nach Ablegung des irdischen Leibes sogleich in das oberste Reich des Liebehimmels, wo der Herr Selbst für die Seinen sichtbar wohnt.

Damit sind alle Diskussionen und Streitigkeiten über eine sogenannte Reinkarnationslehre ganz zweitrangig geworden. Der normale Weg einer Menschenseele, die nach Verflechtung in den Engelsturz zu Materiestaub zerstob und dann durch Gottes Gnade zur Ganzheit wiederfand, ist nach Inkarnierung in ihrem materiellen Leibe der einmalige Gang über diese Erde. Nach Ablegung dieses materiellen Leibes tritt diese freigewordene Seele in das große Jenseits, das von der Hölle bis zum Himmel von Gottes Liebe durchwaltet ist. Wenn dieser Weg für alle Menschen nach göttlichem Gesetz die Regel ist, was soll dann das Überbetonen der ganz seltenen Ausnahmen?

Wir haben inzwischen gelernt, wie sehr der Herr die Willensfreiheit Seiner personalen Geschöpfe im Guten wie im Bösen achtet. Eine nach ihrem Leibestode ins geistige Reich des Jenseits übergetretene Seele drängt aus dieser großen geistigen Freiheit nicht mehr zurück in die zeitlich-räumliche Beengtheit der Materiewelt, steht ihr dort drüben doch jede Entwicklungs- und Entfaltungsmöglichkeit, die ihr im Zwang der Materie verwehrt war, in größter Freiheit zur Verfügung. Diese Seelen sehnen sich nicht zurück, selbst die Höllengeister nicht. Wäre die Reinkarnation eine Regel, wie es ja in anderen Religionen fälschlich vertreten wird, so wäre das ganze Erlösungswerk Jesu Christi sinnentleert und überflüssig gewesen.

Während in der langen Folge der Naturseelenentwicklung die einzelnen Seelenpartikel oder -atome im Gang durch das Mineral-, Pflanzen- und Tierreich bei ihrer Höherdifferenzierung sehr oft reinkarniert werden, indem beispielsweise diese Seelenatome zu immer höheren Tierseelen zusammengefügt oder gesammelt werden, – wird die schließlich zusammengefügte Menschenseele in der Regel nur ein einziges Mal als Mensch auf der Erde oder einem anderen Weltkörper inkarniert, um nach dem Abfall dieses Materieleibes in alle Ewigkeit im geistigen Reich des Jenseits weiterzuleben.

Diese Lehre von der Naturseelenentwicklung, die ja nur partikuläre Reinkarnationen, aber keine personal-individuelle Reinkarnation bejaht, war zweifellos Bestandteil der Uroffenbarung und seit Jahrtausenden im Wissen vieler Völker verborgen. Sie wurde dann aber im Laufe der verworrenen Menschheitsgeschichte immer mehr verunreinigt und verfälscht. Die Teil-Reinkarnationen von Seelenatomen in immer höheren Lebensformen wurden allmählich mißverstanden und in ihrem Sinn durcheinandergebracht. So entstand die falsche Seelenwanderungslehre asiatischer Völker, die auch bis in die heutige Zeit in abendländischen Richtungen ihren Niederschlag fand. Danach kann es angeblich auch bei einem individuell personalen Menschen in einer abermaligen Reinkarnation wieder zu einer Rückentwicklung in ein Tier kommen. Aus diesen falschen Seelenwanderungslehren verschiedener Richtungen entstand aus dem

Gerechtigkeitsbedürfnis des Menschen heraus die Bejahung einer Unzahl von Reinkarnationen, die angeblich notwendig seien, ohne absehbares Ende, mit Rückkehr ins Reich der Tiere, Wechsel der Individualität und des Geschlechts, bis nach unermeßlichen Zeitläufen nach Abtragung eines indifferenten Karma (unklarer kosmischer Schuldbegriff) der Mensch zu einer höheren Würde ohne eigentliche personale Gottesnähe gelange. Welch liebeleerer, gräßlicher Kreislauf!

Nach der Lehre der Heiligen Schrift und der Offenbarung Jesu an Jakob Lorber aber kann aus einem individuellen, wieder zur Person gestalteten Menschen nach seinem leiblichen Tode in einer angeblichen Rückentwicklung niemals wieder ein Tier werden. Der Plan Gottes sieht nur die Aufwärtsentwicklung Seines von Ihm geliebten Geschöpfes in Freiheit vor. Natürlich kann eine durch eigene Schuld nicht zur Vollendung gelangte Seele im Jenseits der Erscheinlichkeit nach auch in tierische Zustände absinken, nie aber in ihrem wahren Sein die individuelle Menschennatur verlieren. (Der Begriff der »Erscheinlichkeit« ist bei Jakob Lorber ein traumhaftes Erleben zur Belehrung einer geistig gefallenen Seele.)

In den großen Jenseitswerken Jakob Lorbers »Von der Hölle bis zum Himmel«, »Bischof Martin«, »Die geistige Sonne«, auch in vielen Texten aus dem Hauptwerk »Das große Evangelium Johannes« wird bezeugt, daß jede Menschenseele in der Regel nur ein einziges Mal auf einem Weltkörper lebt, um dann in der Ewigkeit im geistigen Reich des Jenseits so zu leben, wie vor ihrem Fall in die Materie. Auch der im Tode abgelegte Materieleib wird nach einer bestimmten Zeit nach dem Heimgang der Seele später wiederum zur seelischen Substanz verklärt und als Kleid der Seele hinzugefügt, womit die gesamte einst zur Materie verdichtete Seele wieder in Verklärung verwandelt und erlöst ist. Aus der Sicht der Bibel und der Jesus-Offenbarung durch Jakob Lorber kommt es einzig und allein nur auf die Erlösung der substantiellen Seele aus der Materie an. Und das geschieht in der Regel am Ende eines einmaligen Erdenlebens, also einer einmaligen Inkarnation als Erdenmensch, wobei dann jede weitere Seelenentwicklung im geistigen Reich des Jenseits weitergeht.

Wie der Herr Selbst nach Jakob Lorber über dieses differenzierte Gebiet denkt, geht aus Seinen Worten im sechsten Band des »Großen Evangeliums« 61,3 ff. hervor: »Ihr habt schon oft von einer Wanderung der Seelen gehört. Das ferne Morgenland glaubt noch heutzutage fest daran. Aber es ist solcher Glaube bei ihnen sehr verunreinigt, weil sie die Menschenseelen wieder in ein Tierfleisch zurückkehren lassen. Allein dem ist nicht von ferne also.

Daß sich eines Menschen Seele von dieser Welt wohl aus dem Mineral-, Pflanzen- und Tierreich zusammensammelt und sich bis zur Menschenseele emporschwingt, das ist euch schon zum größten Teil gezeigt, und auch wie das in der gefesteten Ordnung geschieht. Aber rückwärts wandert keine noch so unvollendete Menschenseele mehr, außer im geistigen Mittelreich der äußeren Erscheinlichkeit nach zum Behufe ihrer Demütigung und der daraus möglich hervorgehenden Besserung. Ist eine solche bis zu einem gewissen Grade erfolgt, über den es dann wegen Mangels an höheren Befähigungen nicht weitergehen kann, so kann solch eine Seele dann in eine bloß geschöpfliche Beseligung auf irgendeinem andern Weltkörper, das heißt in dessen Geistiges, übergehen oder aber auch, so sie es will, noch einmal ins Fleisch der Menschen dieser Erde treten, auf welchem Wege sie sich höhere Befähigungen aneignen und mit ihrer Hilfe sogar die Kindschaft Gottes erreichen kann.

Also wandern auch von anderen Welten Seelen ins Fleisch der Menschen dieser Erde, um im selben sich jene zahllos vielen geistigen Eigenschaften anzueignen, die zur Erreichung der wahren Kindschaft Gottes notwendig sind.«

Der Herr unterscheidet also Erdenseelen, die rein aus den Seelenatomen dieser Erde stammen und Sternenseelen von anderen Weltkörpern, die sich freiwillig auf dieser Erde inkarnieren dürfen, weil sie den Vorzug der Erdenkinder ebenfalls erwerben möchten; sie möchten die Kindschaft Gottes erlangen. Diese Sternenseelen stammen aus vollkommeneren Sphären und sind geistig weitaus reifer als die aus den Stoffen dieser Erde stammenden Menschen. Aber deshalb ist ihr Erdengang auch besonders

ders schwer. Oft sind es begnadete Künstler, die der Menschheit Trost und geistige Hilfe bringen. Oft sind es besonders geistbegabte Menschen, die ihre heiligen Spuren in den Herzen der Menschen hinterlassen. Auch ihnen wird bei der Inkarnation auf dieser Erde die Rückerinnerung an ihre Vergangenheit genommen. Sie können durch besondere Geistesmächtigkeit aus ihrer Veranlagung heraus Segen unter den Völkern stiften, auch durch politischen Einfluß. Es ist aber auch ein tragisches Scheitern solcher Menschen möglich, die die Unvollkommenheiten der Erdenmenschen überaus empfinden und diese zu verabscheuen beginnen. Außer großen Liebenden können sie auch zu großen Hassern werden und Unglück über die Menschenwelt bringen, ja sie können zu ausgesprochenen Teufeln werden, wenn sie in den Hochmut abgleiten. Aber es können solche Ausnahmemenschen auch großen Einfluß ausüben durch ihr gutes Beispiel. Der Prozentsatz dieser Sternenseelen im Verhältnis zu den reinen Erdenmenschen soll nach Jakob Lorber etwa ein bis zwei Prozent betragen. Niemand ist berechtigt, sich selber etwa für eine solche Sternenseele zu halten. Man kann es bei anderen Menschen, die uns durch ihre ungewöhnliche Qualität auffallen, nur im stillen in seinem Inneren vermuten. Gleichzeitig müssen wir wissen, daß der Herr die reinen Kinder dieser Erde nicht minder liebt und gerade sie zu Seiner Herrlichkeit berufen hat.

In Vers 6 des gleichen Kapitels fährt der Herr fort: »Weil aber diese Erde solch ein Schulhaus ist, darum wird sie auch von Mir mit so vieler Geduld, Nachsicht und Langmut behandelt. Wer von euch das fassen kann, der fasse es; aber er behalte es für sich, da es nicht allen gegeben sein soll, alle die Geheimnisse des Gottesreiches zu fassen. So ihr aber dennoch jemanden findet, der eines ja möglich rechtesten Geistes Kind ist, dem könnet ihr nach und nach ein und das andere Geheimnis offenbaren, aber auch nur für ihn selbst; denn Ich will es, daß ein rechter Mensch sich solches alles durch den eigenen Fleiß nach Meiner Lehre erwerben soll.«

In Vers 8 kommt der Herr noch einmal auf das Geheimnis der Reinkarnation zurück: »Dem Menschen viel von solchen außerordentlichen Geheimnissen kundzugeben durch den Mund, hat entweder gar keinen oder nur einen ganz geringen Nutzen und Wert; denn fürs erste faßt er es nicht, und fürs zweite stört ihm so etwas für ihn zu Unbegreifliches gar leicht den Glauben, den er zur Not doch schon angenommen hat. Denn um das in der wahren, inneren, geistigen Lebenstiefe zu fassen, dazu gehört offenbar mehr als bloß der tote Buchstabe des Gesetzes und der Propheten.«

Aus diesen Worten können wir ersehen, daß der Herr nur mit größter Zurückhaltung über dieses Gebiet spricht und es für den eigentlichen Glauben nicht so wesentlich hält. Darum wollen auch wir es nicht überbewerten. Wir werden noch sehen, daß ein Zuviel des Nachsinnens über diese Geheimnisse zu schweren geistigen Verwirrungen führen kann.

Doch zuvor seien noch Ausnahmefälle erwähnt, in denen es im Auftrag des Herrn zu einer zweiten oder dritten Inkarnation auf dieser Erde kommen kann, wenn aus höchsten geistigen Sphären ein besonderer Auftrag an der gefährdeten Menschheit erfüllt werden soll. Wir denken als Beispiel an einen Erzengelgeist wie Michael, der sich vor der Sündflut auf dieser Erde als Sehel inkarnierte; später in einer weiteren Zeitwende als Elia, schließlich zur Bereitung des Weges des Herrn als Johannes der Täufer. So wird auch eine nochmalige Erdinkarnation des Erzengels Michael zur Endzeit unseres Äons erwartet.

Dem Verfasser fiel übrigens während einer Pilgerfahrt durch das Land Israel in zwei Fällen in orthodoxen Klöstern auf, daß dort Ikonen zu sehen waren, in denen Johannes der Täufer mit den riesigen Flügeln eines Engels dargestellt war. Unwillkürlich wurde man da an Michael-Johannes bei Jakob Lorber erinnert. Es handelt sich um sehr alte Ikonen, die darauf hinzuweisen scheinen, daß in der älteren Zeit in der orthodoxen Kirche ein untergründiges Wissen um den Zusammenhang der Inkarnation des Erzengels Michael in Johannes den Täufer bekannt war. Besonders auffallend war das in dem wie ein Schwalbennest in den Felsen gebauten uralten St.-Georg-Kloster im Wadi Kelt, zwischen Jerusalem und Jericho.

Wenn ein Engelsgeist von Gott mit einer besonderen Sendung betraut wird, um die Menschheit aus einer widergöttlichen geistigen Not zu retten, kann es geschehen, daß Gott in Seiner Barmherzigkeit solche Boten der himmlischen Liebe, Weisheit und Macht unter die Menschen sendet, um ihnen das höhere Licht wieder sichtbar zu machen. Das sind dann keine Reinkarnationen, sondern Inkarnationen hoher Geister nach dem Vorbild des Herrn Selbst, der sich ja in unserm Fleische inkarnierte. In der Regel jedoch will keine im Jenseits lebende Seele sich noch einmal auf dieser Erde inkarnieren. Wir wissen, der Herr zwingt niemanden. Im fünften Band des »Großen Evangelium Johannes« 136,6f. werden wir vom Herrn noch weiter informiert: »Für welch ein größtes Unglück hält man's auf dieser Welt, so da jemand getötet wird! Aber für ein viele tausend Male ärgeres Unglück wird's jenseits angesehen, so eine schon dort seiende, freie Seele wieder in ihren sterblichen, stinkenden und schwerfälligen Leib irgend zurückzukehren genötigt wird! Daher tätet ihr niemandem etwas Gutes, so ihr ihn wieder in dies irdische Leben zurückriefet.

Es gibt dort wohl arge Seelen, die man geradewegs Teufel nennen kann. Diesen geht es drüben sicher um zehntausend Male schlechter, als es einem noch so armen und verfolgten Bettler auf dieser Erde ergeht, aber unter allen den vielen, deren Zahl ganz gut bis jetzt zu zehntausend Millionen nach arabischer Zählweise angenommen werden kann, ist keine, die noch einmal den Weg des Fleisches durchmachen möchte. Wenn aber schon die Unglücklichen nimmer zurück auf diese Erde wollen, um wie vieles weniger die jenseits Glücklichen!« . . . All diesen Geheimnissen gegenüber rät der Herr zu größter Zurückhaltung. Wir sind hier nicht ohne Grund zu heiliger Nüchternheit und Wachsamkeit aufgerufen, ist dies für den Alltagsmenschen im Dunkel liegende Geschehen doch auch ein Gebiet, dessen sich gern der Widersacher bemächtigt. Wir wissen, daß gefallene Geister gern lügen und sich im Zwielicht gelegentlich mit einer scheinbar himmlischen Aura umgeben. Hier gilt ganz besonders das Wort des Apostels: »Prüfet die Geister!«

Es gibt einen regelrechten Reinkarnations-Wahn. Falsche Christusse treten da und dort auf, Menschen, die sich selbst als »Gesalbte des Herrn« sehen. Es gibt pseudoreligiöse Gruppenbildungen um Menschen, die sich selbst für inkarnierte Engel halten oder gar eine Reinkarnation der Jungfrau Maria oder eine solche des Apostels Johannes, Petrus oder Paulus. Andere behaupten, sie seien im früheren Leben Maria Magdalena gewesen. Wieder andere halten sich für die Wiedergeburt eines Franz von Assisi oder auch einer historisch bedeutenden Persönlichkeit wie Alexander der Große oder Julius Cäsar und anderer. Ein solcher Irrglaube aus geistigem Hochmut artet dann in krankhafte Herrschsucht aus und ist mit dem Reiche Gottes, das Demut und Liebe verlangt, unvereinbar.

Ein großer Geist – ohnehin ohne Rückerinnerung an seine hohe Vergangenheit – wirkt überzeugend durch Lauterkeit, Liebe, Demut und Weisheit. Man wird dessen hohe Bestimmung und Herkunft irgendwie ahnen, ohne von ihm zwingend gebannt zu sein. Nach dem Beispiel des Herrn wird ein solches mit göttlichem Auftrag betraute Wesen seine innerste Person behutsam verhüllen, um die Willensfreiheit der Mitmenschen zu achten.

Die flackernden Irrlichter aber werden bald durch ihre Aufdringlichkeit und Unlauterkeit als falsche Propheten erkannt werden. Keiner von uns darf sich dessen rühmen, was er früher vielleicht einmal war. Uns ist ohnehin die Rückerinnerung genommen, so daß nur Hochmut die Einbildungskraft in solcher Weise erhitzen kann. Wir sollten uns selbst als unnütze Knechte, Geringe und Schwache klar erkennen, dem Herrn danken, daß wir Ihm nachfolgen dürfen; wir dürfen Ihn auch um Hilfe bitten.

Wäre die Reinkarnation die Regel im Plane Gottes, dann wäre vielen Seelen, die nach dem endlosen und mühseligen Gang durch die Naturreiche wieder zur Vollständigkeit einer Menschenseele gesammelt wurden, der Weg zur Inkarnation im Fleische versperrt.

Es sei noch angefügt, daß viele religiös durstige Menschen unserer Zeit anfällig sind für die Annahme eines wirren bunten Gemisches verschiedener religiöser Richtungen, die in sich voller

Widersprüche sind. Dazu gehört auch die manchmal leidenschaftlich vertretene Bejahung wiederholter Reinkarnationen. Damit wird dem einmaligen Erlösungswerk Jesu Christi seine zentrale Bedeutung genommen. Der grausam unpersönliche Reinkarnationszyklus ist durch dieses ja sinnlos geworden. Vor Seiner Liebestat schmilzt alles Vereiste dahin.

Die gläubige Bejahung Jesu Erlösungswerkes, jenes Schlüsselereignisses der Menschheitsgeschichte, in Seiner tätigen Nachfolge ist für uns als Christen unverzichtbar. Nirgendwo wird das eindringlicher betont wie in der Botschaft Jakob Lorbers. Es ist daher müßig, sich in unfruchtbaren Spekulationen über Unwesentliches zu ergehen. Ein ernstes Wort zur Klarstellung war in diesem Rahmen aber wohl notwendig.

12. Mikrokosmos, Makrokosmos, das durchgeistete Universum

». . . denn in ihm leben wir, bewegen uns und sind wir.« (Der Apostel Paulus auf dem Ariopag in Athen, Apg. 17,28)

A) Der Mikrokosmos

Der Herr diktierte vor über hundert Jahren Seinem Schreibknecht die folgenden Worte in die Feder: »Hätten die Naturforscher der alles beherrschenden und erfüllenden Lebenskraft Gottes einen Platz in ihren Schriften eingeräumt, so hätten sie schon lange in ihrem Wissen einen gewaltigen Schritt vorwärts gemacht und hätten nicht nötig, ›tote Kräfte‹ – was ein gröbster Unsinn ist – abzuwägen und zu zergliedern, sondern sie hätten sogleich mit jener Grundbedingung allen Seins zu tun bekommen, in welcher sie sich selbst und alle Materie vom rechten Standpunkt aus schon lange vollkommen erkannt hätten! Aber so tappen – was eigentlich das dümmste ist – die Lebendigen in lauter toten Kräften herum und wollen am Ende gar noch beweisen, daß die lebende Kraft ein Gemisch und eine Zusammensetzung aus lauter toten Kräften ist! – In welcher Logik kann denn eine wirkende Kraft als ›tot‹ angesehen werden?! Kann es etwas Unsinnigeres geben, als gewissen sichtbaren Wirkungen einen toten Grund zu unterbreiten?« (»Erde u. Mond« Kap. 41,6f.)

Dieses Wort, in die damalige Zeit hineingesprochen, zeugt von großer Hellsicht. Erst heute wird das allmählich manchen Menschen, keineswegs allen, begreifbarer.

Bis zum Jahre 1902 galt nach der offiziellen Ansicht der Wissenschaft das Atom als letztes kompaktes unteilbares Teilchen, was ja schon in dem Namen (griechisch: atomos = unteilbar) ausgedrückt ist. Lorber weist schon ab 1840 auf die Teilbarkeit unserer Atome hin durch seinen Begriff der materiellen spezifischen Intelligenzpartikel, die in der Form von subatomaren Mikrotierchen auftreten, von denen beispielsweise zehn unser Eisenatom zusammensetzen und die Haupteigenschaft des Eisens bedingen.

Dann entwickelte Rutherford, der 1903 die Theorie des radioaktiven Zerfalles begründet hat, 1911 das Rutherfordsche Atommodell, das von seinem Schüler Niels Bohr weiterentwikkelt wurde. Danach besteht ein Atom aus dem Atomkern und seiner Elektronenhülle, ein normales Eisenatom (Fe/56) beispielsweise aus 26 Protonen (positiv) und 30 Neutronen (neutral), so ergibt sich daher das Atomgewicht 26 + 30 = 56. Der Kern dieses Eisen-56-Atoms ist von 26 Elektronen (negativ) umgeben. Die Ordnungszahl 26 (gleich Anzahl von Elektronen = Protonenanzahl) bestimmt, daß es sich hier eben um das chemische Element Eisen handelt und nicht etwa um Mangan (Ordnungszahl 25) oder Kobalt (Ordnungszahl 27). Das Atom stellte sich nach diesem Rutherford-Bohrschen Modell als eine Art Mikro-Sonnensystem dar.

Durch Lorber wird uns schon 1847 offenbart, daß die subatomaren Mikrotierchen, von denen je zehn eines unserer Eisenatome zusammensetzen, aus sogenannten atomistischen eiförmigen Kugeltierchen bestehen, die in sich ein ganzes Mikroweltall enthalten.

Während die Wissenschaft unbelebte gleichartige, tote Elementarteilchen zugrunde legt: Proton (positiv geladen), Neutron (ungeladen) und Elektron (negativ geladen) – geht die Lorber-Offenbarung von *belebten, individuellen,* subatomaren Mikrotierchen in zwei Arten aus, wobei die kleineren nicht nur ein Mikrosonnensystem (wie beim Rutherford-Bohrschen Atommodell), sondern ein ganzes Mikroweltall in sich enthalten.

Erst nach dem Zweiten Weltkrieg wurden mit immer größeren Beschleunigungs- und Atomzertrümmerungsanlagen immer kleinere Bruchteile des Atoms entdeckt, beispielsweise Mesonen, die nur eine Lebensdauer von 10^{18} Sekunden (eine trillionstel Sekunde) haben. Durch Lorber wurde die Existenz und genaue Lebensdauer solcher Elementarteilchen schon am 15. August 1840 mit den Worten beschrieben: »Die erste Klasse der Tierwelt sind die unendlich kleinen Bewohner des Äthers. Sie sind in demselben ungefähr das, was ihr in eurer Sprache ›Atome‹ nennt und sind so außerordentlich klein (wohlgemerkt nur eurem Auge), daß auf einem Punkt, den ihr nur unter einer starken Vergrößerung als solchen erkennen könntet, schon mehrere Trillionen überflüssigen Platz fänden. Wenn ihr solche Tierchen mit euren Augen entdecken wolltet, so müßtet ihr einen solchen Punkt trillionenmal vergrößern können, was euch im irdischen Leben wohl nie gelingen wird, allda nie ein sterbliches Auge die Dinge in ihrer Wahrheit wird schauen können, sondern nur das Auge des Geistes.

Nun werdet ihr fragen, woher diese Tiere kommen und wie sie entstehen? – Da sage Ich (der Herr) euch: Diese Tiere entstehen aus dem Zusammenfluß der Sonnenlichtstrahlen, welche sich allenthalben in dem unermeßlichen Schöpfungsraum begegnen. Und daher wird es euch auch verständlich klarwerden, wozu das viele Licht, welches der Sonne in die weiten, leer scheinenden Räume entströmt, von Mir, gewiß nicht unweise, verwendet wird.

Die Gestalt dieser Tiere ist die einer Kugel, deren Oberfläche äußerst glatt ist. Ihre Nahrung ist die Essenz des Lichtes, und ihre Lebensdauer ist der trillionste Teil einer Sekunde, worauf sie – nach ihrem Ableben zu Trillionen sich einend – eine zweite Klasse (von Wesen) zu bilden anfangen, die sich zwar hinsichtlich der Größe von ihren Vorgängern um nicht gar vieles unterscheiden; nur wird ihr Leben um so viel konzentrierter, so zwar, daß sie schon ein Bedürfnis nach Nahrung empfinden; daher sie auch schon mit einem Organ versehen und unter dem Ausdruck ›Monaden‹ zu verstehen sind.

Diese Tiergattung hat ihren Lebensraum schon in der Planetensphäre, das heißt in dem Bereich, allda Planeten um die Sonne kreisen. Ihre Lebensdauer ist der tausendbillionste Teil einer Sekunde. Seht, wie groß auch der Unterschied zwischen der Lebensdauer eines Atoms und einer Monade ist, so ist er aber für euch – eurem natürlichen Wahrnehmen nach – doch ein ganz unmerkbarer, da ihr mit euren Sinnen den trillionsten und tausendbillionsten Teil wohl niemals unterscheiden möchtet. Und doch wird euch die Rechnung einen ungeheuren Unterschied zeigen. – Nun auf gleiche Weise wird fast unter gleicher Gestalt eine Klasse nach der andern mit einem stets potenzierteren Leben gebildet, bis endlich das Leben solcher Wesen zu einer solchen Potenz gediehen ist, daß es anfängt, sich an der obersten Luftregion als ein lichtvoller, bläulicher Dunst anzusiedeln.« (»Himmelsgaben« I S. 82/83, 8–12)

Seit den 80er Jahren stand die Atomphysik vor einem immer größer werdenden Elementarteilchenzoo, der dann durch die neuentdeckten Quarks (= Bausteine z. B. der Protonen und Neutronen) sehr geordnet werden konnte. Neuerdings nehmen einige Atomphysiker die Existenz sogenannter Präonen an, aus denen wiederum die Quarks bestehen sollen. (Quelle für die Präonen und Quarks: P. Schrempp und F. Schrempp, »Präonen, noch kleinere Bausteine der Materie«. Physikalische Blätter, 41/ 1985, Nr. 10, S. 335 ff.)

Durch Lorber wurden schon 1847 die subatomaren, individuellen belebten Mikrotierchen als Träger der materiellen – individuellen, spezifischen Intelligenzpartikel offenbart. Da beispielsweise zehn dieser Lorberschen subatomaren Mikrotierchen eines unserer Eisenatome zusammensetzen, so stehen diese etwa auf der Ebene der erwähnten Quarks. Und da nach Lorber diese Mikrotierchen aus noch viel kleineren Kugeltierchen bestehen, die in sich sogar ein ganzes Mikroweltall enthalten, so stünden diese Kugeltierchen etwa auf der Ebene der hypothetischen Präonen.

Mit der Offenbarung zweier subatomarer belebter Tierchen-Generationen, den Mikrotierchen und den Kugeltierchen, sowie dem Hinweis auf das Mikroweltall im Inneren des Kugeltierchens weist Lorber auf eine unendliche Teilbarkeit und vor allem auf die Belebtheit sowie die völlige Analogie des Mikrokosmos mit dem Makrokosmos hin. Das alles schrieb er schon 1847 nieder, während bis 1902 das Atom als noch völlig unteilbar und kompakt galt!

Das Licht wird in offizieller physikalischer Sicht wegen seiner rein korpuskularen Eigenschaften einerseits als Photon, Quant oder Teilchen, eben als Korpuskel, wegen seiner wellenmäßigen Eigenschaften hingegen als Welle aufgefaßt. Hierdurch kam Niels Bohr zum Begriff der Komplementarität von Korpuskel (Teilchen) und Welle, woraus sich schließlich die gesamte heutige Wellen-Quanten-Mechanik entwickelte.

Lorber betont dagegen den rein korpuskularen Charakter des Lichtes, da uns durch ihn schon 1842/43 geoffenbart wurde, daß neue Kometen durch den Zusammenfluß der Lichtstrahlen mehrerer Sonnen, durch eine Art »Interferenz« entstehen. Diese *Materiebildung* ist nur denkbar, wenn das Licht letztlich korpuskularer Natur ist und eine Struktur besitzt, aus der sich alle (auch die rein wellenmäßigen) Eigenschaften erklären lassen.

Dr. Wilhelm Martin, Naturwissenschaftler und hervorragender Lorberkenner, hat eine rein korpuskulare Lichttheorie entwickelt, in der er gerade auch die rein wellenmäßigen Lichteigenschaften mit Hilfe von Kohärenzverbänden sehr vieler Lichtkorpuskeln rein korpuskular erklärt, womit der scheinbare Dualismus der Komplementarität von Welle und Korpuskel, welche scheinbare Aufhebung des Kausalitätsgesetzes die Krise der modernen Physik hervorgerufen hat, überwunden ist. (Mehr in Wilhelm Martin: »Vom Wesen des Lichtes« (Lichttheorie), 1953, Turm-Verlag)

Die Entdeckung der Kernkraft schien auf eine ähnliche Qualität bzw. Komplementarität von Masse und Energie hinzuweisen, wobei Masse in Energie gemäß der Einsteinschen Formel $E = mc^2$ umgewandelt wird. Nach der Lorber-Offenbarung ist Masse, also Materie, nichts anderes als gefangenes, fixiertes, gefesseltes Geistiges, – fixiert und gefesselt deshalb, da es sich einst freiwillig durch Selbstsucht und Hochmut von Gott und Seinen von Ihm ausgehenden, für ein freies Sein notwendigen Lebensströmen entfernt hatte. Materie ist also nach Lorber »gerichtetes« Geistiges, das wir als Kernenergie vorzeitig entfesseln und freisetzen, wobei die Zerstörungskraft dieser entfesselten Kernkraftgeister sich deutlich in der Zerstörungskraft der Atombombe sowie radioaktiver Strahlungen beweist.

Aber aus dieser Gleichartigkeit von Materie mit »gerichtetem«, man könnte auch sagen »bösem« Geistigen darf nicht auch auf die Gleichartigkeit von Materie mit Seele und Geist geschlossen werden. Denn Seele und Geist bestehen nach Lorber aus gleichsam gutartigen materiefreien Energien einfacher und höherer Art. Da liegt also ein gewaltiger Qualitätsunterschied vor. »Gute« Energien oder Geister können freiwillig hochmütig und böse werden und sich dadurch zu Materie verdichten. »Böse« Energien (also Materie) oder böse Geister können sich hingegen *freiwillig* demütigen und bessern, ja sogar gut werden und sich dadurch zu reiner materiefreier Energie (Seele und Geist) entdichten.

Aufgrund der physikalischen Tatsache, daß man im Mikrokosmos nicht mehr sowohl den Ort als auch den Impuls (= Masse x Geschwindigkeit) gleichzeitig genau messen kann, schloß man auf eine prinzipielle Nichtobjektivierbarkeit im Mikrokosmos. (Heisenbergsche Ungenauigkeits- oder Unbestimmtheitsrelation: Je genauer man den Ort eines Teilchens [Elektrons] mißt, desto ungenauer wird die Messung seines Impulses und umgekehrt.) Danach soll es prinzipiell unmöglich sein, ein einzelnes subatomares Teilchen für sich allein zu betrachten und in all seinen Eigenschaften genau zu bestimmen. Die heutige Mikrophysik nimmt außerdem an, daß das Kausalitätsgesetz, welches von eindeutiger Ursache zu eindeutigen Wirkungen führt, im Mikrokosmos nicht mehr gelten soll.

Für unsere sehr beschränkten irdischen Beobachtungsmöglichkeiten gibt es sowohl im Mikro- als auch im Makrokosmos unübersteigbare Grenzen, die wir nicht mehr zu überschreiten vermögen. Das müssen wir demütig erkennen. Aber aus der Offenbarungssicht des Lorberwerkes wird uns klar, daß der Mikrokosmos genauso wunderbar geordnet aus objektivierbaren Teilchen (Mikroweltalle, Kugeltierchen, Mikrotierchen) aufgebaut ist, die sogar belebt sind, wie wir das beim Meso- und Makrokosmos selbständig beobachten und erfahren. Gott und Seine Engel kennen keine Beobachtungsgrenzen. Sie kennen jedes einzelne Mikroweltall und jedes einzelne Kugel- und Mikrotierchen, bauen daraus unsere Elementarteilchen und Atome geordnet zusammen und schaffen auf diese Weise die Basis unseres geordneten Meso- und Makrokosmos ständig neu.

Vor allem betonen die Lorbertexte die Belebtheit des subatomaren Mikrokosmos, also der Quarks und der Präonen, indem in beiden Fällen sogar von intelligenten Mikrotierchen gesprochen wird. Somit entsteht nach Lorber das Leben nicht auf einmal aus vorher »toten« Atomen und Molekülen auf der Ebene der lebenden Zelle. Das Leben hat auch in den subatomaren Tiefen nirgends einen Anfang, weil alles von Gott Erschaffene durch und durch lebendig ist. Auch die moderne Physik erkennt in der ungeheuren Dynamik im Mikrokosmos mehr und mehr die Lebendigkeit dieser Teilchen. So äußert beispielsweise der amerikanisch-österreichische Physiker Fritjof Capra in seinem Werk »Wendezeit« (Scherz-Verlag, 1985): »Will man ein subatomares Teilchen auf einen bestimmten, eng begrenzten Raum festlegen, dann reagiert es auf diese Begrenzung, indem es sich umherbewegt. Je stärker der Raum eingeengt wird, desto schneller wird das Teilchen in ihm umherschwirren . . .« »Je kleiner der Maßstab, in dem man Dinge als aus kleineren Bestandteilen bestehend beschreibt – Moleküle, Atome und Elementarteilchen –, desto mehr befinden diese Bestandteile sich in einem Zustand ständiger Bewegung. Makroskopisch betrachtet mögen die materiellen Objekte um uns herum passiv und unbeweglich erscheinen. Vergrößern wir jedoch einen solchen ›toten‹ Stein oder ein Stück Metall, dann sehen wir, daß beide voller Aktivität sind . . .«

Im sechsten Band des »Großen Evangelium Johannes« 53,7 steht im Vergleich hierzu das Wort Jesu: »Jede Form entspricht einer gewissen Intelligenz. Je einfacher sie ist, desto einfacher und geringfügiger ist auch die ihr innewohnende Intelligenz; je ausgebildeter und ausgebreitet zusammengesetzter aber du dann eine Form erschaust, desto mehr Intelligenz wirst du in derselben auch finden.«

In Vers 5 und 6 des gleichen Kapitels heißt es: . . . »Alles den Menschen sichtbar Erschaffene ist gerichtetes Geistiges und hat die Bestimmung, durch eine lange Reihe von allerlei Formen endlich in ein freies und selbständiges Leben überzugehen. Die Formen aber beginnen schon vom Stein angefangen durch alle Mineralreiche hindurch übergängig zum Pflanzenreich, durch das gesamte Pflanzenreich wieder übergehend in das Tierreich und durch dieses hindurch bis zum Menschen und sind Aufnahmegefäße vom Leben aus Gott.«

B) Der Makrokosmos

Noch bis 1925 glaubten die Astronomen, daß unsere Milchstraße die einzige Galaxis sei und daß alle »Spiralnebel« Nebelwolken innerhalb unserer Milchstraße seien. Erst seit 1925, nach Inbetriebnahme der neuen kalifornischen Riesenteleskope, erbrachten die Forschungen der Astronomen den Beweis, daß es selbständige Galaxien oder Milchstraßen außerhalb unserer Milchstraße gibt, wie zum Beispiel den Andromedanebel. Die Lorber-Offenbarungen zeigten jedoch schon 1850, daß es Billionen von Galaxien allein in unserem lokalen Universum gibt, welches bei Lorber »Hülsenglobe« genannt wird und ein Inbegriff von sieben Millionen Galaxishaufen ist.

Der Begriff der Supergalaxis entwickelte sich erst aufgrund der Beobachtungen mit Hilfe der neuen Super- und Radioteleskope in den 50er Jahren dieses Jahrhunderts. Auch diese Entdeckung hat die Lorber-Offenbarung durch ihren Hülsengloben-Begriff um hundert Jahre vorweggenommen und vertieft. In einer solchen Hülsenglobe kreisen sieben Millionen Supergalaxien (= Galaxishaufen) um eine gemeinsame Urzentralsonne. Sie (die Hülsengloben) sind in einer endlosen Raumtiefe von einer festen, nach innen alle Strahlung reflektierenden kugelartigen Hülle eingeschlossen und umhüllt.

Die erst seit den 60er Jahren entdeckten Quasare (Abkürzung von »quasistellare Objekte«) mit ihrer unvorstellbaren Energieausstrahlung, die jeweils im Zentrum einer Galaxis stehen, werden heute nicht als das erkannt, was sie eigentlich sind. Es sind nämlich die durch Lorber schon 1850 geoffenbarten Zentralsonnen, die sowohl im Zentrum einer Galaxie, als auch im Zentrum eines Galaxienhaufens stehen.

Nach Lorber herrscht auch im Makrokosmos eine wunderbare Ordnung. Sonnensysteme kreisen um eine Zentralsonne erster Art (= Gebietssonne) und bilden einen Kugelsternhaufen (oder Sonnengebiet). Kugelsternhaufen kreisen um eine Zentralsonne zweiter Art (Quasar; Allsonne) und bilden eine Galaxis (= Spiralnebel, Milchstraße, nach Lorber ein Sonnenall). Galaxien kreisen um eine Zentralsonne dritter Art (Superquasar; All-All-Sonne) und bilden einen Galaxishaufen (Supergalaxis, nach Lorber Sonnen-All-All). Schließlich kreisen sieben Millionen Galaxishaufen um eine Urzentralsonne und bilden zusammen mit einer endlos großen Kugelhülle eine Hülsenglobe. (Unser lokales endliches Universum ist nicht mehr als eine solche Hülsenglobe; sie stellt nur *ein* Großelementarteilchen unter zahllos vielen dar, aus denen, wie wir später noch sehen werden, nach Lorber eine makrokosmische Großschöpfung aufgebaut ist.)

Unsere eigene Planetarsonne müßte also einmal um unsere Gebietssonne (Zentrum unseres lokalen Kugelsternhaufens) kreisen, die nach Lorber mit unserem hellsten Fixstern *Sirius* im Sternbild des Großen Hundes identisch ist. Demnach wäre Sirius millionenmal größer als unsere Sonne und tausendmal weiter entfernt, als bisher geglaubt. Hierdurch ergibt sich insgesamt die gleiche scheinbare Helligkeit unserer Gebietssonne. Ferner müßte sich unsere Sonne zusammen mit Sirius und unserem lokalen Kugelsternhaufen um das Zentrum unserer Galaxis bewegen. Die Kugelsternhaufen sind nur in den Außenbezirken einer jeden Galaxie, dem sogenannten Halo, schon fertig ausgebildet. Hingegen entstehen gegen das Zentrum einer jeden Galaxie zu aus der All-Sonne (dem Quasar) junge Gebietssonnen und junge Planetarsonnen, die überwiegend aus den Gebietssonnen entspringen und erst nach und nach zu Kugelsternhaufen geordnet und zusammengefaßt werden. Daher schauen wir in Richtung Zentrum der Galaxis mehr Einzelsterne als Kugelsternhaufen.

Aber die meisten Einzelsterne unserer näheren Umgebung müssen zu den zweihundert Millionen Planetarsonnen, wie die unsrige, gehören, die nach Lorber um den Sirius, unsere Gebietssonne, kreisen und mit ihm unseren lokalen Kugelsternhaufen bilden, der aus genügender Entfernung dann genauso aussieht wie zum Beispiel der Kugelsternhaufen Omega (Ω) Centauri oder wie M 5 = NGC 5904 im Kopf des Sternbildes Schlange.

Diese beiden Kreisbewegungen unserer Sonne, einmal um den Sirius als Zentrum unseres lokalen Kugelsternhaufens, sowie ein zweites Mal um unseren Quasar (= Allsonne) im Zentrum unserer Galaxie, sind von der Astronomie gemessen, aber noch nicht in ihrem Wesen richtig gedeutet worden.

Mit einer Geschwindigkeit von 200–260 km/sec bewegt sich unsere Sonne um das Zentrum unserer Galaxis, was insgesamt eine Umlaufzeit von zweihundert Millionen Jahren ausmacht. Unsere Sonne bewegt sich ferner mit 20 km/sec in Richtung des Sternbildes Hercules. (Meyers Handbuch über das Weltall, 5. Aufl. 1973, S. 286) Diese letztgenannte Bewegung unserer Sonne ist nach Lorber die Umkreisung unserer Gebietssonne Sirius in 28 000 Jahren (nicht, wie wir bisher annahmen, 26 000 Jahre, weil die Sonne auf ihrer elliptischen Bahn um den Sirius auch zum Teil langsamer als jetzt läuft).

Ferner sollen nach Lorber die Galaxien nicht explosionsartig mit Lichtgeschwindigkeit auseinanderfliegen, sondern sie kreisen einmal um ihren Superquasar (= All-All-Sonne) und ein zweites Mal mit diesem um die Urzentralsonne. Neuerdings haben sieben Astronomen in den USA und in Großbritannien starke Hinweise dafür entdeckt, daß unsere Milchstraße zusammen mit einer Reihe benachbarter Spiralnebel (Virgo und Hydra-Centaurus) sich mit einer Geschwindigkeit von 600–700 km/sec in der Richtung des Sternbildes Kreuz des Südens am südlichen Sternhimmel bewegt. (Thomas von Randow: »Eigenwillige Milchstraße«, »Die Zeit« Nr. 17 vom 8. 4. 1986, S. 78.) Damit wäre die von Lorber schon 1850 geoffenbarte Kreisbewegung der Galaxishaufen um die Urzentralsonne erstmals gemessen worden.

Nach Lorber entstand der Makrokosmos nicht aus einem »Urknall«, der sich erst inflationsartig auf das 10^{25}fache des heutigen Universums in 10^{-35} Sekunden ausdehnte, um dann in einer Art Phasenübergang zu dem heutigen Weltall zu kondensieren, sondern die materielle Weltentstehung (Kosmologie) ist ein rein geistiger Vorgang, bei dem zunächst gute Geister freiwillig selbstsüchtig und hochmütig wurden und sich dadurch zur puren Materie *verdichteten.* Die zahllos vielen materiellen Urzentralsonnen, als Kerne der späteren Hülsengloben oder Großelementarteilchen, entstanden nach Lorber gleichzeitig und waren jeweils unvorstellbar weit voneinander entfernt. Aus jeder Urzentralsonne spalteten sich die All-All-Sonnen ab, aus diesen die All-Sonnen, aus diesen wiederum die Gebietssonnen, bis sich schließlich aus den Gebietssonnen die Planetarsonnen, und die Planeten aus den Planetarsonnen, sowie die Monde aus den Planeten bildeten.

Lassen wir nun einmal die Lorbersche Kosmologie, die im vierten Band vom »Großen Evangelium Johannes« Kap. 105 niedergelegt ist, auf uns wirken. Jesus erklärt da Seinen Zuhörern die Entstehung der Sonnensysteme:

»Seht, so wie nun die Menschen durch die Eigenliebe, durch die Selbstsucht, durch den Hochmut und durch die daraus hervorgehende Herrschsucht derartig aller Materie voll werden, daß sie viele tausendmal Tausende von Jahren hindurch sich nicht völlig davon zu befreien imstande sein werden, – ebenso gab es dereinst auch urgeschaffene Geister, die auch durch den ihnen verliehenen Reiz zu sehr eigenliebig, selbstsüchtig, hochmütig und am Ende herrschsüchtig wurden, und die Folge davon war, daß sie sich in die purste Materie verwandelten.

Sie haben sich abgesondert in große Vereine und stellten sich in für cuch nicht denkbar großen Entfernungen auf. Ein jeder Verein wollte von einem zweiten nichts mehr hören, sehen und erfahren, um nur der Eigenliebe so recht weltendick frönen zu können. Durch dieses stets wachsende Eingehen in die Eigenliebe und Selbstsucht, in den dadurch mehr und mehr erwachten Hochmut und in eine absolute Herrschsucht schrumpften die zahllos vielen Lebensformen endlich nach dem Gesetz der

Schwere, das sich aus der Eigenliebe und Selbstsucht von selbst entwickelt hatte, zu einem übergroßen Klumpen zusammen, – und die materielle Urzentralsonne einer Hülsenglobe (die Zusammenfassung einer Unzahl von Sonnengebieten, die, wie einzelne Planeten um ihre Sonne, in unmeßbar weiten Bahnen sich um die Urzentralsonne bewegen. J. L.) war fertig.

Nun aber gibt es im unendlichen Raum ebenfalls eine Unzahl solcher Systeme oder Hülsengloben, wo überall eine besprochene Urzentralsonne zahllosen Weltengebieten zum gemeinsamen Mittelpunkt dient, und diese Urzentralsonnen sind eben die zusammengeschrumpften Urgeistervereine, aus denen mit den Zeiten der Zeiten alle andern Sonnenalle, Sonnengebiete, Nebenzentralsonnen, Planetarsonnen, Planeten, Monde und Kometen hervorgegangen sind.

Wie aber ging das zu? Seht, in der Urzentralsonne wurde vielen großen Geistern der Druck zu mächtig! Sie entzündeten sich zornglühend und machten sich vom Urdruck los. Sie flohen förmlich endlos weit von ihren ersten Vereinsklumpen. Eine Zeitlang schwärmten sie ganz frei und harmlos für sich in aller Ungebundenheit im endlosen Raum umher und machten eine gute Miene, von selbst in die rein geistige Ordnung überzugehen; aber weil sie des Elementes der Eigenliebe nicht ledig werden konnten, so fingen sie endlich auch wieder an, zu einem festen Klumpen zusammenzuschrumpfen, und es entstanden daraus Zentralsonnen zweiten Ranges in einer wie in der andern der zahllos vielen Hülsengloben.

In diesen Zentralsonnen zweiten Ranges ergrimmten mit der Zeit der Zeiten die Hauptgeister wegen des stets zunehmenden Druckes, entzündeten sich und machten sich in zahllosen Massen von den Gemeinklumpen zweiten Ranges los. Sie machten nun wieder die besten Mienen zu einem rein geistigen Übergang; da sie aber mit der Weile dennoch wieder ein großes Wohlgefallen an sich fanden und nicht völlig von der Eigenliebe lassen wollten, so wuchsen sie auch abermals im materiellen Gewicht und schrumpften ebenfalls wieder in große Klumpen zusammen, und es wurden daraus Zentralsonnen dritten Ranges.

Aber bald erhob sich da derselbe Anstand wie bei den früheren Zentralsonnen. Die höheren Geister, als die wenigeren an der Zahl, wurden nach und nach von den noch immer zahllos vielen untergeordneten Geistern zu mächtig gedrückt, ergrimmten bald wieder und rissen sich zu vielen tausendmal Tausenden mit großer Gewalt vom gemeinsamen Klumpen los, mit dem festen Vorsatz, nun endlich ins völlig rein Geistige überzugehen. Undenkbar lange Zeiten schwebten sie als voneinander weit getrennte Ätherdunstmassen im weiten Schöpfungsraum. Diese Freiheit gefiel ihnen in der Rückerinnerung an den mächtigen Druck, den sie ausgestanden hatten. Aber in dieser untätigen Freiheit fing es sie mit der Zeit an zu hungern, und sie fingen an, im Raum Nahrung zu suchen, – also eine Sättigung von außen. Diese fanden sie und mußten sie finden; denn die Begierde ist gleich jenem nordischen Magnetstein, der alles Eisen, wie auch alle eisenhaltigen Mineralien mit einer unwiderstehlichen Gewalt an sich zieht.

Was aber war davon die unvermeidbare Folge? Ihre Wesenheit fing dadurch sich nach und nach sehr zu verdichten an; damit erwachte auch bald wieder die Eigenliebe und ihr Gefolge, und die unausweichbare Folge war wieder die Einschrumpfung zu einem gemeinsamen Klumpen, wozu freilich wohl stets eine Unzahl von Erdenjahren vonnöten war.

Allein, was ist eine noch so lange Zeitendauer vor dem ewigen Gott?! Ein Seher der Vorzeit sagte: ›Tausend Jahre sind vor Gott wie ein Tag!‹ Ich sage euch: Tausendmal tausend Jahre sind vor Gott im Ernste kaum ein Augenblick. Wer ein Müßiggänger ist, dem werden aus lauter Langweile die Stunden zu Tagen und die Tage zu Jahren. Dem Fleißigen und vielfach Tätigen werden die Stunden zu Augenblicken und Wochen zu Tagen. Gott aber ist von einem unendlichen Tätigkeitseifer von Ewigkeit her erfüllt und in einem fort unendlich tätig, und die seligste Folge davon ist, daß Ihm für euch undenkbar lange Zeiten wie einzelne Augenblicke vorkommen müssen, – und eine volle Ausbildung einer Sonne dauert vor Seinen Augen dann nur kurz.

Aus der nun zuletzt bezeichneten Einschrumpfung entstanden

und entstehen noch die Planetarsonnen, wie die da eine ist, die dieser Erde leuchtet. Diese Art Sonnen sind zwar in ihrer Wesenheit viel zarter und sanfter als die Zentralsonnen, haben aber dennoch eine ungeheure Masse von schwerer Materie als Folge der Eigenliebe ihrer äonenmal Äonen Geister, aus deren Eigenliebe eben solch eine Sonne zusammengeklumpt ist. Den edleren und besseren Geistern in diesem Leuchtklumpen wird mit den Zeiten der Zeiten der Druck von seiten der gemeinen Geister, die ganz Materie geworden sind, denn doch wieder viel zu schwer und unerträglich; die Folge davon ist, wie bei den früheren Sonnen, Gewalttätigkeit, Eruptionen über Eruptionen, und die edleren Geister machen sich frei.

Hier erwacht dann in ihnen der schon ganz ernstliche Wille, ins Urreingeistige durch die Befolgung der wahren Ordnung Gottes überzugehen. Viele bekämpfen den in sie gelegten Reiz und werden zu urgeschaffenen Engeln, ohne einen Fleischesweg vorderhand durchzumachen. Denen, die sich demselben aber entweder gleich auf der Sonne oder gar auf dieser Erde unterziehen wollen, wird solches freigestellt, was aber auch, hier nacherinnerlich, bei den vorher beschriebenen Zentralsonnen der Fall ist, – aber nicht so häufig, wie namentlich und besonders bei *dieser* Planetarsonne, die *dieser* Erde das Licht, das zumeist von der großen Tätigkeit ihrer Geister abstammt, verleiht. Aber einige Geistervereine, die sich aus dem Sonnenklumpen auch mit den besten Vorsätzen losmachten, konnten sich von der Eigenliebe doch wieder nicht ganz losmachen und fingen so nach und nach wieder an, dem in sie gelegten Urreiz zu frönen; von eins kamen sie bald auf zwei, und so fort und fort unvermerkt weiter hinauf!

Bald darauf wurden sie als dunstige Kometen mit einem langen Schweif schon materiell ersichtlich. Was besagt dieser Schweif? Er zeigt an den Hunger der schon materiell werdenden Geister und die große Gier nach materieller Sättigung. Diese Gier zieht aus dem Äther ihr zusagendes Materielles, und so ein Komet, als ein Kompendium (Zusammenfassung) von schon sehr materiell gewordenen Geistern, irrt dann gar viele Jahrtausende im großen Ätherraum umher und sucht Nahrung wie ein reißender Wolf. Durch dieses stete Einsaugen und Fressen wird er ebenfalls stets dichter und dichter und schwerer und schwerer. Mit der Zeit wird er von der Sonne, der er durchgegangen ist, wieder insoweit angezogen, daß er ordnungsgemäß um sie zu kreisen beginnen muß. Muß er sich einmal solch eine Ordnung gefallen lassen, so wird er ein Planet, wie diese Erde, der Morgen- und Abendstern, oder der Mars, der Jupiter und der Saturn und etliche der euch unbekannten jeder für sich einer ist.

Nun ist ein Planet da und hat stets einen ungeheuren Hunger, und da er der Sonne näher steht denn früher als Komet, so bekommt er von ihr aus auch eine genügende Nahrung, die zugleich ein Köder ist, um den Entlaufenwollenden wieder stets näher und näher an sich zu ziehen und ihn nach langen Zeiten ganz wieder in sich zu begraben, – ein löblicher Wunsch der urgeschaffenen Geister in der Sonne, der aber in Anbetracht der gar großen Planeten, zu denen auch diese Erde gerechnet werden kann, gar nie in seiner Art in Erfüllung geht; denn obschon die in den Planeten gebannten Geister noch sehr materiell sind, so kennen sie aber der Sonne Materie und haben kein besonderes Bedürfnis und gar keine Lust, sich je mehr mit der Sonne völlig zu vereinen. Sie nehmen die aus der Sonne zu ihnen kommenden Geister und Geisterlein als eine gute Stärkung und Nahrung recht gerne auf, aber von einer völligen Vereinigung mit der Sonne wollen sie nichts wissen.

Es geschieht auch zuweilen, daß die einmal entflohenen Geister in ihrem materiellen Klumpenkompendium ganz in die Nähe der Sonne gelockt und gezogen werden; aber der ungeheure Tätigkeitseifer der den harten Klumpen der Sonne umgebenden freieren Geister, dem hauptsächlich das Leuchten der äußeren Sonnenoberfläche zu verdanken ist, bewirkt, daß alle in den starren Klumpen zusammengeschrumpften Geister nahe augenblicklich insgesamt sich zu der möglich höchsten Tätigkeit erheben, auseinanderfahren und ein jeder für sich dann, wie man zu sagen pflegt, das Weite zu suchen anfängt.

Die Folge solch einer erwachten Tätigkeit der in einem Planeten oder wenigstens schon reiferen Kometen lange zusammengeklumpt gewesenen Geister ist die plötzliche und gänzliche Auflösung des Klumpens und die Erlösung vieler tausendmal tausend und abermals tausendmal tausend Geister, von denen die meisten, durch solch eine Lektion gewitzigt und belehrt, sich sogleich in die rechte Lebensordnung begeben und zu urgeschaffenen Engelsgeistern werden und zu nützlichen Hütern ihrer weniger freien Lebensbrüder, wie auch jener in harten Klumpen schmachtenden, und zur schnelleren Erlösung derselben vieles beitragen.«

C) Das durchgeistete Universum

Zu Lebzeiten Jakob Lorbers und Jahrzehnte später waren bis auf seine wenigen Getreuen die Menschen, die vorzeitig Kunde davon erhielten, geneigt, diese Prophetien als Phantasterei abzutun. Die Offenbarung Jakob Lorbers brauchte in ihrer Anfangszeit den providentiellen Schutz der Verborgenheit. Wer ein Lexikon aus der Zeit um die Jahrhundertwende aufschlägt, wird meist vergebens nach dem Namen Jakob Lorber suchen. In einem Lexikon aus den 50er Jahren wird Jakob Lorber als religiöser Schwärmer abgetan. Erstmals in einem Lexikon aus den 70er Jahren konnte der Verfasser einen knappen, auf wenige Sätze beschränkten sachlichen Bericht finden.

Wer in dieser Offenbarung liest, muß ihre kosmische Begriffsbildung streng unterscheiden lernen. Der unendliche, zeitlose, unbegrenzte Raum, das eigentliche Universum, hat von Ewigkeit her den Mittelpunkt in Gott, dem eigentlichen Urmenschen aus sich selbst, als Jesus-Jehova-Zebaoth. Dieser unendliche Raum ist gleich den Strahlen, die von der Sonne ausgehen, von der göttlichen Ausstrahlung, dem Heiligen Geiste erfüllt (vgl. in Kapitel 8 das Spiegelgleichnis).

Der Ausdruck Kosmos hingegen bedeutet hier die gesamte Schöpfung in ihrer Ordnung mit zeitlichem Anfang seit Beginn der Erschaffung. Hier wird unterschieden, wie in vorhergehenden Kapiteln angedeutet, der geistig-essentielle Kosmos, der seelisch-substantielle Kosmos und der materielle Kosmos, der den materiellen großen Schöpfungsmenschen mit seinen zahllosen Hülsengloben, den Galaxien, bis zu den kleinsten mikroskopischen Elementarteilchen enthält. Kosmos als Ganzes gesehen bedeutet die Ordnung im Weltall, entsprechend der Anatomie des Menschen in ihrer ausgewogenen Ordnung. Der Kosmos stellt sich im Größten wie im Kleinsten nach Gottes Bild und Gleichnis als Mensch dar.

Wir schaudern schon vor diesen grandiosen Ausmaßen, die wir als unseren Kosmos empfinden, mit dem Behelfsmaß von Lichtjahren von Sonnen zu Sonnen. Gewöhnliche Zahlen würden so viele Nullen hinter der Primärzahl haben, daß es unsere irdischen Maßstäbe sprengen würde. Wie aber sollen wir eine solche Offenbarung fassen, die uns sagt, dieser unser vermeintlicher Kosmos, unsere Hülsenglobe sei nur ein einziges Großatom im großen materiellen Schöpfungsmenschen, der in seiner Gesamtheit dem gefallenen Großgeiste Luzifer und seinem Anhange entspricht! Das wäre für uns Erdenmenschen unfaßbar, wäre nicht Gott in Jesus Christus für uns alle auf dieser Erde Mensch geworden und jedem einzelnen von uns geistig, seelisch und materiell in unmittelbare Nähe gerückt, wenn wir nur guten Willens sind. Sowohl mikrokosmisch wie makrokosmisch ist der Mensch mit seinen Forschungen noch nicht einmal an die Grenzen im Materiellen gestoßen. Unsere kurz bemessene irdische Lebenszeit reicht schon für diese materiellen Dimensionen nicht aus. Dem nüchternen Verstand will all das auch heute noch allzu phantastisch erscheinen, doch gibt und gab es heiligmäßig lebende Menschen, denen geoffenbart wurde, daß Gott noch unzählige andere Welten außer der unseren geschaffen hat, ja daß Er unaufhörlich neue Welten schafft. Sicherlich ist die Erdenmenschheit in unserer Zeit für das Erfassen kosmischer Dimensionen schon aufgeschlossener geworden.

Der Mensch ist in die Mitte zwischen Makrokosmos und Mikrokosmos gestellt, sozusagen ein Mesokosmos, wie C. G. Jung es einmal formulierte, zusammengesetzt aus unzähligen Elementarteilchen. Auch hier wurden die Grenzen zum winzigsten Elementarteilchen von der Wissenschaft noch nicht klar erkannt. Wir stehen also zwischen kleinsten und größten Ausmaßen der materiellen Welt des Mikrokosmos und des Makrokosmos. Der Mensch als Mesokosmos steht in der Mitte zwischen beiden. Gipfelpunkt in der Gestaltung des Kosmos im Großen wie im Kleinen ist immer wieder der Mensch, geschaffen nach Gottes Bild und Gleichnis. Inbegriffen in diesen Mesokosmos sind all die unzähligen Vorstufen im Mineral-, Pflanzen- und Tierreich, deren Endstufe im Schöpfungsgeschehen schließlich der Mensch ist. Sowohl der Makrokosmos, dargestellt in der unermeßlich großen Welt der Galaxien und der Galaxienhaufen, wie auch der Mikrokosmos, die unvorstellbar kleine Welt der Elementarteilchen, beide sind unseren Sinnen nicht zugänglich. Wir können nur den mittleren Bereich, den Mesokosmos, die Erdoberfläche mit ihren Formen und Landschaften begreifen und mit unseren Sinnen wahrnehmen. Mit der Erde als Ganzem beginnt schon der uns nächststehende Teil des Makrokosmos. Die eigentlichen Schöpfungsgeheimnisse kann letztlich nur der von Gott erleuchtete Geist erkennen. Demjenigen aber, dem bange wird vor der unendlichen Vielfalt der Geschöpfe, da der Herr nie aufhören wird zu erschaffen, sagt der Herr: (»Natürliche Sonne« Kap. 73,11 ff.) »Wie verhielte sich denn eine, wenn an und für sich noch so große, aber am Ende dennoch begrenzte Zahl der Geschöpfe und Wesen zu einem unendlichen Gott? Daher soll darob niemandem bange werden. Denn in Meiner Unendlichkeit hat auch sicher Unendliches Platz und wird denselben ewig nimmer erfüllen, – wenn auch der beständige Wesenzuwachs noch unaussprechlichmal größer und zahlloser wäre, als er der bestehenden Ordnung zufolge ist.« . . . »Euer guter, heiliger Vater ist größer, mächtiger und vollkommener, als sich ihn ein schwacher Erdengeist selbst in seinen feierlich hellsten Augenblicken vorzustellen vermag.«

Wir können getrost sein, Gottes ständige Neuschöpfungen werden den unendlichen Raum nie ausfüllen.

Einem modernen Theologen, Karl Rahner soll es gewesen sein, wird das ahnungsvolle Wort nachgesagt: »Materie ist gefrorener Geist.«

Über den geistigen Ursprung der Materie erfahren wir im vierten Band vom »Großen Evangelium Johannes« Kap. 103 in einem Herrenwort folgendes:

»Als Ich im Voranfange die Geister als Meine reifgewordenen Ideen aus Mir hinausstellte und sie erfüllte mit Meiner Kraft also, daß sie selbst zu denken und zu wollen begannen, da mußte ihnen denn auch eine Ordnung gezeigt werden, nach der sie zu denken, zu wollen und endlich zu handeln haben sollten. Mit dieser angezeigten und gegebenen Ordnung mußte aber auch der Reiz zur Nichteinhaltung der gegebenen Ordnung in diese ersten Wesen gelegt werden, ansonst sie von ihrem Wollen nie irgendeinen Gebrauch zu machen imstande gewesen wären. Der in sie gelegte Reiz brachte in ihnen erst eine wahre Lebensregung zustande, der zufolge sie zu schließen, zu wählen, fest zu wollen und zu handeln begannen. Es ist, so man das weiß, dann endlich ganz leicht zu begreifen, daß schon in den erstgeschaffenen Geistern ein gewisses Unkraut sich zu zeigen anfangen mußte, weil der Reiz gar viele der ersten Geister aus der Ordnung hob und sie im stets mächtiger werdenden Widerstreben am Ende verhärten mußten und auf diese Weise den Grund zur materiellen Weltenschöpfung boten (ein Siebentel der Erstgeschaffenen fiel mit Luzifer von Gott ab). . . . Zuerst wurden Hauptzentralsonnen, und aus ihnen wurden endlich alle zahllosen anderen Sonnen und Weltkörper und mit diesen jedes und alles andere, was ihr auf, über und in ihnen entdeckt und findet.

Alles, was nun Materie ist und heißt, war dereinst Geistiges, das da freiwillig aus der guten Ordnung aus Gott getreten ist, sich in verkehrten Anreizungen begründete und in selben verhärtete, was dann die Materie bildete und ausmachte. Die Materie selbst ist demnach nichts anderes als ein gerichtetes und aus sich selbst verhärtetes Geistiges; noch deutlicher gesprochen, ist sie eine allergröbste und schwerste Umhäutung oder Umhülsung des Geistigen.

Das Geistige aber kann mit all der noch so harten und groben Umhülsung nie selbst zur vollkommenen Materie werden, sondern lebt und besteht in der Materie, welcher Art sie auch sei, fort. Ist die Materie sehr hart, so ist das geistige Leben in ihr auch sehr geknebelt und kann sich nicht irgend weiter äußern und entfalten, so ihm nicht irgendeine Hilfe von außen her gegeben wird.

Im harten Gestein kann das Leben erst dann zu einer Äußerung gelangen, wenn der Stein in langer Zeitenreihe von Regen, Schnee, Tau, Hagel, Blitz und noch anderen Elementen erweicht und stets morscher und morscher wird. Dadurch entflieht dann etwas Leben als Äther in die Luft, ein Teil bildet sich eine neue und leichtere Umhülsung, anfangs in der Form der zarten Schimmel- und Moospflanzen; aber für die Dauer mit dieser Umhülsung unzufrieden, ergreift sich das freiere Leben und schafft alsbald eine neue Umhülsung, in der es sich freier und selbständiger bewegen kann.

Solange die neue Umhülsung zart und weich ist, befindet sich das gefangene Geistige ganz wohl und verlangt nichts Besseres. Aber die anfangs ganz zarte Umhülsung wird durch die innere Tätigkeit der Geister, die nun stets mehr und mehr alles sie drükkende Materielle zur Seite schaffen, auch wieder härter und gröber; daher trachtet das geistige Leben nach aufwärts, bildet dadurch des Grases Halm und im weiteren Verfolg des Baumes Stamm und sucht sich durch gemachte und stets enger gezogene Ringe und Einschnitte vor der von unten her nachstrebenden stets größeren Verhärtung zu schützen. Aber da aus dieser Tätigkeit am Ende doch keine Rettung vor dem gänzlichen Erstarren zu erwarten ist, so verengen sie den unteren Stamm soviel als nur möglich und ergreifen die weitere Flucht in kleine Zweiglein, Fäden, Blätter, Härchen und endlich in die Blüte. Weil aber auch alles das in kurzer Zeit wieder härter und härter wird und die Geister zum größten Teil sehen, daß ihr ganzes Mühen ein vergebliches ist, so fangen sie bald gewisserart an sich einzupuppen und verwahren sich in Hülschen, die sie recht fest mit einer ihnen entsprechenden besseren Materie umlagern.

Dadurch entstehen dann allerlei Samen und Früchte. Aber der am meisten selbstsüchtige Teil des in einer Pflanze freier gewordenen Lebens gewinnt nicht viel; denn das, was sich in eine feste Keimhülse einschloß, muß so oft denselben Weg durchmachen, als wie oft der Same in die feuchte und lebensgesättigte Erde kommt. Der andere, mehr geduldige Lebensteil, der es sich gefallen ließ, in der unteren Materie als Schildwache und als Träger des eifrigsten, furchtsamsten und ungeduldigsten Lebens zu verbleiben, verwest bald und geht auch bald in eine noch höhere und freiere Lebenssphäre über, umhäutet sich zwar noch immer, aber gewöhnlich schon mit einer ihm entsprechenden Tierform; und was da als Frucht von Tieren und gar Menschen verzehrt wurde, wird dem gröberen Teile nach zur Bildung und Nahrung des Fleisches verwendet, und dem edleren Teile nach wird es zum nervenstärkenden und belebenden Geist (hier als Nervengeist gemeint), und der ganz edle Teil wird zur Seelensubstanz.«

Ergänzend sei ein Wort aus dem geistigen Tagebuch Jakob Lorbers, dem zweiten Band der »Himmelsgaben« S. 1,2 hinzugefügt: »Die ganze sichtbare Schöpfung samt den Menschen besteht nur aus Partikeln des großen gefallenen und in die Materie gebannten Geistes Luzifer und seines Anhanges.«

Im materiellen Makrokosmos werden, wie schon angedeutet, in der Prophetie Jakob Lorbers sieben Stufen unterschieden in folgender Reihenfolge vom Beginn der Materieschöpfung an: All-All-Sonnen kreisen mit ihren All-Sonnen um eine Urzentral-Sonne und bilden mit dieser und einer endlos großen kugelartigen Umhüllung eine Hülsenglobe. Unser uns bekanntes Weltall ist nach Lorber eine solche Hülsenglobe, ein winziges Großatom des Großen Schöpfungsmenschen. All-Sonnen kreisen mit ihren Gebietssonnen um eine All-All-Sonne, mit der zusammen sie ein Sonnen-All-All oder einen Galaxishaufen bilden. Gebietssonnen kreisen mit ihren Planetarsonnen um eine All-Sonne und bilden mit ihr ein Sonnen-All-All oder eine Galaxis. Schließlich kreisen Planetarsonnen mit ihren Planeten um eine Gebietssonne. Sie bilden mit ihr ein Sonnengebiet oder einen Kugelsternhaufen. Planeten kreisen mit oder ohne Monde um eine Planetarsonne, die hier ein Sonnensystem bildet, wie wir es von unserem eigenen Sonnensystem her kennen. Monde mit ihren eventuellen Monds-Monden kreisen um einen Planeten und bilden mit ihm ein Planetensystem. Endlich kreisen Monds-Monde um einen Mond und bilden mit diesem ein Mondsystem (beispielsweise bekannt beim Planeten Neptun). – Der Planet Erde stammt übrigens nach Jakob Lorber nicht aus unserer Planetarsonne, sie stammt vielmehr aus der Urzentralsonne unserer Hülsenglobe.

Über all diese makroskopischen Weltkörper im allgemeinen sagt im zweiten Band des Jenseitswerkes »Die geistige Sonne« 66,5 der Apostel Johannes aus: »Die für euch naturmäßig bewohnbaren Welten sind an und für sich eigentlich nichts anderes als gewisserart, wenigstens für euer Auge, chaotische Konglomerate von Seelen zu Seelen, welche in der Urzeit der Zeiten als ordnungsmäßige Gefäße der Geister aus Gott (bemerkenswerte Definition der Seele) bei dem allgemeinen Fall des einen großen Gemeingeistes notwendigerweise mitfallen mußten. Aus diesen Seelen oder geistigen Gefäßen sind dann erst durch die erbarmende und endlose Willensmacht des Herrn die Welten, wie sie sind, geschaffen worden und sind nun darum da, daß diese Seelen mit ihren Geistern nach einer weise vorgezeichneten Stufenfolge wieder vereint werden sollen.«

Der große Gemeingeist aber, von dem hier die Rede war, ist Luzifer, der nach seinem Abfall von Gott in all seinen Teilen gerichtet und in die Materie gebannt wurde, eine Sammelseele, bestehend aus einer Unzahl von Hülsengloben. Wir kennen die Schilderung des Großen Schöpfungsmenschen aus dem zweiten Band von »Robert Blum« Kap. 331 und anderen Stellen des großen Lorberwerkes. So wird auch im sechsten Band vom »Großen Evangelium Johannes« Kap. 245 das Phänomen des Großen Schöpfungsmenschen geschildert. Jesus erklärt in Vers 16ff. Pharisäern: »Was werdet ihr aber sagen, so Ich euch nun anzeige, daß es solcher Hülsengloben im endlos großen Schöpfungsraum für euren noch so hellen Menschenverstand wahrhaft zahllos viele gibt, die aber alle nach Meiner Ordnung in der Gesamtumfassung ganz genau einen Menschen mit allem und jedem darstellen?« (Die Entfernung von einer Hülsenglobe zur nächsten ist so unfaßbar weit, daß jemand, wenn er von der Mitte der Verbindungsstrecke zweier Hülsengloben in die beiden entgegengesetzten Richtungen schauen könnte, jeweils ein mattschimmerndes Pünktchen wahrnehmen würde. Dazwischen ist weitester Raum. Nach den Worten Jesu ist der Durchmesser einer Hülsenglobe so groß, daß für den Menschen schwerlich eine Zahl ausdenkbar wäre.)

Jesus fragt: »Wie groß muß der Mensch sein, wenn schon eine Hülsenglobe so endlos groß ist und noch äonenmal Äonen Male größer die Entfernung von einer Hülsenglobe zur andern! Aber auch dieser Mensch ist in seiner äußersten Umfassung ebenso wie jede einzelne Hülsenglobe mit einer Art Haut umgeben. Freilich ist solch eine Haut noch ums für euch Unaussprechliche dicker.«

Jesus fährt fort: »Außerhalb dieses Weltenmenschen geht nach allen Richtungen der freie Ätherraum ewig fort, den dieser Mensch in einem für eure Begriffe wahrhaft endlos großen Kreis, durch Meinen Willen getrieben, mit für euch unbegreiflicher Schnelle durchfliegt, und das wegen des Nährstoffes aus dem endlosesten Äthermeer, das er gewisserart wie ein Fisch durchschwimmt. Da es im freien großen Ätherraum nirgends oben oder unten gibt und kein Wesen weder auf die eine noch auf die andere Seite irgendwohin fallen kann, so steht dieser Mensch also ganz gut und fest im Ätherraum wie diese Erde, die Sonne und alle die äonenmal Äonen Sonnen in einer Hülsenglobe. – Seine handelnde Bestimmung ist, alle die in ihm enthaltenen großen Gedanken und Ideen Gottes auszureifen für die einstige freieste und selbständige Geisteslebensbestimmung.«

Für diesen großen Welten- oder Schöpfungsmenschen (= Luzifer) gilt vom Herrn in Entsprechung der Begriff des verlorenen Sohnes, der aber auch speziell für jeden einzelnen von uns Menschen gilt. Bezüglich des Begriffes Luzifer ist zu unterscheiden zwischen Luzifer als Gemeingeist und als Individualgeist. Einesteils besteht die ganze sichtbare Schöpfung nur aus Partikeln des großen gefallenen und in die Materie gebannten Geistes Luzifer und seines Anhanges, wozu ursprünglich auch wir Menschen gehören. Hier ist Luzifer als Gemeingeist gesehen.

Es ist im Lorberwerk aber auch von der Urpersönlichkeit, dem Ur-Ich, dem Ur-Zentrum des Grundbösen die Rede. Die Ursache der Erstarrung und des Sturzes in die Materie war geistiger Art, er hatte die göttliche Liebesordnung aus freiem Willen verlassen, aus Hochmut und Selbstherrlichkeit. So kann seine Rückkehr aus dem Gericht der Materie nur durch die freiwillige geistige Umkehr erfolgen. Diese Umkehr wäre möglich in seinem zentralen Ur-Ich, – sie könnte aber auch nach und nach in seinen geistigen Teilchen, Untergeistern, Kleinintelligenzen und Urgeistern erfolgen. Wir erfahren da durch Jakob Lorber, daß das Ur-Ich, der Individualgeist Luzifers allen göttlichen Liebesbemühungen widerstand. So mußte der Herr der Schöpfung den langwierigen Weg der Erlösung und Rückführung in kleinsten Teilchen wählen. Im zweiten Band vom »Großen Evangelium Johannes« Kap. 63 erfährt Cyrenius durch Jesus: »Die ganze materielle Schöpfung ist der so weit als möglich gerichtete große Geist, und dieser wird getrennt in zahllose Welten, die aber in ihrer endlosen Zahl dennoch ein komplettes Wesen bedingen. Aber aus diesem einen Wesen werden zahllose Myriaden der Myriaden Wesen, wie da sind die meisten Menschen dieser Erde, genommen und werden durch Gottes Kraft, Macht, Liebe und Weisheit zu ganzen, gottähnlichen Wesen umgestaltet, und das ist die sichere Umkehr des einen großen Geistes!«

Nun folgt ein in die Zukunft weisendes Wort Jesu: »Wenn aber alle Erden und alle Sonnen in lauter Menschen aufgelöst sein werden, dann wird auch von dem *Einen* nichts mehr übrig sein als sein pures »Ich«, das im völligsten Alleinsein sich nach Zeiten der Zeiten zur Umkehr wird anschicken müssen, ehe es sich einem ewigen Verschmachten preisgeben wird. Dann wird keine materielle Sonne und keine materielle Erde mehr kreisen im endlos ewigen Raum, sondern all und überall wird eine überherrliche neue geistige Schöpfung mit seligen freien Wesen den endlosen ewigen Raum erfüllen, und Ich werde ewig gleichfort aller Wesen Gott und Vater sein von Ewigkeit zu Ewigkeit, und dieses allerseligsten Zustandes wird fürder nimmer ein Ende sein; es wird da sein *eine* Herde, *ein* Schafstall und *ein* Hirte!«

Nach den Worten Jesu aber kann ein Erdenmensch mit seinen Maßstäben nicht ermessen, wann das eintreten wird, »denn im Reiche der Geister werden tausend Erdenjahre vergehen wie ein Tag«. Erst im Geiste der Weisheit aus den Himmeln ist dies erfaßbar.

Über den unendlichen Raum, von dem wir in diesem Zusammenhang schon öfter hörten, äußert der Herr im vierten Band vom »Großen Evangelium Johannes« 254,5: »Eine solche Urka (Beispiel = Regulus im Sternbild des Großen Löwen; die Urzentralsonne unserer Hülsenglobe) und noch mehr eine ganze Hülsenglobe sind sonach schon ganz respektabel große Dinge, und noch unnennbar größer ist ein solcher Weltenschöpfungs-Großmensch! Aber was ist er gegen den ewigen unendlichen Raum? Soviel wie nichts! Denn alles notwendig Begrenzte, wenn an und für sich für eure Begriffe auch noch so endlos Große, ist im Verhältnis zum unendlichen Raum soviel wie nichts, weil es mit demselben in gar kein je berechenbares Verhältnis treten kann.«

Und an anderer Stelle, Kap. 140,5 im ersten Band vom »Großen Evangelium Johannes«, sagt Jesus über diesen unendlichen Raum: »Obschon aber der Raum ewig nirgends ein Ende hat und also im vollwahrsten Sinne nach allen Seiten hin unendlich ist, so ist aber dennoch in des Raumes endlosesten Tiefen und Fernen kein Pünktchen des Raumes, wo nicht der Geist der Weisheit und Macht Gottes ebenso gegenwärtig wäre wie hier auf dieser Stelle unter euch nun.«

Uns erfaßt ein kosmischer Schwindel vor diesen Ausmaßen, die wir hier erfahren. In Kapitel 255,6 des vierten Bandes vom »Großen Evangelium Johannes« sagt Jesus zu unserem Trost: »Für die noch so weise Seele sind die Unendlichkeits- und Ewigkeitsbegriffe freilich etwas sie notwendig immerwährend drückend Unbegreifliches; aber nicht mehr also für den einmal vollkommen erweckten Geist in ihr. Denn der ist frei und in allem Mir gleich, und seine Bewegung ist schon einmal von der Art, daß alle Räumlichkeitsverhältnisse für ihn eine barste Null sind . . .«

Wir werden es eines Tages begreifen, wenn auch nicht auf dieser Erde, was ja nur wenigen beschieden sein wird, so doch bei gutem Willen im großen Jenseits Gottes.

Im Vorhergehenden ist immer wieder vom Äther die Rede. Der Erzengel Raphael erklärt im siebten Band vom »Großen Evangelium Johannes« Kapitel 72,3 ff. dem Römer Agrikola: »Aber steigen wir nun höher, so ungefähr zehn Stunden hoch über die Erde hinaus, so werden wir gar keine Luft, wie sie uns hier umgibt, mehr antreffen, sondern den reinsten Äther, der für eure Augen wie ein so gänzliches Nichts wäre, daß ihr euch etwas so Nichtiges nicht leicht vorstellen könnt. Denn seht ihr über die Erde in eine Ferne von mehreren Stunden Weges hin, so wird die noch so reine Luft, die den Raum zwischen euch und den fernen Bergen erfüllt, eben vor den Bergen als blauer Dunst erscheinen; aber wenn dieser Raum nur der reine Äther erfüllte, so würdet ihr die Berge nicht blau, sondern in ihrer ganz ungetrübten Färbung ersehen. Ja seht, zwischen der Erde und der Sonne ist eine so große Entfernung, daß ich nun wahrlich nicht imstande bin, euch auf dieser Erde ein begreifliches und richtiges Maß anzugeben, – wie euch solches auch der Herr Selbst schon erklärt hat! Und dieser für eure Begriffe ganz entsetzlich weite Raum ist mit solchem für eure Sinne völlig nichtigen Äther erfüllt. Aber dieser Äther ist trotz seiner scheinbar völligen Nichtigkeit durchaus nicht so nichtig, wie seine Erscheinlichkeit euch das zeigt; denn in ihm sind alle die zahllosen Stoffe und Elemente in einem noch ungebundeneren Zustande als in der allerreinsten atmosphärischen Luft dieser Erde. Aber sie sind da noch mehr freie Kräfte und sind dem Urfeuer und Urlicht um vieles näher und verwandter und nähren die Luft der Erde, diese dann das Wasser und das Wasser die Erde und alles, was auf ihr lebt, webt und strebt. Wenn aber solches alles schon im Äther sich vorfindet, so ist er ein ganz tüchtiges Etwas und kein Nichts, wenn er auch euren Sinnen also vorkommt.

Aber der Äther ist noch lange kein Reingeistiges, sondern er hat mehr *innere* Ähnlichkeit mit der Substanz der Seele, aber nur insoweit, als er ein räumliches Medium ist, durch das zahllose

Urkräfte aus Gott sich begegnen, sich verbinden und endlich wie ganz gemeinsam wirken . . .

. . . Also hinter der Substanz des Äthers ist das deinen Sinnen nicht sichtbare Geistfeuer eine ewig waltende Kraft, die, von Gott ausgehend, ewig den unendlichen Raum erfüllt und in einem fort wirkt und schafft. Gott Selbst aber ist der ewige Urgeist und der ewige Urmensch in Seinem Zentrum und erfüllt die ewig aus Ihm hervorgehende Unendlichkeit mit Seinen großen Gedanken und Ideen, die durch Seine Liebe erfüllt zu einem Ihm gleichen Lebensfeuer, durch Seine Weisheit zu geordneten Formen und durch Seinen Willen zu voneinander abgesonderten und wie für sich bestehenden Wesen werden, in welche die Fähigkeit gelegt wird, sich selbst als solche ewig fortzupflanzen, fortzubilden und auf der Stufenleiter der ewigen Ordnung Gottes sich mit der Zeit zu einen und zur Gottähnlichkeit emporzusteigen.«

Nach den Worten des Herrn im vierten Band vom »Großen Evangelium Johannes« 256,2 erfüllt der Äther gleichmäßig den endlosen Raum und wird als »eigentlich ganz identisch« mit dem ewigen Lebensgeiste in der Seele bezeichnet. »Der Lebensgeist in der Seele ist nur ein kondensierter Brennpunkt des allgemeinen Lebensäthers, der die ganze Unendlichkeit erfüllt.«

Der Erzengel Raphael, der dem Herrn laut Bericht im »Großen Evangelium Johannes« in Seinem irdischen Wirken oft als Helfer zur Seite stand, erklärt dem Lazarus: (VII 17,3 ff.) »Siehe, Seine Gedanken in der nie versiegbaren endlosesten Fülle von einer Ewigkeit zur andern sind die eigentlichen Ursubstanzen und die Urstoffe, aus denen alles, was da auf Erden und in den Himmeln gemacht ist, durch die ungeteilte ewige Macht des göttlichen Willens besteht . . .

. . . So ist auch jeder noch so kleine Gedanke und eine noch so geringfügig scheinende Idee Gottes für ewig in ihrer urgeistigen Beschaffenheit unzerstörbar. – . . . so kann denn auch jeder solche Einzelgedanke und jede solche Einzelidee Gottes entweder für sich oder durch mehrere weise miteinander verbundene Gedanken – was dann eine Idee ist – als ein für sich Bestehendes sich selbst in seiner Art und Sphäre ausbilden, sich vervollkommnen in und für sich als das, was es ist, sich ins Unendliche vermehren und durch weise Verbindung mit anderen Urstoffen und Substanzen auch edler und vollkommener werden.

So ist eine werdende Sonne zuerst ein purer, lichtschimmriger Lichtäther oder ein Sichergreifen von zahllos vielen Gedanken und Ideen Gottes infolge des in ihnen eigens zugrunde liegenden und entsprechenden Willensanteiles aus Gott. Diese ziehen dann eben durch den in ihnen zugrunde liegenden Gotteswillen das ihnen Gleiche aus dem endlosen Äther fort und fort an sich, und so wird der früher lichtschimmrige Äther schon dichter und bekommt nach und nach die Dichtigkeit dieser Erdluft.«

Durch weitere Verdichtung kommt es dann zu Wasser, Schlamm, Lehm, Steinen und durch festere Aneinanderbindung ursprünglich geistiger Ursubstanzen und Urstoffe zu festerem Erdreich. Diese aber beginnen in mehr und mehr unfreiem Zustande feurig zu werden und zu revoltieren, die gefangenen Urgedanken und Urideen Gottes finden einen anderen Weg, sich von dem großen Druck frei und loszumachen. – Der Äther enthält sämtliche Substanzen, aus denen die Weltkörper ihre Nahrung erhalten. –

Nikodemus erhält laut siebtem Band vom »Großen Evangelium Johannes« 61,4 folgende Belehrung vom Herrn: »Im Himmel der reinen Geister aber wird auch gegessen und getrunken, aber geistig und nicht materiell. Die geistige Speise aber besteht in der reinen Liebe und in der Weisheit aus Gott. Diese durchdringt die ganze Unendlichkeit und nährt alle die zahllosen Wesen, und zwar zuerst die Geister und dann durch diese alle materielle Schöpfung, und von dieser vorerst den unermeßlichen Ätherraum, in dem die zahllosen Myriaden Sonnen und Planeten oder Erden wie Fische im Meer oder wie die Vögel in der Luft umherschwimmen. Aus dem Äther bekommen dann erst die Weltkörper ihre notwendige Nahrung und aus den Weltkörpern dann auch alle Geschöpfe auf und in ihnen. Bei den Weltkörpern aber wird zuerst die Luft aus dem sie allenthalben umgebenden Äther und durch sie erst der Weltkörper ernährt.«

Der göttliche Geist durchweht und durchdringt den unendlichen Ätherraum, der von aus Gott herausgestellten Gedanken und Urideen geistiger und substantieller Art erfüllt ist und auch die geistgeborenen materiellen Verdichtungen trägt und erfüllt. Durch diese Ausstrahlung ist Gott von Seinem personalen Zentrum aus allgegenwärtig, allwissend und jedem unmittelbar nah. Der endlose ewige Lichtäther Gottes enthält alle materiellen Weltenschöpfungen und die noch unfaßbar gewaltigeren geistigen Schöpfungen.

Über die kleinsten Teilchen der Materie erhielt Jakob Lorber vom Herrn folgende Belehrung: (»Erde und Mond« Kap. 27,5 ff.) »Die endlos kleinen Teile der Materie sind ursprünglich eine Ideenkraft aus Mir, dem Schöpfer aller Dinge; diese Ideenkraft bekommt Form, die Form bekommt Leben aus dem Leben des Schöpfers. Der Schöpfer gibt die neubelebte Form frei von Sich, gibt ihr aus Seinem Urlicht ein Eigenlicht und mit diesem Licht, das lebendig ist, die eigene Intelligenz, wodurch die neubelebte Form sich erkennt und ihrer selbst wie ein selbständiges Wesen bewußt wird. Hat die Form sich also erkannt, da wird ihr die Ordnung, ein Gesetz allen Seins, gegeben, mit dieser Ordnung das innerste Feuer der Gottheit, ein Funke der ewigen Liebe; aus dem geht hervor der Wille. Nun hat die neubelebte Form Licht, Selbsterkenntnis, Selbstbewußtsein, die Ordnung und den Willen und kann ihren Willen der Ordnung gemäß einrichten oder auch dieser Ordnung zuwiderhandeln.«

Nach den Worten des Herrn ist auch ein jeder dieser geistigen Urfunken, wir würden heute sagen Elementarteilchen, ein geistiges Etwas, das fähig ist zu erkennen, zu wollen, zu wirken, und dessen genannten Kräfte – in einer Form vereinigt – sich von da nach allen Seiten hin gleich dem menschlichen Ich auswirken.

»Über die Teilung der Materie«, so heißt es im Lorberwerk »Erde und Mond« Kap. 27,4, »ist bis jetzt noch kein Gelehrter im reinen, und niemand kann es bestimmen, in welche endlich kleinsten Teile die Materie teilbar ist . . .« Man sollte bei diesen Worten bedenken, daß diese Erkenntnis vor 140 Jahren geäußert wurde.

(Vers 15 ff.) »In den endlos vielen Teilchen der Materie liegt die endlose Intelligenz des neugeschaffenen, aber nun gefangengenommenen Wesens zugrunde, welche Intelligenz nimmer zugrunde gehen kann (gemeint ist hier der Sammelgeist Luzifer als Großer Schöpfungsmensch); aber sie ist gefestet und gegen die Sonne des Geistes gekehrt, auf so lange, bis sie zu jener Reife gelangt ist, wie ein Spiegel, der so lange das Licht der Sonne aufnimmt, bis die Sonne ihn verkehrt und ihn blind macht für alles andere, als bloß am Ende noch allein fähig, das Licht der Sonne aufzunehmen. Dem Außen nach wird der Spiegel freilich immer matter und seine Materie wird lockerer und poröser; aber diese Materie wird eben dadurch stets fähiger, in all ihren aufgelösten Teilen das Bild der Sonne, wenn auch höchst verjüngt, aufzunehmen, und das ist eigentlich der gute Übergang: daß ein solches Wesen anfängt, in all seinen Teilen die Gottheit aufzunehmen und nicht nur in einem einzelnen Teil. Und so ist es nicht genug, daß da jemand sagt: Herr, Herr!, sondern er muß den Herrn in alle seine Lebensfibern aufgenommen haben; dann erst ist er reif, wieder dahin zurückzukehren, von wannen er gekommen ist.

Aus diesem Grunde muß endlich alle Materie wieder in das Kleinste aufgelöst werden, damit kein Teilchen mehr vorkommt, das nicht fähig wäre, das Bild der ewigen Sonne aufzunehmen; und in dieser Aufnahme des ewigen Urbildes ist dann wieder die Neue Schöpfung, in der sich die vorher gefangenen, nun aber wieder frei gewordenen endlosen Intelligenzen eines Wesens wieder ergreifen, in die erste Urform zurückgehen und wieder das werden, was sie hätten schon im Urbeginn werden sollen.

Hieraus wird euch sicher klar, daß in der Materie unmöglich etwas anderes als lediglich nur Geistiges sein kann . . .«

Alle geschaffenen Welten und Urformen geistiger und materieller Art befinden sich im unendlichen Raum, die Urgestalt vom Kleinsten im Mikrokosmos bis zum Größten im Makrokosmos ist immer wieder der Mensch.

»Um das unendliche, vollkommenste freieste Leben Gottes zu begreifen«, so offenbart der Herr Seinem Seher (»Die Fliege« Kap. 7,5 f.): »Denket euch einen unendlichen Raum, in dem sich ein Mittelpunkt befindet, von welchem nach allen Seiten endlose Strahlen auslaufen, deren Anfang zwar der Mittelpunkt, deren Ende aber ewig nirgends anzutreffen ist. – In diesem Zentrum ist alle lebende Kraft der ganzen Unendlichkeit vereinigt und geht von diesem Zentrum wieder in die ganze Unendlichkeit hinaus. Damit aber diese lebende Kraft sich nicht zu sehr in das Unendliche zerstreue und dadurch in sich selbst schwächer werde, so hat sie sich durch die ganze Endlosigkeit des ewigen Raumes endlos viele Lebenssammelpunkte geschaffen, in welchen sich das Leben gewisserart selbst auffängt und sodann zurückkehrt zu seinem urewigen Zentralsitz.«

Wir bekamen nun den kleinen Schimmer einer Ahnung, mehr kann es nicht sein, – der Ausmaße von Gottes Schöpfung. Es ist letztlich für uns kleine Menschen in unserer raumzeitlichen Begrenzung unfaßbar. Wie gewaltig muß dieser ungeschaffene göttliche Urgeist sein, wenn das Geschaffene schon diese komplexen Ausmaße hat? Wie nah ist uns andererseits dieser unendliche Gott gekommen als liebevoller Vater, begehrt Er doch in unseren Herzen zu wohnen.

Lorbers Prophetie vermag Unfaßbares, aus den ewigen Dimensionen Stammendes, in irdischen Worten auszudrücken. Unsagbares, für das unsere irdische Sprache nicht ausreicht, wird hier in Worte gefaßt. Erinnert sei an das Bild vom Großen Schöpfungsmenschen, in dessen linker kleiner Zehe unsere Hülsenglobe sich befindet und die sich der Herr für Seinen Eintritt in die Zeitlichkeit ausersah. Erinnert sei auch an das noch unfaßbarere Bild vom großen himmlischen Lichtmenschen, in dessen innerstem Herzen die erlöste Menschenwelt dieser Erde als Neue Schöpfung untergebracht ist. Das übersteigt alle sprachliche Ausdrucksfähigkeit und alle irdischen Begriffe. Paulus deutet dies im 1. Korintherbrief 2,9 mit den Worten an: »Was kein Auge gesehen und kein Ohr gehört und was in keines Menschen Herz gedrungen ist, hat Gott denen bereitet, die ihn lieben.« Paulus fährt fort: »Uns hat es Gott geoffenbart durch seinen Geist; denn sein Geist erforscht alles, auch die Tiefen Gottes.«

Was bedeutet im unendlichen Ätherraum Gottes die Begrenztheit unserer materiellen Welt? Jedes noch so groß erscheinende Maß im irdischen Sinne, wir wurden im Vorhergehenden schonungslos damit konfrontiert, ist im Vergleich dazu bedeutungslos, denn es ist begrenzt. Im Vergleich zur Unendlichkeit ist alles Begrenzte, ob groß, ob klein, im Grunde gleichermaßen bedeutungslos – und doch ist das Kleinste bedeutend vor den Augen der Ewigen Liebe. Das eben ist ein besonderer Beweis der göttlichen Allmacht, daß Er in unendlichfacher Weise jedem ein Du sein kann.

Das ganze Universum ist von Gottes Geist durchwirkt.

13. Der Wert der Prophetie Jakob Lorbers für die Kirche in heutiger Zeit

Natürlich ist hier mit Kirche die gesamte institutionelle Kirche Christi in ihren verschiedenen Gliedern, altehrwürdigen Institutionen und Verzweigungen gemeint, alles, was sich zum Glauben an Jesus Christus als Gott und Mensch zugleich bekennt und wahrhaft bemüht ist, in Seiner Nachfolge zu leben. Es sind in erster Linie die römisch-katholische Kirche, die evangelisch-lutherische Kirche, die griechisch-orthodoxe Kirche und ebenso die reformiert-calvinistische und anglikanische Kirche. Eingeschlossen in diesen Begriff sind auch die großen bekannten Sekten, wie Baptisten, Methodisten, Quäker, ebenso wie die Pfingstlerische Kirche; man kann all die verschiedenen Zweige gar nicht aufzählen, die aus dem alten Stamm hervorgegangen sind. Alles, was sich zu unserem Herrn Jesus Christus als Gott und Mensch bekennt, ist hier in weitem Sinne als Kirche gemeint, einschließlich der Untergrundkirchen in den totalitären atheistischen Regimen.

Diese Sicht hat eine große Berechtigung, zeigt es sich doch in einer Zeit der Gefahr, wie alle verschiedenen Bekenntnisse christlichen Glaubens näher zusammenrücken, die Trennungslinien verwischen sich, ohne daß die einzelne spezifische Richtung ihr Eigenes aufgeben müßte. Es gibt eine gewisse Einheit in der Vielfalt. Die große ersehnte Einheit kann im übrigen nicht von Menschen herbeigeführt oder künstlich manipuliert werden, sie kann nur ein Werk des göttlichen Geistes sein, eine Art neues Pfingsten. Alle Spaltung ist durch menschliche Schuld entstanden und Folge unserer Unvollkommenheit und Sünde.

Eine Tatsache aber muß uns allen zu denken geben, ein Phänomen, das allen verschiedenartigen christlichen Glaubensrichtungen gemeinsam ist. Überall im christlichen Glaubensbereich gibt es erweckte, begnadete mystisch begabte Menschen, die in besonderer Weise von göttlichem Geist erfüllt sind, die mehr als andere die Nähe Jesu ahnen und von Ihm besondere Gnadengaben empfangen. Wo die Liebe zum Gottmenschen Jesus Christus ganz von einem Menschenherzen Besitz genommen hat, so daß dieses Licht der göttlichen Sonne alles überstrahlt, da ist Kirche. Das ist der Begriff Kirche in höherem Sinne als Ecclesia spiritualis.

Das große Ziel der Wiedervereinigung im Glauben scheint noch in weiter Ferne zu liegen. Es ist sogar zweifelhaft, ob wir Erdenmenschen das überhaupt im Laufe unserer Geschichte erreichen, ob das nicht vielmehr seine Verwirklichung im großen Jenseits Gottes erst erfahren kann. Aber diese Kirche in ihrer höheren Bedeutung leuchtet doch immer wieder da und dort auf in den Heiligen, die es immer gegeben hat, heute noch gibt und immer geben wird, in begnadeten, geisterfüllten Propheten, Menschen, die in heroischer Weise unbeirrt vom Zeitgeist dem Herrn Nachfolge leisten und deren Echtheit man an den Früchten erkennen kann, die sie bringen.

Kürzlich erhielt der Verfasser einen Brief eines evangelischen Theologen, dem inhaltlich ein interessanter Gedanke entnommen wird: »Von ihrem ersten Anfang an habe die Kirche geglaubt, ›ubi spiritus, ibi ecclesia', d. h. ›Wo der Heilige Geist ist, da ist Kirche‹, – später etwa zwischen den Jahren 180 und 210 n. Chr. sei dieser Satz umgedreht worden in ›ubi ecclesia, ibi spiritus', d. h. ›Wo (institutionelle) Kirche ist, da ist der Heilige Geist‹.« – Diese kleine Wortumstellung bedeutet einen großen Unterschied in der Auffassung von Kirche, es ist ein Weg zu größerer Unduldsamkeit.

Nun zu Jakob Lorber, der mit der Gnadengabe des »inneren Wortes« begabt, in die Reihe der prophetischen Persönlichkeiten gehört. Zeitweise ist der Kreis der Getreuen um Jakob Lorber, deren es in heutiger Zeit eine beträchtliche Anzahl gibt, des

Sektierertums verdächtigt worden. Das trifft jedoch in gar keiner Weise zu und hat niemals auch nur andeutungsweise in der Absicht Jakob Lorbers gelegen. Er gehörte zeitlebens der katholischen Kirche an und wirkte oft bei der musikalischen Gestaltung der Gottesdienste mit. Sterbend wurde er mit den Sakramenten seiner Kirche versehen. Daß er der Kirche seiner Zeit kritisch gegenüberstand, hängt mit seiner ihm von Gott auferlegten Aufgabe zusammen. Lorber war im wahrsten Sinne des Wortes ein von Gott zu einer besonderen Aufgabe ausersehener Prophet, vergleichbar jenen Propheten des Alten Bundes, die dem damaligen Volke Gottes keinesfalls nach dem Munde redeten, vielmehr dem auserwählten Volk seine Untreue und Verfehlungen vorhielten, um es wieder auf den rechten Weg zu bringen.

Der von Gott berufene Prophet hat kein leichtes Los in dieser Welt. Manche suchten vor dieser Aufgabe zu fliehen und wehrten sich, ehe sie die Berufung annahmen. Sie litten unter ihrer Aufgabe. Nicht anders erging es Jakob Lorber, der willig gehorchte, aber öfter unter seiner prophetischen Last seufzte und ein ungewöhnliches Leben in Entbehrung und einsamer Zurückgezogenheit führte.

Herbe Worte der Kritik an der Kirche seiner Zeit, die ja ohne jeden Zweifel voller menschlicher Unzulänglichkeiten und festgefahrener Mißbräuche steckte, auch als Staatsreligion immer noch einen starken Gewissenszwang ausübte, war nur zu berechtigt. Von Gott eingesetztes Prophetenamt und kirchliche Institution in unzulänglicher Menschenhand können nicht spannungslos nebeneinander existieren, ist doch der Prophet in besonderer Weise Sprachrohr Gottes für diese Welt.

Wir können uns auch nicht darauf berufen, Gott habe um die Fülle der Zeit ein für allemal durch Seinen Sohn direkt zu den Menschen gesprochen. Diese unschätzbare göttliche Botschaft Seines Sohnes wurde Menschen anvertraut und so dem Verschleiß der Geschichte anheimgegeben. Wir dürfen dabei nicht vergessen, daß Jesus zu Seiner Zeit den Jüngern für die Zukunft den Beistand Seines Heiligen Geistes verheißen hat, der sie alles lehren und an alles erinnern werde, was Er ihnen gesagt habe (Joh. 14,26).

Erwähnt sei auch das Wort Jesu beim Evangelisten Johannes 16,12–14: »Noch vieles habe ich euch zu sagen, aber ihr könnt es jetzt noch nicht tragen. Wenn aber jener kommt, der Geist der Wahrheit, wird er euch in die ganze Wahrheit führen. Denn er wird nicht aus sich selbst heraus reden, sondern er wird sagen, was er hört, und euch verkünden, was kommen wird. Er wird mich verherrlichen, denn er wird von dem, das mein ist, nehmen und es euch verkünden . . .«

Wir erinnern uns alle an das Wort Jesu an Seine Jünger: »Ihr seid das Salz der Erde. Wenn nun das Salz seine Wirkung verliert, womit soll man salzen? Es ist zu nichts mehr nütze, als daß man es fortschüttet und es von den Leuten zertreten läßt« (Matth. 5,13).

Die Kirche war zu Lorbers Zeit weitgehend ohne Salz und, von Ausnahmen abgesehen – entartet, verweltlicht, den Feudalherren ergeben oder gar selbst feudalistisch. Bischöfe lebten wie weltliche Fürsten mit großer Prachtentfaltung; Unaufrichtigkeit und Oberflächlichkeit waren verbreitet. Die Mißstände waren offensichtlich.

Wer nun aber die herben Worte der Kritik an diesen Zuständen mißdeutet und zum Vorwand für seine eigenen antikirchlichen Affekte in heutiger Zeit benutzt, der hat die Prophetie Jakob Lorbers nicht verstanden und klebt am Vordergründigen. Aus den tadelnden Worten spricht die beleidigte Liebe des Herrn, der durch Sein Werkzeug zur Umkehr rufen wollte. Die Lehre der Lorberschen Prophetie, mitten hinein gesetzt in die Zeit der Aufklärung mit ihrer Leugnung des Geistes, die ihre Nachwirkungen bis in unsere Zeit hat, ist zutiefst biblisch und will durch menschliche Unvollkommenheit in der Kirche entstandene Fehlentwicklungen wieder zurechtrücken, Verunreinigtes wieder vom Geiste her reinigen, Krankheit heilen. Sie ist vom Herrn her von tiefer Liebe zur Kirche erfüllt und will als Hilfe und Mahnung zur Umkehr aufgefaßt werden. Wann haben je Propheten den jeweiligen Oberen nach dem Munde geredet? Sie haben ihre besondere Aufgabe, ihr Wort klingt den Herrschenden nicht angenehm in den Ohren, vor allem denjenigen, die sich vollkommen wähnen. Leider fanden die wahren Propheten fast zu keiner Zeit das rechte Gehör. Das Wirken des Heiligen Geistes wird oft nicht erkannt, manchmal will man auch nicht auf ihn hören, da es stört, glaubt man doch, sich gut in dieser Welt eingerichtet zu haben. Denken wir in Parallele dazu doch nur daran, was Johannes der Täufer, der letzte Prophet des Alten Bundes, den Pharisäern, den damaligen »Gerechten« schlechthin vorgeworfen hat. Drastischer noch waren in diesem Fall die Worte des Herrn, und Er war Gott Selbst.

So nur kann man die Worte des Tadels im großen Lorberwerk richtig sehen, nicht aber als Anlaß zu billiger antikirchlicher Polemik. Es ist auch deshalb falsch, gegen die Kirche zu polemisieren, da es ohne diese die Prophetie Jakob Lorbers gar nicht gäbe, diese setzte ja den kirchlichen Untergrund voraus.

In der Schrift »Der Weg zur geistigen Wiedergeburt«, Diktat vom 15. August 1840, stehen die Worte: »Ich (der Herr) werde den mit zornigen Augen ansehen, welcher seine irdische Glaubensmutter verlassen wird, und es soll ihm dereinst nicht viel besser ergehen, als einem wahnsinnigen Selbstmörder. Denn, da ihr doch einen Leib habt, durch welchen die ersten Eindrücke zur Seele gelangen und dieselbe nähren, so muß es ja auch eine äußere Speisekammer geben, die die äußere Kirche ist . . .« . . .»Wer nun aber seinen Mutterleib zu früh verläßt, saget, was wird oder was kann aus einem solchen werden?!

Gehorsam und Demut sind die Nahrung zur Wiedergeburt des Geistes, so euch aber die römische Kirche solches lehrt, und das ganz vorzüglich, was treibt euch dann weg von eures Leibes Glaubensmutter? – So bleibe denn ein jeder getreu seiner Kirche, und es sei mir ein Römischer neunundneunzigmal gesegnet, so er entspricht im Gehorsam seiner Kirche, und jeder andere nur einmal, so er ein eigenliebiger Rechtler ist, bei dem keine Demut und nur wenig Liebe zu finden ist! Was aber die Zeremonie betrifft, so soll sich niemand daran stoßen, denn da ist für den Lebendigen alles lebendig, für den Reinen alles rein, dem Gehorsamen alles recht und dem Demütigen alles geheiligt.«

Der Herr verwirft bei denen, die in Seinem Lichte zu sein wähnen, alles Rechten und Richten. Solche Richter stünden tief unter einem schwachen Gläubigen: »Wahrlich, Ich sage euch, solche Dinge sind Mir ein Greuel. Denn alles geschieht zur rechten Zeit, und Ich allein bin der Richter aller Dinge und Verhältnisse; denn Ich allein bin heilig und liebegerecht. Daher folget eurer Kirche in ihrem Begehren, und lasset eure Herzen von Mir ziehen, – dann werdet ihr sehr bald zum Leben der Gnade und dadurch zur Wiedergeburt des Geistes gelangen und eure äußere Kirche beleben in eurem Leibe!«

Dieser letzte, sehr wichtige Satz dürfte ein Kernwort in der Offenbarung durch Jakob Lorber sein. – Verdeutlicht wird das noch in einem nachfolgenden Wort: »Ihr könnt entweder durch den Gehorsam in ihr (der Kirche) in die Demut und dadurch zur Gnade und durch die Gnade zur Wiedergeburt gelangen, oder ihr könnt euch in die toten Zeremonien begraben gleich den Heiden und so zugrunde gehen in ihrem eitlen, hilflosen Geflimmer.«

Wiederholt stoßen wir in den Werken Jakob Lorbers auf die Betonung des Hauptgebotes der Gottes- und Nächstenliebe, in denen das ganze Gesetz und die Propheten enthalten sind. So heißt es im sechsten Band vom »Großen Evangelium Johannes« 40,8: »Der Wille Gottes an alle Menschen aber lautet ganz kurz also: (in diesem Zusammenhang auch an alle Geister und Engel) »Erkenne Gott und liebe Ihn über alles und deinen Nächsten (das heißt jedes Mitgeschöpf, das deiner Hilfe bedarf) wie dich selbst. Sei wahrhaft und getreu gegen jedermann, und was du vernünftigerweise willst, daß man dir tue, das tue auch du deinem Nebenmenschen, so wird Friede und Einigkeit zwischen euch sein und Gottes Wohlgefallen und Segen über euren Häuptern strahlen wie ein rechtes Licht des Lebens! Das genüge euch. Aus dem wird euch dann schon alle andere und weitere Weisheit gegeben werden . . .«

Diesen gleichen Grundgedanken äußert der Herr auch im dritten Band vom »Großen Evangelium Johannes« 53,4 ff.: ». . . im übrigen läßt Meine Lehre sich ganz kurz in dem zusammenfassen, daß man Gott über alles und seinen Nächsten wie sich selbst lieben soll.

Gott über alles lieben aber heißt natürlich: Gott und Seinen geoffenbarten Willen erkennen und dann aus wahrer innerer Liebe zu dem erkannten Gott danach handeln und sich gegen jeden Nebenmenschen wegen Gott also verhalten, wie sich ein jeder vernünftige Mensch gegen sich selbst verhält; natürlich ist hier von der reinen und in möglichst höchstem Grade uneigennützigen Liebe, sowohl gegen Gott als eben auch gegen jeden Nächsten, die Rede.

Wie alles Gute einzig darum geliebt werden will, weil es gut ist und darum wahr, so will auch Gott geliebt sein, weil Er allein höchst gut und wahr ist! Dein Nächster aber muß darum ebenso geliebt werden, weil er gleich dir das Ebenmaß Gottes ist und gleich wie du einen göttlichen Geist in sich trägt. –

Siehe, das ist der eigentliche Grundkern Meiner Lehre, und er ist leicht zu beachten, ja um sehr vieles leichter als die tausend Gesetze des Tempels, die zumeist vom Eigennutz der Diener desselben angefüllt sind.«

Auf diese Betonung des Hauptgebotes der Liebe soll hier besonders hingewiesen werden, da bei vielen Christen eine ängstliche Besorgtheit besteht, man werde später einmal zur Rechenschaft gezogen dafür, wie rechtgläubig man gewesen sei. Das ist gemäß der Lehre Jesu ganz irrig; wir werden nicht daran gemessen, wie orthodox wir waren, nach der Liebe werden wir gewogen. Nur die Liebe wiegt. Wie kann ein irrendes Menschenwesen in allem »orthodox« im Sinne von »rechtgläubig« sein?

Im ersten Band vom »Großen Evangelium Johannes« 174,7 steht das Jesuswort: »Liebe sei in allen Dingen das vorherrschende Element des Lebens eines jeden Menschen!«

Dem entspricht auch das Wort des Herrn im Neuen Testament der Heiligen Schrift: »Suchet zuerst das Reich Gottes und seine Gerechtigkeit, alles andere wird euch hinzugegeben werden.«

In diesem Sinne spricht der Herr auch in »Erde und Mond«

(Kap. 73) über das Verhältnis der Konfessionen zueinander: »Wenn ihr ein Kind gebadet habt, so schüttet bloß das Badewasser weg, das Kind aber behaltet – und das Kind ist die Liebe!

Ich sage zu niemandem: Werde ein Katholik oder werde ein Protestant oder werde ein Grieche, sondern: Was einer ist, das bleibe er – wenn er will. Sei er aber was er wolle, so sei er ein werktätiger Christ, und das im Geiste und in der Wahrheit; denn jeder kann, wenn er es will, das reine Wort Gottes haben.

Ich bin nicht wie ein Patriarch und bin nicht wie ein Papst und bin nicht wie ein Generalsuperintendent und nicht wie ein Bischof, – sondern Ich bin wie ein überaus guter und gerechtester Vater allen Meinen Kindern und habe nur Freude daran, wenn sie tätig sind und wetteifern in der Liebe . . .« . . .»Der bloße Glaubensmensch ist dem gleich, der sein Talent vergrub; wenn aber einer aus der Schrift nur wenig weiß, aber danach tut, der ist dem gleich, der über das wenige eine treue Haushaltung führte und dann über vieles gesetzt wird.«

Im ersten Band des Lorberwerkes »Die Haushaltung Gottes« 2,5 finden wir noch ein Wort des Herrn durch Jakob Lorber über die Kirche auf Erden: »Meine Kirche auf Erden ist ein Reinigungsbad; wer sich gewaschen hat, der komme zu Mir, damit Ich ihn abtrockne mit der Wärme Meiner Liebe und ihn behalte. Wer aber nur Freude an dem Pritscheln und Wascheln hat, dem geht es wie den Mühlrädern, die nie aus dem Wasser kommen.«

In Kapitel 3,13 f. mahnt der Herr, der Mensch solle »ernstlich in sich gehen, sich ganz erkennen«, dem Herrn Selbst »die vorgefundenen Gebrechen in seinem Herzen treu und wahr vortragen«. »Ich werde den Unrat aus ihren Herzen vertilgen und werde sie (diese Menschen) mit dem Feuer Meiner göttlich-väterlichen Liebe erfüllen. Und so gereinigt sollen sie sich dann dem Priester zeigen durch und in der Beichte; und sodann werde Ich kommen und mit ihnen am Altare das Freudenmahl halten.

Sie sollen sich ja nicht in und an der Kirche stoßen; denn eine jede Speise, die Ich anempfehle, reinige Ich für den, der sie im Geiste und in der Wahrheit genießen will, und dann soll er sie genießen ohne Sorge. Was ich Meinen Kindern gebe, das ist rein und wird durch die äußere Form nicht entheiligt für jene, für die Ich es gesegnet habe. Den Tempel werde Ich segnen und die Stätte wird heilig sein, wo sie sich befinden werden, denn Ich , ihr heiliger Vater, werde da sein mitten unter ihnen, wo sie hingehen werden, und kein Haar soll ihnen gekrümmt werden.«

Und in Kapitel 4,9 steht das Wort: »Sage es den Kindern, und sage es allen, sie mögen sein, welcher Religion sie wollen – ob Römische, ob Protestanten, ob Juden, ob Türken, ob Brahmi, ob finstere Heiden –, kurz für alle soll es gesagt sein: Auf der Erde gibt es nur eine wahre Kirche, und diese ist die Liebe zu Mir in Meinem Sohne, welche aber ist der heilige Geist in euch und gibt sich euch kund durch Mein lebendiges Wort, und dieses Wort ist der Sohn, und der Sohn ist Meine Liebe und ist in Mir und Ich durchdringe Ihn ganz, und Wir sind *eins,* und so bin Ich in euch, und eure Seele, deren Herz Meine Wohnstätte ist, ist die alleinige wahre Kirche auf der Erde. In ihr allein ist ewiges Leben, und sie ist die alleinseligmachende.«

Jakob Lorber, der gelegentlich seines Inneren Wortes wegen in Unruhe geriet, empfing zu seiner eigenen Beruhigung und zur Beruhigung von einigen Zweiflern in seiner Umgebung am 20. August 1840 ein eindrucksvolles Wort (»Himmelsgaben« S. 97 ff.) bezüglich eines dem himmlischen Vater wohlgefälligen Verhältnisses zu den Kirchen, besonders zur römischen: »Ist es wohl löblich, wenn Kinder ihre kranke Mutter verlassen und der Leidenden den Tod wünschen ihrer vielen Gebrechen halber? – Ich sage, die römische Kirche ist eine Hure; aber ihr seid denn doch in ihr geboren worden und habt die erste Kindermilch aus ihrer Brust gesogen. Sie lehrte euch zuerst Meinen Namen nennen, nährte euch wie eine recht zärtliche Mutter und untersagte euch nur das Naschen solcher Speisen, die euch den Magen verdorben hätten. Sie weckte dadurch in euch den Appetit zu kräftigeren Speisen der Seele und des Geistes, welche nach Meinem Willen euch nie vorenthalten wurden, so daß ihr nach Herzenslust habt schwelgen können. Und noch heutzutage schwelgt ihr, wie nicht bald jemand in ihrem Schoße.

Wie kommt es denn nun, daß ihr mit Jakobus und Johannes

ruft: ›Herr, lasse Blitz und Schwefel regnen auf ihr krankes Haupt!‹? – Höret, da schaut noch ganz wenig wahre Liebe heraus! Meint denn ihr, Vernichtung sei der Weg zur Besserung? O nein, da irrt ihr euch gar abscheulich. So meinten denn auch alle Sektenstifter. Aber sie haben sich ebenfalls sehr geirrt und die Folge war: Bruderzwist, Krieg, Mord und Greuel aller Art! Oder kann da eine Sekte sagen: ›Meine Lehre ist nicht mit dem Blute der Brüder besiegelt!‹?

Seht, sie, die Römerin, ist dasjenige ehebrecherische Weib, welches da hätte gesteinigt werden sollen. Ich aber sage auch hier: ›Wer ohne Sünde ist, der werfe den ersten Stein auf sie!‹ – Wieder ist sie das kananitische Weib und hat einen großen Glauben und viel Liebe. – Wieder ist sie das Weib, das da zwölf Jahre am Blutgange litt und Mir aus Meinem Kleide die Heilung stahl und genas, da sie viel Glauben und Liebe hatte. – Und wieder ist sie gleich der großen Hure und hernach Büßerin Magdalena, die da Meine Füße salbte. – Unter allen diesen Gestalten kann die römische Kirche auftreten.«

Auf Seite 98 fährt der Herr fort: »Diese Hure hat schon sehr viele gute Kinder erzogen und hat dadurch Meine Füße gesalbt, daher will ich ihr helfen und sie ansehen, damit sie Buße tue; denn sie hat viel gesündigt, aber auch viel geliebt!

Zu euch aber sage Ich, daß ihr in ihr geboren und getauft wurdet, daher sollet ihr auch nicht Vernichtung, sondern Heilung ihr wünschen. Ich gebe euch den Balsam und heile in euch das Erbübel. So ihr nun lebt nach den gegebenen Regeln, so wird euch die Kirche achten. Und so sie an euch erfahren wird Wunderdinge, so wird sie selbst nach dem Balsam verlangen und wird im stillen viele ihrer Wunden heilen. So ihr aber wollt abtrünnig werden, so wird wenig Segen an eure Brüder gelangen!«

. . .»Ich werde euch beschützen und Mein Werk wird ungehindert ans Tageslicht treten als ein großer Magnet, der alles an sich ziehen wird . . .« . . . »Es werden im Himmel sich die Engel über einen büßenden Sünder neunundneunzigmal mehr freuen als über ebenso viele Gerechte, die da meinen, durch Mein Vollwort gerechtfertigt zu sein. – Denn das sage Ich wahrlich: Luther, Calvin,

Melanchthon und andere mehr wiegen nicht einen Johann vom Kreuz, noch einen Johann von Gott, noch einen Franziskus, noch einen Thomas von Kempen, noch einen Taulerus, noch eine Theresia und noch viele tausend andere auf.« (Im Glauben der Erstgenannten herrschte die verstandliche, dogmatische Glaubensgerechtigkeit vor, während bei den großen Mystikern und Helden der Gottesliebe die Erfülltheit von Gottesinnigkeit und Herzensfrömmigkeit vorherrschte. In der Lorberschen Prophetie erhält das Herzensdenken immer den Vorzug vor dem Verstandesdenken.)

Ein Weiser findet in der »alten Rumpelkammer« oft große staubbedeckte Schätze. Den Staub wische er weg und sammle das reine Gold in seine (innere) Schatzkammer. Wörtlich heißt es weiter: »Desgleichen tut auch ihr! – Denn es steht geschrieben: ›Laßt die Kleinen zu Mir kommen und wehret ihnen nicht, denn solcher ist das Reich der Himmel!‹ Und wer nicht wird gleich ihnen, wird nicht kommen alsobald in Mein Reich, als bis er wird wie sie, die da nicht grübeln, sondern in der Einfalt den Eltern aufs Wort glauben und danach tun; und selbst wenn sie durch Meine Gnade den Eltern entwachsen sind, noch immer ihr Wort ehren, wenn sie es auch nicht benötigen.«

Die vorhergehende Erwähnung Martin Luthers ist sicher nicht abwertend gemeint. Sie findet eine wertvolle Ergänzung in dem Lorberschen Jenseitswerk »Bischof Martin«. Hier spricht im 5. Kapitel 2 ff. Petrus zu Bischof Martin, der kurz zuvor verstorben ist, in der Gestalt eines Engels noch nicht als Petrus erkannt, die Worte, als Bischof Martin auf einem kleinen dreieckigen Tisch voller Verlegenheit die Bibelübersetzung Martin Luthers des Alten und Neuen Testaments liegen sieht: »Was wohl hat je Luther dir getan, daß du ob der großen Verachtung dieses Mannes auch seine möglichst getreue Bibelübersetzung, in der nichts als das reine Wort Gottes enthalten ist, mit verachtest?

Siehe, war Luther auch nicht in der Fülle ein Mann, von dem sich mit vollstem Rechte sagen ließe: ›Er war ein Mann nach dem Herzen Gottes!‹, so war er aber dennoch um überaus vieles besser als gar überaus viele aus deiner Kirche, die da allein rechtens und allervollkommenst sein wollen, die aber dennoch im Grunde die Unvollkommensten und Allerletzten sind! Er allein hatte inmitten der krassesten Babelsnacht den löblichen Mut, der Menschheit das reine Wort Gottes wiederzubringen und diese dadurch auf den rechten Weg des Herrn zu führen . . ., – wenn Luther aber solches im Namen des Herrn gewirkt hat, sage, welchen Grund hast du dann wohl, diesen würdigen Mann so zu verschmähen und zu verachten?« . . .

Am 12. Juli 1847 empfängt Jakob Lorber »Himmelsgaben« II S. 374 ff.) nach innigem Gebet eine Antwort vom Herrn zur Frage der rechten Einstellung zur Kirche: (Vers 8) »Von der äußeren Kirche wird freilich wohl ewig nie das Gottesreich kommen, welches da ist das eigentliche innere, ewige Geistesleben. Aber diese äußere Kirche ist nach Meiner Fürsehung und Sorge ein Schutz für die innere Kirche, die jedermann leicht finden kann, wenn er sie nur suchen und finden will. Und dabei ist es gleich, in welcher äußeren Kirche er sich befindet; so sie nur irgend Meinen Namen und Mein Wort verkündigt! Denn es ist nicht vonnöten, daß da jemand die ganze Bibel im Kopf haben müsse, um damit Mein Reich und Mich zu finden, sondern dazu genügen auch wenige Texte und ein genaues Beachten und Leben nach denselben.

Wer also tut, zu dem wird sich das Gottesreich bald also kehren und vernehmen lassen, wie es im Evangelium steht und also lautet: ›Ei, du getreuer Knecht, weil du im Kleinen getreu warst, so sollst du nun über vieles und Großes gesetzt werden!‹

Wer sich aber in irgendeiner äußeren Kirche befindet und hört da Mein Wort verkünden und vermeint, es sei das Wort falsch und tot, weil in der Kirche sonst so viel Lug und Trug vorkomme, – beachtet es darum nicht und verwirft so ›das Kind samt dem Bade‹ und flucht dem ganzen Baume, weil dessen äußere Rinde tot ist, der gleicht dem, der sein Talent vergrub, und wird dereinst auch also gerichtet werden.«

Diese Zitate aus der Prophetie Jakob Lorbers sind in ihrem Ernst unmißverständlich. Hier liegt die Grundtendenz ganz offen da: Jeder bleibe in seiner Kirche, in die er hineingeboren wurde, die dem Kinde, einer Mutter gleich, die erste Nahrung gibt. In seinem Inneren suche er in ihr das Reich Gottes in seinem Herzen und werde ein mündiger Christ.

Was die Situation der Kirche in der gegenwärtigen Zeit betrifft, so müssen wir leider täglich mehr und mehr feststellen, daß der Zeitgeist (– wer ist der Zeitgeist? Der Fürst dieser Welt der Heiligen Schrift?) auch vor den alten Bollwerken der Kirche nicht haltmachte. Die erste große Liebe erkaltete in vielen Herzen und man vertraute mehr und mehr nur noch der reinen Vernunft, dem verhirnten Denken.

Die Menschheit und in ihr viele Christen und sogar Theologen wurden blind für die geistige Welt, das verkürzte mechanistisch-materialistische Denken griff um sich, und damit kam es auch zur Leugnung der Seele. Ein erschreckender kultureller Verfall trat ein, und das auch besonders in jenem Volk, das einen Bach, Beethoven, Goethe und Schiller und andere hervorragende Geister hervorbrachte. Die Theologie, die auf Frömmigkeit und Glauben aufgebaut sein sollte, begann, um mit den im Vordergrund stehenden Naturwissenschaften mithalten zu können, sich als Wissenschaft aufzufassen. Man kann es heute erleben, daß junge Menschen, die sich des Studiums der Theologie befleißigen, komplette Atheisten werden. Ein verhirntes Denken ist eben nicht mehr imstande, geistige Dimensionen zu erfassen. So wird vielerorts an Stellen, wo der Glaube gepflegt und vermittelt werden sollte, der Zweifel und das sogenannte »kritische Denken« gepflegt. Die Wunder Christi sind nach dieser Auffassung nur fromme Legenden, die Auferstehung Jesu und Seine Gottheit werden angezweifelt. Aus Ihm wird ein Zerrbild gemacht, er sei eine Art Sozialrevolutionär gewesen, der schließlich im Kampf gegen eine herrschende Schicht unterlegen sei. Aber »seine Sache« gehe nach seinem Tode weiter. Infolge dieser rein diesseitigen Schau kam es vielfach zu einem Gemisch von Christentum und Marxismus mit der Hoffnung auf ein irdisches Paradies nach Jahren revolutionären Kampfes, in dem auch Mittel der Gewalt angewandt werden dürften; keine Rede mehr von Metaphysik, Transzendenz oder Eschatologie, keine Hoffnung auf die Auferstehung der Toten. Vom Begriff der Hölle nahm man Abschied, der Teufel sei ein unsinniger Begriff aus archaischen Zeiten, den es gar nicht gebe. Somit kam es auch zur Leugnung der Engelwelt und der Welt der seligen Geister. Das Christentum wurde rein entwicklungsgeschichtlich als aus anderen Religionen entstanden betrachtet, Christus war nach dieser Auffassung seiner Natur nach lediglich ein Mensch, der zu einem bestimmten Zeitpunkt in der Geschichte vollkommen zwar gelebt, aber auch in seinem Kampf gesellschaftspolitischer Art untergegangen sei. Das ist in seiner extremen Form eine Art Christentum, wie es heute ganz offen verkündet werden kann mit allen moralischen Konsequenzen.

Es gibt auch etwas mildere Arten dieses säkularisierten Christentums, in dem der Abfall von der traditionellen gesunden Lehre nicht auf die eben geschilderte Spitze getrieben wird. Aber das ist dann weder warm noch kalt, ein würzlos ungesalzenes Gemisch ohne Kraft, das vor allem für die Jugend in ihrer Begeisterungsfähigkeit, die das Absolute, heiß Entflammte, sucht, kein Anreiz zur Nachfolge sein kann. Ihre Suche nach dem Sinn des Lebens kann in der Lauheit einer solchen Verkündigung nicht erfüllt werden, will sie doch gefordert werden.

In diesem geistigen Wirrwarr, in dem in eintöniger Einerleiheit nichts Höheres, Geistiges mehr Geltung haben soll, kann es natürlich auch keine reine unbefleckte Jungfrau mehr geben, die vom Heiligen Geiste Gottes empfangend, den Sohn Gottes zur Welt brachte. Jesus muß diesem geistentleerten Glauben nach einen natürlichen Vater gehabt haben, denn in einer solch einseitigen Weltauffassung kann es kein wunderbares Eingreifen Gottes in das natürliche Geschehen geben. Demgemäß hat sich eine ideologische, sprachliche Manipulation glaubensarmer oder vor dem »Zeitgeist« kapitulierender Übersetzer der Heiligen Schrift bemächtigt, die dann ja nicht das Werk Gottes als Verbalinspiration sein kann, sondern nach dieser Auffassung historisch aus mythologischem Denken gewachsen ist. Der Gipfel solcher Übersetzungen ist dann statt des Wortes »Maria aber behielt alle diese Worte und bewegte sie in ihrem Herzen« – die banale Übersetzung »Maria aber behielt alle diese Worte in ihrem ›Gedächtnis‹«. Statt der »klugen und törichten Jungfrauen« in dem berühmten Gleichnis heißt es dann, blind und rationalistisch übersetzt, »die klugen und die dummen Mädchen«. Das wunderbare Geschehen um jenen Besuch Mariens bei ihrer Base Elisabeth, in dem früher so schön geschildert wurde, wie das Kind Johannes im Leibe seiner Mutter »hüpfte«, wurde völlig geistlos übersetzt, das Kind hätte sich in ihrem Leibe »bewegt«. Es gäbe noch eine Fülle von Beispielen, in denen bewährte Übersetzungen von geistig Blinden, des spirituellen Sprachgefühls Beraubten, geradezu verfälscht wurden. So gibt es auch eine sehr banale Übersetzung vom Hauptgebot der Liebe, in dem man Gott mit seinem ganzen »Verstande« lieben solle. Liebe ist in der ganzen Weltgeschichte noch nie Sache des Verstandes gewesen, immer Sache des Herzens. Man muß sich hierbei fragen, geschahen diese Übersetzungsfehler aus Unvermögen oder Absicht? –

Um gerecht zu bleiben, es besteht der Eindruck, als ob der revolutionäre Bildersturm der vergangenen Jahre wieder einer besonneneren Haltung weichen würde. Eine große Zahl von Gläubigen reagiert empört auf dieses mangelnde geistige Gespür, noch aber ist der selbstzerstörerische Umwälzungsprozeß in den Kirchen nicht zur Ruhe gekommen und es wurde unnötig viel zerschlagen, es hat schon irreparable Schäden gegeben. Der seherisch veranlagte westfälische Dichter Friedrich Wilhelm Weber schrieb vor mehr als einem Jahrhundert, unsere Zerfallszeit voraussehend, in seinem Vers-Epos »Dreizehn Linden« die Worte:

»Denn die Zeit ist schwer; ehrwürd'ge
heil'ge Satzung wird zur Fabel,
Recht zu Aberwitz; aus Trümmern
baut der Wahn ein neues Babel.

Wild die Herzen, feil die Treue,
Gold und Macht die höchsten Götter,
und den Altar unterwühlen
hier die Heuchler, dort die Spötter.«

In wenigen Worten ist hier Zutreffendes für uns Heutige gesagt. Vielfach kennt man auch offiziell nicht mehr den Heiligen Geist.

Der Begriff »Sünde« wurde für manche zu einem lächerlichen Begriff oder gar zu einem Stein des Anstoßes; Opfer, Selbstbeherrschung, Keuschheit wurden Fremdwörter. Über ewige göttliche Wahrheiten glaubt man im Abstimmungsverfahren nach dem Mehrheitsprinzip entscheiden zu können. Man flüchtet in Betriebsamkeit, bildet Kommissionen, diskutiert endlos, der einzelne kann sich in seiner Verantwortlichkeit hinter einer verwaschenen Kollektiventscheidung verstecken.

Nicht nur der natürliche menschliche Vater wird unterschlagen oder vertrieben, auch der göttliche Vater, in der ganzen Heiligen Schrift eindeutig als solcher bezeichnet und gesehen, wird vielfach »pluralistisch«, als Mutter gesehen. Dabei besteht in der ganzen christlich-jüdischen Auffassung, beide gehören ja untrennbar zusammen, überhaupt kein Zweifel, daß Gott auch mütterliche Züge in sich trägt. Auch in der Lorberschen Prophetie wird das so gesehen, aber Gott tritt handelnd im Alten wie im Neuen Testament nach außen hin immer als Vater auf. Da das Vaterunser für einige nicht mehr in die religiöse Landschaft paßt, wurde sogar dieses, es sind zum Glück nur Ausnahmen, umgemodelt. Aber diese kleinen Ausnahmen sind ein Symptom des »Zeitgeistes«. – Wären doch die »Mütterlichen« im Denken konsequenter, wie sorgfältig würde dann ein vorgeburtliches Menschlein gehegt und bewahrt im warmen Dunkel des Leibes bis zur Geburt.

Die angedeutete geistige Krise hat zu einer orientierungslosen Werteblindheit geführt, die ethisch-moralischen Grundlagen sind in einer Anarchie der Werte untergegangen, man kennt keine geistige Rangordnung mehr.

Die Blindheit für den geistigen Ursprung des Menschen, seine überwiegend geistige Natur, die ihn aus dem Tierreich herausgehoben hat, hat auch die Beziehung der Geschlechter zueinander aus dem Gleichgewicht gebracht. Mann und Frau sind vor Gott gleichwertige Geschöpfe, aber sie haben in der Schöpfung verschiedene Funktionen, die man nicht formalistisch vertauschen kann. Beide sind füreinander zur Ergänzung da und zum gegenseitigen Dienen an Höherem.

Die Liebe zwischen Mann und Frau, in ihrer ewigen Zielsetzung geistig fundiert, wurde auf ihre körperliche Komponente, den Sexus reduziert und dieser mit Liebe verwechselt. Diese beinhaltet aber doch nach der ganzen Natur des Menschen viel mehr, sie ragt in das Reich des Geistigen hinein als Hinweis und Vorstufe zur Gottesliebe. So finden viele heutige Menschen aus der Verwechslung des Sexus mit der eigentlichen Liebe in der Ehe nicht die ihnen bestimmte Einheit und bleiben Egoisten in einem lockeren, jederzeit auflösbaren Verband. Man sucht die »Selbstverwirklichung«, nicht das Du.

Als Folge dieses wertblinden Materialismus kommt es zu dem Elend der vielen Ehescheidungen. Ungezählte junge Menschen wagen, vom »Zeitgeist« entmutigt, überhaupt nicht mehr, die feste Bindung einer Ehe einzugehen. Sie bevorzugen ein unverbindliches Verhältnis, aus dem man sich leicht wieder zurückziehen kann.

Infolge eines falsch aufgefaßten Freiheitsbegriffs – Freiheit zu etwas . . . ist etwas anderes als Freiheit von . . ., Freiheit wurde mit Zügellosigkeit verwechselt – wurde das auf Kontinuität hin bestimmte Verhältnis von Mann und Frau in der Ehe empfindlich gestört, braucht doch auch insbesondere die Frau als Mutter nicht zuletzt des Kindes wegen den Schutz bergender Treue. In dieser allgemeinen Werteblindheit wurde schließlich auch die Zusammengehörigkeit von Sexualität und Mutterschaft zerrissen, kann doch jederzeit Sexualität durch Chemismus ohne Mutterschaft verwirklicht werden. Der nach Vollzug der Trennung von Sexualität und Mutterschaft bezugslos gewordene Sexus verselbständigt sich und wird zum Selbstzweck.

In Paradoxie hierzu konnte sich auch die Zeugung verselbständigen in eine Zeugung ohne die empfangende Liebe der Mutterschaft in verwerflich medizinisch-technischen Experimenten. Zeugung ohne komplexe Liebe in der Einheit von Körper, Seele und Geist wurde möglich in einer kalten mutterlosen experimentellen Laboratmosphäre.

Wir erleben ein Zeitalter der Unterbewertung der Mutterschaft. Auch in der Kirche hat das seinen Ausdruck gefunden in der Verdrängung der Marienverehrung, – nicht »Anbetung«, wie in Unkenntnis oft fälschlich unterstellt wird.

Als Endresultat schließlich ergibt sich aus diesem geschilderten Fehldenken die Mißachtung des vorgeburtlichen Kindes, über das man wie über eine Wegwerfware verfügen zu können glaubt, und wie wunderbar ist es doch vom Herrn – wir erfahren es bei Jakob Lorber – in einer langen Zeitenfolge gebildet und dem Elternpaar zur Liebe anvertraut worden.

Infolge der durch einen Teil der Theologie kritiklos übernommenen Evolutionstheorie, auch in der veredelten Form des Teilhardismus, steht die Erbsündenfrage beziehungslos im Raum. Ein affenartiger Vorfahre des Menschen kann keine Schuld begehen, die auf die ganze Menschheit übergeht. Dieses Problem wurde in der Neuzeit sinnentleert.

Man sucht den Weg aus der Verlegenheit durch ein allgemeines Gerede von sozusagen evolutionsbedingter Unvollkommenheit des Menschen. So bedarf es dann auch schließlich keines Gottes mehr, der in die raumzeitlich begrenzte Materie eintritt, um uns zu erlösen. Erlösen von was? Das wäre nach diesem vermaterialisierten Glauben ja eine Unmöglichkeit. Schließlich gibt es dann auch nicht mehr »den Bösen« als Person, nur noch das »sogenannte Böse«.

Wenn man dieses Thema des Glaubensverfalls und der tiefen geistigen Menschheitskrise erschöpfend behandeln wollte, könnte man Bücher damit füllen. Es geht aber hier nur darum, einige wichtige Gedanken zum Ausdruck zu bringen als Begründung der heutigen religiösen Krise der Menschheit. Es soll nicht in Zweifel gezogen werden, daß es noch einen kraftvollen gesunden Kern in der Christenheit gibt. Fest steht aber, daß sehr viele Produkte der heutigen Theologie keinerlei Verständnis für ein geistiges Innenleben aufbringen, dafür fehlt in der einseitigen »Verkopfung« der materialistischen Denkungsart jegliches Aufnahmeorgan.

Allgemein gesprochen besteht eine geistige Sonnenfinsternis, Gott scheint nach Ansicht vieler tot zu sein, eine frostig nebelige Winterkälte ist aufgezogen. Aber es gibt auch, das ist tröstlich, überall auf der Erde Menschen, die den unverfälschten Glauben festhalten. Sie scharen sich zusammen und leben gegen den »Zeitgeist«. Mehr als je aber wird deutlich, überzeugendes Christsein ist offensichtlicher Nonkonformismus mit dem Zeitgeist, ein Schwimmen gegen den Strom. Heute zeigt sich mehr denn je die Wahrheit des Jesuswortes: »Das Himmelreich leidet Gewalt.«

Eine bekannte Schriftstellerin hat einmal den tröstlichen Buchtitel gewählt: »Im Winter wächst die Saat«. Resignation ist für den überzeugten Christen nicht am Platze, es ist wirklich so, wo alles tot und starr erscheint, läßt Gott, unbemerkt fast, neues Leben keimen. Wenn wir wachsam in die Runde schauen, sehen wir, daß trotz allen Verfalls sich überall neues Leben in einzelnen Gemeinden und gläubigen Gruppen regt, der Widerstand gegen das Zeichen des Tieres scheint zu wachsen. Für den, der an das Ostergeheimnis glaubt, ist resignierender Pessimismus nicht am Platze. Und wie sollte es auch anders sein, der Mensch kann ohne gottgeschaffenen Geist nicht existieren, ist er doch in erster Linie ein Wesen, das ohne diesen nicht sinnvoll leben kann.

Ein Mönch formulierte einmal unvergeßlich in einer Predigt, unsere Zeit sei kulturell wie ein großer Komposthaufen, voller verwesender Abfallprodukte, man dürfe aber nicht vergessen, dieser Kompost ergebe schließlich einen guten Dünger für eine kommende Ernte.

Der bekannte evangelische Theologe Paul Schütz schrieb in den sechziger Jahren: »Die Konfessionen sind das Schrumpfprodukt der Entwicklung (im Christentum). Sie sind Zerspaltung und Verfeinerung und darin Verringerung der Fülle des Glaubens. Es darf so nicht weitergehen, sondern es muß umgekehrt heißen: Zurück zum Einen, zurück zum Ganzen! Hinter die Konfessionen zurück zur Fülle des unzerstückten Christus.

Wir müssen es ganz neu lernen, die kleinen Dinge wieder klein und die großen wieder groß zu nehmen. Lassen Sie uns einmal auf das Ganze der Kirchengeschichte sehen, da wird es deutlich, daß jede Spaltung in der Geschichte der Kirche ungeachtet ihrer ›historischen‹ Notwendigkeit letztlich vom Fluch gezeichnet ist, vom Fluch der Entwurzelung aus dem Ursprung. Es liegt ein Fluch auf der Freikirche, die sich von der Landeskirche löste. Und es liegt ein Fluch auf den protestantischen Kirchen, die sich von den katholischen lösten. Und es liegt ein Fluch auf den katholischen Kirchen, die sich von der Alten Kirche lösten. Diese Entwicklung geht heute zu Ende. Was jetzt kommen kann, ist nur noch die Anarchie, wenn sie nicht schon da ist. Es geht hier nicht einen Schritt mehr weiter. Es heißt hier Metanoia. Umkehr, radikal, brutal!

Das charismatische Leben allein ist die Kraft des wieder zusammenwachsenden, zerstückten Christus. Ich sage es ohne Vorbehalt, daß es keinen anderen Weg zur Glaubenseinung gibt als diesen.« . . . »Gott aber ist in Fahrt. Ein großes Werden ist im Schwange. Das Ziel ist die Vollendung. Es drängt der Schöpfergeist in der Geschichte zu unvorstellbar großem Ziel hinaus, von dem die Verheißungen mit ihren Gleichnissen und Bildern nur stammeln.« (Paul Schütz, »Warum ich noch ein Christ bin«, S. 232/233)

»Im Pneumatischen geht es anders zu als im Pragmatischen. Das Pneuma ist der Antikörper des Pragma. Nur dank diesem Antikörper hat die Pragmawelt ihre Existenz. Aber nicht nur ihre Existenz, sondern auch ihre Verheißung. Ich sage nicht, ihre ›Zukunft‹. Zukunft ist Zeitlichkeit, deren Gesetz Vergehen ist. Ich sage auch nicht Hoffnung. Hoffnung haben alle, auch die Fliegen, zu überleben. Die Hoffnung ist in der Tat ein kreatürliches Prinzip. Im Evangelium heißt es *Prophetie,* und die sagt zuerst – Ende der Zeitlichkeit. Dieses Wort aber vom Ende macht den Unterschied zu den politischen Futurologien. Es gründet den Radikalismus der christlichen Verheißung, der das prophetische Wort den säkularen Messianisten zum Greuel machen muß. Hier erst, an dieser Leerstelle wird es eindeutig, was das heißt: daß der Christ Partisan in dieser Welt ist: Er ist der Partisan des Auferstandenen!« . . . »Der Auferstandene, das ist: Die neue Schöpfung ist schon angebrochen. Der alte ›Kosmos der Nacht‹ liegt schon im aurorischen Glanz der ersten Frühe. Er ist kein ›geschlossener‹ Kosmos mehr. Er ist durchlässig geworden für das, was um ein Unendliches mehr ist als er. Die Selbstumkreisung des Menschen im magischen Kreis seiner Verzauberung in sich selbst ist aufgesprengt. Von fern weither beginnt er zu ahnen, daß ›der Mensch unendlich über den Menschen hinausreicht‹. Es ist Sturmflut heute. Die Fundamente des Glaubens kommen wieder zum Vorschein« (Seite 234/235).

Das waren Worte eines Sehers und Propheten der protestantischen Christenheit. »Das prophetische Wort der christlichen Verheißung macht in seiner Radikalität das Wort der säkularen Messianisten zum Greuel«, so erfuhren wir. Zu den säkularen Messianisten gehören alle, die rein diesseitige Pseudo-Prophetien verkünden und blind sind für die geistige Welt. Es sind die Positivisten, die diesseitigen Evolutionisten, Biologisten, Psychologisten, diesseitigen Ideologisten nationaler und internationaler Prägung, schließlich auch sogenannte »fortschrittliche« Christen, die das Christentum seines transzendent-geistigen Inhalts beraubend zu einer Ideologie gemacht haben. Das ist die Endphase in der rein diesseitigen Entwicklung eines Christentums ohne Prophetie. Das ist das Verhängnis der Nichtbeachtung einer vom Heiligen Geist durchströmten Prophetie durch die Kirchen, ein weit verbreiteter religiöser Atheismus. Mit diesem müssen die Kirchen heute fertig werden, und das geht nur durch die Hinwendung zur Prophetie, also radikales Umdenken!

Welch eine Hilfe kann da eine Prophetie im Sinne Jakob Lorbers sein. Erinnert sei hier an den 1. Johannesbrief im Neuen Testament, Kap. 1–4: »Prüfet die Geister, ob sie aus Gott sind; denn viele falsche Propheten sind in die Welt hinausgezogen. Daran erkennt ihr den Geist Gottes: Jeder Geist, der bekennt, Jesus Christus sei im Fleisch gekommen, ist aus Gott. Und jeder Geist, der Jesus nicht bekennt, ist nicht aus Gott. Das ist der Geist des Antichrist, über den ihr gehört habt, daß er kommt. Jetzt ist er schon in der Welt . . .« Erwähnt sei auch das bedeutsame Wort Jesu im Evangelium des Matthäus 5,17–19: »Meinet nicht, ich sei gekommen, das Gesetz oder die Propheten aufzulösen. Ich bin nicht gekommen, es aufzulösen, sondern es zu erfüllen. Denn wahrlich, ich sage euch: Bis Himmel und Erde vergehen, wird nicht ein Jota oder Häkchen vom Gesetz vergehen, bis alles geschehen ist. Wer also eines dieser geringsten Gebote aufhebt und die Menschen so lehrt, wird der Geringste heißen im Himmelreich, wer sie aber tut und lehrt, wird groß heißen im Himmelreich.«

Dieses zeitlose Wort behält seine Gültigkeit. Es wird auch die Versuche einer Umfunktionierung des Christentums überstehen.

Im 1. Thessalonicherbrief des Apostels Paulus 5,19–22 heißt es: »Löscht den Geist nicht aus! Verachtet prophetisches Reden nicht! Prüfet alles, das Gute behaltet!« – Oft genug ist der Geist ausgelöscht worden und wurde prophetisches Reden verachtet. Die Heilung der vom Zeitgeist krank gewordenen Kirche kommt durch die Prophetie, denn das ist jene Gabe, die uns der Herr bis zum Ende der Zeiten verheißen hat. Zum Trost sei es gesagt, der Geist kann auf die Dauer nicht ausgelöscht werden, er durchdringt alles, er unterliegt nicht dem Gesetz des Todes.

Wie aber wird in naher Zukunft angesichts der gegenwärtigen geistigen Bedrohung die Entwicklung der Kirche weitergehen, da die Zahl der Kirchenaustritte sich angehäuft hat, und bei diesem Mangel an geistlichen Berufen? (Gemeint ist hiermit nicht die große Zahl indoktrinierter Nachwuchs-Theologen.) Was soll aus den altehrwürdigen Ordensgemeinschaften werden, die infolge geistiger Austrocknung mangels Nachwuchses aussterben? Besorgniserregend ist auch die Distanziertheit der Jugend den alten Kirchen gegenüber, ist doch das Christentum an sich in zeitloser Weise ewig jung. Es ist in naher Zukunft der Eintritt eines zahlenmäßigen Schrumpfungsprozesses in den großen Kirchen auf einen restlichen gesunden Kern zu erwarten. In den offiziell atheistisch orientierten totalitären Staaten aber entsteht gleichzeitig eine unorganisierte tiefgläubige Untergrundkirche mit Anzeichen von charismatischen Geistesgaben, vor allem der Prophetie.

Allgemein ist mehr Selbständigkeit und Mündigkeit im Glauben vom einzelnen Christen gefordert, dem nicht mehr wie in früheren Jahrzehnten die reichlich dargebotene geistige Hilfe einer mütterlichen Kirche zur Verfügung steht, welche ihren »Kindern« ihre Nahrung bietet. Bei der heute verdünnten und teilweise gar verfälschten Glaubenssubstanz durch Entmythologisierung und Ideologisierung ist der einzelne allein gelassen. Der religiös suchende Mensch muß selbständiger ohne kirchlichen Beistand leben können. Wenn wir als Christen überleben wollen, bleibt uns nur angesichts des allgemeinen Versagens der Weg der direkten Verbindung zu Gott.

Es wird in einer dem Zeitgeist verfallenen Umgebung inselförmig zur Bildung christlich-religiöser Gruppen kommen, die im Wandel des geistigen Klimas der Zeit wieder zu größeren Festlandgruppen zusammenwachsen können. Die Zeit der Ernährung durch »Milch« ist vorbei, es bedarf jener »kräftigen Kost für Erwachsene«, von der in der Prophetie Jakob Lorbers die Rede ist. Durch diese Prophetie kann der suchende Einzelne eine große geistige Hilfe zur Verselbständigung erfahren und zu einem kraftvollen unanfechtbaren Christenglauben gelangen. Wir aus der Materieschöpfung herausgehobenen Menschen können auf die Dauer nicht ohne Verbindung zu Gott leben, von dem wir stammen. So bildet sich aufs neue Kirche, nicht, um mit den Worten von Paul Schütz zu sprechen, durch Revolution, vielmehr durch Regeneration, Bekehrung, Metanoia. Der Herr selber hat der auf Sein Wort gegründeten Kirche Seinen Beistand und Seine Nähe versprochen bis ans Ende der Zeit. Diese tiefe Zuversicht wächst beim Studium des Lorberwerkes, und es bringt, das ist ein ganz gewichtiges Argument für seinen Wahrheitsgehalt, viele gute Früchte. Das Herz entbrennt in Liebe zu Gott und verliert die Lauheit. Es entsteht ein kraftvoller, wärmender Liebesstrom zwischen Gott und Mensch. Jesus als das lebendige personale Zentrum Gottes, des Vaters, wird dem einzelnen zum Du. Der einzelne von Gott ergriffene Mensch erhält die innere Gewißheit zur Erlösung zum ewigen Leben und lernt von daher wieder die weithin verschüttete Liebe zum Nächsten. Die Lorbersche Prophetie ist eine kraftvolle Quelle inneren religiösen Lebens und steht keinesfalls in sektiererhafter Distanz zur Kirche, im Gegenteil, sie belebt den kirchlichen Glauben. Bei der heutigen Verflachung des religiösen Lebens in der abendländischen Christenheit und teilweisen Glaubensverfälschung zu verkürzter Ideologie mit diesseitigem politischem Messianismus, religiös verbrämtem Atheismus, – werden dem Suchenden die Grundwahrheiten deutlich: Der von Ewigkeit her seiende Gott und Vater als Schöpfer aller sichtbaren und unsichtbaren Dinge ist Geist. Er ist »der ewige Urmensch aus Sich Selbst« und ist in Seinem personalen Zentrum das Ur-Ich als Jesus Christus. Sein Geist durchwirkt in schöpferischer Kraft den ganzen unendlichen Raum von Ewigkeit zu Ewigkeit. Alles Geschaffene, das menschliche Gestalt trägt, ist nach Seinem Bild und Gleichnis geschaffen. Durch Seinen allliebenden und allgegenwärtigen Geist kann Er jedem einzelnen Menschen ein DU sein und in seinem Herzen wohnen. – Das ist eine der tiefsten Erkenntnisse, welche die heutige ausgelaugte Christenheit aus der prophetischen Offenbarung Jakob Lorbers wieder lernen kann.

Diesem von unermeßlicher Liebe erfüllten Schöpfergott hat es vor Zeiten gefallen, Geistwesen aus Sich herauszustellen als personale Wesen mit absoluter Willensfreiheit, Urgeister, Engel, ihrerseits wieder mit Schöpferkraft begabt. Ein Teil dieser Geistwesen als Anhang des Erstgeschaffenen fiel mit diesem aus freiem Willen von Gott ab und stürzte mit Luzifer in die Tiefe, die Dunkelheit und eisige Starre der Gottesferne. Der größere Teil der Geister aus Gott blieb dem Herrn in freier Willensentscheidung treu.

In Seiner barmherzigen Liebe schuf Gott als Folge dieses Geistersturzes die in Zeit und Raum begrenzte Materie vom Kleinsten bis zum Größten, um die in gottferne Erstarrung Gefallenen wieder auf dem Wege durch die Naturreiche heimzuholen und auf dem Gang durch die Stufen der Materiereiche wieder mehr und mehr geistig zu befreien, zur alten personalen Ganzheit zu sammeln und neu zu schaffen.

Wir erfahren dabei, daß das ganze Universum durchgeistet ist, voller geistiger Lebenssammelpunkte aus Gott, und daß selbst in der gröbsten Materie sich gefesselter Geist befindet, der auf Befreiung harrt. (Wie Paulus sagt: Die ganze Schöpfung liegt in Wehen und harrt auf Befreiung durch die Offenbarung der Kinder Gottes; Röm. 8.)

Doch damit nicht genug. Er Selbst ging den verlorenen Kindern nach und begab Sich als der Ewige und Unendliche in unfaßbarer

Liebe in die Beengtheit von Zeit und Raum und wurde Mensch auf diesem Planeten Erde. Er nahm durch eine unberührte Frau, die Jungfrau Maria, einen menschlichen Leib an, nicht von einem irdischen Vater gezeugt, vielmehr gezeugt durch die Allmacht Seines Heiligen Geistes.

Hier wiederum erfährt die in heutiger Zeit so angefochtene Lehre der Kirche durch die Prophetie Jakob Lorbers eine gewichtige Unterstützung. Jesus wurde durch eine reine Jungfrau Mensch, vom Geiste Gottes in ihr gebildet und aus ihr geboren. Hier brechen Gesetze der geistigen Welt die der Materiewelt!

Jesus ist wahrhaft Gott von Ewigkeit her, und Er wurde wahrhaft Mensch. Er vereinigt in Sich die wahre göttliche und menschliche Natur. Mit diesem Eintreten in die Welt der Materie – Er war Fleisch von unserem Fleische – begann der Herr Sein Erlösungswerk. In allem uns gleich, nahm Er auch freiwillig nach Seinem Erdenwandel, – währenddessen Er in wunderbarer Weise Wohltaten spendete und den Armen (Gefallenen) die Offenbarung Gottes brachte als frohe Botschaft, einen schändlichen Tod auf Sich. Die Seinen hatten Ihn nicht erkannt und suchten Ihn auszutilgen. – Wiederholt sich das nicht immer wieder auf andere Art und Weise in der Geschichte? –

Er aber stand im verklärten Leibe von den Toten auf, wandelte noch eine Weile in diesem Verklärungsleib, sich den Seinen sichtbar machend, und verließ dann unsere Materiewelt, für immer die verklärte menschliche Natur als Vorbild für unsere künftige ewige Gestalt mitnehmend. Er blieb Gott und Mensch in Seiner ewigen Seinsweise und erlöste so die gesamte Menschheit, die Seine Lehre freiwillig annimmt. Aber Er verließ uns nicht ganz, in Seinem Heiligen Geiste bleibt Er bei uns bis ans Ende der Zeiten, bereit, in eines jeden Herz einzukehren, das sich Ihm öffnet. So kann jeder, der sich wahrhaft dem Heiligen Geiste Jesu öffnet, Seine Stimme vernehmen und der Begnadete kann aus Ihm sprechen und Seine Wahrheit verkünden.

Das wiederum ist eine beglückende Hilfe für die heutige vom »Zeitgeist« bedrängte Christenheit, die sie aus den Lehren der Lorberschen Prophetie verstärkt empfangen kann.

Eine weitere Hilfe erhält die geistig ringende Christenheit durch diese Botschaft. Hier wird in unübertrefflicher Weise das ewige Fortleben des Menschen in seiner geistigen Existenz verkündet. Der Mensch ist hier seiner eigentlichen Natur nach als Geistwesen gesehen und tritt nach Ablegen seines irdischen Leibes ein in die geistige Welt Gottes zur ewigen Vervollkommnung. In einer bisher noch nicht dagewesenen Art und Weise erhalten wir hier Aufschluß über das große Jenseits Gottes mit seinen Stufen von Hölle, Zwischenreich und die Reiche der Himmel. Jeder sucht sein höchstes unvergängliches Glück und findet es, wenn er es nur will. Gottes Liebe reicht bis in die tiefsten Höllen hinein, die zwar ewig als Zustand der Gottesferne existieren, aber einen Aufstieg der jeweiligen Seele erlauben, wenn diese in die größere Gottesnähe mit dem ernsten Willen zur Besserung in tätiger Reue begehrt. Die Reiche der Himmel aber werden als der in irdischen Worten unsagbare Zustand der Gottesnähe beschrieben, wie es in der Weltliteratur bisher ohne Beispiel ist.

Insgesamt bedeuten die Schriften der Lorberschen Prophetie eine große Bereicherung für den christlichen Glauben durch eine Aufschließung der Heiligen Schrift, wie sie uns bisher in dieser Form kaum zuteil wurde. Die Heilige Schrift soll durch diese Offenbarungen, die Jakob Lorber erhielt, nicht ersetzt werden. Das wäre ein großes Mißverständnis. Im Gegenteil, diese für unsere Zeit bestimmte Prophetie soll die Heilige Schrift als Gottes Wort dem heutigen Menschen in einer Weise verständlich machen, wie es in früherer Zeit, die für vieles noch nicht reif war, noch nicht möglich war.

So werden wir auch davon überzeugt, daß die Wunder Jesu tatsächlich geschehen sind, nicht etwa legendäre Erzählungen aus einem Frühstadium der Menschheit, bei denen eine Entmythologisierung notwendig wäre. Wir lernen aus diesen prophetischen Schriften, daß aus dem Wesen des Geistes heraus mehr Dinge möglich sind, als sich der hausbackene materielle Verstand erträumen kann. Jesus ist Gott und Mensch zugleich. Von dieser Ebene her sind die Wunder Jesu, die ja alle aus Barmherzigkeit und Liebe geschahen, im Durchbruch der zu Seinen Lebzeiten auf

Erden sonst im Menschlichen gebundenen göttlichen Natur zu verstehen.

Besonders tief sind auch die in diesen Werken mitgeteilten Erkenntnisse über die trinitarische Struktur des Menschen, der nach Gottes Bild und Gleichnis geschaffen wurde, dessen Spitze aus der Materiewelt in die geistige Welt gehoben wurde. Von daher sind letztlich auch die uns Alltagsmenschen wunderbar anmutenden Geschehnisse im Leben heiliger Menschen zu verstehen. Wir werden durch die Erleuchtungen dieser Prophetie von unserer geistigen Blindheit geheilt. Die geistige Welt ist eine unbestreitbare Tatsache und ragt in unsere raumzeitlich begrenzte Materiewelt hinein.

Wir lernen mehr als anderswo, daß wir mit dem »Herr, Herr«-Sagen nicht weiterkommen. Die Liebe erfordert auch das Tun und wird daran gemessen, nicht am bloßen Gefühl allein. Ferner erfahren wir, mit welcher Aufmerksamkeit Gott die Willensfreiheit Seiner personalen Geschöpfe achtet. So ist der Mensch frei in seiner Wahl, sich für oder gegen Gott zu entscheiden. Wahre Sittlichkeit kann nur in freier Entscheidung verwirklicht werden. Wir erfahren auf diese Weise auch, daß das Böse durch die Fehlentscheidung in Freiheit geschaffener Wesen in diese Welt kam. Die moralischen Maßstäbe in diesem prophetischen Werk sind an der Gottes- und Nächstenliebe orientiert, jegliches Richten gilt als Frevel.

Das Ergebnis, die Frucht der intensiven Beschäftigung mit diesem großen Werk ist die Liebe zu Gott, die Liebe zu den Nächsten und zur ganzen in Wehen liegenden Schöpfung, die trotz Sünde und Sturz so wunderbar und schön ist. Unser christlicher Glaube wird zu froher Gewißheit vertieft, daß wir Menschen in der geistigen Wiedergeburt eine große ewige Zukunft vor uns haben. Diese Bereicherung unseres Glaubens ist von größtem Wert für uns als Glieder der jeweiligen Kirche Jesu Christi, der wir die Treue halten sollen. Wir lernen durch diese Prophetie, daß die Welt von Gottes Geist durchwaltet ist. Der Herr ist überall und nirgends; überall, wo wir Ihm die Türe unseres Herzens geöffnet haben, nirgends, wo wir sie verschlossen halten.

Diese prophetische Botschaft ist von größtem Wert für die auf dieser Erde mit den Mächten der Finsternis streitende Kirche und kann zur Überwindung der durch den Materialismus entstandenen geistigen Krise entscheidend beitragen. Sie weckt das Wissen in uns, daß die Heilsbotschaft Jesu Christi eine Frohbotschaft ist.

14. Kindererziehung im rechten Geiste Weckung des inneren Lebens

In der Prophetie Jakob Lorbers werden uns die Prinzipien einer gottgewollten Kindererziehung als zeitlose Wahrheit mitgeteilt, die vielfach heute verbreiteten Auffassungen entgegengesetzt sind. Es ist der Mühe wert, diese Gedanken in seinem Herzen zu bewegen, damit dann jeder auf seine Art und an seinem Platz ein Umdenken fördert.

Ganz vom »Zeitgeist« erfaßte Menschen, die in Gottferne nur den Dingen dieser Welt zugewandt leben, werden solche Gedankengänge nur schwer verstehen. Sie suchen die Glücksgüter dieser Welt auf ihre »kluge« Art und werden ihre Kinder auch in ihrer Art zu erziehen versuchen. »Wenn derart Menschen«, so heißt es im »Großen Evangelium Johannes« IV 217,4 ff., »dann auch Kinder wie gewöhnlich bekommen, so werden diese doch unmöglich anders erzogen als nur in der Art, durch die ihre Eltern zum Weltglück emporgekommen sind, nämlich durch allerlei Weltklugheit. Sie lassen dann solche Kinder allerlei lernen, – aber alles nur für die Welt! Da wird auf die zuerst berücksichtigt werden sollende Bildung des Gemüts nicht die allergeringste Rücksicht genommen, kann auch nicht genommen werden, weil die Eltern und die ihnen aus Gewinnsucht gefällig und angenehm werden wollenden Lehrer und Erzieher selbst keinen Begriff von dem Gemüte einer Seele mehr haben.

Alles wird auf früheste Bildung und Schärfung des Verstandes verwendet. Dazu wird das Kind durch allerlei Geschenke und Auszeichnungen soviel als möglich angeeifert, wird dabei schon in der frühesten Zeit in der Selbst- und Gewinnsucht mit der Bildung des Verstandes soviel als nur möglich geübt, trägt feine und geschmückte Kleider und kennt sich oft schon im zehnten Lebensjahre vor lauter Hochmut nicht. Wehe dem armen Kind oder auch einem anderen armen Menschen, der solch einem verbildeten Kind die gewünschte Ehre nicht bezeigte oder es gar verhöhnte! Denn der hat sich an solch einem verzogenen Kind einen bleibenden Feind gezogen!

Wo ist aber dann bei solchen Menschen noch an jene Mir ähnliche innere Lebenskraft zu denken?! Wo ist da des Menschen Herrlichkeit über die gesamte Natur und über die Elemente, aus denen am Ende alles Geschaffene besteht und bestehen muß?!

Wird aber bei dem Menschen das Gemüt zuerst und vor allem gebildet und kommt darauf dann erst eine ganz leicht zu bewerkstelligende und wirkungsreiche Ausbildung des Verstandes hinzu, so wird der also geweckte Verstand zum lebendigen Lichtlebensäther, der die Seele umfließt, so wie der Lichtäther die Sonne umflutet, aus dem heraus dann alle jene herrlichen Wirkungen zum Vorschein kommen, die ihr diese Erde allenthalben beleben seht.

Bei der rechten Bildung der Seele des Menschen ist und bleibt die Seele ein Inwendiges und Tätiges, und das, was ihr ›Verstand‹ nennt, ist die ausströmende Wirkung der inneren Tätigkeit der Seele. Das Außenlicht des Verstandes erleuchtet der Seele alle noch so kritischen äußeren Verhältnisse, und der Wille der Seele geht dann in dieses Außenlicht über und wirket wunderbar alles Befruchten und Gedeihen. Denn weil also gestellt ist des Menschen Ordnung nach Meiner Ordnung, so ist der Wille und das Vertrauen eben auch ein aus Mir (des Herrn) oder aus Meinem allmächtigen Wollen Hervorgehendes, dem sich doch sicher alle Kreatur fügen muß. Was dann ein solch geordneter Mensch will, das muß geschehen in weitem Umkreise, weil die Außenlebenssphäre eines Menschen eigentlich von Meinem Geiste durchwehet wird, dem alle Dinge möglich sind.«

Im gesamten prophetischen Werk Jakob Lorbers wird die Bildung von Herz und Gemüt der reinen Verstandesbildung vorgezogen. Auch heute erkennen einsichtige Menschen, daß wahre Herzensbildung über der reinen Vernunftbildung steht. Eine allzu frühe, im Grunde unkindliche Verstandesbildung von der bloßen Ratio her hemmt bei einem Kind die Entfaltung zur Fülle der Personalität in ihrer Ausgewogenheit von Gemüts- und Verstandeskräften; es kommt zu einer Unterdrückung der schöpferischen Kräfte der Phantasie und Austrocknung der Liebesfähigkeit, die den Menschen über sein pures Ich hinaushebt. Aus der materialistisch-mechanistischen Verengung der Wirklichkeit heraus erleben wir heute die verhängnisvolle Überbetonung der Sexualität, die mit Liebe gleichgesetzt wird und doch nur eine Triebkomponente unter anderen ist. Künstliche Sexualisierung neben einseitiger Verstandesschulung machen geistig blind. Sigmund Freud, dem viele heute wie einem Propheten folgen, hat einmal das Wort geprägt: »Abwesenheit von Schamgefühl ist ein sicheres Kennzeichen von Schwachsinn.« –

Natürlich soll auch die Verstandesbildung gefördert werden, aber es muß das rechte Gleichgewicht zwischen allen Kräften des Gemütes und des Verstandes gewahrt werden. Der Verstand soll das Gemüt kontrollieren und umgekehrt. Aber heute wird die Gemütskomponente des Menschen einseitig vernachlässigt, wodurch das gesunde seelische Gleichgewicht des Menschen gestört wird. Diese Auffassung, das höhere geistige Ich im Menschen zu wecken, erhält in der Lorberschen Prophetie eine große Unterstützung. Die Erziehung von Kindern soll nicht im Materiellen steckenbleiben, sie soll den jungen Menschen zu seiner geistigen Komponente hin öffnen, zur Fülle des Menschseins. Jener Erzieher ist der beste, der aus seinem Teilbereich heraus die Ganzheit sucht und über seinem Fachgebiet nie Ursprung und Ziel des Menschen übersieht. Nirgendwo bewahrheitet sich das Wort Jesu mehr als auf dem Gebiet der Kinder- und Jugenderziehung: »Suchet zuerst das Reich Gottes, alles andere wird euch hinzugegeben werden.«

Das Ziel einer weisen Erziehung ist nicht ein in irdisch vergänglichen Dingen erfolgreicher Weltmensch, es ist vielmehr der in der Gottes- und Nächstenliebe sich entfaltende Vollmensch, der, auf der Erde gründend, als Gotteskind das Reich der Himmel (Gottes) findet und sich seines Ursprungs und seiner ewigen Existenz bewußt wird. Eine solche Erziehung kann letztlich nur verwirklicht werden aus dem Vertrauensverhältnis einer Kontinuität menschlicher Beziehungen heraus, wie man sie in einer glücklichen Familie findet, in der eheliche Treue und Reinheit vorherrschen. Sind solche Worte in eine solche Zeit hineingesprochen nicht ein weltfremder Anachronismus? Es besteht aber doch Anlaß zu der Annahme, daß der ganz krasse Materialismus schon in seinem Höhepunkt überschritten wurde und eine Wende zum Geistigen hin sich anbahnt.

Im ersten Band des geistigen Tagebuchs Jakob Lorbers, den »Himmelsgaben«, heißt es auf Seite 50,2 in einem Wort des Herrn: »Zum Erziehen der Kinder gehört nicht nur ein gutes, williges Herz, sondern auch ein wohlunterrichtetes, von Mir gezogenes Gemüt. Denn wer sich noch nie von Mir hat ziehen lassen und nicht weiß, wer und wo Ich bin und wie Ich wirke, – wohin soll denn ein solcher Erzieher die Kindlein ziehen?«

Im sechsten Band vom »Großen Evangelium Johannes« 124,4 belehrt Jesus Priester und Lehrer: »Ich aber sage euch noch hinzu, daß ihr eure Mühe auch dahin verwendet, daß alle Menschen schon von Kindheit an ordentlich lesen, schreiben und rechnen lernen sollen – nicht nur die Reichen allein –, sonst nützen euch die geschriebenen Bücher (die Meine Lehre enthalten) wenig. Suchet vor allem eine rechte Bildung des Wissens und daraus des Herzens bei den Menschen zu bewerkstelligen, so werdet ihr euch einen großen Lohn in Meinem Reiche bereiten, und ihr werdet dadurch auch ein leichtes Handeln auf der Erde mit den Menschen haben; denn mit wahrhaft gebildeten Menschen ist leicht zu reden und zu verkehren. Aber suchet eine rechte und ganze Bildung unter den Menschen auszubreiten; denn eine halbe Bildung ist oft schlechter als gar keine.«

Im ersten Band von »Himmelsgaben« S. 332,8f. belehrt der Herr einen Familienvater: »Sieh bei deinen Kindern vor allem auf die Bildung des Herzens! Denn diese zählt bei Mir allein. Alles übrige hat bei Mir keinen Wert. Lehre die Kinder daher demütig sein und vertrauen auf Meinen Namen, so wirst du ein guter Arbeiter Meines Weingartens werden und mit Meinem Lohn zufrieden sein ewig!«

In besonderer Weise warnt Jesus im vierten Band des »Großen Evangelium Johannes« 80,4 vor dem Verlust der Schamhaftigkeit bei Kindern: »Bewahret die Kinder vor dem ersten Fall und erhaltet ihnen ihre Schamhaftigkeit, so werden sie als Erwachsene dann ihr Fleisch leicht zu beherrschen haben und nicht leicht zu Falle kommen; aber einmal übersehen, – und des Fleisches böser Geist hat vom selben Besitz genommen!«

Ob das denen bewußt ist, die heute so dringend die sexuelle Frühaufklärung der Kinder in Schulen fordern? Die Respektierung des Schamgefühls ist in der Erziehung von grundsätzlicher Bedeutung. Ein schamloser Mensch wird geistig blind.

Wichtige Grundsätze zur Erziehung finden wir als Worte des Herrn weiterhin im vierten Band vom »Großen Evangelium Johannes« 124,2 ff.: »Der Hauptgrund der Verderbung der Menschenseelen aber liegt hauptsächlich in der uranfänglichen, gewöhnlich affenliebigen Erziehung. Man läßt das Bäumchen wachsen, wie es wächst, und trägt durch die sehr unzeitigen Verzärtelungen noch alles mögliche dazu bei, um den Stamm ja recht krumm wachsen zu lassen. Ist aber der Stamm einmal erhärtet, so nützen dann gewöhnlich alle Geradebeugungsversuche wenig oder nichts mehr; eine einmal krumm gewachsene Seele wird wohl selten mehr zu einem völlig geraden Stamme!

Darum beuget ihr alle eure Kinder in ihrer leicht lenksamen Jugend gerade, und es wird dann bald wenig mehr irgendwo eine solche sehr materielle Seele geben, die da nicht verstehen könnte das Geistige und sich nicht leicht fügte zur rechten Tat auf den Wegen der wahren Lebensordnung aus Gott! . . .«

»Ein Kind bis ins siebente Jahr ist stets noch bei weitem mehr Tier als Mensch. Denn was bei dem Kinde Mensch ist, das liegt zumeist noch in einem tiefen Schlafe begraben. Da aber also ein Kind bei weitem mehr Tier denn Mensch ist, so hat es auch nur sehr viele tierische und dabei sehr wenige der wahrhaft menschlichen Bedürfnisse.

Nur das Nötigste werde ihnen gereicht! Man gewöhne sie frühzeitig an allerlei Entbehrungen, lobe die Braven nie zu übertrieben, sei aber auch gegen Minderbefähigte und -brave nie zu hart, sondern behandle sie mit rechter Liebe und Geduld.

Man lasse sie sich üben in allerlei Gutem und Nützlichem und mache ein noch so braves Kind ja nie eitel, selbstliebig und sich überschätzig. Auch mache man Kinder, besonders wenn sie irgend schöngestaltig sind, nie durch schöne und reiche Kleider noch eitler und stolzer, als solche Kinder schon von Natur aus gerne sind. Man halte sie rein, mache jedoch nie die gewissen Hausgötzen (kleinen Haustyrannen) daraus, so wird man sie schon von der Geburt an auf jenen Weg setzen, auf dem sie in ihrer reiferen Jugend dahin gelangen werden, wohin ihr alle nun durch Mich erst gelangt.

Die Jungfrau wird voll Keuschheit und Züchtigkeit den Stand einer ehrbaren Mutter erreichen, und der Jüngling wird mit mannsreifer Seele und gewecktem Geiste in ihr in das Mannesalter treten und wird ein Segen sein für die Seinen und für die Erde und alle ihre Kreatur. Gebet ihr aber den tierischen Begierden und Leidenschaften eurer Kinder zu sehr nach, so werdet ihr mit ihnen auch allen Lastern ein neues und weites Tor öffnen, durch das sie heerscharenweise in diese Welt verderbensvoll dringen werden; und werden sie einmal dasein, so werdet ihr vergeblich gegen sie mit allerlei Waffen zu Felde ziehen und nichts ausrichten gegen ihre Macht und große Gewalt! Pfleget daher die Bäumchen, daß ihr Wuchs ein himmelanstrebend gerader wird, und reinigt sie sorgfältigst von allen Afterauswüchsen; denn sind einmal die Bäume groß und stark geworden, und sind sie voll arger Krümmungen gestaltlich, die die bösen Winde an ihnen zustande gebracht haben, dann werdet ihr sie auch mit allen Gewaltmitteln nicht mehr geradezubiegen imstande sein!«

Die Redewendung in Vers 4, daß ein Kind bis ins siebente Jahr bei weitem noch mehr Tier als Mensch sei, könnte manchem im ersten Augenblick hart erscheinen. Gemeint ist hier, die Kinder seien in den ersten Jahren ihres Lebens noch überwiegend Triebwesen und müßten durch entsprechend konsequentes Reagieren zum Rechten angeleitet werden. Darum muß in der frühkindlichen Entwicklung in den ersten Jahren mehr Gehorsam gefordert werden, während man später den in aller Liebe und Güte notwendigen Zwang nach und nach abbaut, damit die Entfaltung der Persönlichkeit zur freien Selbstbestimmung erschlossen wird. Erziehen ist keine leichtzunehmende Tätigkeit, und aus allem ist zu ersehen, daß gerade im Anfang oft Fehler gemacht werden, die später schwer korrigierbar sind. Ferner erfordert Erziehen viel schöpferische Phantasie aus Liebe heraus. Man kann sehr schwer ein Schema entwerfen, denn jeder Mensch, das Kind wie der Heranwachsende, ist anders. Jeder Gärtner weiß, wie edle Bäume beschnitten werden müssen, wenn sie gute Frucht bringen sollen. Wer Tiere hält, weiß, daß in der ersten Zeit eine gewisse Dressur notwendig ist, wenn ein geordnetes Zusammenleben mit der menschlichen Umgebung erzielt werden soll. Das ist auf einer höheren Ebene beim kleinen Menschen nicht anders. Erziehen braucht den langen Atem, die große Geduld der Liebe. Eine andere Art der Behandlung ist der reiferen Jugend gegenüber am Platze. In dem Lorberwerk »Kindheit und Jugend Jesu« 168,13 ff. lesen wir die Worte: »Es tut wohl jeder Vater recht, so er die kleinen unartigen Kinder mit der Rute straft, aber den erwachsenen Söhnen (und Töchtern) soll er stets ein weiser und sanfter Lehrer sein! Nur wenn ein herangewachsenes Kind sich auflehnt gegen die Eltern, dann soll ihm gedroht werden. Bekehrt es sich, so soll es wieder in den alten Frieden gesetzt werden.«

Jesus warnt die Erzieher vor Unbeherrschtheit und Zorn: »Handeln da die Erziehungsleiter aber aus Zorn und höllischer Rachelust, dann ist alle ihre Mühe vergebens! Anstatt die Seelenkranken zu wahren Menschen zu heilen, werden aus ihnen Teufel gezeugt, deren Rachedurst fürder keine Macht mehr zu stillen vermag« (Gr. Ev. Joh. I 79,4).

Im achten Band des »Großen Evangelium Johannes« 22,7 ff. heißt es sozusagen in Fortsetzung hierzu: »Die Kinder aber sollen mit wahrer und ernster Liebe behandelt und erzogen werden. Jede Verzärtelung und Nachgiebigkeit von seiten der Eltern ist ein großer Seelenschaden für die Kinder, der den Eltern zur Schuld gerechnet wird. – Weise Eltern werden auch mit weisen Kindern gesegnet. – Bei der Erziehung der Kinder aber ist ein Muß so lange nötig, bis das Gute der Gesetze zu einem freiwilligen und freudigen Gehorsam wird.«

In diesem Sinne sei auch ein Wort des Herrn aus dem Jenseitswerk »Bischof Martin« 108,3 zitiert: »Weise Eltern legen schon Kindern einen rechten Zaum an und lenken sie so natürlich und sittlich auf einer rechten Bahn zum schönen Ziel der leiblich-seelischen Entwicklung. – Törichte Eltern hingegen, die ihren Kindern alles gewähren, was sie ihnen von den Augen absehen, machen aus ihnen Affen statt Menschen; ihr übermäßig genährtes Fleisch wird voll Sinnlichkeit und ihr Geist träge und endlich ganz stumpf für alles Hohe, Gute und Wahre.«

Im ersten Band der »Himmelsgaben« S. 11,3 f. mahnt der Herr durch Jakob Lorber eine Mutter zur Gerechtigkeit ihren Kindern gegenüber: »Habe ein volles und gleiches Maß der Liebe gegen jedes deiner Kinder, damit Ich ihnen dann auch ein volles und gleiches Maß der Gnade schenken kann! Sonst aber sollen die mehr Geliebten weniger Gnade und die weniger Geliebten mehr Gnade von Mir empfangen! – Denn siehe, Ich bin ein Vater der Verfolgten, ein Tröster der Betrübten, – aber ein sehr strenger Richter der von euch zuviel geliebten Kinder. Denn das Übermaß eurer Liebe verdirbt eure Kinder und macht sie unfähig zum Empfang Meiner Gnade.«

Einem Familienvater rät der Herr im gleichen Band (S. 372,8 f.): »Vernachlässige bei deinen Töchtern ja nicht die Religion und halte sie an zum Gebet, desgleichen auch die Knaben, so wirst du bald des Segens Fülle in deinem Hause bemerken. Und teile der Jugend die Zeit, da sie eines und das andere tun und lernen sollen, fest und bestimmt ein, so wirst du sie frühzeitig an die notwendige Ordnung gewöhnen, welche die Grundfeste aller Liebe und aller Weisheit ist.«

Übertriebene Strenge wird vom Herrn im »Großen Evangelium« VIII 205,5 unmißverständlich gerügt: ». . . Oder gefällt es euch, so ihr irgend seht, daß die Eltern ihre Kinder also erziehen, daß diese in aller Ehrfurcht in einem fort vor ihnen, ihren Eltern nämlich, kriechen müssen?! Was wird aus solchen Kindern? Nichts als feige und am Ende dennoch selbst- und herrschsüchtige Kriecher, von denen kein Nebenmensch je etwas Gutes zu erwarten hat.«

Wir ersehen aus den ausgewählten Herrenworten der Lorberschen Prophetie, von denen es noch wesentlich mehr zu erwähnen gäbe, daß die Gemütsbildung in der Pflege der Gottes- und Nächstenliebe den Vorrang vor allen Erziehungsratschlägen hat. Damit ist nicht gesagt, daß nicht auch der Verstandes- und Wissensbildung eine berechtigte Bedeutung zukäme. Aber das eine wirkt in die Ewigkeit hinein, das andere ist nur für Zeit und vergänglich.

Die Überwindung der niederen Triebe und selbstsüchtigen Neigungen ist eine Hauptaufgabe der Jugenderziehung. Aber deren positiver Teil ist die Hinwendung des kindlichen Gemütes auf Gott und die Erweckung und Pflege der Demut und Gottesliebe. Denn aus Ihm, dem Schöpfer und Ursprung allen Seins, empfangen wir alle Kräfte des Lebens und gesegneten Gedeihens. So soll auch mit der Bildung des Gemüts schon in zartester Kindheit begonnen werden. Im fünften Band vom »Großen Evangelium Johannes« 246,9f. belehrt Jesus Seine Jünger: »Wollt ihr Menschen bilden nach Meinem Sinne, da müßt ihr schon bei den Kindern anfangen; denn wahrlich Ich sage euch: Der Unterricht in der Wiege ist mehr wert denn alle Hochschulen der Welt! Wer aber aus den Kindern Menschen bilden will, der muß sie lieben und muß mit ihnen eine rechte Geduld haben. Ein solches Kind ist von Natur aus mehr denn hundert Bettler arm; denn es ist arm am Geiste, arm an physischen Kräften und arm an Besitztümern.« . . . »Wer ein solches Kind aufnimmt in Meinem Namen, der nimmt Mich auf, und hat er Mich also in aller Liebe aufgenommen, so hat er auch den Vater im Himmel aufgenommen, und in seinem Hause wird es da am Segen nicht fehlen. Denn solche Kinder sind der echte und wahre Segen Gottes selbst in einem Hause, da sie sind und gepflegt, genährt und zu wahren Menschen gebildet werden, und es ist da das Geschlecht einerlei, ob Knabe oder Mägdlein, in ihrer Jugend sind sie gleich den Engeln des Himmels.«

Im vierten Band vom »Großen Evangelium Johannes« 220,12 f. lesen wir das Wort: »Lehret früh die Kindlein den Vater im Himmel lieben! Zeiget ihnen, wie gut und liebevoll Er ist, wie Er alles, was da ist, zum Besten der Menschen höchst gut, schön und weise erschaffen hat und wie gar sehr Er besonders den kleinen, Ihn über alles liebenden Kindlein zugetan ist. Machet sie bei jeder Gelegenheit darauf aufmerksam, daß alles, was da geschieht, der Vater im Himmel anordnet oder geschehen läßt! So werdet ihr die Herzen der Kleinen zu Mir kehren, und Meine Liebe wird in ihnen zu wuchern anfangen. Eure leichte Mühe aber wird euch bald die güldensten Früchte tragen.«

Im achten Band vom »Großen Evangelium Johannes« 219,12 ff. wird beschrieben, wie Jesus Selbst einer Schar von Hegekindern der Essäer, den einfachen Verstand und das Gemüt der Kinderseelen ansprechend, die rechten Begriffe von Gott, dem Schöpfer der Welt und Vater in Jesus beibringt. Diese Szene ist so beispielhaft, daß sie uns als Anregung dienen mag; deshalb soll sie zum Abschluß dieses Kapitels ausführlicher zitiert werden: »Ich segnete darauf die Kindlein und herzte und koste sie, und wollte nun gehen; aber diese, zu Mir Liebe und Vertrauen fassend, umringten Mich und baten, daß Ich doch nur noch eine kurze Zeit bei ihnen verweilen möchte. Und Ich sagte: ›Ja, diesen Bittstellern kann Ich nichts abschlagen, und will darum noch eine halbe Stunde bei ihnen verweilen.‹

Als die Kindlein solches von Mir vernahmen, da wurden sie überfröhlich, und ein Knabe fragte Mich ganz vertrauensvoll, sagend: ›O du lieber und höchst guter, größter Herr! Du hast uns ehedem von dem überguten Geistvater im Himmel etwas gesagt, daß wir Ihn kennen und über alles lieben lernen sollen. Ja, das werden wir auch ganz sicher, so wir Ihn einmal erkannt haben! Aber wie werden wir Ihn erkennen, wer wird Ihn uns zeigen? Kennst du Ihn etwa so recht gut? Wenn du Ihn kennst, da beschreibe du Ihn uns, und wir werden Ihn gleich über alles zu lieben anfangen, wenn wir Ihn Selbst auch noch nicht kennen!‹

Sagte Ich: ›Ja, Meine lieben Kindlein, diese Sache ist nun freilich noch ein wenig schwer, weil ihr von ihm noch keine Vorbegriffe habt; aber Ich werde es dennoch versuchen, euch welche zu geben, und so höret Mich nun recht aufmerksam an!

Der Vater im Himmel ist der reinste, vollkommenste und ewige, überlebendige Geist, der nie einen Anfang genommen hat und auch nie ein Ende nehmen wird. Er hat schon von Ewigkeit her aus Sich Himmel und diese Erde und alles, was auf ihr ist, mittels Seiner Allmacht erschaffen. Wenn ein Mensch auf dieser Erde etwas schaffen will, so muß er dazu Materie und allerlei Werkzeuge haben; der Vater im Himmel aber benötigt, so Er etwas erschafft, weder einer schon daseienden Materie, noch eines Werkzeuges, um mittels desselben aus der rohen Materie etwas zu machen – Sein allmächtiger Wille ist Sein Werkzeug.

Er hat denn auch die Menschen erschaffen, daß sie Ihn erkennen und über alles lieben sollen, auf daß sie von Ihm das ewige Leben erhalten. Damit aber die Menschen wissen, wie sie untereinander zu leben haben, so hat ihnen der Vater im Himmel durch gewisse Propheten Seinen Willen geoffenbart. Wer danach lebt und handelt, der bekommt das ewige Leben.

Seid ihr, Meine lieben Kindlein, darum nur recht fromm, so werdet ihr solch ein größtes Glück auch schon auf dieser Erde genießen!‹

Die Kindlein versprachen, alles das zu tun, was Ich ihnen angeraten habe, wenn sie nur einmal den Vater im Himmel hören und sehen könnten, und fragten Mich, ob Ich den Vater im Himmel schon oft gehört und gesehen habe, und wie Er wohl aussehe.

Sagte Ich mit sehr freundlicher Miene: ›Meine lieben Kindlein! Ich höre und sehe den Vater immer, und Er sieht geradeso aus wie Ich, und Seine Stimme klingt auch so wie die Meine; wer sonach Mich sieht und hört, der sieht und hört auch den Vater im Himmel. Seht Mich daher nur recht gut an, und ihr könnet dann sagen, daß ihr den Vater im Himmel gesehen und gehört habt!‹

Hier schauten die Kinder Mich fest an und sagten nach einer Weile: ›Wenn der Vater im Himmel so aussieht wie du, da muß Er sehr gut sein, und wir lieben ihn schon jetzt über alles!‹«

15. Endzeit und Wiederkunft Christi

Die im Neuen Testament vom Herrn Selbst vorausgesagte Wiederkunft im Zusammenhang mit der noch bevorstehenden Eroberung Jerusalems durch die Römer, von den Evangelisten schwer durchschaubar berichtet, gehört zu den unverzichtbaren Glaubenswahrheiten der Christenheit. Über das Wann und Wie gibt es in den einzelnen Richtungen Kontroversen. So lebten die ersten Christen in der unmittelbaren Naherwartung des Herrn, und sie erfüllte sich nicht. Der Apostel Paulus mußte noch zu seinen Lebzeiten seine Ansicht über die kurz bevorstehende Wiederkunft des Herrn korrigieren. Er hatte sich schon Gedanken darüber gemacht, daß zu jener Parusie Jesu die noch Lebenden von der Erde entrückt würden.

Dem Menschen der heutigen Zeit geht jener Gedanke an die Wiederkunft des Herrn nur schwer auf. Einesteils denkt der in seine weltlichen Geschäfte verstrickte Alltagsmensch zuwenig an diese Vorhersage Jesu, andererseits will dieser jederzeit mögliche Einbruch der überweltlichen Sphäre Gottes in unser verplantes Sein und von der Naturwissenschaft geprägtes Weltbild wenig passen.

Was haben uns offenbarungstreue Theologen der Gegenwart aus den großen Konfessionen dazu zu sagen? Von evangelischer Seite äußert hierzu der bekannte Theologe Paul Schütz in einem Vortrag, den der Achtzigjährige am 10. Mai 1971 vielbeachtet anläßlich eines Festaktes in der Petruskirche zu Basel gehalten hat, zum Thema der Wiederkunft Christi, hier zeige sich die

»Ungesichertheit just inmitten eines auf überblickbare Rationalität und totale Machbarkeit versessenen Zeitalters«. Hier handele es sich um einen »Fremdkörper im modernen Bewußtsein«. Aber gerade in diesem Fremdsein komme die »wahre Wirklichkeit des Menschen zutage«. – »Wenn überhaupt, – eine Antwort kann nur im Horizont des Endes und der Endlichkeit gegeben werden.«

Am Ende dieses Vortrags äußert der Redner eindrucksvoll: »Die Wiederkunft Christi ist der Einbruch des Unverfügbaren in das selbstgenügsame Getto unserer absoluten Diesseitigkeit. Diese absolute Diesseitigkeit offenzuhalten für die Schöpferkraft des unverfügbaren Gottes, ist das Wagnis christlicher Existenz.

Es könnte sein, daß Theologie neu nachzudenken hat über den Wiederkommenden als ›des Gesetzes Ende‹.

Es könnte sein, daß Christenheit über diesen Auftrag wieder zur Minorität gesundet.

Es könnte sein, daß Theologie neu nachzudenken hat über die Bestimmung des Menschen ›zur Freiheit der Söhne Gottes‹.

Es könnte sein, daß das Evangelium über der Bedeutung der Freiheit in den Mechanismen unserer Technokratie wieder so hochpolitisch wird wie im ›Jahrhundert seines Ursprungs‹.«

Von katholischer Seite äußert der Theologe Joseph Ratzinger in Band 9 der Kleinen Katholischen Dogmatik, Eschatologie, Tod und ewiges Leben, Verlag Friedrich Pustet: »Der Zeitpunkt der Wiederkunft Christi ist unbestimmbar und kann niemals aus der Geschichte und ihren Verlaufsgesetzen in irgendeiner Form errechnet werden. Die menschlich entsprechende Haltung zu den besonderen Verhältnissen des Auferstandenen zur Weltzeit ist nicht geschichtsphilosophisch oder theologisch darstellbar, es ist vielmehr ›Wachsamkeit‹.«

Im Neuen Testament sagt Jesus nach dem Bericht des Matthäus 24,42 ff.: »Darum seid wachsam, denn ihr wißt nicht, an welchem Tag euer Herr kommt. Das sollt ihr aber wissen: Wenn ein Hausvater wüßte, zu welcher Stunde in der Nacht der Dieb kommt, so würde er ja wachen und nicht in sein Haus einbrechen lassen. Darum seid auch ihr bereit! Denn der Menschensohn kommt zu einer Stunde, in der ihr's nicht erwartet.«

Wir kennen alle das Gleichnis von den törichten und klugen Jungfrauen, das ebenfalls auf diese Wachsamkeit hinzielt.

Ratzinger fährt in seinen Ausführungen fort, daß es andererseits Vorzeichen der Wiederkunft Christi gebe: Das Auftreten von Pseudo-Messiassen, Kriegsnöte in der ganzen Welt, Erdbeben und Hungersnot, Christenverfolgung, Greuel der Verwüstung an heiliger Stätte, das Auftreten des sogenannten »Antichrist«, der beschrieben werden kann nach einer Übersetzung aus dem Lateinischen als »derjenige«, der »Jesus Christus, dem Sohne Gottes, entgegengesetzt, feindlich entgegenstehend ist«. Antichrist dürfte im übertragenen Sinne weniger eine Einzelpersönlichkeit, als vielmehr ein Sammelbegriff sein. Schließlich muß zu jenem Zeitpunkt das Evangelium in der ganzen Welt verkündet werden.

Aber die »Zeichen« machen das Ende nicht datierbar. Endzeit ist in gewisser Hinsicht immer. Immer auch tritt der Antichrist in Erscheinung. Die Wiederkunft des Herrn wird alle diesseitige Planung über den Haufen werfen, denn diese muß ihre Richtung von Wertungen empfangen, die sie selbst nicht liefern kann. Die Macht des Menschen reicht kaum über seine Generation hinaus. Menschliche Planung kann die erlebbare Gegenwart nicht wesentlich überschreiten. »Das ist die Grenze der Machbarkeit« (Ratzinger).

Aus den blutigen Erfahrungen unserer neueren Geschichte wissen wir, geplanter Messianismus wird eo ipso zur Hölle. Der Glaube an die Wiederkunft Christi bedeutet Absage an die innergeschichtliche Vollendbarkeit der Welt.

Fern von aller Resignation führt der Glaube an die Wiederkunft Christi zur Gewißheit, daß die Welt vollendet wird, aber nicht aus der planenden Vernunft heraus, sondern durch jene ewige Liebe, die im auferstandenen Christus siegte. Dieser Glaube an die Wiederkunft Christi hält daran fest, daß am Ende die Wahrheit sich durchsetzt und die Liebe in der Transzendierung der bisherigen Geschichte siegt. Hierin kann letztlich nur ihr alleiniger Sinn liegen.

Auch Jesu Tod und Auferstehung, – ein Vorgang, der als Überwindung des innerweltlichen Zustandes jede Logik unseres Verstandes überschreitet, kann uns Glaubenden zeichenhaft die Gewißheit Seiner Wiederkunft vermitteln. Hier liegen für den Glaubenden die ganz anderen Möglichkeiten aus dem göttlichen Bereich.

Wir Heutigen, soweit wir offenen Auges die Schrecknisse einer Entfesselung der menschlichen Nachtseite in einer atheistischen Tyrannei erlebt haben und dieses Grauen mit mehr oder weniger Nachwirkungen überstanden, finden es wohl naheliegender, in dem an irgendeinem Tage in unserer Zeit einbrechenden Geschehen der Wiederkunft des Herrn mehr eine große Befreiung zu sehen. Uns Menschen der heutigen Zeit liegt wieder der alte Jubelruf der ersten Christenheit näher, der da lautete: »Komm, Herr Jesus!« Das ist für uns alle sicherlich besser, als im mittelalterlichen »dies irae« (Tag des Zornes) in das große Zittern zu geraten.

Bei der Betrachtung des Erdenwandels unseres Herrn Jesus Christus müßten uns eigentlich die Augen darüber aufgehen, was alles im materiellen, raumzeitlichen Bereich geschehen kann, wenn der Ewige in sie einbricht. Schon mit der Empfängnis und Geburt durch eine unberührte Jungfrau beginnt es ja, daß die Gesetze des Himmels und der Erde einander durchkreuzen.

Es steht fest, der eschatologische Druck, unter dem die in der Naherwartung der Wiederkunft des Herrn verharrende erste Christenheit lebte, der mitunter im Laufe der Geschichte ganz nachzulassen schien, nimmt in dieser Zeit unter den gläubig Gebliebenen wieder deutlich zu.

Im Neuen Testament, beim Evangelisten Matthäus, Kap. 24, finden wir die Worte Jesu: »Jenen Tag aber und jene Stunde weiß niemand, auch nicht die Engel des Himmels, auch nicht der Sohn, nur der Vater allein.« – Wir können wohl, wie in der Natur der Sommer sich in gewissen Vorzeichen ankündigt, an gewissen Zeichen erkennen, daß die Wiederkunft des Herrn naht, aber den genauen Zeitpunkt kann niemand voraussagen, wie es ja auch das ständige Scheitern gewisser chiliastisch-orientierter Sekten an diesem Problem immer wieder beweist.

Über den Zustand der Welt schlechthin und über das Kommende finden wir noch bei Matthäus 13,37 ff. ein bedeutsames Wort Jesu bei Seiner Erklärung des Gleichnisses vom Unkraut auf dem Acker: »Des Menschen Sohn ist es, der den guten Samen sät. Der Acker ist die Welt. Der gute Same, das sind die Kinder des Reiches, das Unkraut dagegen, die Kinder des Bösen. Der Feind, der das Unkraut gesät hat, ist der Teufel. Die Ernte ist das Ende der Weltzeit, und die Schnitter sind Engel. Wie nun das Unkraut gesammelt und im Feuer verbrannt wird, so wird es auch am Ende der Weltzeit gehen. Der Menschensohn wird seine Engel aussenden. Diese werden aus seinem Reich alle Verführer und Übeltäter sammeln und sie in den Feuerofen werfen. Da wird lautes Weinen und Zähneknirschen sein. Dann werden die Gerechten im Reiche ihres Vaters wie die Sonne leuchten.«

Wir wissen aus diesem Gleichnis, der Herr läßt das Unkraut unter dem Weizen wuchern, bis die Erntezeit gekommen ist, die Zeit der Scheidung, um durch vorzeitiges Jäten nicht die gute Saat zu gefährden.

Weitere tiefe Erkenntnisse werden uns in dem prophetischen Werk Jakob Lorbers vermittelt. Im »Großen Evangelium Johannes« IX 93,11 fragt ein der Wahrheit aufgeschlossener Schriftgelehrter den Herrn nach Seiner Wiederkunft: »Siehe, es handelt sich nun bei dieser meiner Frage haupsächlich nur darum, ob Du wieder als ein Mensch mit Fleisch und Blut, wie jetzt, geboren von einem reinen Weibe, oder ungeboren, mehr als Geist und doch auch sichtbarer Mensch, wiederkommen wirst . . .!«

Im nächsten Kapitel (94,2 ff.) antwortet ihm der Herr: »Ich werde bei Meiner Wiederkunft nicht mehr aus einem Weibe irgendwo wieder als Kind geboren werden; denn dieser Leib bleibt verklärt (nach der Auferstehung; d. Verf.), so wie Ich als Geist in Ewigkeit, und so benötige Ich nimmerdar eines zweiten Leibes in der Art, wie du das gemeint hast.

Ich aber werde zuerst unsichtbar kommen in den Wolken des Himmels, was soviel sagen will als: Ich werde vorerst Mich den Menschen zu nahen anfangen durch wahrhaftige Seher, Weise und neuerweckte Propheten, und es werden in jener Zeit auch Mägde weissagen und die Jünglinge helle Träume haben, aus denen sie den Menschen Meine Ankunft verkünden werden, und es werden sie viele anhören und sich bessern; aber die Welt wird sie irrsinnige Schwärmer schelten und ihnen nicht glauben, wie das auch mit den Propheten der Fall war.

Ebenso werde Ich von Zeit zu Zeit Menschen erwecken, denen Ich alles das, was jetzt bei dieser Meiner Gegenwart ist, geschieht und gesprochen wird, durch ihr Herz in die Feder sagen werde, und es wird dann das einfach Geschriebene auf eine eigene, den dermaligen Menschen wohlbekannte kunstvolle Art in einer ganz kurzen Zeit von einigen Wochen und Tagen in vielen Tausenden gleichlautenden Exemplaren können vervielfacht und so unter die Menschen gebracht werden, . . . so werden sie die neuen Bücher auch selbst wohl lesen und verstehen können.«

. . . »Wenn auf diese Art Meine Lehre unter die Menschen, die eines guten Willens und tätigen Glaubens sein werden, gebracht sein wird und zum wenigsten ein Drittel der Menschen davon Kunde haben wird, so werde Ich denn auch hie und da persönlich und leibhaftig sichtbar (im verklärten Geistleibe) zu denen kommen, die Mich am meisten lieben und nach Meiner Wiederkunft die größte Sehnsucht und dafür auch den vollen und lebendigen Glauben haben werden.

Und Ich werde aus ihnen Selbst Gemeinden bilden, denen keine Macht der Welt mehr einen Trotz und Widerstand zu bieten vermögen wird; denn Ich werde ihr Heerführer und ihr ewig unüberwindlicher Held sein und richten alle toten und blinden Weltmenschen. Und also werde Ich die Erde reinigen von ihrem alten Unflate.

Zur Zeit der neuen Seher und Propheten aber wird eine große Trübsal unter den Menschen sein, wie sie auf dieser Erde noch niemals da war; aber sie wird Meiner dermaligen Auserwählten wegen nur eine kurze Zeit dauern, auf daß diese an ihrer Seligwerdung nicht sollen einen Schaden erleiden.«

Endzeit im Sinne der Lorberschen Prophetie bedeutet nicht absolutes Ende der sichtbaren Welt, damit mag es noch eine in unserem Sinne lange Weile haben. Es bedeutet aber auch nicht das Ende unseres Planeten Erde, es bedeutet vielmehr das Ende eines Zeitalters oder eines Zeitabschnittes und einen geistigen Neubeginn. In gewisser Hinsicht läuft Endzeit immer allem zeitlichen Geschehen nebenher, immer drängt das Ewige in die Zeit. Insbesondere aber ist hier jenes zeitliche Phänomen des Übergangsstadiums zur Wiederkunft Christi gemeint, die wehenartigen Charakter, wie vor einer Neugeburt, an sich hat. Jakob Lorber sah diese Übergangszeit prophetisch voraus und – was uns heutige Menschen interessieren dürfte – dabei auch die technischen Errungenschaften unserer einseitigen Hochzivilisation ohne Geisteskultur. In der Sprache seiner Zeit schildert er die Ausnutzung der Dampfkraft, den Ausbau von Schienensträngen mit dahinsausenden Eisenbahnen, die Entdeckung der Elektrizität mit den Möglichkeiten rascherer Nachrichtenübermittlung. Die Menschen werden fliegen über Länder und Meere und sich mit Blitzesgeschwindigkeit fortbewegen. Er prophezeit den Ausbau riesiger Straßen, offensichtlich die Autobahnen. Ganz nachdrücklich weist er auf die Automatisierung der Arbeit von Menschenhand durch Maschinen hin, die wie Menschen und Tiere Arbeiten verrichten könnten. Er sagt weltweite wirtschaftliche Krisen mit Arbeitslosigkeit, Völkerkatastrophen, Kriege voraus. Sein in die Zukunft geöffneter Blick sieht den Raubbau einer materialistisch blind gewordenen Menschheit an der Natur, die Benutzung der Atomkraft mit radioaktiver Verseuchung, in weiterem Gefolge prophezeit er Naturkatastrophen und Umwälzungen auf der Erde. Nicht unerwähnt bleibe, daß Jakob Lorber im achten Band vom »Großen Evangelium Johannes« Kap. 185 ein atomares Patt zwischen den Großmächten vorausgesagt hat, da die Menschen zu der Einsicht kämen, daß es bei Einsatz dieser furchtbaren Waffen keine Sieger und Besiegten mehr geben werde. Es werde nur noch örtliche Kriege geben, aber keine weltweiten Auseinandersetzungen mehr zwischen Großmächten, da diese einsähen, daß mit Gewalt nichts mehr zu erreichen sei.

Wir wollen mit dieser Art der Voraussagen nicht zu sehr ins einzelne gehen, es ist wahrhaft zum Fürchten, da der Druck der entfesselten Kräfte des Bösen bis zu einem fast unerträglichen Kulminationspunkt hin ansteigt, – anderenteils ist gerade dies mit seiner untrüglichen Zeichenhaftigkeit gleichsam wie in der Natur mit ihren Vorboten des herannahenden Frühlings für den gläubig Gebliebenen eine Ursache zur Freude, denn die Erlösung naht mit dem Kommen des Herrn. Gerade auf diese positive Seite wird in der Prophetie Jakob Lorbers in erster Linie hingewiesen, das erlösende Ereignis der zweiten Ankunft des Herrn, denn mit dieser hört die Bedrängung durch die entfesselten Kräfte des Bösen schlagartig auf. Der eigentliche Sinn dieser Prophetie ist die Durchdringung der Frohbotschaft Christi in einem tieferen geistigen Lichte und der Hinweis auf Sein Wort in der Heiligen Schrift bei Lukas 21,28: »Wenn aber dies zu geschehen beginnt, dann schaut auf und erhebt eure Häupter, denn es naht eure Befreiung.«

Ergänzend zu der Vorhersage Jesu bezüglich der neuen Seher und Propheten wird vom Herrn im neunten Band vom »Großen Evangelium Johannes« 90,10f. geweissagt, in jener Endzeit komme es auch zum Auftreten vieler falscher Propheten. Durch deren Versuch, die Offenbarung Jesu zu verunreinigen, und die mit Aberglauben vermengten Wissenschaften und Künste würden viele Menschen verdorben werden. Es ist also eine Zeit großer geistiger Auseinandersetzungen und Kämpfe. Gleichnishaft spricht der Herr in diesem Zusammenhang von den »faulen Früchten«, von dem »noch ungesegneten Baume der Erkenntnis«.

Dann folgt das tröstliche Wort: »Aber es wird das nicht also verbleiben, denn zur rechten Zeit werde Ich Menschen erwecken für die reinen Wissenschaften und Künste, und diese werden es den Menschen von den Dächern herab verkünden, wie die Diener Balaams ihre Wunder bewirkt haben. Dadurch werden die reine Wissenschaft in allen Dingen und auch die reinen Künste zu einem unbesiegbaren Vorläufer und Vorkämpfer für Mich gegen den alten Aberglauben werden; und so durch sie der Augiasstall wird gereinigt sein, dann werde Ich ein leichtes und wirksamstes Wiederkommen auf dieser Erde haben. Denn mit der allenthalben reinen Wissenschaft der Menschen wird sich Meine reinste Lebenslehre auch leicht vereinen und so den Menschen ein vollständiges Lebenslicht geben, da eine Reinheit die andere nimmerdar verunreinigen kann, so wie eine sonnenhelle Wahrheit die andere nicht.«

In Kapitel 91,9 fährt der Herr fort: »Ist das geschehen und Mein Evangelium, wenn auch durch viele falsche Propheten, den Menschen gepredigt worden, dann auch werden sie fähig, sich nach und nach in den Wissenschaften und Künsten zu reinigen; und diese werden dann ein Blitz sein, der vom Aufgang bis zum Untergang alles hell beleuchtet, was da auf der Erde ist. Unter dem ›Aufgang‹ aber versteht man das Geistige, unter dem ›Untergang‹ alles Naturmäßige.«

Der Herr sagt also in der Prophetie Jakob Lorbers nach allen Drangsalen schließlich eine Versöhnung von Wissenschaft und Religion voraus. Erinnert sei an das früher schon einmal erwähnte Wort aus dem neunten Band vom »Großen Evangelium Johannes« 89,11: »In jener Zeit will ich den alten Baum der Erkenntnis* segnen, und es wird durch ihn der Baum des Lebens im Menschen wieder zu seiner alten Kraft gelangen, und so wird es dann nur mehr *einen* Hirten und *eine* Herde geben!«

Erwähnt sei, daß der Herr die großen technischen Errungenschaften des Menschen als solche keinesfalls verurteilt. Er äußert im vierten Band vom »Großen Evangelium Johannes« Kap. 225 sinngemäß, es komme nur auf den rechten Geist an, mit dem diese Errungenschaften benutzt würden. Wörtlich sagt Er zu Seinen Jüngern: (Vers 5 f.) »Werden die großen Vorteile, in die euch mit der Zeit Mein Geist leiten wird, in Meiner Ordnung verwendet, so werden sie euch eine tausendfache Segnung in allem bringen; werdet ihr sie aber dann etwa mit der Zeit wider Meine Ordnung selbstsüchtig zu gebrauchen anfangen, so werden sie für die Menschen zu Brutanstalten allen erdenklichen irdischen Unheils werden!

Was Ich zu euch nun rede, das rede Ich auch zu allen, die euch in tausend und noch tausend Jahren, was darüber oder was darunter, folgen werden.«

* Im Manuskript Lorbers heißt es nach veraltetem Sprachgebrauch ›des Erkenntnisses‹ statt ›der Erkenntnis‹.

Es ist fast so, wie zu jener Urzeit des Schöpfungsbeginns vor dem Geistersturz oder gar vor dem Sündenfall im Paradies. Alles ist gut, wenn es in freiwilligem Gehorsam gegen Gottes Gebot geschieht. Es liegt dann sogar der Segen des Schöpfers auf allem menschlichen Schöpfertum. Auf die geistige Einstellung kommt alles an. – Kehrt sich der Mensch aber, selbst Gott sein wollend, von seinem geistigen Ursprung ab, gerät ihm alles zum Verderben.

Wie weit hat es nun der Mensch in seinem großen geistigen Abfall von Gott in der modernen Zeit gebracht? Er hat Kräfte entfesselt, mit denen er das ganze Leben auf unserem Planeten mehrfach auslöschen kann. Wahrhaftig, der Mensch hat fast alles in der sichtbaren Welt in den Griff bekommen, aber er hat weitgehend sich selbst verloren.

Im Neuen Testament spricht Jesus bei Lukas 9,25 die Worte: »Was nützt es dem Menschen, wenn er die ganze Welt gewinnt, sich selbst aber verliert und zugrunde geht?«

Viele gläubige Christen neigen dazu, unser heutiges Zeitalter mit seiner weltweiten geistigen Krise als Endzeit anzusehen. Dabei kann nicht geleugnet werden, daß die ganze nachchristliche Geschichte hindurch Geschlechter vor uns diesen eschatologischen (endzeitlichen) Druck zu verspüren glaubten, beispielsweise um das Jahr 1000, zur Zeit der mittelalterlichen Papstwirren; oder um jene Zeit, da ein Franziskus auftrat, der in der Traumvision eines Papstes die Wende der vom Einsturz bedrohten Lateran-Basilika mit seinen Armen und seinem ganzen Körper stützte und wirklich das damalige, vom Einsturz bedrohte Gebäude der abendländischen Kirche rettete. Denken wir uns nur in die Drangsale des Dreißigjährigen Krieges hinein mit seinen Verwüstungen und den Begleiterscheinungen von Pest, Mord und Brand; und welch geistige Blüte hundert Jahre später! Es ist schwer, die Vorzeichen recht zu erkennen, wellenweise scheint sich in der Geschichte das Endzeitliche zu verstärken nach vorübergehenden Aufhellungen. Aber in unserem einseitig verbildeten materialistisch-technischen Zeitalter scheinen die Kräfte des Bösen doch in einem Maße entfesselt zu sein wie nie zuvor in der Geschichte der Menschheit. Diese Kräfte haben sich scheinbar verselbständigt, und der Mensch wird deren nicht mehr Herr wie bei jenem Zauberlehrling, dem das Zauberwort nicht einfiel, um dem Spuk des tanzenden Besens ein Ende zu bereiten.

Im Hinblick auf diese, von der Menschheit selbst verschuldete katastrophale Zuspitzung in der Zeit vor der Wiederkunft Christi, die zweifellos der Hochzivilisation eines technischen Zeitalters entspricht, welche Entwicklung der Mensch ethisch-geistig noch nicht verkraftet hat, spricht der Herr durch Jakob Lorber im fünften Band vom »Großen Evangelium Johannes« 108,4: »Fasset dieses wohl! Denket aber ja nicht, daß Ich das alles also haben wolle, und es wäre darum etwa das alles schon also bestimmt! Das alles sei ferne von Mir und euch! Aber es wird also sein, wie vor den Zeiten Noahs: Die Menschen werden von ihren vielen Weltkenntnissen und erworbenen Fertigkeiten einen stets böseren Gebrauch machen und werden ganz freiwillig allerlei Gerichte aus den Tiefen Meiner Schöpfung über sich und am Ende über die ganze Erde heraufbeschwören. Da aber sage auch Ich dann mit euch: Volenti non fit iniuria! (Wer es so haben will, dem geschieht kein Unrecht).«

An dieser Stelle sei ein grundsätzliches Wort zu den Weissagungen des Herrn im allgemeinen gesagt: Sie werden bedingungsweise geäußert und dürfen nicht als unabdingbar und starr aufgefaßt werden. Im achten Band vom »Großen Evangelium Johannes« 99,10 f. äußert der Herr: »Gehet zurück auf alle Propheten, die zukünftige Dinge geweissagt haben, ob je einer etwas als unabweichbar Kommendes geweissagt hat! Ein jeder hat seine Weissagung nur stets unter gewissen Bedingungen aufgestellt, die sich stets auf die Besserung oder Verschlimmerung der Menschen bezogen.« . . . »Jonas mußte, von Meinem Geiste getrieben, zu den Niniviten gehen und ihnen ihren Untergang verkünden, so sie in ihrer Bosheit verharren würden. Er tat es ungern, da er als ein Prophet wohl wußte, daß Meine Vorausanzeigen stets auf Bedingungen gestellt sind. Das Volk von Ninive aber besserte sich, und das Tatsächliche Meiner Androhung blieb aus, was selbst den Jonas ärgerte.«

Viele von uns werden eine sehr ernstzunehmende Botschaft an

die Christenheit in heutiger Zeit kennen oder davon erfahren haben, die Botschaft von Fatima. Auch diese enthält zweierlei: Konsequenzen, wenn die Menschheit, zu der wir alle gehören, sich nicht bessert, betet und Buße tut, – andererseits die Ankündigung der Aufhebung aller Strafen, die die Menschen aus eigener Schuld auf sich herabziehen, – wenn sie sich bessern, umkehren und Buße tun. Ähnlich ist es mit anderen prophetischen Botschaften der neueren Zeit, die mahnen und warnen und an denen sich viele Geister scheiden.

Im achten Band des »Großen Evangelium Johannes« Kap. 48 nimmt der Herr zur Belehrung Seiner Jünger einen wunderbaren Sonnenaufgang in der Morgenfrühe zum Anlaß, gleichnishaft für die kommende Zeit zu weissagen: »Aber nun sehet, wie die Sonne bereits alles mit ihrem Lichte zu durchdringen anfängt, und ihr sehet die finsteren Horden nach allen Seiten hin fliehen, nur dahin nicht, von woher die Sonne kommt! Vor ihrem Lichte schwindet nun alles und sinkt in das Reich der Vergessenheit.

Nun aber sehet noch einmal hin, und ihr ersehet, wie aus den lichten Wölklein sich eine neue Erde bildet! Was wohl stellen die lichten Wölklein dar? Es sind das Vereine von lauter solchen Menschen, die von der göttlichen Wahrheit durchleuchtet sind. Und sehet, nun rücken diese Vereine enger und enger zusammen und bilden so einen großen Verein, und sehet, das ist eben die neue Erde, über der sich ein neuer Himmel ausbreitet voll Licht und Klarheit!

Ihr müsset aber dabei nicht etwa der Meinung sein, als würde dann diese natürliche Erde vergehen und in eine neue umgewandelt werden, sondern nur die Menschen werden durch die Vollaufnahme der göttlichen Wahrheit in ihre Herzen als wahre Brüder und Schwestern in Meinem Namen unter sich eine neue geistige Erde schaffen.

Auf dieser neuen Erde werde Ich Selbst dann sein und herrschen unter den Meinen, und sie werden mit Mir Umgang pflegen und Mich nimmerdar aus ihren Augen verlieren.

Aber betrachtet nun auch nebenbei die alte Erde! Seht, wie aus der neuen Erde in stets dichteren Strömen Lichter hinab auf die alte Erde schweben und diese so entzünden, daß sie wie in vollen Flammen zu stehen scheint! Da seht ihr gar viele Tote wie aus den Gräbern hervor ans Licht gehen und wie sie auch bald bekleidet werden mit dem Gewande der Wahrheit und dann auch aufwärtsschweben in das Reich der neuen Erde.

Aber zugleich merket ihr auch, wie noch ein gar großer, finsterer Teil sich auch bestrebt, das Gewand des Lichtes über sein schwarzes anzuziehen und daraus und damit aus Eigennutz und aus Herrschsucht abermals ein neues antichristliches Heidentum zu schaffen; aber Ich Selbst lasse Meinen Zorn über sie hereinbrechen, das ist das Feuer Meiner Wahrheit, und Meine Engel der neuen Erde fallen wie mit flammenden Schwertern über sie her und schlagen jede weitere finstere Bestrebung in die Flucht und in den Abgrund der gänzlichen Vernichtung.

Dies ist dann das allerletzte und größte Gericht um tausend Jahre später. Diese Zeit wird genannt werden Mein tausendjähriges Reich auf Erden, das durch dies allerletzte Gericht auf eine ganz kurze Zeit noch einmal eine kriegerische Unterbrechung haben wird (vgl. Neues Testament, Johannesoffenbarung, Kap. 20,1 ff., Vision des tausendjährigen Reiches); aber der Sieg wird ein baldiger und für alle künftigen Zeiten ein gänzlicher sein. Von da an wird aus den Himmeln und aus der Erde *ein* Hirt und *eine* Herde werden. Der Hirt werde wie allzeit Ich sein, und die Herde werden die Menschen auf Erden ausmachen im vollen Vereine mit den Seligen in Meinen Himmeln.

Denn diese Letztgenannten werden wieder so, wie es in den Urzeiten der Menschen auf dieser Erde war, sichtbar mit den Menschen auf der Erde verkehren. Aber bevor das geschehen wird, wird auch die natürliche Erde ganz mächtige Umgestaltungen erleiden. Große Länder und Reiche, die jetzt noch das große und tiefe Meer bedeckt, werden zum fruchtbarsten Boden emporgehoben werden, und gar viele jetzt noch sehr hohe Berge werden erniedrigt und mit ihren zerbröckelten Spitzen gar viele tiefe Gräben und Täler ausgefüllt werden und ein fruchtbares Land bilden.

Da in jener Zeit die Menschen nicht mehr nach irdischen und

vergänglichen Schätzen gieren und geizen werden, so werden auf der Erde auch hunderttausendmal so viele Menschen, als nun auf derselben leben, gar wohl versorgt und glücklich leben können. Zugleich aber werden in jener Zeit auch alle die bösen, das Fleisch mächtig quälenden Krankheiten von der Erde verschwinden. Die Menschen werden ein heiteres und hohes Alter erreichen und viel Gutes wirken können, und niemand wird eine Furcht vor dem Tode des Leibes haben, weil jeder mit klaren Blicken das ewige Leben der Seele vor sich sehen wird . . .«

Auf diese Zeit beziehen sich auch die Worte des großen alttestamentlichen Propheten Jesaja im übertragenen Sinne, Kap. 2,4: »Da werden sie ihre Schwerter zu Pflugscharen und ihre Spieße zu Sicheln machen. Denn es wird kein Volk wider das andere das Schwert erheben, und sie werden hinfort nicht mehr lernen, Krieg zu führen.« – Oder jenes andere Wort bei dem gleichen Propheten, Kap. 11,6 ff.: »Da werden die Wölfe bei den Lämmern wohnen und die Panther bei den Böcken lagern. Ein kleiner Knabe wird Kälber und junge Löwen und Mastvieh miteinander treiben. Kühe und Bären werden zusammen weiden, daß ihre Jungen beieinander liegen, und Löwen werden Stroh fressen wie die Rinder. Und ein Säugling wird spielen am Loch der Otter, und ein entwöhntes Kind wird seine Hand strecken in die Höhle der Natter. Man wird nirgends Sünde tun noch freveln auf meinem ganzen heiligen Berge; denn das Land wird voll Erkenntnis des Herrn sein, wie Wasser das Meer bedeckt.«

Der Herr spricht zur Zeit dieses Sonnenunterganges weiter zu Seinen Jüngern: »Die Hauptsache im Wohltun wird in jener Zeit in der rechten Erziehung der Kinder bestehen und daß der Starke mit aller Liebe das physisch schwächere Alter nach allen Kräften unterstützen wird.

Es werden aber auf der neuen, glücklichen Erde auch Ehen geschlossen werden, aber also wie im Himmel nach Meiner Ordnung, und es werden auch Kinder gezeugt werden in großer Anzahl, aber nicht auf dem Wege der puren Geilsucht, sondern auf dem Wege des wahren Liebeernstes, und das bis ans Ende aller Zeiten dieser Erde.

Da habt ihr nun ein treues Bild von dem letzten Gericht über alle Heiden auf der ganzen Erde, das ihr auch ganz leicht und wohl verstehen könnt.«

Danach fragen nun die Jünger den Herrn ganz voller Spannung, ob es ihnen selber auch vom Reiche der Geister aus vergönnt sei, dieses geschilderte Geschehen auf der Erde mit anschauen und empfinden zu können und wie lange dann diese »glückliche Erde« noch fortbestehen werde (Kap. 49).

Darauf entgegnet Jesus ihnen sinngemäß, es verstehe sich von selbst, daß sie aus den Himmeln all das genauest sehen, hören und fühlen würden; nicht nur das, sie seien dann und zu allen Zeiten die Hauptleiter, nicht nur auf der neuen Erde, sondern über den ganzen großen Schöpfungsmenschen wie auch über alle endlos vielen Vereine aller Himmel, die ewig nirgends begrenzt seien.

»Darum sage Ich es euch abermals, daß es kein Mensch je geschaut, noch gehört und in keines Menschen Sinn jemals empfunden worden ist, was Gott denen bereitet hat, die Ihn wahrhaft lieben. –

Ich könnte euch sogar jetzt noch vieles sagen und auch schon zeigen, aber ihr könntet das jetzt noch nicht ertragen; wenn aber der Geist aller Wahrheit und alles Lebens über euch kommen wird und ihr in ihm wiedergeboren sein werdet, so wird er euch in alle Tiefen Meines Lichtes leiten und erheben. Dann erst werdet ihr es begreifen und einsehen, welche großen Worte Ich nun zu euch und also auch durch euch zu allen Menschen geredet habe.«

Bezüglich der zweiten Frage der Jünger, wie lange nach all diesem diese »glückliche Erde« noch fortbestehen werde, erklärt ihnen Jesus, diese Frage sei töricht. Es gebe keine Zahl, durch die man vom Geisterreiche der Ewigkeit her einen Maßstab setzen könne.

»Von solch einer irgend bestimmten Zeit und Stunde weiß auch kein Engel im Himmel; das weiß allein der Vater im Himmel! Denn die ganze Schöpfung ist Sein großer Gedanke, der aber kein Zeitgedanke, sondern ein ewiger ist wie sein allmächtiger Träger und Festhalter. Ich habe es aber ja ohnehin erst unlängst gezeigt, wie endlich einmal alles Materielle ins rein Geistige, aber wie selbständig Seiende verwandelt werden wird, und es ist sonach wohl nicht mehr nötig, euch noch ein mehreres darüber zu sagen.«

Sie (die Jünger) sollten lieber als Entsprechung die Herrlichkeit des aufdämmernden Tages betrachten und sich nicht eitlen Sorgen hingeben. All diese ängstlichen Besorgtheiten bezüglich Trank, Nahrung und Kleidung und anderer irdischer Dinge sei unnötig und eitel. Noch eitler sei die Sorge um das einstige völlige Zeitenende dieser Erde. Lieber sollten sie wachsen im Glauben und in der Liebe. –

Eine ganz ähnliche Antwort erhielt Jakob Lorber vom Herrn am 25. März 1841, aufgezeichnet im ersten Band des geistigen Tagebuchs von Jakob Lorber, »Himmelsgaben«, die allzu neugierige Fragen bezüglich des Eintritts des in der ganzen Christenheit zu jeder Zeit erwarteten Ereignisses der Wiederkunft des Herrn in die notwendigen Grenzen weist: (S. 319) »Merket aber vorzugsweise auf Meine Ankunft in euch selbst und kümmert euch wenig um die allgemeine! Was ihr fürs Allgemeine empfindet, das traget Mir betend in euren Herzen vor. Um alles andere kümmert euch nicht. Denn das große Wann, Wie und Warum ist in den besten Händen wohlverwahrt.«

Wir gehen andächtigen Herzens in die Stille und beten mit der ersten Christenheit: »Komm, Herr Jesus!«

Literaturverzeichnis

Angelus Silesius: »Dich auftun wie die Rose«, hrsg. v. Hans Urs von Balthasar, Johannes Verlag, Einsiedeln

Balthasar, Hans Urs von: »Verbum Caro«, Johannes Verlag, Einsiedeln

Benz, Ernst: »Die Vision«, Ernst Klett Verlag, Stuttgart

Bingen, Hildegard von: »Scivias«, Otto Müller Verlag, Salzburg

Blechschmidt, Erich: »Sein und Werden«, Verlag Urachhaus, Stuttgart

Capra, Fritjof: »Wendezeit«, Scherz Verlag, Bern/München/Wien

Deml, Franz: »Das Ewige Evangelium«, 2 Bde., Turm Verlag, Bietigheim-Bissingen

»Deutsche Biographie«, Prisma Verlag, Rheda-Wiedenbrück

Ditfurth, Hoimar von: »Im Anfang war der Wasserstoff«, Hoffmann und Campe Verlag, Hamburg

Dostojewskij, Fjodor M.: »Die Brüder Karamasoff«, Insel Verlag, Frankfurt

Dtv-Atlas zur Astronomie: »Erforschter Weltraum, Sachbuch der modernen Astronomie«, Herder Verlag, Freiburg

Guardini, Romano: »Christliches Bewußtsein«, Kösel Verlag, München

–: »Den Menschen erkennt nur, wer von Gott weiß«, Werkbund Verlag, Würzburg

–: »Im Spiegel und Gleichnis«, Matthias Grünewald Verlag, Mainz

Hammarskjöld, Dag: »Zeichen am Weg«, Knaur Verlag, München/Zürich

»Handbuch der Kirchengeschichte«, Bd. II/1, hrsg. v. Hubert Jedin, Herder Verlag, Freiburg

»Handbuch theologischer Grundbegriffe«, Kösel Verlag, München

Heilige Schrift, »Altes Testament«, versch. Ausgaben

Heilige Schrift, »Neues Testament«, versch. Ausgaben

Heores, Walter: »Evolution und Geist« (Reihe »Respondeo«), Josef Kral Verlag, Abensberg

Hutten, Kurt: »Seher, Grübler, Enthusiasten«, Quell Verlag, Stuttgart

Illies, Joachim: »Der Jahrhundert-Irrtum«, Umschau Verlag, Frankfurt

»Jerusalemer Bibel«, Herder Verlag, Freiburg

Kippenhahn, Rudolf: »Licht vom Rande der Welt«, Deutsche Verlagsanstalt, Stuttgart

»Knaurs Buch der modernen Biologie«, Droemer-Knaur, München

Köberle, Adolf: »Allversöhnung oder ewige Verdammnis?« in: Alfons Rosenberg (Hrsg.) »Leben nach dem Sterben« (Reihe »Doppelpunkt«), Kösel Verlag, München

Koestler, Arthur: »Die Armut der Psychologie«, Scherz Verlag, Bern/München

Koltermann: »Vom Urknall an in Gottes Hand«, »Rheinischer Merkur«, Nr. v. 20. Januar 1984

Kübler-Ross, Elisabeth: »Interviews mit Sterbenden«, Kreuz Verlag, Stuttgart

Leitner, Karl Gottfried Ritter von: »Lebensbeschreibung Jakob Lorbers«, Lorber Verlag, Bietigheim-Bissingen

–: »Briefe Jakob Lorbers«, Lorber Verlag, Bietigheim-Bissingen

Lorber, Jakob: »Die Haushaltung Gottes«, 3 Bde., Lorber Verlag, Bietigheim-Bissingen

–: »Das große Evangelium Johannes«, 10 Bde., (11. Bd. v. Leopold Engel), Lorber Verlag, Bietigheim-Bissingen

–: »Bischof Martin«, Lorber Verlag, Bietigheim-Bissingen

–: »Von der Hölle bis zum Himmel«, 2 Bde., Lorber Verlag, Bietigheim-Bissingen

–: »Die geistige Sonne«, 2 Bde., Lorber Verlag, Bietigheim-Bissingen

–: »Schrifttexterklärungen«, Lorber Verlag, Bietigheim-Bissingen

–: »Erde und Mond«, Lorber Verlag, Bietigheim-Bissingen

–: »Die natürliche Sonne«, Lorber Verlag, Bietigheim-Bissingen

–: »Himmelsgaben«, 2 Bde., Lorber Verlag, Bietigheim-Bissingen

–: »Der Weg zur Wiedergeburt« (Brevier), Lorber Verlag, Bietigheim-Bissingen

–: »Die Fliege«, Lorber Verlag, Bietigheim-Bissingen

Lutz, Walter: »Die Grundfragen des Lebens«, Lorber Verlag, Bietigheim-Bissingen

–: »Neuoffenbarung«, 3 Bde., Lorber Verlag, Bietigheim-Bissingen

Mikeleitis, Edith: »Der Plan Gottes« (Lorber-Brevier), Lorber Verlag, Bietigheim-Bissingen

Monod, Jacques: »Zufall und Notwendigkeit«, Piper Verlag, München/Zürich

Moody, Raymond A.: »Leben nach dem Tod«, 2 Bde., Rowohlt, Reinbek

Morgenstern, Christian: »Gedichte«

Nietzsche, Friedrich: »Gedichte«, Insel Verlag, Frankfurt

Origenes: »Das Evangelium nach Johannes«, übersetzt und eingeführt v. Rolf Gögler, Benziger Verlag, Einsiedeln

Pascal, Blaise: »Gedanken«, übertragen v. Wolfgang Rüttenauer, Schibli-Doppler Verlag, Birsfelden/Basel

Philberth, Bernhard: »Der Dreieine«, Christiana Verlag, Stein/Rh.

Planck, Max: »Religion und Naturwissenschaft«, Ambros. Barth Verlag, Leipzig
Rahner, Karl: »Grundkurs des Glaubens«, Herder Verlag, Freiburg
Ratzinger, Joseph: »Zur Lage des Glaubens«, Verlag Neue Stadt, München/Zürich/Wien
–: »Einführung in das Christentum«, Pustet Verlag, Regensburg
–: »Kleine katholische Dogmatik«, Bd. 9, Pustet Verlag, Regensburg
Schlätz, Wilfried: »Mikrokosmos, Makrokosmos«, Zeitschrift »Das Wort« 1985, Lorber Verlag, Bietigheim-Bissingen
Schütz, Paul: »Warum ich noch ein Christ bin«, Brendow Verlag, Moers
–: »Was heißt Wiederkunft Christi?«, Herder Verlag, Freiburg
Siegmund, Georg: »Pawlow oder die Unsterblichkeit«, J. W. Naumann Verlag, Würzburg
Sophokles: »Antigone«, hrsg. v. Wilhelm Uhlmann, Verlag Aschendorff, Münster
Stockhausen, Alma von: »Mythos-Logos-Evolution«, Hänssler Verlag, Neuhausen/Stuttgart
Swedenborg, Emanuel: »Leben und Lehre«, 1880, Mittnacht, Frankfurt/M.
–: »Die wahre christliche Religion«, Bd. 2, Swedenborg Verlag, Zürich
Tennhardt, Johannes: »Vom inneren Wort«, hrsg. v. Hanna Zluhan, Lorber Verlag, Bietigheim-Bissingen
Thürkauf, Max: »Die moderne Naturwissenschaft und ihre soziale Heilslehre – der Marxismus«, Novalis Verlag, Schaffhausen
–: »Technomanie, die Todeskrankheit des Materialismus«, Novalis Verlag, Schaffhausen
–: »Wissenschaft und moralische Verantwortung«, Novalis Verlag, Schaffhausen
–: »Christuswärts«, Christiana Verlag, Stein/Rh.
–: »Die Auferstehung Christi und die moderne Wissenschaft«, Zeitschrift »Theologisches«, Oster-Nummer, Verlag Josef Kral, Abensberg
Vollmert, Bruno: »Polykondensation in Natur und Technik«, Bruno Vollmert Verlag, Karlsruhe
Weber, Friedrich Wilhelm: »Dreizehnlinden«, Verlag Heine & Co, Warendorf

Werke von Jakob Lorber:

DAS GROSSE EVANGELIUM JOHANNES

10 Bände je ca. 500 Seiten

In diesem Werk besitzen wir nach der Verheißung Joh. 14, 26 eine eingehende, fast Tag für Tag behandelnde Schilderung der dreijährigen Lehrtätigkeit des Herrn.

DIE HAUSHALTUNG GOTTES

3 Bände je ca. 500 Seiten

Das Wesen Gottes. Die Urschöpfung der Geisterwelt. Die Entstehung der materiellen Weltenschöpfung. Die Erschaffung des Menschengeschlechtes und die Urgeschichte der Menschheit bis zur vorderasiatischen Erdkatastrophe, der Sündflut, und viele andere Themen behandeln diese Bände. Sie bieten in diesem Rahmen die Grundanschauung der geistigen Erklärung der Welt, die jedem zeigen, was er als Mensch ist, wo er herkommt und wo ihn sein wahres Lebensziel hinweist.

DIE JUGEND JESU

1 Band, 430 Seiten

Bei diesem Werk handelt es sich um das sogenannte Jakobus-Evangelium, ,,von der Zeit an, da Joseph Maria zu sich nahm". Bruchstücke von ihm, die mit den entsprechenden Stellen der von Lorber niedergeschriebenen ,,Jugend Jesu" übereinstimmen, finden sich in der sogenannten Berlenburger Bibel.

VON DER HÖLLE BIS ZUM HIMMEL

2 Bände je ca. 500 Seiten

Jakob Lorber schrieb dieses Werk in den Jahren 1848/51 nieder. Es schildert die jenseitigen Schicksale und Wege des bekannten, im Jahre 1848 in Wien erschossenen Revolutionärs Robert Blum und enthält weitgehende Aufschlüsse über Gott, Leben und Schöpfungsziele und tiefe Lehren über die eigene Seelenreifung.

BISCHOF MARTIN

496 Seiten

Eine äußerst lehrreiche Schilderung der geistigen Weiterentwicklung eines in menschlicher Unvollkommenheit aus dem irdischen Leben Geschiedenen.

Was die Christen wirklich eint

Das Apostolische Glaubensbekenntnis und die Geistkirche der Zukunft von Franz Deml

In dem neuen Buch von Franz Deml geht es um die hochaktuelle Frage: Wie kann die Christenheit nach jahrhundertelangem Auseinanderdriften in eigenständige Konfessionen und Sekten, mit oft sehr gegensätzlicher Auslegung des Evangeliums, wieder zu einer Einheit zusammenfinden? Als festestes gemeinsames Band erweist sich immer noch das Apostolische Glaubensbekenntnis. Seine einzelnen Glaubensartikel können aber erst heute in ihrer ganzen Tiefe erschlossen werden mit Hilfe der Prophetie Jakob Lorbers. So ist es ein Gebot der Stunde, im Hinhören auf die Stimme des Heiligen Geistes den eigenen Glauben vertieft neu zu empfangen, mit dem unendlich geweiteten Horizont, den uns die Neuoffenbarung schenken kann.
Ihre Glaubenserschließung geht weit über das Apostolische Glaubensbekenntnis hinaus, denn sie umfaßt den ganzen Heilsplan Gottes und vermittelt die tiefsten Erkenntnisse auch über die Natur des Weltalls und ihre zugrundeliegenden Kräfte. Sie gibt uns vor allem auch Aufschluß über das „Nachher", das heißt über die Entwicklungswege der Seele nach dem Tode, weswegen der Verfasser seinem Buch ein eigenes umfangreiches Kapitel über „das große Jenseitsreich" angliederte. Es ist die notwendige Ergänzung zu dem Glaubensartikel „Ewiges Leben".
Im ganzen wird nachgewiesen, daß das Einheitsstreben der heutigen Christen erst dann seine Erfüllung findet, wenn das in der Johannes-Offenbarung verkündete „Ewige Evangelium" – enthalten in der Neuoffenbarung durch Jakob Lorber – zu seiner letzten Auswirkung gelangt. Erst dann wird sein „ein Hirt und eine Herde"; ja alle Nationen der Erde, erst recht aber die sogenannten Hochreligionen werden darin ihren Platz finden und schließlich zu einer Einheit zusammenwachsen, denn es kann auch ihre begründeten Glaubensvorstellungen, wie etwa die Präexistenz der Seele, in seine größere Weite aufnehmen und verwirklichen.
(Turm Verlag, Bietigheim)

LORBER VERLAG · PF · 7120 BIETIGHEIM-BISSINGEN